Eckard Michels
Von der Deutschen Akademie zum Goethe-Institut

Studien zur Zeitgeschichte

Herausgegeben vom Institut für Zeitgeschichte

Band 70

R. Oldenbourg Verlag München 2005

Eckard Michels

Von der Deutschen Akademie zum Goethe-Institut

Sprach- und auswärtige Kulturpolitik
1923–1960

R. Oldenbourg Verlag München 2005

Bibliografische Information Der Deutschen Bibliothek
Die Deutsche Bibliothek verzeichnet diese Publikation in der Deutschen
Nationalbibliografie; detaillierte bibliografische Daten sind im Internet
über <http://dnb.ddb.de> abrufbar.

© 2005 Oldenbourg Wissenschaftsverlag GmbH, München
Rosenheimer Straße 145, D-81671 München
Internet: http://www.oldenbourg.de

Umschlaggestaltung: Dieter Vollendorf

Umschlagabbildung: Franz Thierfelder (oberste Reihe Mitte), Georg Lapper (erste Reihe
Mitte) und Joachim Schulz (erste Reihe ganz rechts) mit schwedischen Deutschlehrern des
Goethe-Instituts der Deutschen Akademie im Juli 1933 (Foto mit freundlicher Genehmi-
gung von Margit Arndt, München).

Gedruckt auf säurefreiem, alterungsbeständigem Papier (chlorfrei gebleicht).
Gesamtherstellung: R. Oldenbourg Graphische Betriebe Druckerei GmbH, München

ISBN 3-486-57807-3

Inhalt

Einleitung

Im November 1961 erhielt Bundespräsident Heinrich Lübke Post aus München. Kurt Magnus, Präsident des „Goethe-Instituts e.V. zur Pflege der deutschen Sprache und Kultur im Ausland", lud das Staatsoberhaupt zum 22. März 1962 in die bayerische Landeshauptstadt ein. Die Kulturorganisation beabsichtigte, am Todestag Goethes der genau 30 Jahre zuvor erfolgten Gründung des „Goethe-Instituts zur Fortbildung ausländischer Deutschlehrer" zu gedenken, das damals eine Abteilung innerhalb der 1923 in München ins Leben gerufenen „Deutschen Akademie" gewesen war. Magnus war sich sicher, daß der Bundespräsident mit den Aufgaben und der Arbeit des 1951 gegründeten „neuen" Goethe-Instituts vertraut sei, glaubte aber Lübke über den historischen Hintergrund des Jubiläumsdatums einige nähere Informationen liefern zu müssen:

„Die Deutsche Akademie gehörte damals zu den ersten geistigen Institutionen Deutschlands. Sie befaßte sich im wesentlichen mit wissenschaftlichen Aufgaben. Das neue Institut war als praktische Abteilung gedacht [...] Da das Institut von der deutschen Wirtschaft reiche Mittel erhielt, konnten allmählich 100 Dozenten ins Ausland entsandt werden. Die Tätigkeit des ersten Goethe-Instituts fand ihr Ende, als das Institut 1938 gleichgeschaltet wurde. Nur einige Dozenten konnten nach der Gleichschaltung ihre Arbeit zunächst fortsetzen, mußten ihre Arbeit aber nach Ausbruch des Krieges auch einstellen. Im Jahre 1945 wurde das Institut aufgelöst."[1]

Der Bundespräsident war nicht die einzige Person, die in den fünfziger und frühen sechziger Jahren nur sehr lückenhafte, ja falsche Informationen über die Geschichte des ersten Goethe-Instituts und der Deutschen Akademie erhielt. Diese geschönte Art des Umgangs mit der Vergangenheit der Deutschen Akademie war fester Bestandteil der Selbstdarstellung des frühen „zweiten" Goethe-Instituts, das sich nicht als Neugründung sah, sondern als Fortführung einer Institution, die ihre Arbeit schon in der Weimarer Republik begonnen hatte.

Tatsächlich war die Deutsche Akademie nach äußerst bescheidenen Anfängen in den zwanziger und dreißiger Jahren bis 1944 unter der Präsidentschaft des Reichsministers Arthur Seyß-Inquart und mit Förderung des Auswärtigen Amts und des Propagandaministeriums zur größten auslandskulturpolitischen Zentralorganisation des NS-Staates mit etwa 1000 in- und ausländischen Mitarbeitern und einem Netz von mehr als 250 Sprachschulen in Europa ausgebaut worden. Zudem hatte sie sich zu einer üppig dotierten geisteswissenschaftlichen Forschungseinrichtung entwickelt: Allein der Etat ihrer Abteilung „Forschung und Wissenschaft" entsprach 1944 in etwa dem Gesamtetat der Preußischen Akademie der Wissenschaften, der größten der traditionellen deutschen Wissenschaftsakademien. Das Gesamtbudget der Münchener Einrichtung war etwa 18mal so hoch wie jenes der Berliner Schwesterakademie. Die Deutsche Akademie wurde aller-

---

[1] Institut für Zeitgeschichte München (IfZ) ED 145/45, Schreiben Magnus' an den Bundespräsidenten, 9. 11. 1961.

dings 1945 von der amerikanischen Besatzungsmacht als NS-Organisation verboten. Dies bedeutete auch das Ende des ersten Goethe-Instituts. Um die Tradition der Vorläuferorganisation (und möglichst auch deren finanzielle Hinterlassenschaft) dennoch in Anspruch nehmen zu können, mußte sich die Gründergeneration des neuen Goethe-Instituts eine gleichsam weichgezeichnete Version der Vergangenheit zurechtlegen.

Heute, nach mehr als fünfzigjähriger Tätigkeit seit der Neugründung 1951, sind Vorgeschichte und Anfänge der bei weitem größten und international bekanntesten der sogenannten Mittlerorganisationen deutscher auswärtiger Kulturpolitik weitgehend in Vergessenheit geraten. Mehr als ein halbes Jahrhundert erfolgreicher, wenn auch vor allem in jüngster Zeit von starken finanziellen Einschnitten bedrohter Arbeit, deren Bilanz gerade gezogen worden ist,[2] hat naturgemäß eine eigene Tradition entstehen lassen: Man bedarf schon seit langem, anders als in den fünfziger und frühen sechziger Jahren, nicht mehr des Rückblicks auf die Zeit vor 1945, um Anregungen und Selbstvertrauen für die Kulturarbeit im Ausland zu schöpfen oder erfahrenes Personal zu rekrutieren. Zugleich steht man heutzutage aufgrund des breiteren Wissens über den verbrecherischen Charakter des NS-Regimes und seiner vielen intellektuellen Zuarbeiter und Politikberater allen kulturpolitischen und wissenschaftlichen Institutionen, die im Dritten Reich (weiter-) gewirkt haben, kritischer gegenüber als jene Generation, die wichtige Abschnitte ihrer beruflichen Karriere im Dritten Reich absolvierte und teilweise auch dezidiert dessen Ziele unterstützte. Die Diskussion auf dem Frankfurter Historikertag 1998 über die Zuträgerdienste nach 1945 einflußreicher, ja herausragender westdeutscher Historiker wie Theodor Schieder und Werner Conze zur Rechtfertigung der nationalsozialistischen Expansions-, Siedlungs- und Vertreibungspolitik in Osteuropa[3] ist ein bezeichnendes Beispiel dafür. Auch die Aufarbeitung der Geschichte der Deutschen Forschungsgemeinschaft (DFG) zeugt von dieser neuen Sensibilität im Umgang mit dem kultur- und wissenschaftspolitischen Erbe des Dritten Reiches. Der erste Versuch von Notker Hammerstein[4], eine 1999 vorgelegte Auftragsarbeit für die DFG, wurde von der Fachwissenschaft als zu unkritisch bezeichnet: Hammerstein habe zu sehr auf die personellen, organisatorischen und finanziellen Veränderungen innerhalb der DFG als Folge der NS-Machtergreifung insistiert. Die Beeinflussung der einzelnen Forschungsfelder durch die NS-Ideologie und den Versuch ihrer Instrumentalisierung für die expansiven und rassebiologischen Ziele des Regimes hingegen sei kaum thematisiert worden.[5] Als Folge dieser Kritik wurde umgehend ein zweites, wesentlich umfangreicheres Forschungsprojekt gestartet, das nun detailliert anhand ausgewählter Tätigkeitsfelder der damaligen DFG untersucht, inwieweit der Nationalsozia-

---

2 Goethe-Institut Inter Nationes (Hrsg.), Murnau – Manila – Minsk. 50 Jahre Goethe-Institut, München 2001.
3 Vgl. Winfried Schulze und Otto Gerhard Oexle (Hrsg.), Deutsche Historiker im Nationalsozialismus, Frankfurt/M. ²2000.
4 Notker Hammerstein, Die Deutsche Forschungsgemeinschaft in der Weimarer Republik und im Dritten Reich. Wissenschaftspolitik in Republik und Diktatur, München 1999.
5 Vgl. etwa die äußerst kritische Besprechung von Hammersteins Buch durch Ingo Haar vom 25. 9. 2000 bei http://hsozkult.geschichte.hu-berlin.de.

lismus tatsächlich zu einem Paradigmenwechsel in den von der DFG betreuten Wissenschaftssparten führte, und diese für das Regime dienliche, anwendungsbezogene Forschung betrieben haben. Beide Beispiele, also der Fall Conze/Schieder für die Geschichtswissenschaft und die Aufarbeitungsversuche zur Geschichte der DFG, zeugen von einem wachsenden Interesse am wissenschaftlichen und kulturpolitischen Erbe der NS-Zeit. Dieses schlägt sich in jüngster Zeit in einer wahren Welle von Tagungen und Veröffentlichungen zur Geschichte der Akademien, wissenschaftlichen Netzwerke, Großforschungseinrichtungen oder bestimmter wissenschaftlicher Disziplinen und ihrer Vertreter in den Jahren 1933–1945 nieder.[6] Es ist somit an der Zeit, auch die Geschichte der schließlich wichtigsten auslandskulturpolitischen Zentralorganisation des Dritten Reiches aufzuarbeiten.

Die Führungsriege des Goethe-Instituts in den fünfziger und sechziger Jahren hingegen, die teilweise sogar bis Kriegsende für die Deutsche Akademie gearbeitet hatte, konnte und wollte ihre Tätigkeit im Dritten Reich nicht einfach verdrängen. Sie wurde neben Magnus durch den ersten Verwaltungsratsvorsitzenden des neuen Goethe-Instituts, Richard Fehn, den zweiten und dritten Geschäftsführer, Richard Wolf bzw. Werner Ross, und die Leiterin der Abteilung Inlandsinstitute, Dora Schulz, verkörpert. Vor allem aber stand für sie Franz Thierfelder (1896–1963), der von 1929 bis 1937 Generalsekretär der Deutschen Akademie und seit 1948 treibende Kraft für ihre Wiedergründung war. Er ist daher für die vorliegende Studie von besonderem Interesse. Diese erste Generation von Führungskräften bemühte sich vielmehr, die Vergangenheit der Akademie positiv umzudeuten, um die vor 1945 angesammelten materiellen Werte, kulturpolitischen Erfahrungen und Kontakte problemlos für die wiedererstehende westdeutsche auswärtige Kulturpolitik nutzen zu können und sich selbst eine Nachkriegskarriere in diesem Tätigkeitsfeld zu sichern. In den sechziger und frühen siebziger Jahren trat diese Generation, die ihre kulturpolitischen Sporen noch in der Deutschen Akademie vor 1945 verdient hatte, ab: Thierfelder, seit 1951 zugleich Generalsekretär des Stuttgarter Instituts für Auslandsbeziehungen (IfA), hatte sich schon Ende der fünfziger Jahre aus der Leitung des Goethe-Instituts verabschiedet; Magnus, einst Senator der Akademie, starb 1962; Fehn, in den dreißiger Jahren

---

6 Zu nennen sind außer den bereits zitierten Werken u. a. Christoph J. Scriba (Hrsg.), Die Elite der Nation im Dritten Reich. Das Verhältnis von Akademien und ihrem wissenschaftlichen Umfeld zum Nationalsozialismus (Leopoldina-Symposion), Halle 1995; Wolfram Fischer (Hrsg.), Die Preußische Akademie der Wissenschaften 1914–1945, Berlin 2000; Frank-Rutger Hausmann, Deutsche Geisteswissenschaft im Zweiten Weltkrieg. Die „Aktion Ritterbusch" (1940–1945), Dresden 1998; Michael Fahlbusch, Wissenschaft im Dienst der nationalsozialistischen Politik? Die Volksdeutschen Forschungsgemeinschaften von 1931 bis 1945, Baden-Baden 1999; Doris Kaufmann (Hrsg.), Die Kaiser-Wilhelm-Gesellschaft im Nationalsozialismus. Bestandsaufnahmen und Perspektiven der Forschung, 2 Bände, Göttingen 2000; Renate Knigge-Tesche (Hrsg.), Berater der braunen Macht. Wissenschaft und Wissenschaftler im NS-Staat, Frankfurt/M. 1999; Frank-Rutger Hausmann, „Vom Strudel der Ereignisse verschlungen". Deutsche Romanistik im Dritten Reich, Frankfurt /M. 2000; Martin Burkert, Die Ostwissenschaften im Dritten Reich. Teil 1 1933–1939, Wiesbaden 2000; Ernst Klee, Deutsche Medizin im Dritten Reich. Karrieren vor und nach 1945, Frankfurt/M. 2001.

Hauptgeschäftsführer der Akademie, 1964. Wolf ging 1964 in Rente, Schulz 1970, so daß Ross, bis 1973 Generalsekretär, der letzte Mitarbeiter der Vorläuferorganisation war, der im neuen Institut eine herausgehobene Stellung bekleidete. Gleichzeitig führte die große personelle Expansion als Folge der Erweiterung der Aufgabenstellung des Goethe-Instituts in den sechziger Jahren dazu, daß jene Mitarbeiter des Goethe-Instituts, die noch in der alten Akademie gearbeitet hatten, zu einer kleinen Minderheit wurden. Neue Generationen von Mitarbeitern des Goethe-Instituts traten an, denen die Vorläuferorganisation häufig nicht einmal mehr vom Namen her ein Begriff war. Dieser in den siebziger Jahren endgültig abgeschlossene Personal- und Generationswechsel wird allein schon dadurch deutlich, daß die Personalakten der alten Akademie, die vom Goethe-Institut in München verwahrt worden waren, 1976 schließlich dem Bundesarchiv übergeben wurden.

Während die Gründergeneration des Goethe-Instituts manchmal in penetranter und gänzlich unkritischer Art auf die großen Verdienste hinwies, welche man sich bereits vor 1945 auf dem Gebiet der Verbreitung der deutschen Sprache erworben habe,[7] folgte nach deren Abtritt ein weitgehendes Desinteresse an der Vor- und Frühgeschichte des Goethe-Instituts. Einzig in der DDR kam man einige Jahre später kurzzeitig auf die Vergangenheit des Goethe-Instituts zurück. Allerdings versuchte man hier die Tradition der Deutschen Akademie ganz anders zu instrumentalisieren als die Gründergeneration in München: Für letztere stand die angeblich untadelige Arbeit im Vordergrund, die man trotz widriger Zeitumstände in den Jahren 1933 bis 1945 in der alten Akademie habe leisten können. Östlich der Elbe hingegen war Ende der sechziger, Anfang der siebziger Jahre die „braune" Vergangenheit des Goethe-Instituts gerade das, was interessierte. Die bundesrepublikanische auswärtige Kulturpolitik sollte durch den Hinweis auf personelle wie angeblich auch inhaltliche Kontinuitäten zum Dritten Reich diskreditiert werden. Dabei wurde holzschnittartig eine bloße Tätigkeit späterer Goethe-Mitarbeiter in der Deutschen Akademie mit einer Identifikation mit den Zielen und Methoden nationalsozialistischer Politik gleichgesetzt.[8] Diese Interpretation muß jedoch bei näherer Betrachtung wesentlich differenziert werden, wie zu zeigen sein wird. Die eher politisch motivierten und daher wenig subtilen Enthüllungsversuche waren Bestandteil des Kampfes der DDR um ihre internationale Anerkennung. Ihm glaubte man mehr Durchschlagskraft durch Anprangerung westdeutscher, angeblich „angebräunter" Institutionen geben zu können.

---

[7] Beispielhaft hierfür ist Thierfelders Ansprache auf einem Betriebsausflug des neuen Goethe-Instituts 1957, auf welchem er die Leistungen der Vergangenheit beschwor. Franz Thierfelder, 25 Jahre deutsche Spracharbeit im Ausland, in: Mitteilungen. Institut für Auslandsbeziehungen, 7 (1957), S. 225–229.

[8] Vgl. Ruth Holz, Mißbrauch eines weltbekannten Namens. Eine Dokumentation über das westdeutsche Goethe-Institut, in: Neue Heimat, Heft 6, 1968, S. 24–27; Das Goethe-Institut. Ein Instrument der expansiven und aggressiven Außenpolitik des deutschen Imperialismus in Vergangenheit und Gegenwart, Dresden o.J. (ca. 1968/69). Ohne expliziten Bezug zum Goethe-Institut Erich Siebert, Die Rolle der Kultur- und Wissenschaftspolitik bei der Expansion des deutschen Imperialismus nach Bulgarien, Jugoslawien, Rumänien und Ungarn in den Jahren 1938–1944. Mit einem Blick auf die vom westdeutschen Imperialismus wieder aufgenommene Kulturpolitik, Diss. phil. Berlin (Ost) 1971, S. Iff.

Die Unterzeichnung des Grundlagenvertrages 1972 zwischen der Bundesrepublik und der DDR und die damit verbundene internationale Gleichstellung des zweiten deutschen Staates führte dann auch im Ostteil Deutschlands zum Desinteresse an der Vorgeschichte des Goethe-Instituts.

Andere Mittlerorganisationen wie der Deutsche Akademische Austauschdienst (DAAD) und das IfA als Nachfolger des Deutschen Auslandsinstituts (DAI) fanden in der Bundesrepublik in den siebziger Jahren ihre Historiographen[9]. Diese erste Beschäftigung mit der Geschichte der deutschen auswärtigen Kulturpolitik war Ausdruck der intensiven Diskussionen in jenem Jahrzehnt über diese „dritte Säule" der Außenpolitik, wie die auswärtige Kulturpolitik nun genannt wurde, und der sogar eine Enquete-Kommission des Bundestages gewidmet war. Die Erträge dieser Forschungen[10] bilden immer noch den Kern der Literatur zur Geschichte der deutschen auswärtigen Kulturpolitik bis 1945, die in großen Teilen eine kulturpolitische Förderung der deutschen Minderheiten im Ausland war. Sie wurde zwischenzeitlich allenfalls um Studien über bilaterale Kulturbeziehungen ergänzt[11] sowie jüngst um die beiden wichtigen Bücher von Dirk Scholten und Frank-Rutger Hausmann.[12] Die geschichtswissenschaftliche Aufarbeitung über den Wiederbeginn und Ausbau deutscher auswärtiger Kulturpolitik nach 1945 hingegen steht noch ganz am Anfang.[13]

---

[9] Volkhard Laitenberger, Akademischer Austausch und auswärtige Kulturpolitik. Der Deutsche Akademische Austauschdienst 1925–1945, Göttingen 1976 sowie Ernst Ritter, Das Deutsche Auslandsinstitut in Stuttgart 1917–1945. Ein Beispiel deutscher Volkstumsarbeit zwischen den Weltkriegen, Wiesbaden 1976.

[10] Weitere wichtige Studien aus dieser Zeit sind Kurt Düwell, Deutschlands auswärtige Kulturpolitik 1918–1932. Grundlinien und Dokumente, Köln u.a. 1976; Gerhard Weidenfeller, VDA-Verein für das Deutschtum im Ausland/Deutscher Schulverein (1881–1918). Ein Beitrag zur Geschichte des deutschen Nationalismus und Imperialismus im Kaiserreich, Frankfurt/M. 1976; Karl-Heinz Grundmann, Deutschtumspolitik zur Zeit der Weimarer Republik. Eine Studie am Beispiel der deutsch-baltischen Minderheit in Estland und Lettland, Hannover 1977; Kurt Düwell und Werner Link (Hrsg.), Deutsche auswärtige Kulturpolitik seit 1871. Geschichte und Struktur, Köln u.a. 1981; Rüdiger vom Bruch, Weltpolitik als Kulturmission. Auswärtige Kulturpolitik und Bildungsbürgertum in Deutschland am Vorabend des Ersten Weltkrieges, Paderborn 1982 sowie Jürgen Kloosterhuis, „Friedliche Imperialisten". Deutsche Auslandsvereine und auswärtige Kulturpolitik 1906–1918, Frankfurt/M. 1994, basierend auf einer bereits 1981 verteidigten Dissertation.

[11] Zu nennen sei aus der Fülle der Literatur z.B. Eckard Michels, Das Deutsche Institut in Paris 1940–1944. Ein Beitrag zu den deutsch-französischen Kulturbeziehungen und zur auswärtigen Kulturpolitik des Dritten Reiches, Stuttgart 1993; Andrea Hoffend, Zwischen Kultur-Achse und Kulturkampf. Die Beziehungen zwischen Drittem Reich und faschistischem Italien in den Bereichen Medien, Kunst, Wissenschaft und Rassenfragen, Frankfurt/M. 1998 sowie Ernst-Wolfgang Pöppinghaus, Moralische Eroberungen? Kultur und Politik in den deutsch-spanischen Beziehungen der Jahre 1919 bis 1933, Frankfurt/M. 1999.

[12] Dirk Scholten, Sprachverbreitungspolitik des nationalsozialistischen Deutschlands, Frankfurt/M. 2000; Frank-Rutger Hausmann, Auch im Kriege schweigen die Musen nicht. Die Deutschen Wissenschaftlichen Institute im Zweiten Weltkrieg (1940–1945), Göttingen 2001.

[13] Vgl. Peter Alter (Hrsg.), Der DAAD in der Zeit. Geschichte, Gegenwart und zukünftige Aufgaben, 3 Bände, Köln 2000. Für die Kulturpolitik des Auswärtigen Amts in den fünfziger und sechziger Jahren maßgeblich Ulrike Stoll, Kulturpolitik als Beruf. Dieter Sattler

Die Deutsche Akademie blieb von dieser ersten Welle der Studien zur Geschichte der deutschen auswärtigen Kulturpolitik ausgespart. Nicht zuletzt wohl deshalb, weil die Geschichte der Münchener Institution stärkere Brüche aufwies, war doch die Deutsche Akademie als einzige der „Mittlerorganisationen" 1945 offiziell von den Siegermächten aufgelöst worden. Folglich tat man sich, als die Gründergeneration einmal abgetreten war, mit der Traditionspflege in München schwerer als in den Schwesterorganisationen in Bonn und Stuttgart. Dies zeigte sich auch jüngst wieder: Im Jahre 2000 feierte der DAAD sein 75-jähriges Bestehen, obwohl auch in seiner Geschichte eine fünfjährige Lücke zwischen Kriegsende und Wiedererstehung im Sommer 1950 klafft. Man bekennt sich dort offensiv zur ganzen Geschichte der Institution und nicht nur zum bundesrepublikanischen Kapitel. Im Goethe-Institut hingegen war der Ausgangspunkt für das Jubiläum im Sommer 2001 der 50. Jahrestag der Neugründung nach dem Zweiten Weltkrieg und nicht etwa das Jahr 1932, als das erste Goethe-Institut gegründet worden war, oder gar 1925, als die Deutsche Akademie offiziell ihre Arbeit aufnahm.

Eine umfassende Aufarbeitung der Vor- und Frühgeschichte des heutigen Goethe-Instituts, die eine Darstellung der Geschichte der Deutschen Akademie seit 1923 und die ihrer Wiederbelebungsversuche nach 1945 bedeutet, stößt zudem auf ein weiteres Hindernis, das bislang Historiker abgeschreckt haben mag, diese anzugehen: Es gibt keinen zusammenhängenden Quellenbestand zur Deutschen Akademie. Der Großteil ihrer Akten ging bei Kriegsende verloren. Jene Quellen, die im Bestand R51 des Bundesarchivs in Berlin lagern, betreffen überwiegend die Kriegsjahre und hierbei schwerpunktmäßig die Arbeit der Auslandslektorate. Sie geben dagegen kaum Aufschluß über Gründung und Entwicklung der Akademie bis Kriegsausbruch, also gerade über jene Periode, in der die Deutsche Akademie unter maßgeblichem Einfluß Thierfelders begann, sich auf die Förderung der deutschen Sprache im Ausland als Hauptbetätigungsfeld zu konzentrieren. Das gleiche Schicksal erlitten Parallel- oder ergänzende Überlieferungen in den federführenden Ministerien, welche die Arbeit der Deutschen Akademie finanzierten, dirigierten und kontrollierten. Die Akten der Kulturabteilung des Auswärtigen Amts hinsichtlich der Förderung der deutschen Sprache im Ausland wurden größtenteils im Kriege vernichtet, die des Propagandaministeriums, das sich ab 1941 zunehmend die Kontrolle über die Deutsche Akademie sicherte, gingen ebenfalls verloren.

Die Auswertung der über die Bundesrepublik verstreuten Bestände von Primärquellen, vor allem die Nachlässe einiger für die Entwicklung der Akademie bedeutsamer Persönlichkeiten wie Heinrich Gerland, Karl Haushofer, Heinrich Held, Hermann Oncken, Rudolf Pechel, Paul Rohrbach und Otto von Zwiedineck-

---

in München, Rom und Bonn 1906–1968, Paderborn 2004; Steffen Kathe, „Schon der Name – ein Geburtsfehler". Das „Goethe-Institut e.V." in der bundesrepublikanischen Kulturpolitik zwischen Verwaltung und Diplomatie 1951–1990, Diss. phil. Universität Trier 2002.

Südenhorst,[14] welche diese Verluste z.T. ausgleichen können, erfordert naturgemäß einen erheblichen Zeit- und Geldaufwand. Jene Autoren, die sich bislang an einer Geschichte der Deutschen Akademie versucht haben, konnten oder wollten diesen Aufwand nicht bewältigen, zumal keiner mit dem Anspruch angetreten ist, mehr als einen kurzen Abriß der Geschichte der Akademie zu geben. Sie alle schöpften aus unterschiedlichen, aber sehr begrenzten Quellenfragmenten, in der Regel jenen, die direkt vor der Haustür lagen. Zudem nähern sich einige der Autoren der Geschichte der Akademie unter einem eingeengten Blickwinkel.[15] Eine Ausnahme hinsichtlich Quellenbasis und Anspruch auf Vollständigkeit bildet das umfang- und materialreiche Manuskript von Irene Helms Hardcastle.[16] Sie bemühte sich, die meisten der in den siebziger Jahren einsehbaren Akten zur Geschichte der Akademie auszuwerten und alle Tätigkeitsfelder der Akademie zu dokumentieren. Allerdings geht ihre Darstellung nicht über eine ermüdende Chronik hinaus, die zwar genau registriert, wer wann wo was gesagt und getan hat. Das in großer Detailfülle präsentierte Material wurde jedoch nicht zu einer Synthese verarbeitet. Die Autorin blendete zudem gänzlich die exogenen Faktoren aus, welche entscheidenden Einfluß auf Gründung und Entwicklung der Akademie nahmen. Die in der Regel schmale und selbst bei Irene Helms Hardcastle keineswegs umfassende Quellenbasis der existierenden Studien führte zur Vernachlässigung wesentlicher Entwicklungsabschnitte in der Geschichte der Akademie. So übergehen alle bisherigen Darstellungen mehr oder weniger die späten zwanziger und frühen dreißiger Jahre, als in München der entscheidende Schritt von der Förderung des Auslandsdeutschtums zur Verbreitung der deutschen Sprache im Ausland vollzogen wurde.

Die bisherigen Aufarbeitungsversuche sind zudem von einem zweiten Manko gekennzeichnet. Sie erschöpfen sich alle in einer Darstellung der Geschichte der Geschäftsstelle der Akademie. Sie sind also organisationsgeschichtliche und auf personalpolitische Entscheidungen fixierte Darstellungen, ohne die Entwicklung der Akademie in einen größeren kultur- oder diplomatiegeschichtlichen Kontext

---

[14] Leider gibt es keinen Nachlaß Franz Thierfelders. Schriftliche Auskunft seines Sohnes Prof. Dr. Stefan Thierfelder vom 5. 10. 2000 an den Autor.

[15] Donald H. Norton, Karl Haushofer and the German Academy, in: Central European History, 1 (1968), S. 80–99; Wolfgang Schlicker, Die Deutsche Akademie. Die „Akademie zur wissenschaftlichen Erforschung und Pflege des Deutschtums (Deutsche Akademie)" als Institution imperialistischer Auslandskulturpolitik in der Zeit der Weimarer Republik und des Faschismus, in: Jahrbuch für Volkskunde und Kulturgeschichte, 20 (1977), S. 43–66; Hans-Adolf Jacobsen, Auswärtige Kulturpolitik als geistige Waffe. Karl Haushofer und die Deutsche Akademie 1925–1937, in: Deutschlands auswärtige Kulturpolitik seit 1871, S. 218–256. Dieser Artikel verwendet im wesentlichen das Material, das der Autor in seinem zweibändigen Werk über Karl Haushofer in größerer Fülle präsentiert und das eine reiche Fundgrube für die Erforschung der Gründungsgeschichte der Deutschen Akademie in den Jahren 1934 bis 1939 ist. Vgl. Hans-Adolf Jacobsen, Karl Haushofer. Leben und Werk, 2 Bände, Boppard 1979; Edgar Harvolk, Eichenlaub und Hakenkreuz. Die Deutsche Akademie in München und ihre volkskundliche Sektion 1923–1962, München 1990.

[16] Irene Helms Hardcastle, The Deutsche Akademie in Munich 1923–1945, Manuskript Dallas 1979. Ein Exemplar dieser 1965 begonnenen, aber nie vollendeten Dissertation befindet sich im IfZ.

zu stellen und damit die auf sie wirkenden und ihre Entwicklung maßgeblich beeinflussenden Kräfte zu analysieren. Die Grundsätze der Auslandsarbeit der Akademie und ihre Rechtfertigung in der damaligen Öffentlichkeit, für die vor allem
Thierfelder als unermüdlicher Publizist verantwortlich zeichnete, werden zudem
in allen Studien gänzlich ausgeklammert. Als Folge wird ein wesentlicher Aspekt,
der die Geschichte der Deutschen Akademie u. a. interessant macht, vollkommen
ausgeblendet: Ihre Pionierrolle bei der Verbreitung der deutschen Sprache im
Ausland und der Schaffung eines entsprechenden methodischen Instrumentariums wie auch eines erfahrenen personellen Stamms, die beide auch entscheidende
Hilfestellung für die Wiederaufnahme der Arbeit nach 1945 leisteten.

Alle genannten Arbeiten enden zudem spätestens mit dem Jahr 1945, also mit
der Auflösung der Deutschen Akademie, was dazu führt, daß die Geschichte der
Deutschen Akademie nie als Vorgeschichte des heutigen Goethe-Instituts gesehen
wird, sondern als ein für sich abgeschlossenes Kapitel. Wichtige Kontinuitätsli-
nien bleiben so ausgeblendet. Diese machen die Geschichte der Deutschen Akademie jedoch „aktueller", als es auf den ersten Blick erscheint, da das frühe „neue"
Goethe-Institut gerade aus den Erfahrungen der Vorgängerinstitution zu schöpfen, aber auch aus ihren Verfehlungen zu lernen versuchte.

Die aufgezeigten Schwachstellen der bislang vorliegenden Arbeiten über die
Geschichte der Deutschen Akademie erklären sich allein schon dadurch, daß zum
Zeitpunkt ihrer Entstehung der meisten wichtige Studien zur Geschichte der
deutschen auswärtigen Kulturpolitik, ihrer gesellschaftlichen Trägerschichten
oder zur internationalen Stellung der deutschen Sprache schlicht noch nicht ver-
fügbar waren, die es erlaubt hätten, die Entwicklung der Deutschen Akademie in
einen größeren Kontext zu stellen. Auch waren jene Quellen, die Aufschluß über
die Wiedergründung des Goethe-Instituts geben, noch nicht einsehbar.

Die bisherigen Aufarbeitungsversuche lassen also viele Forschungsdesiderata
übrig, die somit das Programm des vorliegenden Buches bilden:

(1) Es zeichnet umfassend anhand der Auswertung aller erhaltenen Quellen die
Geschichte der Deutschen Akademie seit 1923 sowie die Gründungsbemühungen
um eine Nachfolgeorganisation in den späten vierziger und frühen fünfziger Jahren des letzten Jahrhunderts nach. Es ist damit auch der erste Versuch, die Geschichte der Förderung der deutschen Sprache im Ausland unter Nichtdeutschen
(im Gegensatz zu den schon älteren, intensiven Bemühungen, die Deutschkenntnisse unter den Auslandsdeutschen aufrechtzuerhalten), die seit den dreißiger Jahren innerhalb der deutschen auswärtigen Kulturpolitik immer mehr Gewicht
erhielt, anhand ihrer wichtigsten Institution zu schreiben.

(2) Die Forschungen zur auswärtigen Kulturpolitik zumindest bis 1945, zur Stellung und Förderung der deutschen Sprache im Ausland, zur Entwicklung der
Germanistik und zur Geschichte von Kultur- und Wissenschaftsorganisationen
und ihrer gesellschaftlichen Trägerschichten sind seit den siebziger Jahren genügend vorangeschritten, um die Vor- und Frühgeschichte des heutigen Goethe-Instituts im Rahmen der (kultur-)politischen Geschichte Deutschlands in der ersten
Hälfte des 20. Jahrhunderts zu schreiben. Die Entstehung und Entwicklung der

Akademie wird stets in jene politischen und kulturellen Rahmenbedingungen ein-
gebettet, welche die Entwicklung der Akademie mitbestimmten, ohne dabei jedoch die Gestaltungsmöglichkeiten einzelner Personen, insbesondere Thierfelders, innerhalb der Akademie außer acht zu lassen: Dies beginnt mit der Frage,
warum Münchener Professoren Anfang der zwanziger Jahre auf die Idee kamen,
in der bayerischen Landeshauptstadt eine „Deutsche Akademie" zu gründen (Kapitel I). Auch eine Analyse der Ursachen, aufgrund derer die neue Einrichtung
nach einigen Jahren der Existenz ausgerechnet die Förderung der deutschen Sprache im Ausland und die Entwicklung moderner Lehrmethoden zu ihrer Haupt-
aufgabe erkor, bleibt unbefriedigend, wenn man die Erklärung in bloßen organisatorischen Entscheidungen in München oder Berlin sucht, nicht aber den sprach-
geschichtlichen Hintergrund heranzieht (Kapitel III und IV). Zur Beantwortung
der Frage, warum es einerseits trotz Anbiederung an die braunen Machthaber
nicht gelang, die Akademie schon in den dreißiger Jahren so großzügig auszubauen wie von den Gründern erhofft, andererseits aber die Machtübernahme der
Nationalsozialisten zunächst wenig Einfluß auf die Auslandsarbeit hatte, bedarf
es ebenfalls eines Blicks auf die Rahmenbedingungen und Träger deutscher (auswärtiger) Kulturpolitik in den dreißiger Jahren (Kapitel V). Die Akademie wurde
schließlich am Ende des Krieges zur wichtigsten zentralen kulturpolitischen Pro-
pagandaorganisation des Dritten Reiches und daneben zu einer überaus gut dotierten vornehmlich sprachwissenschaftlichen Forschungsinstitution. Zugleich
waren aber ihrer Arbeit nach wie vor enge geographische wie personelle Grenzen
gesetzt. Auch dies ist nur im Kontext der Machstrukturen und Entscheidungsab-
läufe im Dritten Reich sowie der ideologischen Grundlagen der nationalsozialistischen Expansionspolitik und der kriegsbedingten materiellen Zwänge, denen das
Reich ab 1941 unterlag, zu verstehen (Kapitel VI).

(3) Ein dreiviertel Jahrhundert nach Gründung der Deutschen Akademie und ein
halbes Jahrhundert nach Arbeitsaufnahme der Nachfolgeorganisation „Goethe-
Institut" stehen schließlich alle relevanten Quellen, sofern sie überhaupt erhalten
sind, zur Auswertung zur Verfügung. Mithin ist jetzt die Grundlage gegeben, die
Geschichte einer Institution der auswärtigen Kulturpolitik jenseits der Zäsuren
von 1933 und vor allem 1945 zu schreiben, also auch im Sinne einer Generations-
geschichte von Kulturfunktionären. Im vorliegenden Falle ist sie auf Franz Thierfelder zentriert. Er war zwar selbst zu seinen Lebzeiten in der breiteren Öffentlichkeit unbekannt und ist heute weitgehend vergessen.[17] Er nimmt jedoch wegen
seiner herausragenden Rolle bei der Gestaltung der Deutschen Akademie zwi-

---

[17] Die einzige (unveröffentlichte) Studie über Thierfelder stammt ebenfalls von Irene Helms
Hardcastle, Franz Thierfelder 1896–1963. His Life and His Legacy, Manuskript Dallas
1980. Ein Exemplar dieser Untersuchung befindet sich im IfZ. Das Manuskript ist allerdings eher eine Hagiographie Thierfelders und neigt dazu, den Protagonisten als Opfer diverser phantasievoll konstruierter Verschwörungen zu porträtieren. Es verzichtet zudem
gänzlich auf eine kritische Analyse seiner Schriften. Wichtige Quellenbestände wie beispielsweise Thierfelders Korrespondenz mit Heinrich Gerland in den Jahren 1937–40
oder seine Personalakte im Berlin Document Center wurden nicht ausgewertet, andere
waren zum Zeitpunkt der Abfassung der Studie noch nicht zugänglich.

schen 1928 und 1937, aufgrund seines starken publizistischen Engagements für die Förderung der deutschen Sprache im Ausland seit den späten zwanziger Jahren und seiner Rolle bei den Wiederbelebungsversuchen der Deutschen Akademie seit 1948, die schließlich in der Gründung des Goethe-Instituts 1951 mündeten, breiten Raum in der vorliegenden Studie ein. Die Kontinuität in seinem Denken und Handeln von der Weimarer Republik bis in die frühe Bundesrepublik, die sich einer Periodisierung durch die Eckdaten 1933 und 1945 weitgehend entziehen, ist einer der Gründe dafür, die Jahre 1923 bis 1960 in der vorliegenden Studie als historische Einheit zu betrachten. Zudem trat das „neue" Goethe-Institut erst ab 1960 endgültig aus dem Schatten der Vorgängerinstitution: Es bekam 1959 vom Auswärtigen Amt die Aufgabe übertragen, fortan nicht nur in der Tradition der Akademie Sprachförderung, sondern auch kulturelle Programmarbeit zu betreiben und dafür die Trägerschaft über alle deutschen Kulturinstitute im Ausland zu übernehmen. Dies führte auch zu einer erheblichen personellen Expansion der Münchener Einrichtung. Jene, die schon in der Akademie gearbeitet hatten, wurden nunmehr nicht nur aus Altersgründen rasch zu einer kleinen Minderheit.

(4) Eine genaue Analyse der Entwicklung und Leistungen der Deutschen Akademie und der sie beeinflussenden Kräfte ist auch Voraussetzung zur Klärung der Frage, warum es 1945 zu deren Verbot durch die Amerikaner kam und ob dieses gerechtfertigt war. Mit anderen Worten: Inwieweit war die Akademie mit den verbrecherischen Aspekten des NS-Regimes verwoben und inwieweit war eine von den Zeitläuten weitgehend unbeeinflußte Arbeit, wie von der Gründergeneration des „neuen" Goethe-Instituts nach 1945 behauptet, nach 1933 oder selbst nach Kriegsausbruch noch möglich? Die Aufarbeitung der Geschichte der Deutschen Akademie ist schließlich vor allem auch notwendig, um zu klären, inwieweit die Identifikation mit der Vorgängerinstitution für die Gründergeneration des neuen Goethe-Instituts vielleicht materiell notwendig und zu einem gewissen Maße psychologisch verständlich, aber womöglich historisch falsch und moralisch fragwürdig war.

I. Die Gründung der Deutschen Akademie (1923–1925)

Im Januar 1923 traf der vormalige bayerische Gesandte in Paris, Lothar Freiherr von Ritter zu Grünstein, auf einem Gesellschaftsabend in München den an der Ludwig-Maximilians-Universität lehrenden Juristen Reinhard von Frank. Von Ritter zu Grünstein hielt sich aufgrund seiner diplomatischen Erfahrungen im Vorkriegsfrankreich, das im damaligen Deutschland als Vorbild schlechthin in allen Fragen der Organisation auswärtiger Kulturpolitik galt, für kompetent, sich zu Fragen der Kulturarbeit im Ausland zu äußern. In einer Reihe von Berichten hatte der einer deutsch-französischen Verständigung zuneigende Diplomat bereits 1913 versucht, die Aufmerksamkeit des bayerischen Ministeriums des Äußeren auf die diversen kulturpolitischen Einrichtungen Frankreichs zu lenken, die halfen, die „Grande Nation" jenseits der französischen Grenzen auch als kulturelle Großmacht erscheinen zu lassen.[1] Daß sich von Ritter zu Grünstein für diesen Aspekt französischer Politik schon vor 1914 interessierte, war nicht sonderlich erstaunlich: Dem bayerischen Gesandten blieben zur Berichterstattung doch eher Themen außerhalb der Haupt- und Staatsaktionen, die ein Reservat der Botschaft des Reiches waren, während die Kulturpolitik im Reich wiederum Angelegenheit der Einzelstaaten war. U.a. empfahl der Gesandte 1913, angelehnt an das „Institut de France" ein „Deutsches Institut" zu gründen, das sich dem kulturellen Austausch mit dem Ausland verschreiben solle. Dabei versprach sich von Ritter zu Grünstein von dieser Einrichtung nicht nur eine überzeugendere Selbstdarstellung Deutschlands im Ausland. Durch einen verstärkten kulturellen Austausch zwischen den Nationen hoffte der Diplomat vielmehr auch, in Zukunft politische Spannungen zwischen dem Reich und Frankreich vermeiden zu können. Für ihn als Bayer kam als Sitz dieses „Deutschen Instituts" nur eine Stadt südlich des Mains in Frage, denn der Süden des Reichs sei im Ausland der Inbegriff des kulturell hochstehenden Deutschlands, während der Norden eher mit wirtschaftlicher Potenz, technischer Innovation und militärischer Stärke gleichgesetzt werde.[2] Sein Gesprächspartner an jenem Januarabend 1923, von Frank, trug sich

---

[1] Vgl. seine im Bayerischen Hauptstaatsarchiv München (BHStA) aufbewahrten Berichte: Bayerische Gesandtschaft Paris, Bd. 1575–1581. Das Recht, diplomatische Beziehungen zu anderen Staaten zu pflegen, solange diese nicht die Interessen des Reiches konterkarierten, stand nach der Reichsgründung theoretisch weiterhin allen Einzelstaaten des Reiches zu. Doch einzig Bayern leistete sich am Vorabend des Ersten Weltkriegs noch den Luxus, in mehreren europäischen Staaten (Vatikan, Italien, Österreich-Ungarn, Schweiz, Rußland und Frankreich) eigene Gesandtschaften zu unterhalten. Vgl. hierzu Konrad Reiser, Bayerische Gesandte bei den deutschen und ausländischen Regierungen 1871–1918, München 1968; Wolfgang Benz, Bayerische Auslandsbeziehungen im 20. Jahrhundert. Das Ende der Gesandtschaften Bayerns nach dem Ersten Weltkrieg, in: Zeitschrift für Bayerische Landesgeschichte, 32 (1969), S. 962–994.

[2] Diese Gedankengänge finden sich in von Ritter zu Grünsteins Bericht über das „Institut

seinerseits schon seit einiger Zeit mit der Idee, eine „Gesellschaft für Auslandskunde" zu gründen. Beide stimmten jedenfalls an diesem Abend darin überein,
daß man eine reichsweite, sich im In- wie Ausland kulturpolitisch betätigende Organisation gründen müsse. Im März 1923 trugen sie ihre Idee dem Rektor der
Ludwig-Maximilians-Universität vor, dem Kirchenhistoriker Georg Pfeilschifter.[3] Die Anregungen trafen bei Pfeilschifter, zumal er im Ersten Weltkrieg stell-
vertretend für die Katholiken im Reich die deutsche Kultur gegen Angriffe von
seiten der katholischen Intelligenz in Frankreich verteidigt hatte, auf offene Oh-
ren.[4] Folglich luden von Frank und Pfeilschifter noch im gleichen Monat ausgewählte Persönlichkeiten zu einem ersten informellen Treffen ein. Zu dieser Runde
gehörten u.a. der Generalmajor a.D. und Professor für Geopolitik Karl Haushofer, der soeben nach München berufene Historiker Hermann Oncken, der Vorsitzende der BVP-Fraktion im bayerischen Landtag, Heinrich Held und Hugo Maffei als Vertreter der bayerischen Wirtschaft.

Auf seine Erfahrungen im Vorkriegsfrankreich verweisend, machte von Ritter
zu Grünstein bei diesem Treffen die Anwesenden auf die großen kultur- und auch
machtpolitischen Erfolge aufmerksam, die Frankreich in Vergangenheit und Gegenwart durch eine systematisch betriebene Kulturpolitik errungen habe. „Die
Anwesenden", so erinnerte sich Haushofer später, „erschraken, als das mir so
wohlbekannte Zweckgebäude der französischen kulturpolitischen Akademien,
Institute, der Schallkörper der Alliance Française in allen ihren Einzelheiten vorgeführt wurde".[5] Man kam an diesem Tag Ende März 1923 überein, daß stärker als
bislang geschehen das Verständnis für das „deutsche Wesen" im Ausland gefördert werden müsse und eine entsprechende Institution zu schaffen sei. Von Frank
wurde zum provisorischen Vorsitzenden des zu gründenden „Deutschen Instituts" ernannt. Die Namensgebung für das Projekt zeigt, wie sehr die Initiative im
Anfangsstadium von den Gedankengängen von Ritter zu Grünsteins aus der Vorkriegszeit beeinflußt war. Allerdings spielte von Ritter zu Grünstein in der Folgezeit bei der Realisierung des Vorhabens keine Rolle mehr. Held setzte sich in
bayerischen Finanz- und Wirtschaftskreisen für eine Anschubfinanzierung des
Unternehmens ein, die Anfang April u.a. von dem Hause Thurn und Taxis und
der Bayerischen Vereinsbank zugesagt wurde. Parallel erarbeiteten Held und von
Frank Organisationsentwürfe für das Institut, die bei einem zweiten Planungs-

---

de France" vom 9.7. 1913, seinem Bericht über die „Alliance Française" vom 13.8. 1913,
   jenem über die „Académie Française" vom 10.11. 1913 und schließlich in dem Bericht des
   Gesandten über die französischen Universitäten und ihre Betreuung ausländischer Studenten vom 18.11. 1913 in: BHStA Bayerische Gesandtschaft Paris, Bd. 1580.
3 Niedersächsisches Staatsarchiv Oldenburg (NStAOl) Best. 271–14/679, Zur Vorgeschichte der Deutschen Akademie bis zu ihrer Gründung am 5.5. 1925, Manuskript von
   Generalsekretär Frey aus dem Jahre 1925 oder 1926.
4 Georg Pfeilschifter (Hrsg.), Deutsche Kultur, Katholizismus und Weltkrieg, Freiburg
   1915. Diese Veröffentlichung verstand sich als Antwort auf die französische Schrift des
   späteren Kardinals Alfred Baudrillart, La guerre allemande et le catholicisme, Paris 1915.
   Vgl. hierzu Heinz Hürten, Die katholische Kirche im Ersten Weltkrieg, in: Der Erste
   Weltkrieg. Wirkung, Wahrnehmung, Analyse, hrsg. von Wolfgang Michalka im Auftrag
   des Militärgeschichtlichen Forschungsamtes, München 1994, S. 725–735, hier S. 728.
5 Jacobsen, Haushofer, Bd. 1, S. 187.

treffen am 16. April 1923 in den Räumen der Münchener Universität diskutiert wurden.[6] Bei diesem zweiten Treffen in einer erweiterten Runde waren nun 26 Personen, neben den bereits Genannten u. a. der Geograph Erich von Drygalski und der Historiker Karl Alexander von Müller, anwesend. Die Versammlung stellte fest, daß es nunmehr Zeit sei, „die Pflege der Beziehungen zum Ausland energisch aufzunehmen und von einem Zentralpunkt aus systematisch und methodisch zu betreiben, vor allem durch Bekanntmachung des Auslandes mit dem Kulturstand, den kulturellen Bestrebungen und Errungenschaften des deutschen Volkes". Man einigte sich darauf, daß die zu gründende Institution die Zentrale aller nichtamtlichen Kulturbeziehungen zum Ausland werden solle. Sie würde ihren Sitz in München nehmen, sei aber als gesamtdeutsche Institution zu verstehen. Sie sollte sowohl das Ausland mit der deutschen Kultur vertraut machen wie auch umgekehrt die Kenntnisse der Deutschen über das Ausland vermehren und zudem das Auslandsdeutschtum kulturell unterstützen. Ebenso weitgestreut wie die Adressaten künftiger Arbeit der zu gründenden Einrichtung waren die vorgeschlagenen Mittel, mit denen man zu wirken gedachte: Neben der Unterstützung des Auslandsstudiums deutscher Studenten wurde die Beeinflussung der ausländischen Presse gefordert, ferner die Bereitstellung von Stipendien für Vortragsreisen ins Ausland, der Austausch wissenschaftlicher Literatur mit dem Ausland und nicht zuletzt die bessere Betreuung ausländischer Studenten an deutschen Universitäten.[7] Ulrich Frey, ein promovierter Oberstleutnant a. D., wurde am nächsten Tag zum Generalsekretär der entstehenden Institution ernannt.

Allerdings komplizierten sich die weiteren Arbeiten dadurch, daß in den folgenden Wochen ein Teil der Gründungsmitglieder kategorisch forderte, die ins Leben zu rufende Institution solle sich nicht nur dem Kulturaustausch mit dem Ausland verschreiben, sondern auch Forschung betreiben. Aus dem auf das Ausland zielenden kulturpolitischen Instrument „Deutsches Institut" müsse eine wissenschaftliche „Deutsche Akademie" werden.[8] Es ist unklar, ob der Grund für diese Weichenstellung hin zu einer Akademie in der starken Repräsentanz von Universitätsprofessoren unter den Gründungsmitgliedern lag, die letztlich mehr an der wissenschaftlichen als an der auslandskulturpolitischen Seite der Unternehmung interessiert waren, zumal es ja bislang keine gesamtdeutsch auftretende Akademie gab, oder ob der wissenschaftliche Charakter der zu gründenden Institution nur als Tarnung gedacht war. Daß zumindest für einige der Initiatoren das letztere Motiv mitbestimmend war, zeigt ein handschriftlicher Zusatz Haushofers auf seinem Exemplar des Protokolls der Versammlung, notierte er doch „Akademie als Affiche! – Deutsche Akademie".[9] Wenigstens für ihn sollte offenbar die

6 NStAOl Best. 271–14/679, Zur Vorgeschichte (wie Anm. 3).
7 Institut für Zeitgeschichte München (IfZ) MA 619, Deutsches Institut – Vorläufiges Programm, festgelegt in der Sitzung vom 16. 4. 1923.
8 NStAOl Best. 271–14/679, Zur Vorgeschichte (wie Anm. 3).
9 IfZ MA 619, Deutsches Institut – Vorläufiges Programm, festgelegt in der Sitzung vom 16. 4. 1923.

wissenschaftliche Seite der Institution eher ein Aushängeschild sein, hinter dem sich um so wirkungsvoller Auslandskulturpolitik betreiben ließe.

Um die zu schaffende Einrichtung auf eine möglichst breite Basis zu stellen, die sowohl Akademiker als auch Politiker und Wirtschaftsvertreter innerhalb der Gründungsequipe befriedigen sollte, bildete man für die weiteren Vorarbeiten zwei Arbeitsgruppen, die eine zuständig für „Wissenschaft", die andere für „Propaganda". Ein Statutenentwurf vom 8. Juni 1923 sah bereits die später für die Deutsche Akademie charakteristische Trennung in zwei Abteilungen mit Tätigkeitsfeldern vor, die in etwa jenen der beiden gegründeten Arbeitsgruppen entsprachen.[10] Im Juni 1923 luden Held, von Frank, Pfeilschifter und Maffei zu einem Informationsabend in die Münchener Universität, um einen weiteren Kreis bayerischer Honoratioren mit dem Projekt vertraut zu machen. Damit war der erste Schritt an die Öffentlichkeit getan. Ende Juli 1923 gab man dem Verein eine Satzung. Im August konstituierte sich das Präsidium der entstehenden Deutschen Akademie: Pfeilschifter wurde Präsident der Gesamtakademie, Oncken, einer der renommiertesten deutschen Historiker der zwanziger Jahre, Vizepräsident und Leiter der „wissenschaftlichen Abteilung". Oncken erschien als der geeignete Mann, verstand er sich doch dezidiert als politischer Historiker, d. h. er wollte die Geschichte zur politischen Erziehung der Nation, aber auch zur Verteidigung der deutschen Interessen im Ausland einsetzen. So hatte er sich im Ersten Weltkrieg als Herausgeber an dem vom Auswärtigen Amt initiierten Sammelband „Deutschland und der Weltkrieg" beteiligt und wäre sogar beinahe in die USA gereist, um dort der deutschen Auslandpropaganda zu dienen, wenn nicht äußere Umstände diesen Plan zunichte gemacht hätten. Professor Hanns Dorn von der Technischen Hochschule, der vor dem Krieg bereits durch Herausgabe der Zeitschrift „Der Staatsbürger" für eine stärkere staatspolitische Erziehung der Deutschen geworben hatte, wurde zweiter Vizepräsident und Leiter der sogenannten praktischen Abteilung, die intern zunächst weiter als „Propagandaabteilung" firmierte. Nach seinem Ausscheiden im Juni 1924 übernahm Haushofer das Amt. Ein Finanzausschuß wurde unter Leitung von Held eingerichtet. Man begann zudem ab Sommer 1923, in Bayern sogenannte Ortsgruppen zu gründen. Diese sollten nach Muster der Ortsgruppen des „Vereins für das Deutschtum im Ausland" (VDA) die Idee der Deutschen Akademie allgemein populär machen und Spenden nach München abführen.

Der Gründungszirkel der Deutschen Akademie bestand also aus Honoratioren, die, abgesehen von Oncken, der im Gegensatz zu den meisten anderen damaligen Professoren seit 1918 zum „Vernunftrepublikaner" konvertiert war[11], der Repu-

---

[10] Der Statutenentwurf ist nicht überliefert, aber in Freys Manuskript erwähnt. Auf dem Protokoll der zweiten Sitzung vom 16. 4. 1923 im Nachlaß Haushofers (IfZ MA 619) findet sich Haushofers handschriftlicher Zusatz, der auf zwei Arbeitsgruppen verweist, die eine, als „A" bezeichnet und zuständig für Wissenschaft, die andere, mit „B" bezeichnete, zuständig für „Propaganda".
[11] Zu Oncken vgl. Christoph Weisz, Geschichtsauffassung und politisches Denken Münchener Historiker der Weimarer Zeit: Konrad Beyerle, Max Buchner, Michael Doeberl, Erich Marcks, Karl Alexander von Müller, Hermann Oncken, Berlin 1970, S. 37–42; Klaus Schwabe, Hermann Oncken, in: Deutsche Historiker, hrsg. von Hans-Ulrich Wehler,

blik skeptisch bis ablehnend gegenüberstanden: Zu nennen sei der deutsch-nationalen und alldeutschen Ideen zuneigende Karl Alexander von Müller, der bereits damals Sympathien für Hitler zeigte[12]. Ebenso antirepublikanisch eingestellt war der in kirchlichen Fragen eher liberale katholische, eher reichsdeutsch als ultramontan und separatistisch, aber dennoch eine Restauration der Wittelsbachermonarchie befürwortende Flügel, für den Held, Pfeilschifter und Haushofer standen.[13]

Auch wenn es aus den Quellen nicht explizit hervorgeht, so dürfte doch die Besetzung der Ruhr durch französische und belgische Truppen, die am 11. Januar 1923 erfolgt war, den Anstoß dazu gegeben haben, daß die bereits zehn Jahre alten Gedankengänge von Ritter zu Grünsteins nun Gestalt anzunehmen schienen. Ihn wie andere hatte als Folge der Ereignisse das Gefühl ergriffen, es müsse irgendwie reagiert werden. Im Frühjahr 1923 erfaßte eine Welle der Empörung und der antifranzösischen Stimmung Deutschland. Zugleich breitete sich aber auch ein Gefühl der Hilflosigkeit aus, da Deutschland weder über die militärischen Machtmittel noch über Partner in Europa verfügte, um der Ruhrbesetzung mit Aussicht auf Erfolg entgegentreten zu können.[14] In München mußte die Polizei das französische Konsulat vor Angriffen aufgebrachter Bürger schützen.[15] „The hostility to the French, in Catholic Bavaria, is perhaps even stronger than in Protestant North Germany," berichtete denn auch der britische Botschafter Lord Edgar d'Abernon am 20. Februar 1923 nach London über die Reaktionen der deutschen Öffentlichkeit auf den französischen Einmarsch.[16] Folglich fand von Ritter zu Grünsteins Initiative in München eine günstige Aufnahme. Ohnehin war man in Bayern, das sich seit der Niederschlagung der Münchener Räterepublik im Mai 1919 zur selbsternannten „Ordnungszelle" des Reichs und damit Sammelpunkt rechtsradikaler Organisationen entwickelt hatte, wie es sich schon in der Frage der Auflösung der bayerischen Einwohnerwehren 1920/21 gezeigt hatte, noch weniger kompromißbereit gegenüber den Siegermächten als andernorts in Deutschland.[17] Die Idee eines „Deutschen Instituts" bzw. einer „Deutschen Akademie" ver-

---

Göttingen 1973, S. 189–205; Christoph Cornelißen, Politische Historiker und die deutsche Kultur. Die Schriften und Reden von Georg von Below, Hermann Oncken und Gerhard Ritter im Ersten Weltkrieg., in: Kultur und Krieg. Die Rolle der Intellektuellen, Künstler und Schriftsteller im Ersten Weltkrieg, hrsg. von Wolfgang J. Mommsen, München 1996, S. 120–142; Christoph Studt, Ein „geistiger Luftkurort" für deutsche Historiker. Hermann Oncken als Austauschprofessor in Chicago 1905/6, in: Historische Zeitschrift, 264 (1997), S. 360–389.

12 Zu von Müller vgl. Weisz, Geschichtsauffassung und politisches Denken, S. 49–55.

13 Zu Held vgl. Neue Deutsche Biographie, Bd. 8, S. 463 f; zu Pfeilschifter Neue Deutsche Biographie, Bd. 20, S. 329f; zu Haushofer Jacobsen, Haushofer, Bd. 1, passim.

14 Heinrich August Winkler, Weimar 1918–1933. Die Geschichte der ersten deutschen Demokratie, München 1993, S. 188.

15 David Clay Large, Hitlers München. Aufstieg und Fall der „Hauptstadt der Bewegung", München 2001, S. 210.

16 Documents on British Foreign Policy Overseas 1919–1939. First Series Bd. 21, London 1978, S. 119.

17 Hans Fenske, Konservativismus und Rechtsradikalismus in Bayern nach 1918, Bad Homburg 1969, S. 19ff. und S. 100–112; David Clay Large, The Politics of Law and Order. A History of the Bavarian Einwohnerwehr 1918–1921, Philadelphia 1980, S. 45 ff.

sprach in einer Zeit machtpolitischer Hilflosigkeit wenigstens kulturpolitisch ein
Zeichen zu setzen, sozusagen die kulturellen Leistungen in der internationalen
Arena gegen die französischen Bajonette ins Feld zu führen. Außerdem konnte
eine in München ansässige „Deutsche Akademie" helfen, den Ruf der bayerischen
Landeshauptstadt als der wohl wichtigsten kulturellen Metropole des Reiches
wiederzubeleben, in dem diese sich vor 1914 gesonnt hatte. Seit den Ereignissen
von 1918/19 hingegen war nicht nur die Eigenständigkeit Bayerns durch einen
verfassungsrechtlichen Zentralisierungsschub politisch beschnitten worden, sondern München stand nun auch kulturell eindeutig im Schatten Berlins.[18] Zwar
verhielt sich das politische wie akademische Establishment Münchens mehrheit-
lich der mit der Hauptstadt des Reiches gleichgesetzten internationalistischen, ur-
banen „Weimarer" Kultur gegenüber ablehnend. Die Abwanderung von Intellektuellen und Künstlern, welche München seit der blutigen Niederschlagung der
bayerischen Räterepublik im Frühjahr 1919 erfahren hatte, wurde nicht unbedingt
betrauert. Dies änderte jedoch nichts daran, daß man selbst im konservativen
Münchener Establishment einen Statusverlust der Landeshauptstadt konstatieren
mußte. Die Deutsche Akademie sollte angesichts der konservativen Grundhaltung ihrer Gründer jedenfalls eine Institution werden, die eher aus der deutschen
kulturellen Vergangenheit schöpfte, als daß sie zeitgemäße kulturelle Trends auf-
griff.

Die Deutsche Akademie entstand in erster Linie aus einer spontanen, den spezifischen Umständen des Jahres 1923 entspringenden Aktionsbereitschaft einiger
kulturpolitisch ambitionierter und einflußreicher Personen wie von Frank, von
Ritter zu Grünstein, Pfeilschifter und Held. Die Spontanität der Gründung zeigte
sich nicht nur daran, daß die Gründungsmitglieder mehr von dem Willen beseelt
waren, ein Zeichen zu setzen, als daß sie eine klare Vorstellung von dem hatten,
was sie bewirken und in welche Richtung sie arbeiten wollten. Sie wird auch an einem zweiten Punkt deutlich: Die Gründer waren regelrecht entzückt, als Oncken
sie bei einer Sitzung im Juni 1924 mit der Erkenntnis überraschte, daß der Historiker Leopold von Ranke nach Einrichtung der Historischen Kommission bei der
Bayerischen Akademie der Wissenschaften im Jahre 1858 den bayerischen König
Maximilian II. seit 1859 für die Idee einer „Deutsche Akademie" in München zu
gewinnen versucht hatte. Diese hätte sich vor allem der Erforschung der deutschen Sprache widmen sollen, konnte aber durch den Tod des Königs 1864 nie
realisiert werden. Das Protokoll vermerkte ausdrücklich den Dank an Oncken für
diese Entdeckung, weil sie für München das Recht der Priorität einer gesamtdeutschen Akademie sichere, der entstehenden Deutschen Akademie eine gewisse Tradition verleihe und sie gegenüber anderen Institutionen legitimiere.[19] Dabei

18 Vgl. Friedrich Prinz, Präludium oder erste Niederlage des Nazismus? Münchens kulturelles Milieu in den zwanziger Jahren, in: Irrlicht im leuchtenden München? Der Nationalsozialismus in der „Hauptstadt der Bewegung", hrsg. von Friedrich Prinz und Björn Mensing, Regensburg 1991, S. 27–48 sowie Winfried Nerdinger, Die „Kunststadt" München,
in: München in den zwanziger Jahren, hrsg. von Christoph Stölzl, München 1979, S. 93–
120.
19 NStAOl Best. 271–14/677, Protokoll-Auszug der Sitzung vom 16. 6. 1924. Zu Rankes Bemühungen vgl. Traugott Flamm, Eine deutsche Sprachakademie? Gründungsversuche

wurde gänzlich ausgeblendet, daß Ranke nie an eine auch im Ausland tätige Institution gedacht hatte. Die Deutsche Akademie ehrte indes ihren angeblichen prominenten Vordenker, indem sie als erstes wissenschaftliches Vorhaben die Schirmherrschaft über die im Münchener Drei-Masken-Verlag bereits in Arbeit befindliche Ranke-Gesamtausgabe übernahm.

1. Lehren aus dem Krieg

Auch wenn die Empörung über die Ruhrbesetzung, der man machtpolitisch wenig entgegenzusetzen hatte, der ursprüngliche Impuls zur Gründung der Deutschen Akademie gewesen sein mag, waren die 1923 in München ventilierten Ideen hinsichtlich einer Intensivierung der Kulturbeziehungen zum Ausland nicht neu. Sie griffen vielmehr den Diskurs der vorangegangenen zwei Jahrzehnte auf. Der für Deutschland blamable Ausgang der ersten Marokkokrise von 1905/6 hatte im Reich in bildungsbürgerlichen Kreisen eine Diskussion über alternative Methoden der Außenpolitik angestoßen. Die Verbreitung der deutschen Kultur rückte mehr und mehr als eine Ergänzung oder sogar Alternative zur reinen Machtpolitik wilhelminischer Prägung, die offenbar an ihre Grenzen gestoßen war und eher zur Isolierung Deutschlands denn zu Positionsgewinnen geführt hatte, ins Blickfeld. Das Katheder, nicht das Kanonenboot sollte in Zukunft den deutschen Einfluß in der Welt mehren.[20] Der Kulturhistoriker Karl Lamprecht z. B. wies in seinem berühmten Vortrag vom Oktober 1912 „Über auswärtige Kulturpolitik", mit dem er diesen Begriff überhaupt erst in Deutschland einführte, auf den Nachholbedarf hin, den Deutschland im Vergleich zu anderen Staaten wie Frankreich, ja selbst den noch jungen USA beim Einsatz kultureller Mittel im Innern wie auch in der Außenpolitik habe.[21]

Die Erfahrungen des Ersten Weltkrieges gaben diesen Gedanken in Deutschland erst recht Auftrieb. Es wurde zum Gemeinplatz: Deutschland habe den Krieg nicht zuletzt deshalb verloren, weil es seine Interessen und Kriegsziele der eigenen Bevölkerung wie der internationalen Öffentlichkeit zu ungeschickt präsentiert habe. Damit habe man es den Kriegsgegnern leicht gemacht, Deutschland international als barbarische Nation zu ächten und den Durchhaltewillen der deutschen Heimatfront zu unterminieren, bis diese als Folge der überlegenen psychologischen Kriegführung der Entente zusammengebrochen sei.[22] Neueste Forschungen haben zwar gezeigt, daß die deutsche Propaganda im Ersten Weltkrieg keines-

---

und Ursachen des Scheiterns. Von den Sprachgesellschaften des 17. Jahrhunderts bis 1945, Frankfurt/M. u. a. 1994, S. 149 ff.
[20] Grundlegend hierzu vom Bruch, Weltpolitik als Kulturmission sowie Kloosterhuis, „Friedliche Imperialisten".
[21] Düwell, Deutschlands auswärtige Kulturpolitik, S. 14 f. Zu Lamprecht vgl. auch Roger Chickering, Karl Lamprecht. A German Academic Life (1856–1915), Atlantic Highlands/ N.J. 1993.
[22] Vgl. Wolfgang Schivelbusch, Die Kultur der Niederlage. Der amerikanische Süden 1865, Frankreich 1871, Deutschland 1918, Frankfurt/M. 2003, S. 256 ff.

wegs so schlecht organisiert war, wie von den Zeitgenossen behauptet.[23] Doch ging es in den zwanziger Jahren letztlich nicht um eine nüchterne Einschätzung der Leistungen und Verfehlungen der eigenen wie fremden Propaganda, sondern um Schuldzuweisungen für die Niederlage. Das Postulat der Überlegenheit der Entente-Propaganda war ein wichtiger Baustein für die vor allem im rechten Spektrum populäre „Dolchstoßlegende": Nicht das Heer sei besiegt worden, nicht die ambitionierte Kriegszielpolitik des kaiserlichen Deutschlands habe die Niederlage heraufbeschworen, sondern eine überlegene Manipulationstechnik des Gegners, der die „unwissenden" Deutschen, mit dieser „perfiden" Art psychologischer Kriegführung unvertraut, nichts entgegenzusetzen hatten. Zu den eifrigsten und wirkungsvollsten Verfechtern der These von der unzureichenden propagandistischen Mobilisierung für die deutschen Kriegsziele zählte nicht zuletzt der Kopf der dritten Obersten Heeresleitung, General Erich Ludendorff. Er hatte ein ureigenstes Interesse daran, in seinen Memoiren und anderen Äußerungen die Schuld für die Niederlage vom kaiserlichen Militär auf die zivilen Instanzen abzuwälzen, deren Aufgabe es – so der implizite Vorwurf – eigentlich gewesen wäre, die deutsche Propaganda nach innen wie außen zu organisieren.[24] Adolf Hitler, der etwa zeitgleich zu den Gründungsbemühungen um die Deutsche Akademie in München im Landsberger Gefängnis „Mein Kampf" verfaßte, schrieb denn auch ganz im Geist der Zeit: „An dieser feindlichen Kriegspropaganda habe ich unendlich gelernt. An den Köpfen derjenigen allerdings, die sich am ehesten dies zur Lehre hätten sein lassen müssen, ging die Zeit spurlos vorüber. [...] Gab es bei uns überhaupt eine Propaganda? Leider kann ich darauf nur mit Nein antworten. Alles, was in dieser Richtung wirklich unternommen wurde, war so unzulänglich und so falsch von Anfang an, daß es zum Mindesten nichts nützte, manchmal aber geradezu Schaden anrichtete."[25]

Kulturpolitik war ein Aspekt der Beeinflussung der nationalen wie internationalen Öffentlichkeit, dem, hervorgerufen durch die Debatte über die Versäumnisse des Kaiserreichs im Ersten Weltkrieg, nunmehr ebenfalls stärkere Bedeutung als zuvor beigemessen wurde. So verfaßte der preußische Kultusminister Carl Heinrich Becker für die Nationalversammlung in Weimar eine Schrift über „Kulturpolitische Aufgaben des Reiches", in der er eine stärker zentralisierte und staatlich geförderte, nach innen wie außen gerichtete Kulturpolitik forderte.[26] Nicht zuletzt diese durch die Kriegserfahrungen und Kriegsfolgen wesentlich verstärkten, in Ansätzen schon vor 1914 vorhandenen Gedankengänge bewogen auch das Auswärtige Amt 1920, erstmals eine eigene Kulturabteilung zu gründen, nachdem

---

[23] Jürgen und Wolfgang von Ungern-Sternberg, Der Aufruf „An die Kulturwelt". Das Manifest der 93 und die Anfänge der deutschen Kulturpropaganda im Ersten Weltkrieg, Stuttgart 1996 sowie David Welch, Germany, Propaganda and Total War. The Sins of Omission, London 2000.

[24] Vgl. Christoph Dipper und Wolfgang Schieder, Propaganda, in: Geschichtliche Grundbegriffe. Historisches Lexikon zur politisch-sozialen Sprache in Deutschland, hrsg. von Otto Brunner u. a., Bd. 5, Stuttgart 1984, S. 69–112, hier S. 104 ff.

[25] Adolf Hitler, Mein Kampf. Zwei Bände in einem Band, München [608–612]1941, S. 193 f.

[26] Carl Heinrich Becker, Kulturpolitische Aufgaben des Reiches, Leipzig 1919.

Kulturbeziehungen zum Ausland zuvor von der Rechtsabteilung mitverwaltet worden waren.[27]

Auch die Initiatoren der Deutschen Akademie stimmten in den Chor derer ein, die die kulturpolitischen Versäumnisse der Vergangenheit beklagten und Besserung für die Zukunft gelobten. In einem zur Jahreswende 1924/25 entstandenen Flugblatt, mit welchem die Deutsche Akademie für ihre Sache werben wollte, hieß es denn auch:

„Erfolgreich und rechtzeitig zur Seele anderer Völker zu sprechen, dies hat das geschlagene Frankreich gleich nach '71 in ganz anderer und vorbildlicher Weise verstanden; es hat sich nie dem Wahne hingegeben, ein durch geistige Waffen nicht vorbereiteter Kampf könne durch blanke Waffen allein dauernd entschieden werden. So hat es, während der deutsche Nachbar immer nur die materiellen Rüstungen des Gegners gespannt verfolgte, geschickt und unbemerkt den Grund zu seiner heutigen Machtstellung in der Welt gelegt, die uns lange verborgen blieb, bis es zu spät war. Auch heute noch ist es dem größten Teil unseres Volkes ganz unverständlich, warum die Sympathien der ganzen Welt gegen uns und für Frankreich waren, auch heute noch hofft es vergeblich auf einen Umschlag zu unseren Gunsten und verkennt ganz, daß des Gegners moralische Position selbst durch einen schmachvollen Raubzug in unserem Land kaum ernstlich erschüttert ist."[28]

2. Erziehung zu nationaler Einheit und kulturellem Selbstbewußtsein

Allerdings war die zu gründende Akademie nicht nur als Instrument der Auslandskulturpolitik gedacht. Zugleich sollte sie an die Deutschen selbst appellieren und ihnen ihre gemeinsamen kulturellen Wurzeln verdeutlichen. Daß sich die Initiative von einem „Deutschen Institut" zu einer „Deutschen Akademie" mit einer „wissenschaftlichen" und einer „praktischen", auf das Ausland zielenden Abteilung mauserte, war also mehr als eine bloßes Tarnungsmanöver. Vielmehr sollte durch verstärkte Erforschung des deutschen kulturellen Erbes und Verbreitung der dadurch gewonnenen Erkenntnisse unter den Deutschen der Gefahr des Zerfalls der Reichseinheit vorgebeugt werden. Diese Gefahr war 1923 recht real: Die französische Besatzungsmacht förderte separatistische Tendenzen im Rheinland und in der damals noch bayerischen Pfalz, während parallel das Memelgebiet von Litauen besetzt worden war. Ereignisse wie der Hamburger Aufstand der KPD vom Oktober 1923 oder die zeitgleichen Spannungen zwischen Reichsregierung und den Landesregierungen in Thüringen und Sachsen, in denen zeitweilig die Kommunisten mitregierten, ließen ebenfalls um die Einheit des Reiches fürchten. Nicht zuletzt Bayern selbst verfolgte 1923 eine mehr oder weniger separatistische Politik gegenüber dem Reich, die nicht im Sinne der Gründer der Akademie war,

---

27 Neben Düwell, Deutschlands auswärtige Kulturpolitik, vgl. hierzu auch Kurt Doß, Das Auswärtige Amt im Übergang vom Kaiserreich zur Weimarer Republik. Die Schülersche Reform, Düsseldorf 1977.
28 Politisches Archiv des Auswärtigen Amts Berlin (PA) Bd. R64006, Flugblatt „Die Deutsche Akademie", ca. Ende 1924/Anfang 1925.

schließlich waren weder Held noch Oncken[29] gebürtige Bayern. Die Münchener Initiative griff also auf die Idee der seit dem Ende des 19. Jahrhunderts vielbeschworenen deutschen „Kulturnation" zurück. Diese galt es als gesamtdeutsche Klammer zu einem Zeitpunkt zu stärken, als die „Staatsnation" scheinbar von innen wie außen in ihrer Existenz bedroht war.

Doch es waren nicht nur die aktuellen politischen Erfordernisse, in Zeiten machtpolitischer Schwäche das Instrument der Kulturpolitik auf der internationalen Bühne wie auch im eigenen Land gegen separatistische Tendenzen einzusetzen, die dazu führten, just im Jahre 1923 in München die Idee einer „Deutschen Akademie" entstehen zu lassen. Die anvisierte Gründung griff auch einen von der aktuellen Politik abgehobenen, ebenfalls weitverbreiteten Gedanken auf: Daß Deutschland eine noch junge Nation sei, die sowohl politisch wie auch kulturell nicht so fest zusammenstehe wie etwa Großbritannien oder Frankreich. „Wir sind unserer Kultur, unseres inneren Wesens, unseres nationalen Ideals nicht sicher und bewußt genug. Es liegt wohl in der Eigenart unserer doch wohl individualistischen und noch nicht ausgeglichenen Kultur, daß sie nicht die gleiche suggestive Kraft hat, wie die britische und französische, daß nicht jeder Deutsche im Ausland seine Heimat in sich abbildet, wie der Franzose Paris und der Engländer die britische Insel," hatte schon Reichskanzler Theobald von Bethmann Hollweg am Vorabend des Ersten Weltkrieges in einem Brief an Lamprecht geschrieben.[30] Daher, so die Schlußfolgerung der Münchener Honoratioren, bedürfe es einer Zentralinstitution, die den Deutschen endlich ein einheitliches Kulturbewußtsein vermittele, das wiederum auch Voraussetzung für ein stärkeres kulturelles Sendungsbewußtsein nach außen sei. Auf der bereits erwähnten Sitzung der Gründungsmitglieder im Juni 1924 nannte Pfeilschifter als vorrangige Aufgabe der zukünftigen „Propagandaabteilung", die Deutschen zu nationaler Disziplin und Verantwortlichkeit zu erziehen. Zudem müsse die Betreuung der Ausländer, die an deutschen Universitäten studierten, verbessert werden. Als dritte Zielgruppe wollte man die Deutschen in den durch den Krieg verlorenen Gebieten anvisieren, gefolgt von den Auslandsdeutschen und schließlich, als letztes, sollte auch die ausländische Öffentlichkeit beeinflußt werden.[31] In einer überarbeiteten Version der „Einführung in den Plan der Deutschen Akademie", die dem offiziellen Gründungsaufruf vom 4. April 1925 beigegeben war, hieß es ebenfalls, die praktische Kulturarbeit solle in erster Linie dem deutschen Volke zugute kommen. Erziehung zu vertieftem Staatsbewußtsein und zu einem echten Gemeinschaftsgefühl werde hier zu leisten sein. Danach gelte die Sorge den Auslandsdeutschen in den durch den Weltkrieg abgetrennten Gebieten. Erst in zweiter Linie sollte sich die Arbeit auch an Ausländer wenden und ihnen „deutsche Kultur in ihrem gesamten Umfange in deutschem Lichte übermitteln. Insbesondere werden wir deutschfeindlicher Kul-

---

[29] Oncken hatte sogar 1923 seinen Lehrstuhl in München in der Hoffnung angetreten, damit dem bayerischen Separatismus besser entgegenwirken zu können. Vgl. Studt, Ein „geistiger Luftkurort", S. 388.
[30] Abgedruckt in vom Bruch, Weltpolitik als Kulturmission, S. 149 f.
[31] NStAOl Best 271–14/677, Protokoll-Auszug der Sitzung vom 16. 6. 1924.

turpropaganda wirksam und möglichst positiv zu begegnen trachten."[32] Denn, so Pfeilschifter 1925, „Kulturmission nach außen kann mit Aussicht auf dauernden Erfolg nur dann gedeihen, wenn sie getragen ist von einer ethisch und kulturell hochstehenden Heimat."[33]

Die Initiative für eine sich gesamtdeutsch gebende Deutsche Akademie wurde im übrigen nicht zufällig wesentlich getragen und vorangetrieben von Professoren der philosophischen, theologischen und juristischen Fakultät der Münchener Universität, also von gleichsam idealtypischen Vertretern des Bildungsbürgertums. Die Gründung der Akademie war nicht zuletzt auch ein Versuch dieser professionellen wie gesellschaftlichen Elite, ihre herausgehobene soziale Stellung und die ihnen zugeschriebene Deutungshoheit in Fragen von nationaler Tragweite zu verteidigen. Sie war bereits gegen Ende des 19. Jahrhunderts durch die Professionalisierung der Politik und die Diversifizierung der Wissenschaften, insbesondere den Aufstieg der naturwissenschaftlich-technischen Fächer und der sie fördernden außeruniversitären Einrichtungen wie der 1912 gegründeten Kaiser-Wilhelm-Gesellschaft im Schwinden begriffen.[34] Indem man nun beabsichtigte, mittels einer Deutschen Akademie der Nation ihre kulturellen Wurzeln durch deren Erforschung und anschließende Verbreitung der Erkenntnisse erstmals in vollem Maße vor Augen zu führen, erhoben diese Professoren implizit den Anspruch, letztlich doch der einzige berufene Stand zu sein, der in Zeiten der Krise die Einheit der Nation bewahrte. Dies war ein weiterer Grund dafür, nicht nur ein auf das Ausland zielendes „Deutsches Institut" zu gründen, sondern zugleich eine gesamtdeutsche wissenschaftliche Akademie. Folglich hieß es in der „Einführung in den Plan der Deutschen Akademie", diese werde sich von den etablierten Akademien neben ihrer Teilung in eine wissenschaftliche und eine praktische Abteilung nicht zuletzt dadurch unterscheiden, daß „die Deutsche Akademie nur diejenigen Lebens- und Erkenntnisgebiete pflegen will, denen eine besonders innige Beziehung zur individuellen Lebensart und der geschichtlichen Sendung des deutschen Volkes eigen sind".[35]

Die vier Sektionen der wissenschaftlichen Abteilung konstituierten sich im Frühjahr 1925 und waren, wie angesichts der Gründungsequipe nicht anders zu erwarten, rein geistes- und sozialwissenschaftlich ausgerichtet, obwohl die Technische Universität Karlsruhe, welche wie alle anderen Universitäten im Vorfeld kontaktiert worden war, starke Bedenken dagegen angemeldet hatte, daß die Natur- und Ingenieurswissenschaften nicht berücksichtigt würden:[36] Deutsche Ge-

[32] Jacobsen, Haushofer, Bd. 2, Dokument 24, hier S. 48 f.
[33] Georg Pfeilschifter, Sinn und Art der Arbeit unserer Akademie, in: Mitteilungen der Deutschen Akademie (MdDA), 1 (1925/26), S. 41–45, hier S. 42.
[34] Vgl. hierzu Karl Ringer, Die Gelehrten. Der Niedergang der deutschen Mandarine 1890–1933, Stuttgart 1983 sowie Jürgen Kocka/Werner Conze (Hrsg.), Bildungsbürgertum im 19. Jahrhundert. Bd. 4: Politischer Einfluß und gesellschaftliche Formation, Stuttgart 1989; Thomas Nipperdey, Deutsche Geschichte 1866–1918. Bd. 1: Arbeitswelt und Bürgergeist, München 1990, S. 590–601. Für Oncken und seine Münchener Historikerkollegen siehe Weisz, Geschichtsauffassung und politisches Denken, S. 270 ff.
[35] BAB R43/I/812, Einführung in den Plan der Deutschen Akademie, Frühjahr 1925.
[36] NStAOl Best. 271-14/679, Zur Vorgeschichte (wie Anm. 3). Auch die anderen Akade-

schichte, Deutsche Sprache, Literatur, Volks- und Altertumskunde, Deutsche bildende Kunst und Musik sowie Deutsche Staats- und Wirtschaftskunde waren die in den Sektionen vertretenen Disziplinen. Die Sektionen sollten eigenständige Forschungen betreiben bzw. verstreute Forschungsergebnisse in repräsentativen Publikationen zusammenfassen und den Deutschen zugänglich machen.

3. Zielgruppe Auslandsdeutsche

Zwischen den ursprünglichen Ideen des Jahres 1923 zur Gründung eines „Deutschen Instituts" und den schließlich postulierten Schwerpunkten bei der offiziellen Arbeitsaufnahme im Jahre 1925 ist eine deutliche Verschiebung der Prioritäten zu verzeichnen: Die Erziehungs- und Aufklärungsarbeit unter den Deutschen innerhalb und speziell auch außerhalb der Reichsgrenzen rückte in den Vordergrund, während die kulturpolitische Betreuung von Ausländern zur Nebensache geriet. So hieß es beispielsweise im Protokoll einer Mitarbeitersitzung der Akademie im Juni 1926, als man über die Förderung arabischer Studenten zu entscheiden hatte, die sich an die Münchener Institution mit Bitte um finanzielle Unterstützung ihres Studienaufenthaltes in Deutschland gewendet hatten: „Der Deutschen Akademie liegen die deutschen Studenten mehr – nichts zu veranlassen".[37]

Die Definition von Auslandskulturpolitik vornehmlich als Förderung der deutschen Minderheiten im Ausland, die sich ab 1924 in München deutlich abzeichnete, war im Kontext der zwanziger Jahre nicht erstaunlich. Sie entsprach vielmehr der besonderen Bedeutung, welche dem Auslandsdeutschtum erstmals, im Gegensatz zum Kaiserreich, in der Weimarer Republik beigemessen wurde. Die Verfolgung und Diskriminierung, die im Ausland lebende deutschsprachige Minderheiten schon während des Ersten Weltkrieges erfahren mußten, die territorialen Verluste des Reiches als Folge des Versailler Vertrages vor allem gegenüber Polen und die Entstehung neuer Nationalstaaten aus der Konkursmasse des multinationalen Zarenreiches und der Donaumonarchie führten im Reich zu einer regelrechten „Entdeckung" der Auslandsdeutschen. Gefördert wurde diese nicht zuletzt durch die Aktivitäten der Flüchtlinge aus vormals deutschen Gebieten, die sich in Interessensverbänden wie dem „Bund der Auslandsdeutschen" zusammenschlossen und auf die Misere der außerhalb des Reiches lebenden Deutschen aufmerksam machten. Die Auslandsdeutschen galten zugleich als Synonym für ein trotz territorialer Amputationen, militärischer Restriktionen und diplomatischer Isolation letztlich „größeres" Deutschland, das als Wunschvorstellung wei-

---

mien im Reich verweigerten zeitgleich die Erweiterung ihres Tätigkeitsfeldes durch eine „technische", d.h. die Ingenieurwissenschaften repräsentierende Klasse, was letztlich einer der Gründe für den Bedeutungsverlust der Wissenschaftsakademien in den zwanziger Jahren war. Vgl. Peter Nätzholdt, Strategien der deutschen Wissenschaftsakademien gegen Bedeutungsverlust und Funktionsverarmung, in: Die Preußische Akademie der Wissenschaften 1914–1945, hrsg. von Wolfram Fischer, Berlin 2000, S. 237–277.

[37] NStAOl Best. 271–14/679, Niederschrift der Mitarbeitersitzung am 2. 6. 1926.

terlebte.[38] Die Existenz von Millionen von Auslandsdeutschen verstärkte die Tendenz, die deutsche Nation als eine im „Volkstum" wurzelnde, d. h. als eine kulturell und geburtsmäßig unauflösliche menschliche Gemeinschaft zu definieren. Unter welcher staatlichen Herrschaft die Minderheiten hingegen lebten, geriet zur Nebensache. Nicht zuletzt die Millionen von Deutschen außerhalb der Reichsgrenzen beförderten also die noch stärkere Durchsetzung der Definition der deutschen Nation als einer Gemeinschaft von Menschen, welche durch die Angehörigkeit zum gleichen „Volkstum", nicht durch die aktuelle politische Organisation eines Staatswesens bestimmt sei. Es war eine Art Hilfskonstrukt vor allem rechter Kreise, um der wegen angeblicher innerer Schwäche und Zerrissenheit wie äußerer Machtlosigkeit abgelehnten Weimarer Republik das Gegenbild einer untergründig bereits existierenden, starken und eines Tages obsiegenden Nation entgegenzustellen.[39] Damit war die Förderung der Auslandsdeutschen auch wieder ein naheliegendes Betätigungsfeld für den überwiegend antirepublikanisch eingestellten Gründerkreis der Deutschen Akademie.

Tatsächlich stellte die damals auf etwa 10 bis 12 Millionen Köpfe geschätzte deutsche Auslandsgemeinde in Europa ein erhebliches Machtpotential, ja Druckmittel zur Beeinflussung der nach dem Ersten Weltkrieg neuentstandenen Staaten im Osten und Südosten des Reichs dar, ebenso aber auch einen interessanten potentiellen Wirtschaftsfaktor als Abnehmer deutscher Produkte. Zumindest im Falle Polens war die deutsche Minderheit auch ein Hebel für territoriale Revisionsforderungen von deutscher Seite, die das Argument ins Feld führen konnte, daß ethnische und Staatsgrenzen in Einklang gebracht werden müßten.[40] Daher schien es geboten, den Auslandsdeutschen ihre kulturellen Wurzeln stets aufs Neue vor Augen zu führen bzw. Einrichtungen zu unterstützen, welche die vollständige Assimilierung in den Gastländern verhindern würden. Die 1920 gegründete Kulturabteilung des Auswärtigen Amts hieß folglich auch offiziell „Abteilung Deutschtum im Ausland und kulturelle Angelegenheiten". Sie legte demgemäß ein besonderes Augenmerk auf die kulturellen Bedürfnisse des Auslandsdeutschtums. Dabei bediente sich die neue Kulturabteilung vor allem privater Organisationen, die vom Reich bezuschußt wurden, um der Förderung der Auslandsdeutschen den Geruch einer vom Reich geförderten Unterwanderungspolitik der Heimatländer der Minderheiten zu nehmen.[41]

Die Hinwendung in München zu den Auslandsdeutschen als Adressaten künftiger kulturpolitischer Initiativen war auch insofern nicht verwunderlich, als die Konstituierungsphase der Deutschen Akademie in eine Zeit fiel, in der nicht zuletzt durch Gustav Stresemanns öffentliches Eintreten für die Belange der Auslandsdeutschen die Diskussion um deren Zukunft intensiver denn je geführt

---

[38] Vgl. dazu Ritter, Das Deutsche Auslandsinstitut in Stuttgart, S. 13–23 sowie Grundmann, Deutschtumspolitik, S. 49 ff.

[39] Otto Dann, Nation und Nationalismus in Deutschland 1770–1990, München ³1996, S. 276 ff.

[40] Vgl. Norbert Krekeler, Revisionsanspruch und geheime Ostpolitik der Weimarer Republik. Die Subventionierung der deutschen Minderheit in Polen, Stuttgart 1973.

[41] Düwell, Deutschlands auswärtige Kulturpolitik, S. 111 ff.; Grundmann, Deutschtumspolitik, S. 134.

wurde. Stresemann hoffte auch im DNVP-nahen Spektrum, das sich als Interessensvertretung eines „größeren Deutschlands" gebärdete, Unterstützung für seine auf Verständigung mit dem Westen abzielende Politik zu finden, um eine parlamentarische Mehrheit für die abzuschließenden internationalen Verträge sicherzustellen. Daher hatte er seit Mitte 1924 mehr und mehr die Vorteile herausgestellt, welche die Auslandsdeutschen von einer Politik haben würden, die Deutschland über den Weg der Aussöhnung mit den Westmächten mittelfristig in den Völkerbund führte. Dessen Statuten sahen für alle Mitgliedsländer verbindlich den Schutz und die kulturelle Förderung von den in ihren Grenzen lebenden ethnischen Minderheiten vor. Angesichts der Millionen von Deutschen, die seit 1918 außerhalb der Reichsgrenzen und außerhalb Österreichs lebten, war die Aussicht auf Schutz und Förderung der Auslandsdeutschen ein gewichtiges Argument, um den Widerstand im rechten Spektrum gegen eine als „Erfüllungspolitik" gegenüber den ehemaligen Kriegsgegnern geächtete Aussöhnungspolitik mit dem Westen zu überwinden. Versüßt wurde diese Perspektive eines besseren Schutzes der Auslandsdeutschen noch dadurch, daß die Reichsregierung gelobte, künftig größere Mittel für die kulturelle Förderung des Auslandsdeutschtums bereitzustellen, wenn erst einmal der Kontakt zu diesem durch die Mitgliedschaft im Völkerbund erleichtert worden sei.[42] 1926 war immerhin die Summe von 30 Millionen RM im Gespräch. Vor diesem Hintergrund war es verständlich, daß die entstehende Deutsche Akademie ein vielversprechendes kulturpolitisches Betätigungsfeld unter den Auslandsdeutschen zu finden glaubte.

4. Kein klares Konzept für die zukünftige Auslandsarbeit

Die Vorstellungen über die von der Akademie konkret zu leistende Auslandskulturarbeit, sei es unter Ausländern oder Auslandsdeutschen, für welche die sogenannte Praktische Abteilung verantwortlich sein würde, die wiederum aus den Überlegungen der von Haushofer geleiteten Arbeitsgruppe für Propaganda hervorging, blieben in der Gründungsphase reichlich nebulös. Friedrich von Müller, zweiter Präsident der Akademie, machte in seinen Memoiren Haushofer für die ausufernde Aufgabenstellung der entstehenden praktischen Abteilung verantwortlich,[43] dem seine akademischen Kollegen offenbar zunächst wegen seiner Vergangenheit als Generalstabsoffizier eine gewisse Planungskompetenz zugemessen hatten. Die nach Vorstellung der Gründer einzusetzenden Mittel der Betreuung und Beeinflussung des Auslandes reichten von wissenschaftlichen Vorträgen über Musik- und Theatergastspiele, „Schulwesen" und „Kunsthandwerk" bis hin zu „ärztlichen und religiösen Missionen", „Industrie, Gewerbe und Technik"

---

[42] Vgl. hierzu Caroline Fink, Stresemann's Minority Policies 1924–1929, in: Journal of Contemporary History, 14 (1979), S. 403–422 sowie Bastiaan Schot, Nation oder Staat? Deutschland und der Minderheitenschutz. Zur Völkerbundspolitik in der Ära Stresemann, Marburg/Lahn 1988, S. 142 ff.

[43] Friedrich von Müller, Lebenserinnerungen, München 1951, S. 242.

sowie „deutscher Handel".[44] Die entstehende praktische Abteilung präsentierte also eine Art Allerweltsprogramm, sowohl hinsichtlich der zu propagierenden Themen wie der einzusetzenden Mittel. Auch Haushofers Ausführungen anläßlich der feierlichen Gründungsversammlung am 5. Mai 1925 trugen nicht unbedingt zur Klärung bei, worin genau die Aufgaben der praktischen Abteilung bestehen sollten. Deutlich war nur, daß auch er den Schwerpunkt künftiger Tätigkeit eher auf die Kontaktpflege zu den Auslandsdeutschen als zu fremden Völkern legte. Dies entsprach den der praktischen Abteilung zugeschriebenen Aufgaben in der im Dezember 1924 verabschiedeten Satzung der Akademie.[45] Ob die insgesamt nicht sehr deutlich umrissene Aufgabenstellung der praktischen Abteilung, wie Hans-Adolf Jacobsen vermutet,[46] darauf zurückzuführen ist, daß diese vor der (ausländischen) Öffentlichkeit bewußt verschleiert werden sollte, ist zweifelhaft. Wahrscheinlicher ist, daß die Initiatoren selbst in den Anfangsjahren nicht wußten, in welche Richtung sich die praktische Abteilung entwickeln sollte. Schließlich läßt sich auch aus den erhaltenen internen Dokumenten kein eindeutiges Tätigkeitsprofil der praktischen Abteilung gewinnen, im Gegenteil: Eine interne Dienstanweisung Haushofers vom Juni 1925 sah die schrittweise Gründung von insgesamt acht Ausschüssen der praktischen Abteilung vor, die so ziemlich jeden Aspekt des kulturellen, wirtschaftlichen und gesellschaftlichen Lebens in Deutschland abgedeckt hätten: Vom Buchwesen über das Erziehungswesen bis hin zu Sport, Handel, Technik, Kirchenwesen und „Wohltätigkeit". Bis zur Realisierung dieser hochfliegenden Pläne sollte die praktische Abteilung sich vorerst in zwei Referate gliedern, die sich zum einen mit dem Aufbau der Außenstellen der Akademie in Deutschland und der Werbung für die eigene Sache und zum zweiten mit im wahrsten Sinne praktischen Dingen wie Mobiliarbeschaffung, Posteingang und Kanzleiwesen zu befassen hatten.[47]

Einig war man sich in München darüber, daß die Akademie jede „mechanisch äußerliche Propagandaarbeit" meiden sollte, da der Kampf um die Weltgeltung der deutschen Kultur um so erfolgreicher sein werde, je unauffälliger er sei und je vornehmer er geführt werde. „Es kann sich in unserer praktischen Abteilung nur darum handeln, wissenschaftliche Forschung, deutscher Literatur, Kunst, Musik die Wege zu bahnen, Vorurteile zu zerstreuen, fördernd und anregend Fortschritte zu erreichen", hieß es in einem Rundschreiben an die deutschen Kultusministe-

---

44 NStAOl Best 271–14/677, Protokoll-Auszug der Sitzung vom 16. 6. 1924.
45 PA Bd. R64006, Satzung der Deutschen Akademie vom 31. 7. 1923 in der Fassung vom 23. 12. 1924. Unter § 5, der den Aufgaben der praktischen Abteilung gewidmet war, hieß es in Absatz (1), die praktische Abteilung befasse sich mit der planmäßigen Vertretung und Förderung des deutschen Gedankens im Kulturleben des Auslands unter den Auslandsdeutschen; in Absatz (2), die praktische Abteilung arbeite an einer „unserer Weltgeltung" entsprechenden, zielbewußten Einflußnahme auf das ausländische Kulturleben zugunsten des Deutschtums und des deutschen Gedankens im Ausland; in Absatz (3) schließlich, sie bemühe sich um die Zusammenfassung aller Bestrebungen zur Erhaltung des Deutschtums in den abgetrennten und sonst gefährdeten Gebieten des Deutschen Reiches und Deutsch-Österreichs.
46 Jacobsen, Haushofer, Bd. 1, S. 197.
47 Jacobsen, Haushofer, Bd. 2, Dokument 30.

rien.[48] Die im Entstehen begriffene Akademie wollte ihren wissenschaftlichen Anspruch nicht schon im Vorfeld dadurch riskieren, daß sie in den Geruch einer Propagandainstitution kam, nicht zuletzt auch, um Widerstände der deutschen Universitäten und der anderen wissenschaftlichen Akademien gegen die Neugründung zu überwinden. So sehr auch die Möglichkeiten der Beeinflussung der in- wie ausländischen Öffentlichkeit seit dem Ersten Weltkrieg in Deutschland diskutiert wurden, der Begriff „Propaganda" selbst war diskreditiert. Als Folge des Ersten Weltkrieges, in dem mit Lügen, Übertreibungen und Aufhetzung um die Meinungsführerschaft in der internationalen Öffentlichkeit gerungen worden war, bekam das Wort „Propaganda", das bis 1914 oftmals einfach als Synonym für Werbung verwendet worden war – so hatte man ohne Hintergedanken bis 1918 deutsche Auslandsschulen ganz offiziell als „Propagandaschulen" bezeichnet – einen negativen Beigeschmack.[49] Nach 1918 wurde Propaganda als Appell an die niederen Instinkte der Masse verstanden, als ein Beeinflussungsmittel, das man ganz unverfroren zur Erzielung unmittelbarer tagespolitischer Erfolge einsetzte. Das hehre Gut deutscher Kultur hingegen, deren Förderung sich die Deutsche Akademie auf die Fahnen geschrieben hatte, ließ sich kaum durch solch vordergründige Propagandamethoden verbreiten. Entsprechend war auch aus der anfangs noch intern „Propagandaabteilung" genannten zweiten Säule der Akademie bei der Gründung 1925 offiziell die „Praktische Abteilung" geworden. Zudem war Kultur von ihrem ureigensten Wesen her schon ein Gegensatz zu den Inhalten, die mittels Propaganda verbreitet werden sollten, dies nicht zuletzt wegen der starken neuhumanistischen Tradition in Deutschland, die Bildung und Kultur ohnehin als etwas Zweckfreies, der individuellen Vervollkommnung Dienendes definierte.[50] So hieß es beispielsweise in einem Beschluß des akademischen Senats der Hamburger Universität vom Januar 1925, die Münchener Initiative werde zwar begrüßt, doch nur die wissenschaftliche Leistung könne der Akademie ein solches Gewicht geben, daß sie auch automatisch ins Ausland abstrahle. „Nur auf diesem Wege läßt sich vermeiden, daß die Vertreter der Wissenschaft bei ihrer Mitarbeit vor einen Gewissenskonflikt gestellt werden. Denn andernfalls müßten sie fürchten, nur als Werkzeuge für die Vertretung materieller Interessen benutzt zu werden."[51]

Der Ansatz der Deutschen Akademie entsprach mithin ganz jenem, den auch die Kulturabteilung des Auswärtigen Amts seit 1920 verfolgte: Auch in Berlin setzte man zumindest begrifflich ganz auf die strikte Trennung von auswärtiger Kulturpolitik und Propaganda, selbst der Begriff „Kulturpropaganda", der parallel zum Begriff „auswärtige Kulturpolitik" um 1912 aufgekommen und synonym genutzt worden war, wurde gemieden. Folglich war man in der Wilhelmstraße an-

---

[48] Schreiben der Deutschen Akademie an die Kultusminister der deutschen Länder vom 28. 3. 1925, abgedruckt in: Jacobsen, Haushofer, Bd. 2, Dokument 22, hier S. 43.

[49] Dipper/Schieder, Propaganda, S. 105.

[50] Vgl. dazu Georg Bollenbeck, Bildung und Kultur. Glanz und Elend eines deutschen Deutungsmusters, Frankfurt/M. 1996.

[51] Universitätsarchiv der Ludwig-Maximilians-Universität München Senatsakten Nr. 768, Beschluß des akademischen Senats der Universität Hamburg, 29. 1. 1925.

fangs auch erstaunt, als die Nationalsozialisten 1933 ein Ministerium zur Beeinflussung der öffentlichen Meinung einrichteten, welches ganz unverfroren den
Begriff „Propaganda" im Namen trug.[52] Sowohl in München wie auch in Berlin
war man sich bewußt, daß die Kulturpolitik nur durch die bewußte Absetzung
von politischen Interessen ihre Wirkung entfalten würde, nur dann könne sie im
Ausland jene Kreise im deutschen Sinne beeinflussen, die sich direkter Propaganda verschlössen. „Es ist darum zu verstehen, daß Vertreter der Kulturpolitik
gerne so wirken möchten, wie Goethe die Wirkung der Frauen schildert: im stillen
und unbemerkt. Je weniger die Absichten des Kulturpolitikers in den Vordergrund treten, um so leichter wird er die Widerstrebenden leiten können," umschrieb ein Bonner Professor, der im Auftrage des Auswärtigen Amts in den
„Süddeutschen Monatsheften" einen Artikel über auswärtige Kulturpolitik veröffentlichte, diesen Ansatz.[53]

5. Widerstände und Verzögerungen in der Gründungsphase

Während im Frühjahr und Sommer 1923 rasch Fortschritte bei den Gründungsbemühungen um die kulturpolitische Zentralinstitution erzielt worden waren,
trat in der zweiten Hälfte des Jahres 1923 und im Jahre 1924 eine Verlangsamung
ein. Dafür gab es mehrere Gründe: Auf Geheiß von Held, der vor ausgewähltem
Publikum für die Akademie Werbung machte, sollte die Gründung von Ortsgruppen sich vorerst nur auf Bayern beschränkten. Erst 1924, nachdem eine gewisse
Basis in Bayern geschaffen und hier ungefähr eine Viertelmillion RM gesammelt
worden waren, ging man daran, die Gründung von Ortsgruppen und die Einwerbung von Spenden in der Wirtschaft auf den Rest des Reiches auszudehnen. Damit erhielt die Neugründung trotz ihres gesamtdeutschen Anspruchs schon in den
ersten Monaten einen starken bayerischen Akzent. Die Durchsetzung der Idee einer von München aus operierenden „Deutschen Akademie" im Rest des Reiches
wurde auch dadurch erschwert, daß Bayern als selbsternannte „Ordnungszelle"
des Reiches im Gründungsjahr der Akademie eine dezidiert partikularistische Politik gegen die Reichsregierung in Berlin betrieb, die sie zu großer Nachgiebigkeit
gegenüber den Ententemächten und mangelnder Härte gegenüber linksradikalen
Umtrieben in anderen Ländern des Reiches zieh. Sie fand bekanntermaßen ihren
deutlichsten Niederschlag in dem zunächst von den bayerischen Behörden und
der Staatsregierung mehr oder weniger gedeckten Hitlerputsch, sodann in der
Weigerung, die Putschisten für den Hochverratsprozeß an das Reichsgericht in
Leipzig zu überstellen.
   Weitere Verzögerungen resultierten daher, daß die Initiatoren unbedingt eine
Akademie errichten wollten, was, wie Pfeilschifter im Juni 1924 zugeben mußte,
größere Probleme bereitete als die Gründung eines sich bloß als „Institut" be-

---

52 Düwell, Deutschlands auswärtige Kulturpolitik, S. 86.
53 Heinrich Konen, Amtliche deutsche Politik und Kulturpolitik, in: Süddeutsche Monatshefte, 28 (1930/31), S. 229–234, Zitat S. 229.

zeichnenden Unternehmens.[54] Die Idee einer „Deutschen Akademie" rief den
Widerstand der etablierten sechs wissenschaftlichen Akademien in Deutschland
in Halle, Berlin, München, Göttingen, Heidelberg und Leipzig hervor. Die seit
1893 zu einem locker kooperierenden Verband, dem sogenannten Kartell, zusam-
mengeschlossenen Akademien befürchteten, daß die unter dem pompösen Namen „Deutsche Akademie" entstehende Organisation eine Führungsrolle gegenüber den älteren Gründungen beanspruchen könnte und aufgrund ihres gesamtdeutschen Anspruchs vom Reich üppig unterstützt werden würde. Zudem sah
man den Ruf der Akademien als Stätten der Wissenschaft dadurch gefährdet, daß
die Neugründung Wissenschaft mit Auslandskulturarbeit verbinden wollte, und
darüber hinaus als eine Verfälschung der von Ranke im 19. Jahrhundert anvisierten ebenfalls rein wissenschaftlich ausgerichteten und nun als historischer Vorläufer reklamierten Idee einer „Deutschen Akademie". Allerdings gab es keine recht-
liche Handhabe, um der Münchener Neugründung den Titel „Deutsche Akademie" zu verwehren. In den Folgejahren wurde die Deutsche Akademie von den
etablierten Einrichtungen daher ignoriert und fand nie Aufnahme in das Kartell
der älteren Schwesterakademien.[55]

Erst im Dezember 1924 bezog die Geschäftsstelle der neuen Einrichtung unter
Generalsekretär Frey Räume in der Residenz am Odeonsplatz. Am 22. Dezember
1924 erfolgte die Eintragung als Verein unter dem Namen „Akademie zur wissenschaftlichen Erforschung und Pflege des Deutschtums/Deutsche Akademie" in
das Münchener Vereinsregister. Mit diesem umständlichen Vereinsnamen wollten
die Gründer ursprünglich die Vorbehalte der bereits existierenden Akademien ab-
schwächen. Im allgemeinen Sprachgebrauch bürgerte sich dennoch von Anfang an
der pompösere Name „Deutsche Akademie" ein.

Nicht nur das Kartell der etablierten Akademien stand der Neugründung reserviert gegenüber. In einer Ressortbesprechung[56] in Berlin am 2. März 1925 kamen
von Regierungsseite ebenfalls erhebliche Vorbehalte gegen das Münchener Unternehmen zutage. Auch hier sah man es als unheilvoll an, daß, so zumindest der Eindruck, die neue Akademie Wissenschaft und Propaganda verknüpfen wolle. Dabei
sei es Deutschland gerade erst gelungen, aus der Nachkriegsisolation auszubre-
chen und wieder wissenschaftliche Beziehungen zum Ausland anzuknüpfen.[57]
Als wissenschaftliche Akademie wiederum sei die Münchener Institution überflüssig, da es in Deutschland eher zu viele als zu wenige Akademien gebe, die sich
finanziell Konkurrenz machten. Schließlich dringe sie mit ihrer sich abzeichnenden Fixierung auf die Auslandsdeutschen in ein Tätigkeitsfeld vor, das schon von

---

54 NStAOl Best. 271–14/677, Protokoll-Auszug der Sitzung vom 16. 6. 1924.
55 Conrad Grau, Die Wissenschaftsakademien in der deutschen Gesellschaft. Das „Kartell"
   von 1893 bis 1940, in: Die Elite der Nation im Dritten Reich, S. 31–56, hier S. 40 f.
56 BAB R43/I/812, Besprechung betr. die Deutsche Akademie in München 2. 3. 1925, Protokoll vom 3. 3. 1925.
57 Vgl. hierzu Beate Schroeder-Gudehus, Internationale Wissenschaftsbeziehungen und
   auswärtige Kulturpolitik 1919–1933. Vom Boykott und Gegenboykott zu ihrer Wiederaufnahme, in: Forschung im Spannungsfeld von Politik und Gesellschaft. Geschichte und
   Struktur der Kaiser Wilhelms- und Max-Planck-Gesellschaft, hrsg. von Rudolf Vierhaus
   und Rüdiger vom Bruch, Stuttgart 1990, S. 858–885.

anderen Institutionen bearbeitet werde. Die Beamten der Ressorts einigten sich darauf, zu der für den 5. Mai 1925 geplanten feierlichen Gründungsveranstaltung der Deutschen Akademie in München keinen Minister zu entsenden, sondern nur einen Staatssekretär des Reichsinnenministeriums. Der badische Staatspräsident Willy Hellpach schrieb denn auch wenige Wochen vor der feierlichen Eröffnung an Frey, die Gründung sei „draußen im Lande und auch in den wissenschaftlichen Kreisen vielfach auf Zweifel und Bedenken gestoßen, weil man Ziel und Wege für nicht hinreichend geklärt hielt."[58] Auch der Rektor der Göttinger Universität fragte bei seinem Kollegen in München an, ob dieser gedenke, an der Eröffnungsveranstaltung teilzunehmen, da man in Göttingen wegen der vielfachen Vorbehalte der anderen Akademien und Universitäten im Reich gegenüber der Neugründung unschlüssig sei, ob man einen Vertreter zum Festakt in die bayerische Landeshauptstadt entsenden solle.[59]

Der Umstand, daß das ambitionierte Unternehmen sich auch noch mit einem hundertköpfigen beratenden und respektheischenden Senat ausgewählter Persönlichkeiten des geistigen, politischen und wirtschaftlichen Lebens schmücken wollte, angelehnt an die „40 Unsterblichen" der Académie Française, führte ebenfalls zu Komplikationen und Verzögerungen. Die Gründer mußten sich zunächst auf die hundert in ihren Augen wichtigsten Personen einigen und diese sodann um ihre Zustimmung bitten, ein Prozeß, der sich bis Anfang 1925 hinzog. Es wurde schließlich ein reiner Männersenat, denn die Bitte des Generalsekretärs an die Korrespondenzpartner der Akademie, man möge ihm doch bitte auch drei oder vier prominente Frauen benennen, „da besonders geeignete Vertreterinnen hier nicht bekannt sind",[60] blieb offenbar unbeantwortet. Im Mai 1925 hatte man sich schließlich auf 93 Herren geeinigt und auch deren Zusage erhalten.

An bekannten Wissenschaftlern waren im Senat u. a. der Physiker Max Planck, der Historiker Erich Marcks, der Kunsthistoriker Georg Dehio, der Geograph Erich von Drygalski, der Theologe Adolf von Harnack, der Philosophieprofessor Rudolf Eucken und als Mediziner Ferdinand Sauerbruch vertreten. An der Auswahl der Senatoren ließ sich einmal mehr die politische Orientierung der Neugründung ablesen, die sich offiziell parteipolitisch neutral gab. Außer Adam Stegerwald, der zudem eher als Vertreter des Zentrums denn als Vertreter der Gewerkschaften angesehen wurde, befand sich kein Vertreter der Arbeiterbewegung unter ihnen. Politiker, soweit sie überhaupt im Senat saßen, gehörten der Zentrumspartei an, der Schwesterpartei der in Bayern seit 1924 regierenden BVP – so etwa der Prälat Georg Schreiber und Konrad Adenauer – oder dem rechten, durch DVP und DNVP geprägten parteipolitischem Spektrum.[61] An Publizisten war der in Opposition zur Republik stehende Herausgeber der „Deutschen Rund-

---

58 BHStA MK 40443, Schreiben Hellpachs an den Generalsekretär der Deutschen Akademie, 14. 4. 1925.
59 Universitätsarchiv der Ludwig-Maximlians-Universität München Senatsakten Nr. 768, Schreiben des Rektors der Georg-August-Universität an den Rektor der Ludwig-Maximilians-Universität, 24. 4. 1925.
60 Bundesarchiv Koblenz (BAK) N1160/I/142, Rundschreiben der Deutschen Akademie betr. Entwurf der Senatorenliste, 3. 12. 1924.
61 Die Liste der Senatoren ist abgedruckt in: MdDA, 1 (1925/26), S. 4–6.

schau", Rudolf Pechel, vertreten, nicht aber z.B. Theodor Wolff. Ebensowenig gab es unter den Senatoren Künstler der in den zwanziger Jahren aufblühenden, heute als „klassische Moderne" bezeichnenden Kultur: Vertreter des Bauhauses, des noch jungen, aber gerade in der Frühphase der Weimarer Republik aufblühenden Mediums Film, der Großstadtliteratur, des Massen- und Agitprop-Theaters oder Komponisten atonaler Musik suchte man vergeblich unter den Senatoren. Dichter wie Gerhart Hauptmann und Thomas Mann, Komponisten wie Richard Strauss und der Maler Max Liebermann waren das Äußerste an künstlerischer Avantgarde, was man als Repräsentanten deutscher Kultur unter den Senatoren duldete. Diejenigen Personen, welche man als Senatoren gewinnen wollte und die schließlich zustimmten, waren also eher Vertreter der politischen, administrativen, kulturellen und wirtschaftlichen Elite des vergangenen Kaiserreiches. Selbst Repräsentanten der betrauerten, da verlorengegangen militärischen Macht des Kaiserreiches wie der Kolonialheld und wegen Beteiligung am Kapp-Putsch 1920 frühpensionierte Generalmajor Paul von Lettow-Vorbeck, Großadmiral Alfred von Tirpitz und Feldmarschall Paul von Hindenburg wurden gegenüber Vertretern der seit 1918/19 eingetretenen neuen politischen Verhältnisse und der in der Weimarer Republik aufblühenden künstlerischen Avantgarde bevorzugt. Thomas Mann, der im November 1926 die Eröffnungsrede anläßlich der Gründung der liberal gesinnten „Münchener Gesellschaft von 1926" hielt, die der bayerischen Metropole wieder zum kulturellen und avantgardistischen Glanz der Vorkriegszeit verhelfen wollte, mokierte sich folglich über die Deutsche Akademie, die „doch im wesentlichen ein rückwärts gewandtes, ich meine: historisch eingestelltes Institut ist". Sie zeuge, ganz im Gegensatz zu der von der Preußischen Akademie der Künste soeben eingerichteten „Sektion für Dichtkunst" nicht gerade von einem lebhaften Verständnis für den Sinn und die Erfordernisse der Zeit.[62] Auch von gänzlich entgegengesetzter Seite wurde die zutiefst konservative Ausrichtung der Deutschen Akademie später herausgestellt: NS-Chefideologe Alfred Rosenberg bezeichnete 1941 die Deutsche Akademie, die seinen Plänen für eine „Hohe Schule" der NSDAP im Wege stand, als eine Organisation, die bis 1933 „halb deutsch-national, halb klerikal" gewesen sei.[63]

6. Die offizielle Gründung

Gegenüber der ursprünglichen von Ritter zu Grünstein zwei Jahre zuvor angestoßenen Initiative war 1925 also eine entscheidende konzeptionelle Änderung eingetreten: Die Zielgruppe, an die sich die neue Einrichtung vor allem richten wollte, würden die Deutschen inner- und außerhalb der Reichsgrenzen sein. Die Konstituierung und Festigung der Kulturnation, die in den Augen der Gründer

---

[62] Die Ansprache ist abgedruckt in: Der Zwiebelfisch, 20 (1927), S. 1–6, hier S. 4.
[63] IfZ MA 544, Schreiben Rosenbergs an Martin Bormann betr. Hohe Schule und Deutsche Akademie, 20. 3. 1941.

nicht an den Reichsgrenzen aufhörte, wurde letztlich als wichtiger angesehen als die Verbreitung von Kenntnissen über diese unter Nichtdeutschen.

Trotz aller bestehenden Widerstände seitens der etablierten Akademien und des Reiches, die aus dieser Schwerpunktverschiebung von einem auf das Ausland zielenden kulturpolitischen „Deutschen Institut" zu einer auch wissenschaftlichen, vor allem auf die Deutschen innerhalb und außerhalb des Reiches abstellenden „Deutschen Akademie" resultierten, fand am 5. Mai 1925 die offizielle Gründungsversammlung in der Aula der Münchener Universität statt. Man hatte bewußt die Veranstaltung möglichst nahe an die ebenfalls für Mai anvisierte und zwei Tage später erfolgende Eröffnung des „Deutschen Museums" gekoppelt:[64] zum einen in der Hoffnung, damit möglichst viele Honoratioren aus ganz Deutschland nach München locken zu können, zum zweiten um deutlich zu machen, daß München zukünftig nicht nur eine Art Schrein für die Errungenschaften der deutschen Natur- und Ingenieurwissenschaften sein würde, sondern auch ein Zentrum zur Erforschung und Verbreitung deutscher Kultur. Doch war die Gründungsversammlung nicht so hochgradig besucht, wie man es von einer Institution erwarten konnte, die mit dem Anspruch auftrat, die „Deutsche Akademie" zu sein. Nur wenige der 93 Senatoren waren angereist. Das Reich ließ sich nur durch einen Staatssekretär des Reichsinnenministeriums und das preußische Kultusministerium durch einen Ministerialdirektor vertreten. Lediglich die Länder Bayern, Baden, Württemberg und Thüringen waren durch Regierungschefs vertreten, Österreich hatte immerhin den Erziehungsminister entsandt.[65] Mit dieser ungleichen Verteilung der Ehrengäste deutete sich einmal mehr ein Problem an, mit dem die Deutsche Akademie in den nächsten Jahren weiterhin zu kämpfen hatte: Trotz ihres gesamtdeutschen Anspruchs wurde sie nördlich des Mains eher als eine bayerische bzw. katholische Einrichtung angesehen – ein Eindruck, der durch den Umstand nicht gerade entkräftet wurde, daß der erste Präsident Lehrstuhlinhaber für katholische Kirchengeschichte war.

---

[64] NStAOl Best. 271–14/679, Zur Vorgeschichte (wie Anm. 3).
[65] Münchener Neueste Nachrichten, 6. 5. 1925.

II. Arbeitsaufnahme im Zeichen der latenten Krise (1925–1929)

Daß die offizielle Gründung der Deutschen Akademie im Mai 1925 nicht die erhoffte Resonanz in der deutschen Öffentlichkeit fand, war schon den Gründern bewußt. Haushofer sowie Senator Pechel kritisierten bereits unmittelbar nach dem feierlichen Gründungsakt die mangelhafte Öffentlichkeitsarbeit. Haushofer trat deshalb sowie wegen seiner vielfältigen anderen Verpflichtungen im Juli 1925 von seinem Posten als Präsident der praktischen Abteilung zurück.[1] Der in Berlin sitzende Pechel sah zudem die Geschäftsstelle der Akademie in München als eine Art Sinekure für pensionierte bayerische Offiziere und Beamte wie Generalsekretär Frey, Geschäftsführer Heinrich Graf von Luxburg und den Nachfolger Haushofers, Staatssekretär Hans von Welser, die auf kulturpolitischem Gebiet gänzlich unerfahren waren.[2] Frey schrieb im Oktober 1925 an Pfeilschifter, eine der Ursachen für die noch mangelnde Verankerung des Gedankens der Deutschen Akademie im deutschen Volk sei die fehlende Pressearbeit. Daher empfehle sich die Einstellung eines Pressereferenten. Für die Besetzung des Postens habe man auch schon einen geeigneten Kandidaten ausfindig gemacht, den bei den „Dresdener Nachrichten" tätigen Journalisten Franz Thierfelder.[3]

1. Ein neuer Pressereferent: Franz Thierfelder

Die eingeholten Informationen über den anvisierten neuen Pressereferenten[4] klangen in der Tat vielversprechend:

„Nach vertraulicher Auskunft der beiden Bürgermeister von Dresden ist Thierfelder ein außerordentlich begabter Mann von 30 Jahren. Er hat als primus omnium die Fürstenschule in Meißen absolviert, war vorbildlich als Freiwilliger und später Offizier im Feld, hat voll Volkswirtschaft und Philologie studiert, war schriftstellerisch auf dem Gebiet der Durchforschung und Pflege der deutschen Kultur tätig. Er hat auch über Pflege und Verbreitung deutscher Kultur im In- und Ausland eine Denkschrift verfaßt, die im Auswärtigen Amt Beachtung fand. Dr. Thierfelder gilt als Mann von größter Arbeitsfreudigkeit, größter Redegewandtheit, Zuverlässigkeit und vornehmer Gesinnung. Er soll sich an jeder Arbeitsstätte alsbald Achtung und Wertschätzung erworben haben."[5]

---

1 Vgl. Haushofers Schreiben an Rudolf Pechel vom 10. 6. 1925, abgedruckt in: Jacobsen, Haushofer, Bd. 2, Dokument 28.
2 BAK N1160/I/142, Notizen Pechels für die Senatssitzung in Köln am 22. 10. 1926.
3 BAB R51/1, Schreiben Freys an Pfeilschifter, 18. 10. 1925.
4 Thierfelder war im übrigen bereits der zweite Kandidat für den Posten, da die Akademie im Sommer 1925 kurzzeitig einen Journalisten namens Beckmann angestellt hatte, der aber nach wenigen Wochen schon wieder entlassen worden war.
5 BHStA MA 100128, Schreiben Pfeilschifters an Ministerpräsident Held, 17. 9. 1925.

Der Deutschen Akademie war offenbar sehr an der Verpflichtung Thierfelders gelegen, denn mit monatlich 600 RM Anfangsgehalt war die Akademie bereit, ihm weitaus mehr zu bezahlen als Generalsekretär Frey und Geschäftsführer Luxburg, die als Teilzeitkräfte nur 250 RM erhielten. Zusätzlich kam die Akademie für Thierfelders Umzug auf und bot ihm eine mehr als einjährige Kündigungsfrist. Thierfelder erfüllte die in ihn gesetzten hohen Erwartungen. Mit ihm, der im Februar 1926 von Dresden nach München übersiedelte, hatte die Deutsche Akademie eine Arbeitskraft gewonnen, die bald weit über die Pressearbeit hinaus entscheidende Impulse für ihre weitere Entwicklung geben sollte. Thierfelders neuer Arbeitgeber wurde sich dessen schnell bewußt. Schon nach einem Jahr, im März 1927, setzte sich Pfeilschifter unter Hinweis auf Thierfelders geistige Regsamkeit, Eigeninitiative, Kontaktfreudigkeit und schnelle Arbeitsweise für ein höheres Gehalt des neuen Mitarbeiters ein, um ihn der Akademie zu erhalten. Auch von Müller, Pfeilschifters Nachfolger, schätzte Thierfelders Arbeit und befürwortete 1928 eine erneute Gehaltserhöhung: „Es ist mir außerordentlich daran gelegen, Herrn Dr. Thierfelder bei der Deutschen Akademie zu behalten. Er hat gute Ideen und ist selbständig, hat journalistische Begabung und er ist eine besonders wertvolle Arbeitskraft."[6]

Da Thierfelder für die Entwicklung der Deutschen Akademie wie auch für die Wiedergründung des Goethe-Instituts nach 1945 eine entscheidende Rolle spielte, und folglich breiten Raum in dieser Studie einnimmt, sei hier kurz sein Lebensweg rekapituliert.[7] Franz Felix Reinhold Thierfelder wurde am 24. April 1896 in Deutschenbora in Sachsen als Sohn einer protestantischen Arztfamilie geboren, zu deren Vorfahren der sächsische Jurist, Philosoph und Wegbereiter der Aufklärung in Deutschland, Christian Thomasius, zählte. Nach dem Abitur an der renommierten Fürstenschule in Meißen meldete er sich 1914 als Kriegsfreiwilliger zur Infanterie. Ab 1916 bekleidete er den Rang eines Leutnants, im Juli 1918 geriet er schwerverwundet und hochdekoriert in Nordfrankreich in französische Kriegsgefangenschaft, aus der er im Oktober 1919 entlassen wurde. Nach Sachsen zurückgekehrt, studierte er in Leipzig Germanistik, nordische Sprachen, Zeitungs- und Staatswissenschaften sowie Volkswirtschaft. Im Jahre 1921 nahm er als Freiwilliger an der Niederschlagung des kommunistischen Aufstandsversuches in Mitteldeutschland teil. Er schloß das Studium 1922 mit einer Promotion zu einem Thema der schwedischen Literatur des 16. und 17. Jahrhunderts und einer Promotion in Volkswirtschaft über den Bund der Landwirte in Sachsen ab. Anschließend arbeitete er als Journalist für die „Ostdeutsche Morgenpost" in Beuthen,

---

6   BAB R51/10144, Schreiben Pfeilschifters an den Finanzausschuß der Deutschen Akademie, 18. 3. 1927 sowie BHStA MA 100128, Schreiben von Müllers an den Finanzausschuß, 8. 11. 1928.
7   Zu Thierfelder vgl. auch Helms-Hardcastle, Franz Thierfelder. Die folgenden Angaben basieren aber vor allem auf zwei erhaltenen Lebensläufen von 1938 und von 1945 sowie dem Fragebogen zur Entnazifizierung von 1945, die alle nicht von Hardcastle benutzt worden sind. Das erste Dokument befindet sich im Bundesarchiv Berlin in den Unterlagen des Berlin Document Centers in der Personalakte Thierfelders der Reichskulturkammer, die anderen beiden Dokumente in der Personalakte Thierfelders im Bestand der Deutschen Akademie (R51/10116).

dann für die „Kattowitzer Zeitung", die „Goslarer Zeitung" und schließlich als
Leitartikler und Redakteur für die „Dresdener Nachrichten". Er betätigte sich
nebenbei als Übersetzer aus dem Schwedischen.[8] Außerdem war er, folgt man
seinem Lebenslauf von 1938, mehr oder weniger des Holländischen, Afrikaans,
Englischen, Französischen, Bulgarischen und Griechischen mächtig. Zum Zeitpunkt der Arbeitsaufnahme bei der Deutschen Akademie war er verheiratet und
hatte zwei Töchter, ein Sohn wurde 1933 geboren.

Obwohl nicht parteipolitisch aktiv, war er wie die meisten seiner Generation,
seines sozialen Hintergrunds und Bildungswegs kein Freund der Weimarer Republik. Er war vielmehr ihren konservativ-revolutionären Gegnern zuzurechnen,
die dem angeblich oberflächlichen Materialismus des westlichen Parlamentarismus einen nebulösen, autoritären, angeblich sittlich höherstehenden, im Volkstum
verwurzelten, „organisch" gewachsenen statt „mechanisch" konstruierten Staat
entgegenstellen wollten.[9] So schrieb er beispielsweise ganz im Stile der rechten
Kritiker der Republik 1930:

„Gerade heute wächst die Sehnsucht nach einer tieferen Sinngebung des Lebens, der Liberalismus englischer Färbung, der ungehemmte Kapitalismus und das Streben nach Weltherr-
schaft haben keine Harmonie in das Leben der Völker zueinander gebracht und der Materialismus aller Schattierungen ist wissenschaftlich tot und praktisch als schwerste Bedrohung
der Menschheit erkannt worden."[10]

In seinem Fragebogen vom Juli 1945 zur Entnazifizierung führte er u. a. den zwei
Jahre älteren Edgar Julius Jung, der seit der Veröffentlichung seines Buchs „Die
Herrschaft der Minderwertigen" 1927 als eine der wichtigsten Vordenker der
Konservativen Revolution in Deutschland galt, als Freund auf. Dieser lebte seit
Mitte der zwanziger Jahre ebenfalls in München.[11] Thierfelder publizierte in entsprechenden, rechts angesiedelten Organen wie den „Süddeutschen Monatsheften", der „Deutschen Rundschau" und der DVP-nahen „Deutschen Allgemeinen
Zeitung". Der Ruf der Deutschen Akademie, der ihr außerhalb Bayerns voraus-
ging, nämlich eine nationalistische Einrichtung zu sein, die z.B. unter ihren Senatoren keinen Sozialdemokraten zählte, dürfte Thierfelder daher kaum gestört haben. Ihr anfänglicher Arbeitsschwerpunkt – die Förderung des Auslandsdeutschtums – war ebenfalls Anreiz für ihn, nach München überzusiedeln. So bekannte er

---

[8] So übersetzte er den zweibändigen Roman von Mailo Talvio, Die Kraniche, Hamburg
1927.
[9] Vgl. Kurt Sontheimer, Antidemokratisches Denken in der Weimarer Republik. Die Ideen
des deutschen Nationalismus, München ⁴1992; Stefan Breuer, Anatomie der Konservativen Revolution, Darmstadt ²1995.
[10] Franz Thierfelder, Geistige Grundlagen kultureller Auslandsarbeit, in: Süddeutsche Monatshefte, 28 (1930/31), S. 225–229, hier S. 228.
[11] Allerdings schien Thierfelder 1945 die Erwähnung Jungs wohl nicht wegen dessen politischer Gesinnung opportun, sondern weil Jung, Ghostwriter der berühmten regimekritischen „Marburger Rede" des konservativen Vizekanzlers Franz von Papen, bereits Ende
Juni 1934 im Zuge des angeblichen „Röhmputsches" von den Nationalsozialisten ermor-
det worden war. Zu Jung vgl. Bernhard Jenschke, Zur Kritik der konservativ-revolutionären Ideologie in der Weimarer Republik. Weltanschauung und Politik bei Edgar Julius
Jung, München 1971 sowie Larry Eugene Jones, Edgar Julius Jung. The Conservative Revolution in Theory and Practise, in: Central European History, 21 (1988), S. 143–174.

zwanzig Jahre später, seine damalige eigene Auffassung auf seine ganze Generation übertragend, daß die Jugend im Reich nach dem Ersten Weltkrieg den Gedanken, die geistige Verbundenheit aller Deutschen in der Welt zu fördern, als eine gerade ihr vorbehaltene nationale Mission aufgefaßt habe. Schließlich habe es kein anderes Volk gegeben, welches so weit über den Erdball zerstreut gewesen sei.[12]

2. Finanzielle Probleme

Auch der Arbeitsantritt Thierfelders in München änderte vorerst nichts an den gravierenden Startproblemen der Deutschen Akademie. Ursache für die Schwierigkeiten waren weniger in der mangelnden Öffentlichkeitsarbeit begründet als darin, daß für die Öffentlichkeit wie auch für potentielle Förderer in den Regierungsstellen und der Wirtschaft das Aufgabenprofil und damit die Existenzberechtigung der neuen Institution schlechthin zunächst schwer erkennbar blieb. Die Akademie sah sich in den ersten zwei Jahren ihrer Existenz hinsichtlich künftiger Arbeitsfelder mit den verschiedensten Vorstellungen ihrer Präsidenten sowie Anträgen und Gesuchen seitens ihrer Senatoren, aber auch anderer Personen und Institutionen im In- und Ausland konfrontiert. Für die erste Hauptversammlung, die im Oktober 1926 in Köln stattfand, sah der Katalog an Forderungen hinsichtlich anzugehender Projekte u. a. die Erstellung einer Schriftenreihe vor, die in kurzer, verständlicher Form wesentliche Aspekte der deutschen Kultur dem In- wie Ausland erklären sollte. Ferner führte er eine zu erstellende Statistik deutscher Kulturstützpunkte im Ausland auf sowie ein zu erarbeitendes Verzeichnis aller deutscher oder ehemals deutscher Ortsnamen jenseits der Reichsgrenzen. Auch die Forderung nach Überprüfung ausländischer Schulbücher auf möglichen deutschfeindlichen Inhalt durch die Akademie wurde erhoben.[13] Daneben ergingen an die Deutsche Akademie Stipendienanträge auslandsdeutscher Studenten und von Ausländern sowie Förderungsanträge deutscher Kulturinstitutionen im Ausland. Weitere Vorschläge sahen die Arbeit der Deutschen Akademie zukünftig auf dem Gebiet der Sprachpflege, vor allem im Kampf gegen Fremdworte im deutschen Sprachschatz, wozu im Juni 1926 eine Vereinbarung mit dem Deutschen Sprachverein geschlossen wurde,[14] und in der Beschäftigung mit der Frage, ob Antiqua oder Fraktur die der deutschen Sprache angemessene Schriftart sei.[15] Zur Beantwortung dieser Frage setzte die Akademie einen speziellen Fachausschuß ein, der im Juni 1927 tagte, ohne eine endgültige Entscheidung zu treffen und vielmehr weitere Forschungen auf diesem Gebiet forderte.[16] Ähnlich bunt

---

[12] Franz Thierfelder, Volk – Nation – Staat, Aachen 1947, S. 15.
[13] NStAOl Best. 271–14/679, Schreiben Onckens an die Mitglieder der wissenschaftlichen Sektionen der Deutschen Akademie, 9. 10. 1926.
[14] Abgedruckt in: MdDA, 1 (1925/26), S. 226 f.
[15] NStAOl Best. 271–14/679, Aufzeichnung Onckens über die Anträge für die Hauptversammlung 1926, 9. 10. 1926.
[16] Das gesamte Heft für September/Oktober 1927 der „Mitteilungen" ist dieser Frage gewidmet. Die Akademie selbst verfolgte in der Schriftfrage im übrigen einen Schlingerkurs, der in gewisser Weise Ausdruck ihres unklaren auslandskulturpolitischen Profils war: Die

waren die Vorschläge für die Jahresversammlung im Oktober 1927: So wurde ein Ausschuß gefordert, der die Rechtschreibung orientalischer und slawischer Eigennamen, die in die deutsche Sprache Eingang gefunden hatten, einheitlich regeln solle. Ein anderer Antrag forderte die Bereitstellung von Geldern zur Herstellung von Kunstdrucken deutscher Meisterwerke der Malerei, um den Kunstgeschmack in den deutschen Haushalten zu heben, der angeblich durch kitschige oder ausländische Reproduktionen gefährdet sei.[17]

Selten jedoch rang man sich in München zu einem eindeutigen „Nein" hinsichtlich der an die Akademie in den ersten Jahren herangetragenen Vorschläge zur kulturpolitischen Arbeit gegenüber dem In- wie Ausland durch. Deutlich wurde aus diesen Anträgen erneut, daß viele Senatoren und Vertreter der Ortsgruppen das Wirkungsfeld der Akademie in der Anfangsphase hauptsächlich im Hinblick auf das eigene Volk sahen, das vor dem Eindringen fremder Kultureinflüsse geschützt und zugleich sich seiner Nationalkultur, die es zu vereinheitlichen galt, stärker bewußt werden müsse. Im übrigen ließ man sich zwar gerne zum Senator der Akademie ernennen oder in eine ihrer wissenschaftlichen Sektionen berufen, doch hielt sich das Engagement für die Arbeit der Akademie bei Senatoren[18] wie Wissenschaftlern in den Sektionen in Grenzen: „Da saß man abends heiter und angeregt mit alten und neuen Freunden zusammen, da freute man sich an wohlgelungenen Festreden und an ausgezeichneten Vorträgen, da sah man große Leute aus aller Welt. Aber wo waren die Leistungen, die dieser Deutschen Akademie ihr Schwergewicht gaben. Und wo waren die notwendigen Mittel?" So lautete das rückblickende Resümee des Germanisten Friedrich von der Leyen, Mitglied der Sektion Deutsche Sprache, Literatur und Volks- und Altertumskunde und von 1937 bis 1939 Präsident der wissenschaftlichen Abteilung.[19]

Daß die in den Gremien herrschende Unklarheit über Aufgaben und weitere Entwicklung der Akademie potentielle Unterstützer abschreckte, merkte u.a. der Publizist Paul Rohrbach auf seinen Werbereisen für die Akademie durch das Reich. Er war seit 1927 Leiter der Praktischen Abteilung und damit auch für die Verbreitung der Vorstellungen und Ziele der Akademie in Deutschland und die

---

ersten Ausgaben der „Mitteilungen" wurden in Antiqua gedruckt. 1931 stellte man sie dann auf Antrag von Senator Karl Christian von Loesch, dem Vorsitzenden des „Deutschen Schutzbundes", auf Fraktur um, da dieser Schrifttyp die Verbreitung deutscher Kultur unter Ausländern nicht wesentlich behindere, aber angeblich ein wichtiger Beitrag zum Erhalt des völkischen Eigenart der Auslandsdeutschen darstelle. Dabei blieb es vorerst, da auch Thierfelder in den dreißiger Jahren argumentierte, eine von der internationalen Norm abweichende Schriftform sei, verglichen mit den anderen Problemen bei der Erlernung einer fremden Sprache, ein zu vernachlässigender Faktor, während zugleich die gotische Schrift mit deutscher Kultur quasi gleichgesetzt werde. Im Jahre 1942 schließlich stellte die Akademie im Sinne der nunmehr „ausländerfreundlichen" Schriftpolitik des NS-Regimes die „Mitteilungen" wie auch die Zeitschrift „Deutschunterricht im Ausland" auf die lateinischen Lettern um (vgl. hierzu Kapitel 6).

[17] BAK N1160/I/142, Tagesordnung für die Sitzung des Senates, 14. 10. 1927.

[18] Bei der Hauptversammlung der Deutschen Akademie in Jena im Oktober 1929 waren beispielsweise nur 10 Senatoren anwesend.

[19] Friedrich von der Leyen, Leben und Freiheit der Hochschule. Erinnerungen, Köln 1960, S. 225.

Betreuung der Ortsgruppen verantwortlich. So schrieb er im November 1928 anläßlich einer Rundreise in Sachen Deutsche Akademie aus Bamberg an Oncken, es
sei ein klarer Arbeitsplan für die künftige Tätigkeit der Akademie vonnöten.

„Ich mache auch jetzt in Nordbayern wieder die Erfahrung, daß alles Werben und Reden
vergeblich ist, wenn man den Leuten nicht sagen kann: die und die einleuchtende, begreifli-
che und bestimmte Sache wollen wir machen, und zu der bitten wir Euch um Hilfe. Was in
der Akademie bisher geleistet worden ist, das will ich in keiner Weise verkleinern. Es hat aber
doch keine rechte Werbekraft für weitere Kreise offenbart und hat nicht den Namen der
Akademie über einen engeren Kreis hinaus bekannt gemacht."[20]

Dabei schien Akzeptanz und Kenntnis der Deutschen Akademie und damit der
Spendenzufluß um so schwächer zu werden, je weiter man sich von München entfernte. Das Süd-Nord-Gefälle in der Förderung zeigte sich zum Beispiel bei der
Aktivität der Ortsgruppen. Sie hatten nicht nur die Idee und Arbeit der Deutschen Akademie bis in die hintersten Winkel Deutschlands zu tragen und damit
zur einer Konstituierung einer geeinten Kulturnation beizutragen. Sie sollten zugleich einen Großteil der Mitgliedsbeiträge und Spenden an die Münchener Zentrale abführen, damit diese, so der ursprüngliche Gedanke, bei ihrer Finanzierung
frei von jedweder staatlichen oder parteipolitischen Einflußnahme bleibe. Gerade
beim Konzept der Finanzierung mittels Ortsgruppen machte sich die Tatsache,
daß die Deutsche Akademie auf Initiative Münchener Honoratioren und in München gegründet worden war, nachteilig bemerkbar. Die Ortsgruppen manch kleinerer bayerischer Städte, Ende der zwanziger Jahre waren es schließlich 39 im
ganzen Reich, trugen mehr zum Budget der Akademie bei als diverse Großstädte
außerhalb Bayerns. So überwies die Ortsgruppe Berlin zwischen 1925 und 1930
nur 7000 RM, Leipzig 4770 RM, Köln 1760 RM und Bremen gar nur 600 RM nach
München. Aus München selbst hingegen flossen 34 230 RM in die Kassen, aus
Nürnberg 16 000 RM, aus Fürth 11 367 RM und selbst Kitzingen überrundete
Berlin an Beiträgen mit 7175 RM.[21] Die Ortsgruppe Berlin, unter dem Namen
„Berliner Freunde der Deutschen Akademie" firmierend, und potentiell die wichtigste, da für den Kontakt zu den Reichsstellen verantwortlich, wurde, ebenso wie
die Breslauer Ortsgruppe, anstatt Gelder nach München zu überweisen, schließlich sogar für ihre Repräsentationsaufgaben von Zuwendungen aus München abhängig.[22] Auf der Hauptversammlung der Deutschen Akademie im Oktober 1929
in Jena klagte denn auch Hauptgeschäftsführer Fehn über die oft anzutreffende
Auffassung, daß die Deutsche Akademie eine bayerische, einseitig konfessionelle
und nationalistisch eingestellte Organisation sei, was der reichsweiten Verbreitung ihrer Idee entgegenstehe.[23]
    Auch unabhängig vom Süd-Nord-Gefälle und dem unklaren Tätigkeitsprofil
der Akademie erwies sich die Idee, die Akademie durch Ortsgruppen zu finanzie-

20 NStAOl Best. 271–14/469, Brief Rohrbachs an Oncken, 27. 11. 1928.
21 BHStA MA 100128, Aufstellung über die Finanzen der Deutschen Akademie 1929/30, ca.
   Herbst 1930.
22 Müller, Lebenserinnerungen, S. 242.
23 Bericht über die 4. Hauptversammlung der Deutschen Akademie in Jena (17./18. 10.
   1929), in: MdDA, 4 (1929), S. 297–322, hier S. 319.

ren, schon nach einem Jahr als nicht tragfähig. Die latente Wirtschaftskrise, in der sich die Weimarer Republik selbst in ihrer Phase der relativen Stabilität befand, verhinderte ohnehin den Zufluß von Spendengeldern in ausreichendem Maße. Schatzmeister Wilhelm Kisskalt, hauptberuflich Generaldirektor der Münchener Rückversicherungsgesellschaft, machte deutlich, daß nur großzügige Spenden aus der Wirtschaft oder Unterstützung von staatlicher Seite die Arbeit und den Ausbau der Akademie langfristig sichern könnten.[24] Der jährliche Etat der Akademie, der sich aus den Zuwendungen der Ortsgruppen, Spenden aus der Wirtschaft und den Erträgen des Stiftungsvermögens von etwa 140 000 RM zusammensetzte, bewegte sich in den zwanziger Jahren zwischen 90 000 und 100 000 RM.

Die von Kisskalt bereits 1926 anvisierte Alternative der Subventionierung der Arbeit durch Stellen des Reiches hatte jedoch in den zwanziger Jahren wenig Aussicht auf Realisierung. Gerade die Fixierung der Akademie auf die Auslandsdeutschen als Adressaten kultureller Aktivitäten, für die Gründer im Kontext der zwanziger Jahre zunächst naheliegend, erwies sich als nachteilig für die junge Organisation. Auf diesem Gebiet gab es eher ein Zuviel denn ein Zuwenig an Institutionen im Reich. Hier traf die Deutsche Akademie vor allem auf den 1908 aus dem „Deutschen Schulverein" hervorgegangenen VDA und das 1917 gegründete DAI in Stuttgart, das vor allem über die Auslandsdeutschen forschte. Da sich die kulturpolitisch eher unerfahrenen Gründer der Deutschen Akademie offenbar wenig um die Tätigkeit bereits bestehender Einrichtungen gekümmert hatten, eckten sie schon in der Gründungsphase nicht nur bei den etablierten Akademien an, sondern auch bei den sich mit dem Auslandsdeutschtum beschäftigenden Institutionen. Die Idee, im Rahmen der Überarbeitung der „Allgemeinen Deutschen Biographie" in ihrer Sektion Geschichte auch eine Biographie bedeutender Auslandsdeutscher herauszugeben, rief z. B. im November 1926 einen geharnischten Protest aus Stuttgart hervor. Nicht zu Unrecht schrieb der Präsident des DAI, Theodor Wanner:

„Ich muß es unter diesen Umständen sehr lebhaft bedauern, daß die Deutsche Akademie bei derlei Arbeiten sich sowenig in Fühlung mit bestehenden Auslandsdeutschtumsverbänden hält, daß sie von diesen Arbeiten nichts weiß [...] Ich würde es sehr bedauern, wenn bei der Weiterbefolgung solcher Pläne durch die Deutsche Akademie das Deutsche Auslandsinstitut gezwungen wäre festzustellen, daß die Deutsche Akademie Gedanken hegt, die andere vor ihr gehabt haben und Arbeiten anfängt, von deren Beginn andere Deutschtumsverbände bereits offiziell Mitteilung gemacht haben."[25]

Der Plan wurde folglich fallengelassen.

Diese Konkurrenz zu etablierteren Institutionen im bereits intensiv beackerten Feld der Förderung und Betreuung des Auslandsdeutschtums verhinderte die Anerkennung und Förderung durch das Auswärtige Amt, dem hierfür federführenden Reichsressort. In einer „Aufzeichnung über die Vereine zur Förderung des Deutschtums im Ausland" des Auswärtigen Amts vom 25. Januar 1927 fanden

---

[24] Bericht des Schatzmeisters Kisskalt für die Hauptversammlung der Deutschen Akademie 1926, in: Jacobsen, Haushofer, Bd. 2, Dokument 34.
[25] NStAOl Best. 271–14/629, Schreiben des Deutschen Auslandsinstituts an die Deutsche Akademie, 9. 11. 1926.

beispielsweise unter den insgesamt 14 aufgeführten Einrichtungen zwar neben den großen Organisationen wie dem VDA, der „Deutschen Stiftung" und dem „Deutschen Schutzbund" auch kleinere Organisationen wie die „Sächsische Jungenschaft", die landwirtschaftliche Praktikanten nach Siebenbürgen vermittelte, und der „Ausschuß für Minderheitenrecht" Erwähnung. Die Deutsche Akademie hingegen fehlte in der Liste.[26] Die Vorsitzenden der „Berliner Freunde der Deutschen Akademie" hatten bei einer Besprechung mit dem Leiter der Kulturabteilung des Auswärtigen Amts im März 1927 „den Eindruck einer befremdenden kühlen Einstellung gegenüber der Deutschen Akademie", da laut Auswärtigem Amt ihre Gründung geeignet sei, die „Kreise" anderer Verbände zu stören.[27]

3. Aktivitäten 1925–1929

Worin bestand also die Aktivität der Akademie in der Anfangszeit? Die vier Sektionen der wissenschaftlichen Abteilung hatten sich unmittelbar vor bzw. kurz nach der Gründungsversammlung vom Mai 1925 konstituiert. Im Zentrum ihrer Anstrengungen stand zunächst eine Reihe von Gesamtausgaben der Werke bedeutender Deutscher, von denen jedoch keine bis zur Auflösung der Akademie im Jahre 1945 vollendet wurde. So arbeitete man in der Sektion für Deutsche Kunst und Musik an einer Werksausgabe des Komponisten Carl-Maria von Weber, von der bis 1930 noch kein Band erschienen war. Das zweite, Anfang der dreißiger Jahre abgeschlossene Großprojekt war die fotographische Erfassung des Regensburger Doms. Die Sektion für Deutsche Sprache, Literatur und Volks- und Altertumskunde bereitete eine Werksausgabe Jean Pauls vor, von der bis 1930 sechs Bände erschienen. Ein weiteres Großvorhaben war die Aufnahme deutscher Volkslieder auf Schallplatten. Ferner arbeitete sie an einem althochdeutschen Wörterbuch. Die Sektion für Deutsche Geschichte unterstützte die vom Drei-Masken-Verlag betreute Gesamtausgabe der Werke Rankes, deren erste fünf Bände bis 1930 erschienen. Außerdem beschäftigte sie sich in Zusammenarbeit mit der Historischen Kommission der Bayerischen Akademie der Wissenschaften – beide Gremien waren personell weitgehend identisch – mit der Überarbeitung der zwischen 1875 und 1912 in 56 Bänden erschienenen „Allgemeinen Deutschen Biographie", welche nach Auflösung der Deutschen Akademie 1945 von der Bayerischen Akademie der Wissenschaften weitergeführt und seit 1953 als „Neue Deutsche Biographie" veröffentlicht wird. In der Sektion für Deutsche Staats- und Wirtschaftskunde war das Renommierprojekt die Herausgabe der Schriften des Ökonomen Friedrich List, von der bis 1930 vier Bände erschienen.

Die Arbeit an all diesen Projekten ging nur schleppend voran. Die Deutsche Akademie selbst hatte keine besoldeten wissenschaftlichen Kräfte, sondern an Festangestellten in der zweiten Hälfte der zwanziger Jahre lediglich eine mit sie-

---

[26] PA Bd. R60300.
[27] BAB R8043/1329, Sitzung des Vorstandes der Berliner Freunde der Deutschen Akademie am 22. 6. 1927, Protokoll vom 27. 6. 1927.

ben Festangestellten besetzte Geschäftsstelle.[28] Die Akademie war daher auf die
Mitarbeit von Wissenschaftlern von außen angewiesen, z. B. der Bayerischen Akademie der Wissenschaften. Sowohl der Präsident der wissenschaftlichen Abteilung wie die Leiter der Sektionen hatten anfangs kein Vetorecht, so daß zunächst
neben den Renommierprojekten recht wahllos die Publikation von Einzelstudien
durch Druckkostenzuschüsse unterstützt wurde. Die Akademie konnte aus ihrem
ohnehin bescheidenen Budget – für alle Sektionen standen in den ersten fünf Jahren jährlich etwa 20 000 bis 30 000 RM zur Verfügung – neben Druckkostenzu-
schüssen lediglich Zusammenkünfte fördern. Oncken sprach 1928 auf der Hauptversammlung von einem Teufelskreis, in dem sich die Deutsche Akademie befinde: Einerseits werde kritisiert, daß es noch nicht genügend sichtbare Beweise
für ihre Tätigkeit gebe, andererseits fehle es an Mitteln, wissenschaftliche Projekte
rasch zum Ende zu bringen.[29] Ebenso fehlte offenbar das Interesse der Öffentlichkeit an den Projekten, denn es wurde über die geringe Zahl von Subskribenten für
die Carl-Maria-von-Weber-Ausgabe geklagt und über die nur schleppenden Be-
stellungen für die ersten Bände der Ranke-Ausgabe.

Oncken geriet zunehmend ins Kreuzfeuer der Kritik. Auf der Hauptversammlung in Jena 1929 mußte er sich dem Vorwurf stellen, die Arbeit der wissenschaftlichen Abteilung sei zu zersplittert, da sie zufälligen Anregungen einzelner Mitglieder der Sektionen überlassen bleibe. Er dürfte daher froh gewesen sein, daß er
seinen Posten durch seine bereits 1928 erfolgte Berufung auf einen Lehrstuhl in
Berlin ohnehin abzugeben hatte, da laut Satzung alle Präsidenten eine Professur in
München innehaben mußten. Er rechtfertigte die begonnenen aufwendigen
Werksausgaben bedeutender Deutscher damit, daß man nur so die Bezeichnung
Akademie verdiene. Die Versammlung beschloß dennoch, eine Kommission ein-
zusetzen, die der Zersplitterung der wissenschaftlichen Arbeit ein Ende setzen
sollte, indem sie einen Leitfaden für den auserkorenen neuen Präsidenten Arnold
Oskar Meyer, Onckens Lehrstuhlnachfolger in München, ausarbeiten wollte.[30]
Oncken nahm, obwohl ursprünglich eines der Gründungsmitglieder, nach seiner
Berufung nach Berlin keinen Einfluß mehr auf die Deutsche Akademie.

Litt schon die Arbeit der wissenschaftlichen Abteilung an einem fehlenden Ge-
samtplan und klarer Schwerpunktsetzung in den ersten Jahren, so war das Profil
der praktischen Abteilung noch unklarer, was nicht weiter verwunderlich war, da
sie ja schon mit einer nebulösen Agenda gestartet war. Die Tatsache, daß sie zwischen 1925 und 1930 drei Präsidenten hatte, war der Entwicklung eines eigenen
Profils sicherlich auch nicht gerade förderlich. Nachdem Haushofer schon im Juli
1925 aus Enttäuschung über den schlechten Start der Akademie das Handtuch ge-
worfen hatte, präsidierte ihr für zwei Jahre Hans Freiherr von Welser, ohne nach-

---

[28] Der Stellenplan sah einen Geschäftsführer – bis 1926 Graf Luxburg, anschließend Major
a. D. Richard Fehn –, den Pressereferenten Thierfelder, sodann eine halbe Stelle für den
Leiter der praktischen Abteilung Rohrbach und schließlich noch drei Sekretärinnen und
einen Registrator vor.
[29] Bericht über die 3. Hauptversammlung der Deutschen Akademie (18.–20. 10. 1928), in:
MdDA, 3 (1928), S. 1063–1083, hier S. 1073.
[30] Vgl. Bericht über die 4. Hauptversammlung der Deutschen Akademie (17./18. 10. 1929),
in: MdDA, 4 (1929), S. 297–322, hier S. 300–317.

haltigen Eindruck zu hinterlassen. Er trat ab, als er Mitte 1927 zum Staatssekretär im bayerischen Handelsministerium ernannt wurde. Ihm folgte im September 1927 auf Vorschlag Onckens der Publizist Rohrbach. Rohrbach hatte schon in seinem 1912 veröffentlichten Bestseller „Der deutsche Gedanke in der Welt" für eine intensivere kulturelle Selbstdarstellung im Ausland anstelle einer bloßen militärisch abgestützten deutschen Machtpolitik plädiert.[31] Rohrbach war wie Oncken in der zweiten Hälfte des Ersten Weltkriegs gegen die überambitionierten und unrealistischen Kriegsziele der Alldeutschen und der neugegründeten „Deutschen Vaterlandspartei" eingetreten. Beide bildeten für einige Jahre den eher liberalen Flügel in der insgesamt nationalkonservativ ausgerichteten Akademie. Rohrbach war in den zwanziger Jahren einer der bekanntesten Publizisten Deutschlands und erschien somit eine für die Zukunft der Akademie vielversprechende Wahl, zumal der gebürtige Baltendeutsche auch schriftstellerisch für die Belange des Auslandsdeutschtums eingetreten war. So war das erste Werk, das mit Unterstützung der Deutschen Akademie überhaupt erschien, sein Werk „Deutschtum in Not" gewesen.[32] Doch sein Engagement für die Akademie wurde u. a. dadurch gebremst, daß er persönliche Probleme mit von Müller hatte. Nicht zuletzt deshalb erhielt er anders als seine Vorgänger nicht den Titel „Präsident der praktischen Abteilung" mit der laut Arbeitsvertrag vereinbarten entsprechenden Gehaltserhöhung, sondern wurde lediglich als „geschäftsführendes Präsidialmitglied" geführt. Im Gegensatz zu seinen ehrenamtlichen Vorgängern Haushofer und Welser erhielt er aber immerhin ein Jahresgehalt von 10 000 RM von der Akademie.

Seine Idee, die Mitteilungen der Deutschen Akademie, die in den zwanziger Jahren eine Auflagenhöhe von 5000 Stück hatten, mit seiner Zeitschrift „Der deutsche Gedanke" zu verschmelzen, fand ebenfalls nicht die Zustimmung der anderen führenden Akademiemitglieder. Rohrbachs Amtsführung geriet auch unter wachsende Kritik seitens des Geschäftsführers Fehn sowie Thierfelders.[33] Ein gewisser Neid darüber, daß Rohrbach, der laut Vertrag nur die Hälfte seiner Arbeitszeit der Akademie zu widmen brauchte, aber genauso viel verdiente wie der Vollzeit arbeitende Pressereferent/Generalsekretär und der Geschäftsführer, mag dabei eine gewisse Rolle gespielt haben. Thierfelder und Fehn warfen Rohrbach jedenfalls zu große Reisetätigkeit in eigener Sache vor.[34] Im September 1930

---

[31] Vgl. Walter Mogk, Paul Rohrbach und das „Größere Deutschland". Ethischer Imperialismus im wilhelminischen Zeitalter. Ein Beitrag zur Geschichte des Kulturprotestantismus, München 1972 sowie Horst Bieber, Paul Rohrbach, ein konservativer Publizist und Kritiker der Weimarer Republik, Berlin 1972.

[32] Paul Rohrbach, Deutschtum in Not! Die Schicksale der Deutschen in Europa außerhalb des Reiches, Berlin u. a. 1926.

[33] Es ist nicht mehr feststellbar, wann Thierfelder offiziell vom Pressereferenten zum Generalsekretär avancierte, vermutlich aber nicht vor Anfang 1929, obwohl der erste Generalsekretär Frey bereits im Mai 1926 ausgeschieden war. In einem Schreiben an Held, den Vorsitzenden des Finanzausschusses, bezeichnete Thierfelder sich noch im Oktober 1928 als „Referent". In: BHStA Nachlaß Heinrich Held, Bd. 1110. Später jedoch stellte Thierfelder seine Karriere stets so dar, als sei er bereits 1926 von der Akademie als Generalsekretär eingestellt worden.

[34] Kritik Fehns und Thierfelders in BAB R51/1 anläßlich einer Besprechung über die Finanzen der Akademie (11. 4. 1930). Einige Dokumente zu Rohrbachs Problemen finden sich

schied Rohrbach aus seinem Amt aus. „Die Tätigkeit an der Akademie ist für mich eine unerfreuliche Erinnerung geworden", bekannte er denn auch zwei Jahrzehnte später in seinen Memoiren.[35] Nach seinem Abgang gab es keinen Präsidenten für die praktische Abteilung mehr. Sie wurde vielmehr direkt dem Präsidenten der gesamten Akademie unterstellt, erhielt aber wesentliche Prägungen durch Thierfelder. Inwieweit neben der Kritik an der Amtsführung Onckens und Rohrbachs durch die anderen Mitglieder des Führungszirkels der Akademie auch politische Differenzen dazu geführt haben mögen, daß die beiden vergleichsweise politisch liberal eingestellten Präsidiumsmitglieder nach 1929/30 den Kontakt zur Akademie vollständig abbrachen, ist rückblickend nicht mehr zu klären, aber nicht auszuschließen.

Im ersten Jahr ihrer Existenz war die praktische Abteilung vor allem mit dem Aufbau und der Betreuung der Ortsgruppen betraut. Selbst die Frage, ob die praktische Abteilung sich mehr auf das Aus- oder Inland konzentrieren solle, war innerhalb der Akademie anfangs strittig. Auf der ersten Hauptversammlung der Akademie im Oktober 1926 sahen einige Akademieangehörige ihre Zukunft eher darin, Anfragen an die Akademie zu bearbeiten bzw. an die Ortsgruppen oder die wissenschaftliche Abteilung zu überweisen.[36] Die praktische Abteilung war zunächst auch forschend tätig, indem sie z. B. an der Erstellung eines Verzeichnisses von Ortsnamen deutschen Ursprungs außerhalb der Reichsgrenzen arbeitete, von dem aber letztlich nur der erste Band über Elsaß-Lothringen erschien.[37]

Bei ihrer Auslandsarbeit blieb sie in den zwanziger Jahren gemäß der sich bereits bei der offiziellen Gründung im Mai 1925 abzeichnenden Schwerpunktsetzung vor allem auf die kulturelle Betreuung der Auslandsdeutschen fixiert. Aufgrund einer Vereinbarung mit dem VDA vom Oktober 1925 blieb der Münchener Institution auf diesem Gebiet aber nur noch die „Fürsorge für die höheren geistigen Bedürfnisse" übrig, was jede Befassung mit dem Auslandschulwesen und Jugendfragen ausschloß.[38] Diese Fürsorge beschränkte sich auf die Belieferung wissenschaftlicher Bibliotheken der Auslandsdeutschen mit Literatur, die Unterstützung von Museen wie dem Brückenthalmuseum in Hermannstadt in Siebenbürgen, die Förderung von Veröffentlichungen auslandsdeutscher Einrichtungen wie dem Herderinstitut in Riga oder des Sudetendeutschen Instituts in Wien und die Aufrechterhaltung von Auslandstheatern wie dem Deutschen Schauspielhaus in Memel und dem Deutschen Theater in Riga. Vereinzelt wurden auch Stipendien an Auslandsdeutsche zum Studium im Reich vergeben.

---

auch in seinem Nachlaß in BAK N1408/124 sowie im Nachlaß Onckens in NStAOl Best. 271–14/469.

[35] Paul Rohrbach, Um des Teufels Handschrift. Zwei Menschenalter erlebter Weltgeschichte, Hamburg 1953, S. 286 ff. (Zitat S. 287).

[36] Abgedruckt in: MdDA, 1 (1925/26), S. 259–267.

[37] Deutsch-fremdsprachiges Ortsnamensverzeichnis, hrsg. im Auftrage der praktischen Abteilung der Deutschen Akademie, bearbeitet von Otto Kredel und Franz Thierfelder, Berlin 1931.

[38] So die Bezeichnung in einem „Überblick über die gegenwärtige Tätigkeit der Deutschen Akademie" aus dem Jahre 1930, in: BHStA MK 40444. Die Vereinbarung ist abgedruckt in: MdDA, 1 (1925/26), S. 126 f.

Die ersten Jahre des 1925 mit großem Anspruch offiziell lancierten kulturpolitischen Unternehmens „Deutsche Akademie" waren also äußerst schwierig. Die schon in der Gründungsphase der Deutschen Akademie von diversen Seiten vorhandenen Widerstände und Vorbehalte gegen den Namen und die anvisierten Tätigkeitsfelder der entstehenden Institution, aber auch gegen die Tatsache, daß die neue Einrichtung ausgerechnet einer bayerischen Initiative entsprang, ließen nicht nach, im Gegenteil. Sie führten dazu, daß die Neugründung sich praktisch von Anbeginn an in einer permanenten finanziellen Krise befand, die nicht zuletzt aus dem für potentielle Förderer unklaren Arbeitsprofil der Akademie resultierte. Die schlecht abgegrenzte Aufgabenstellung wiederum war Resultat mangelnder Führung und kulturpolitischer Erfahrung der Gründer der Akademie. Ein weiterer Grund hierfür war die eine Entscheidungsfindung wie Finanzierung erschwerende Struktur, in der Präsidium, Geschäftsstelle, Senat und Ortsgruppen, die zwischen den Jahresversammlungen im sogenannten Kleinen Rat[39] über den Kurs der Akademie berieten, in Einklang gebracht werden mußten. Personelle Rivalitäten im Führungszirkel zwischen Rohrbach und Oncken einerseits und von Müller, Thierfelder und Fehn andererseits taten ein übriges. Die Deutsche Akademie sah anläßlich ihres zehnjähriges Bestehens 1935 folglich ihre Anfänge durchaus selbstkritisch und treffend:

> „Wir müssen heute zugeben, daß es der neuen Gründung an einem leicht verständlichen und kurzgefaßten Arbeitsplane gefehlt hat, mit dem man verwandte Vereinigungen von der Notwendigkeit einer Deutschen Akademie überzeugen konnte und die Öffentlichkeit von der Wichtigkeit ihrer Aufgaben zu erfüllen vermochte. [...] So war der Hauptvorwurf der ersten Jahre, die Deutsche Akademie komme zu spät, die Welt sei bereits verteilt, und diejenigen, die von Natur aus hätten Bundesgenossen sein sollen, witterten unerwünschten Wettbewerb und verhielten sich kühl."[40]

---

[39] In diesem saßen die Präsidenten, Schatzmeister, Geschäftsführer, Generalsekretär sowie Vertreter des Senats, der bayerische Ministerpräsident und ein Vertreter der Stadt München. Der in der Satzung vorgesehene sogenannte Große Rat war die Ergänzung des Gremiums um Vertreter der Ortsgruppen, doch tagte letzterer wegen der geringen Rolle, welche die Ortsgruppen letztlich spielten, kein einziges Mal.
[40] Zehn Jahre Deutsche Akademie 1925–1935, in: MdDA, 10 (1935), S. 173–198, hier S. 178.

III. Auf der Suche nach einem Profil (1927–1932)

Die Tatsache, daß Pfeilschifter seinen Posten als Präsident der Gesamtakademie bereits auf der zweiten Hauptversammlung, die im Oktober 1927 in München stattfand, an den renommierten Münchener Internisten Friedrich von Müller abtreten mußte, war ein deutliches Zeichen dafür, daß die Dinge in der jungen Organisation nicht zum besten standen. Auf dieser Hauptversammlung wurde u. a. der Antrag eingebracht, die praktische Abteilung solle sich zukünftig mehr den Auslandsdeutschen und dem Kulturexport ins Ausland widmen und weniger der Betreuung der Ortsgruppen in Deutschland.[1] Die Akademie griff diesen Vorschlag auf, indem sie im Herbst 1927 beschloß, sich geographisch in der Kulturarbeit vor allem auf Südosteuropa zu konzentrieren und dem kulturellen Kontakt zu den nichtdeutschen Völkern des Balkans, der seit der Gründung mehr oder weniger zugunsten der Auslandsdeutschen vernachlässigt worden war, mehr Aufmerksamkeit zu widmen.[2]

1. Hinwendung zum Balkan

Als ersten Schritt in diese Richtung lud die Akademie im Juni 1928 eine zwölfköpfige jugoslawische Delegation von Wissenschaftlern, hohen Verwaltungsbeamten und Vertretern der südslawischen Wirtschaft zu einer zweiwöchigen Informationsreise nach Deutschland ein. Diese verlief zwar nicht ohne Spannungen zwischen den kroatischen, slowenischen, serbischen und volksdeutschen Reiseteilnehmern, wurde aber von der Akademie als ermutigendes Signal gewertet, daß der Balkan ein vielversprechendes Betätigungsfeld sein werde. Die Gespräche mit den Delegationsteilnehmern deuteten Thierfelder und Fehn so, daß Jugoslawien einzig mit deutscher Hilfe zu einem homogenen Staatsgebilde zusammenwachsen könne, da Frankreich nur eigennützige Hilfe leiste und seine „Formalkultur" von der Mehrheit der Südslawen abgelehnt werde. „Unterstaatssekretär Jelić sprach es unter Zustimmung der anderen geradezu einmal aus, daß nach Ansicht weiter Kreise auf dem Balkan in einigen Jahren Südosteuropa wirtschaftlich wie intellektuell Deutschland wie eine reife Frucht in den Schoß fallen werde." Deutsche Firmen müßten allerdings nach Aussagen der Delegationsmitglieder zukünftig mehr sprachlich und landeskundlich vorgebildete Vertreter aus dem Reich entsenden und dürften nicht, wie bislang, auf die Vermittlerdienste der in Jugoslawien wenig

---

[1] Bericht über die 2. Hauptversammlung der Deutschen Akademie 1927, in: MdDA, 2 (1927), S. 727–749, hier S. 749.
[2] BAB R51/1, Protokoll der Mitarbeiterbesprechung, 7. 11. 1927.

geliebten Ungarn und Österreicher zurückgreifen.[3] Ermutigt durch den Erfolg
der ersten Reise organisierte die Deutsche Akademie 1929 eine Informationstour
bulgarischer Honoratioren durch Deutschland.

Die Akademie, im Grunde genommen im Kampf um die finanziellen Ressourcen der Kulturpolitik durch ihre Entfernung vom Entscheidungszentrum Berlin
benachteiligt, konnte bei einer Fokussierung auf den Balkan ihre abgelegene geographische Lage in einen Vorteil ummünzen: Man präsentierte München als Tor
nach Südosteuropa, als eine Stadt, die dank ihres angeblich südlichen Flairs den
Balkanvölkern, sei es ihren Studenten oder den Angehörigen von Reisedelegatio-
nen, entgegenkomme. München erwecke auch, wie Rohrbach schrieb, gerade weil
es nicht politisches Zentrum Deutschlands sei, bei den Ausländern weniger Mißtrauen, daß die von Bayern ausgehende Kulturwerbung direkte politische Ziele
verfolge.[4] München als Tor zum Südosten zu präsentieren, war im übrigen keineswegs eine originelle Idee der Deutschen Akademie. Auch hier erhielt sie Konkurrenz in Gestalt der im Juni 1930 in der bayerischen Landeshauptstadt errichteten
„Stiftung zur Erforschung des Deutschen Volkstums im Süden und Südosten",
kurz „Süd-Ost-Institut" genannt, die vom Reichsinnenministerium finanziell gefördert wurde.

Innerhalb der Akademie wurden im Jahre 1928 Überlegungen zur Gründung
eines Balkaninstituts[5] in München angestellt, das sowohl deutsche Spezialisten für
diesen Großraum ausbilden wie auch ausländischen Stipendiaten vom Balkan aufnehmen sollte. Das 1928 ebenfalls kurzzeitig in die Diskussion gebrachte Projekt
eines Ostseeinstituts der Deutschen Akademie hingegen, das wohl vor allem einem Wunsch des Baltendeutschen Rohrbach entsprang, sollte von vornherein in
einer norddeutschen Großstadt angesiedelt werden. Beide Vorhaben wurden allerdings schon aus finanziellen Gründen nie ernsthaft in Angriff genommen. Sie
waren vielmehr Ausdruck der Ende der zwanziger Jahre weitergehenden, tasten-
den Versuche der Akademie, sich in der wissenschaftlichen wie auslandskulturpolitischen deutschen Landschaft irgendwie zu positionieren.

Auch die wissenschaftliche Abteilung leitete mit dem Abgang Onckens im Oktober 1929 eine stärkere Ausrichtung ihrer Tätigkeit auf den Balkan ein. Im Januar
1930 trat eine Kommission zusammen, welche auf Beschluß der Hauptversammlung in Jena im Herbst 1929 neue Richtlinien für die künftige Arbeit ausarbeiten
sollte. Sie beschloß, die unter der Präsidentschaft Onckens angefangenen Groß-
editionsprojekte zwar zu Ende zu führen, sich aber künftig auf die Erforschung
der deutschen Kultur in Südosteuropa zu konzentrieren und von der Förderung
von Einzeluntersuchungen, die nicht von den Sektionen betreut wurden, nach

---

3 BHStA Nachlaß Heinrich Held Bd. 1110, Bericht Thierfelders und Fehns über die von
   der Deutschen Akademie veranstaltete Studienreise südslawischer Wissenschaftler und
   Wirtschaftsvertreter durch Deutschland, Sommer 1928.
4 BAK N1408/124, Vorschläge für die Arbeit der Deutschen Akademie, Denkschrift Rohrbachs von 1930. Die geographische Lage Münchens wurde auch beim Rückblick auf die
   ersten 10 Jahre der Existenz der Deutschen Akademie 1935 als Grund für ihre starke Ausrichtung auf Südosteuropa angeführt. Vgl. Zehn Jahre Deutsche Akademie 1925–1935, in:
   MdDA, 10 (1935), S. 173–196, hier S. 179.
5 NStAOl Best·271–147680, Niederschrift der Sitzung des Kleinen Rates, 3. 9. 1928.

Möglichkeit abzusehen.[6] Ausdruck dieser neuen Schwerpunktsetzung waren in der Folgezeit Werke wie die „Quellen zur deutschen Siedlungsgeschichte in Südosteuropa", die „Geschichte des deutschen Theaters in Ungarn" oder die „Deutsche Landwirtschaft im Banat und in der Batschka".[7]

Mit der Fokussierung auf den Balkan folgte die Deutsche Akademie dem vom Auswärtigen Amt verfolgten Kurs, sich angesichts begrenzter Mittel auf jene Länder zu konzentrieren, die im Gesamtkonzept der deutschen Außenpolitik eine einigermaßen wichtige Rolle spielten und in denen man zugleich von vornherein mit einer recht großen Aufnahmebereitschaft für deutsche Kultur rechnen konnte.[8] Zugleich entsprach natürlich die Entdeckung des Balkans als zukünftigem kulturpolitischen Hauptbetätigungsfeld der Deutschen Akademie der generellen Stoßrichtung deutscher auswärtiger Politik seit Ende der zwanziger Jahre. Der Balkan wurde seit dem Vorabend des Ersten Weltkrieges als ein Großraum gesehen, in dem Deutschland gute Chancen hatte, zunächst wirtschaftlich wie kulturell und langfristig auch politisch zur dominierenden Macht aufzusteigen und sich ein „informal Empire" aufzubauen.[9] War das Interesse an einem deutsch dominierten „Mitteleuropa", zu dem der Balkan zählen würde, in der Locarno-Ära zwischenzeitlich etwas abgeflaut, so nahm es Ende der zwanziger Jahre in der Öffentlichkeit und in den Reichsministerien wieder deutlich zu. Die Kolonialmächte Frankreich und Großbritannien besannen sich im Zuge der Weltwirtschaftskrise auf ihre Kolonialreiche in der Hoffnung, durch eine engere, vor allem wirtschaftliche Kooperation mit den Überseegebieten mehr oder weniger autarke Großräume zu schaffen, welche die Mutterländer von den Unwägbarkeiten des Weltmarkes schützen würden. Ähnliches erhoffte sich das Deutsche Reich mit seiner Balkanpolitik, die vornehmlich als Außenhandelspolitik betrieben wurde. Die agrarisch strukturierten Balkanländer, deren Exporte nach Westeuropa und Übersee stark unter der durch die Weltwirtschaftskrise allgemein zu verzeichnenden Tendenz zum Protektionismus litten, waren ideale Lebensmittel- und Rohstofflieferanten für Deutschland und im Gegenzug Absatzmärkte für seine Industrieprodukte. In Deutschland hegte man geradezu übertriebene Erwartungen in eine

---

6 NStAOl Best. 271–14/680, Unterlagen für den Jahresbericht und die Verhandlungen der wissenschaftlichen Abteilungen auf der Hauptversammlung 1930. Vgl. auch Bericht über die 6. Hauptversammlung 1932, in: MdDA, 7 (1932), S. 415–444, hier S. 416f. (Bericht Meyers über die seit 1929 eingetretenen Veränderungen in der Arbeit der wissenschaftlichen Abteilung).

7 Franz Wilhelm und Joseph Kallbrunner, Quellen zur deutschen Siedlungsgeschichte in Südosteuropa, München 1932; Jolantha von Pufansky-Kadar, Geschichte des Deutschen Theaters in Ungarn, Bd. 1: Von den Anfängen bis 1812, München 1930; Dr. Dammang, Deutsche Landwirtschaft im Banat und in der Batschka, München 1931.

8 Fritz von Twardowski, Anfänge deutscher Kulturpolitik zum Ausland, Bad Godesberg 1970, S. 25.

9 Jürgen Elvert, Der Balkan und das Reich. Deutsche Südosteuropapläne zwischen den Weltkriegen, in: Der Balkan. Eine europäische Krisenregion in Geschichte und Gegenwart, hrsg. von Jürgen Elvert, Stuttgart 1997, S. 133–180; Hans-Paul Höpfner, Deutsche Südosteuropapolitik in der Weimarer Republik, Frankfurt/M. u. a. 1983 sowie Hans-Jürgen Schröder, Deutsche Südosteuropapolitik 1929–1936. Zur Kontinuität deutscher Außenpolitik in der Weltwirtschaftskrise, in: Geschichte und Gesellschaft, 2 (1976), S. 5–32.

handelspolitische Expansion gen Südosten. Das Interesse am Balkan wurde um so stärker, je mehr Deutschland von der Weltwirtschaftskrise erfaßt wurde und sich in der Ära Brüning von einer engen Kooperation mit dem Westen abwendete. Es wurde daher auch besonders in den anti-westlich eingestellten Zirkeln der Konservativen Revolution, etwa im sogenannten Tat-Kreis, propagiert. Für diese sollte die geographische Neuausrichtung der deutschen Außenpolitik mit einer inneren politischen Umgestaltung des Reichs einhergehen, da sowohl Deutschland wie auch die Balkanstaaten als junge, angeblich nicht vom westlichen Liberalismus und Industriekapitalismus angekränkelte Nationen angesehen wurden.[10] Zugleich aber war der Balkan auch ein politisch umkämpftes Terrain, in dem man insbesondere mit französischer und italienischer hauptsächlich politischer und kultureller, weniger ökonomischer Konkurrenz zu rechnen hatte. Kulturelle Kontakte wurden in Berlin wie München als ein ergänzender Hebel gesehen, um den eigenen Einfluß auszudehnen und die westeuropäische, vor allem durch die Kleine Entente vorhandene starke bündnispolitische französische Präsenz zurückzudrängen.

Die von München ab 1928/29 ausgehenden kulturellen Initiativen, die sich also in die allgemeine Stoßrichtung deutscher auswärtiger Politik seit Ende der zwanziger Jahre einordneten, zielten vor allem auf Jugoslawien, Bulgarien und Griechenland ab. Ungarn, obwohl in den handelspolitischen Prioritäten des Auswärtigen Amts zunächst ebenso wie Rumänien noch vor Jugoslawien, Bulgarien und Griechenland rangierend, sah man in München als ehemaliges Kernland der Donaumonarchie als so deutschfreundlich an, daß man hier keine ausländische Konkurrenz zu fürchten brauchte. Rumänien, obwohl handelspolitisch ebenfalls umworben, betrachtete man hingegen als traditionell so stark dem französischen Kultureinfluß unterliegend und fest im Kielwasser der französischen Politik segelnd, daß es sich vorerst nicht zu lohnen schien, die ohnehin bescheidenen Mittel der Deutschen Akademie hier zu verschwenden.

2. Die Frage des zukünftigen Kurses: Thierfelder versus Rohrbach

Ermutigt durch die ersten Weichenstellungen zu einer klareren Ausrichtung der Arbeit seit Ende 1927 und zugleich besorgt um die nach wie vor mangelnde Zugkraft des Namens Deutsche Akademie im In- wie Ausland, bemühten sich sowohl Rohrbach wie auch Thierfelder im Jahre 1928, der praktischen Abteilung ein deutlicheres Profil zu geben. Dies war nicht zuletzt notwendig, um die weitere Finanzierung des gesamten Unternehmens sicherzustellen, das sich zunächst gänzlich aus Spenden aus der Wirtschaft und den Ortsgruppen erhalten mußte. Thierfelder, obwohl bei Aufnahme seiner Arbeit in München durchaus der Sache der Auslandsdeutschen zugeneigt, trat ab 1928 konsequent für eine Konzentration der

---

[10] Sontheimer, Antidemokratisches Denken, S. 234 f.; Breuer, Anatomie der Konservativen Revolution, S. 105 f.

Arbeit zumindest der praktischen Abteilung auf das Ausland im eigentlichen Sinne ein. Er erblickte hierin die einzige Chance, der Akademie eventuell auch Gelder aus den Kassen des Reiches sichern zu können.

Gefördert wurde dieses Überdenken der Rolle und Aufgabe der Akademie wesentlich durch den „Deutschen Schutzbund" und dessen Vorsitzenden Karl Christian von Loesch. Der Deutsche Schutzbund war im Mai 1919 ins Leben gerufen worden, um bei den laut Versailler Vertrag anstehenden Volksabstimmungen in den deutschen Grenzgebieten unter den Wählern Werbung im Sinne des Reichs zu betreiben. Nachdem Anfang der zwanziger Jahre die letzten Volksabstimmungen stattgefunden hatten, suchte der Schutzbund sich ein neues Betätigungsfeld, indem er sich mehr und mehr als eine Art Dach- und Koordinierungsinstitution für alle Deutschtumsverbände präsentierte.[11] Von Loesch, seit 1922 Vorsitzender des Schutzbundes, war zugleich seit 1925 Senator der Deutschen Akademie und aktives Mitglied der „Berliner Freunde der Deutschen Akademie". Mit dem Schutzbund bestanden folglich von Anfang an gute und enge Beziehungen. Diese rührten zum einen daher, daß man mit dem vornehmlich politisch agierenden Schutzbund nicht auf kulturellem Gebiet konkurrierte. Sie lagen zum zweiten darin begründet, daß dem Schutzbund in München großer Einfluß auf die Reichsregierung zugeschrieben wurde.[12] Tatsächlich erfreute sich zumindest von Loesch, der dem eher gemäßigten Flügel innerhalb des Schutzbundes angehörte, bei Reichsaußenminister Stresemann eines guten Rufes,[13] während der Schutzbund insgesamt in den Reichsministerien eher kritisch beurteilt wurde. Er galt als zu nationalistisch und gefährdete damit in den Augen des Auswärtigen Amts wie des Reichsinnenministeriums die Politik gegenüber den Staaten, in denen es starke deutsche Minderheiten gab. In den Ministerien, in denen seit 1928 Sozialdemokraten an der Spitze standen, wie dem Reichsinnenministerium, galt er zudem als Sammelbecken anti-republikanischer Kräfte, da der Schutzbund u. a. den Verantwortlichen für die Ermordung von Karl Liebknecht und Rosa Luxemburg, Major Waldemar Pabst, durch einige Auftragsarbeiten finanziell unterstützt hatte. Insgesamt jedenfalls war der Schutzbund eindeutig gegen die Republik eingestellt. Dies zeigte sich u. a. daran, daß Jung ihn 1932 als einen jener Sammelpunkte konservativ-revolutionären, antidemokratischen Denkens lobte, welcher in der Vergangenheit den Weg für den Aufstieg der nationalsozialistischen Bewegung geebnet habe.[14]

---

11 Vgl. Dorothea Fensch, Zur Vorgeschichte, Organisation und Tätigkeit des Deutschen Schutzbunds in der Weimarer Republik. Ein Beitrag zur Geschichte des deutschen Revanchismus, Diss. phil. Universität Rostock 1966 sowie Grundmann, Deutschtumspolitik, S. 184–197 und S. 431–447.

12 So Thierfelder in seinem Schreiben vom 20. 6. 1928 an die Präsidenten der Deutschen Akademie, in: NStAOl 271–14/677.

13 So nahm Stresemann von Loesch gegenüber Reichsinnenminister Carl Severing in Schutz. Gerade unter von Loesch habe der Schutzbund eine den Reichsinteressen durchaus förderliche Politik eingeschlagen. Stresemann beklagte sich über die „vielfach irrigen Auffassungen", die über den Deutschen Schutzbund kursierten. PA Bd. R60321, Brief Stresemanns an Severing, 24. 7. 1929.

14 Sontheimer, Antidemokratisches Denken, S. 35.

Von Loesch hatte schon bei einem „Bierabend" in München im März 1926, auf dem die wichtigsten Vertreter der Akademie versammelt waren, darauf hingewiesen, daß Südosteuropa ein lohnendes Tätigkeitsfeld sei und man die dortigen Journalisten beeinflussen könne, indem man für sie Sprachkurse einrichte.[15] Im Jahre 1927 veranstaltete der Schutzbund vier Konferenzen, um mit den anderen Deutschtumsverbänden eine einheitliche Linie der Politik gegenüber den deutschen Minderheiten zu formulieren und eine Aufgabenverteilung in der Arbeit zum Ausland vorzunehmen. Die erste Konferenz in Frankfurt/Oder widmete sich den deutschen Minderheiten in Nordosteuropa, die zweite in Cham dem Südosten, die dritte in Dresden den Sudetendeutschen und die vierte in Wien schließlich den Österreichern. Sie gipfelten in der vom Auswärtigen Amt finanziell geförderten „Berliner Schlußbesprechung" vom 14. bis 17. März 1928, an der Vertreter der Deutschtumsverbände im Reich, der Auslandsdeutschen, Parlamentarier, Beamte diverser Reichsressorts sowie Repräsentanten der Industrie teilnahmen. Unter den insgesamt versammelten 170 Personen vertraten Präsident von Müller und Geschäftsführer Fehn die Deutsche Akademie. Auf dieser letzten Konferenz kam man überein, daß es eine europäische Kultur nur als Summe der Einzelkulturen gebe. Ziel jeglicher Kulturarbeit solle nicht die Vermengung der Kulturen sein, sondern Ausgleich unter bewußter Wahrung der Eigenarten der einzelnen Völker. Als Mittel des Kulturaustausches wie der wirtschaftlichen Annäherung empfahl die Versammlung u. a. die Abhaltung von Sprach- und Handelskursen im Ausland. Außerdem wurde gefordert, daß Kulturarbeit zum Ausland sich künftig nicht nur auf den Erhalt des Auslandsdeutschtums beschränken solle, vielmehr müsse dieses stärker als Mittler deutscher Kultur zu den nichtdeutschen Völkern im ost- und südosteuropäischen Raum hervortreten.[16]

Thierfelder, inspiriert und ermutigt durch die „Berliner Schlußbesprechung", wandte sich zehn Tage später mit einer, wie er hervorhob, auf eigene Initiative und ohne Absprache mit von Müller verfaßten Denkschrift an das Auswärtige Amt. Er plädierte in dieser für eine deutliche Schwerpunktverlagerung in der Arbeit der Deutschen Akademie, weg von der bisherigen Konzentration auf die Förderung der Auslandsdeutschen.[17] Auf der Berliner Tagung, so Thierfelder in einem Anschreiben an den stellvertretenden Leiter der Kulturabteilung, Hermann Terdenge, sei eine dringende Zentralisierung der deutschen Kulturpolitik zum nichtdeutschen Ausland gefordert worden. Von Loesch habe vorgeschlagen, daß die praktische Abteilung der Deutschen Akademie zukünftig Zentralstelle aller kulturellen Beziehungen zum nichtdeutschen Ausland werden solle. Die Deutsche Akademie sei, so Thierfelder in seinen beigefügten „Vorschlägen zur Organisation einer Zentralstelle für Auslandswerbung bei der Deutschen Akademie", hierzu in besonderem Maße berufen wegen ihres eindrucksvollen Senates und der im ganzen Land verteilten Ortsgruppen. Zudem habe sie durch ihren Hauptsitz in Mün-

---

15 NStAOl Best. 271–14/679, Protokoll über den ersten Semester-Bierabend der Deutschen Akademie am 20. 3. 1926.
16 PA Bd. R60319, Berliner Schlußbesprechung vom 14. bis 17. 3. 1928 des Deutschen Schutzbundes und der Deutschtumsverbände.
17 PA Bd. R 61124, Brief Thierfelders an Terdenge, 26. 3. 1928.

chen den Vorteil, für das Ausland weniger als Instrument der Reichsregierung zu erscheinen. Zwar sei als Folge der Niederlage von 1918 eine Schwerpunktverlagerung der deutschen Außenpolitik von einer militärisch zu einer kulturell fundierten zu verzeichnen, doch könne man die bisherige Auslandskulturpolitik nur als ein erstes Tasten ohne inneren Zusammenhang bezeichnen. Die richtigen Methoden seien erst noch zu finden, wobei man das französische Modell nicht einfach kopieren, aber wegen seiner unbestrittenen Wirksamkeit studieren solle. Thierfelder plädierte dafür, daß Auslandskulturpolitik unbedingt in die Hände privater Organisationen gelegt werden müsse. Eine von einer Privatorganisation durchgeführte Kulturwerbung rufe bei den Empfängern weniger Mißtrauen hervor. Sie vermeide zugleich unnötige Bürokratisierung, die ohnehin Feind jeder Entfaltungsfreiheit sei, welche gerade die kulturelle Betätigung erfordere. Zugleich baute Thierfelder einen Köder ein, der seine Denkschrift für die Adressaten, wie die Unterstreichungen im Text der in den Akten der Kulturabteilung erhaltenen Kopie zeigen, besonders interessant machte: Die mit der Organisation der Kulturarbeit zum Ausland zu beauftragende private Stelle dürfe nicht eigenen, von der Staatspolitik unabhängigen Wegen folgen. „Im Gegenteil: je freier sie in der Durchführung ihrer Aufgaben ist, um so stärkerer Einfluß ist der politischen Leitung auf die allgemeine Marschrichtung einzuräumen." Kulturpropaganda um ihrer selbst willen sei zwar ideal gedacht, aber eine Utopie, da die Wirkung jeder Kulturarbeit im Ausland letztlich doch vom dahinterstehenden wirtschaftlichen und politischen Gewicht des Ausgangsstaates abhänge, vor allem bei der breiten Masse. Das Recht des Staates auf die Beeinflussung der Auslandspropaganda sei auch deshalb unbestreitbar, da nur er die finanziellen Mittel liefern könne. Nur die von ihm bereitgestellten Mittel würden gewährleisten, daß bei der Kulturarbeit ein allgemeinpolitisches Interesse wahrgenommen werde, während Privatpersonen und Verbände stets egoistische Zwecke verfolgten. Dies war also eine, wohl vor allem aus finanziellen Notwendigkeiten bedingte vollkommene Umkehr der Prämisse, unter der die Deutsche Akademie ihre Arbeit drei Jahre zuvor gestartet hatte, hatte sie doch gerade auf die Förderung durch Privatpersonen gesetzt, um von staatlicher Einflußnahme frei zu sein. Für jede Auslandspropaganda, so fuhr Thierfelder fort, gelte der Grundsatz der Gegenseitigkeit. Die Einflüsse des Auslandes müßten aber so gelenkt werden, daß die fremde Kultur die deutsche zwar befruchte, aber nicht verwässere.

An praktischen Vorschlägen forderte Thierfelder zum einen die Errichtung eines „Presseamtes". Dieses sollte im ganzen Reich Presseagenten unterhalten, die in den deutschen Zeitungen Meldungen über kulturelle Vorgänge im Ausland lancieren und somit den Deutschen die Augen über die kulturellen Aktivitäten anderer Staaten öffnen würden. Das Presseamt würde zudem dazu beitragen, die Deutschen im Umgang mit anderen Völkern zu erziehen, vor allem dem deutschen Touristen gute Manieren beizubringen. Als zweites forderte er die Errichtung eines „Deutschtumsamtes", das den eigentlichen Kulturexport ins Ausland zu organisieren habe. Dabei dachte Thierfelder an Konzerttourneen, Vortragsreisen bedeutender Wissenschaftler, Theatergastspiele, den Buchversand, die Werbung für Deutschland als Reiseziel sowie die Betreuung namhafter Ausländer in Deutschland.

Die Denkschrift dürfte im Auswärtigen Amt als überambitioniert hinsichtlich des skizzierten Tätigkeitsfeldes der zu errichtenden „Zentralstelle für Auslandswerbung" eingeschätzt worden sein, zumal die Deutsche Akademie bei den Reichsministerien ohnehin nicht sonderlich beliebt war. Wenn das Auswärtige Amt zu diesem Zeitpunkt eine Zentralstelle favorisiert hätte, so wäre es sicherlich eher der Ende 1924 entstandene Akademische Austauschdienst gewesen, Vorläufer des Ende 1930 offiziell gegründeten DAAD. Er besaß vor allem durch seinen Vorsitzenden Adolf Morsbach enge Kontakte zu den Reichsressorts und wurde von Anfang an finanziell vom Reich erheblich unterstützt. Zudem eröffnete er schon 1927 eine Außenstelle in London.[18] Immerhin aber hatte Thierfelder den Kontakt zur Kulturabteilung etabliert.[19] Er empfahl sich vor allem dadurch als zukünftiger Kooperationspartner, daß er die Richtlinienkompetenz der staatlichen Organe für die auswärtige Kulturpolitik ausdrücklich herausgestellt hatte. Terdenge antwortete ihm, indem er für die Zusendung der Denkschrift, die ihn sehr interessiert habe, dankte und daran die Hoffnung knüpfte, Thierfelder alsbald einmal in Berlin treffen zu können.[20]

Thierfelder versuchte nicht nur durch seine eigenmächtige Kontaktaufnahme zum Auswärtigen Amt eine Kurskorrektur und damit Rettung für die vom Scheitern bedrohte Deutsche Akademie zu bewirken. Er trat auch innerhalb der Akademie für eine Abkehr von der Ausrichtung der Arbeit auf das Auslandsdeutschtum ein. In einem Schreiben an die Präsidenten der Akademie im Juni 1928 wies er darauf hin, daß es auf dem Gebiet der eigentlichen Auslandswerbung, also der Kulturpropaganda gegenüber Nichtdeutschen, anders als auf dem Gebiet der Deutschtumsarbeit, keine Konkurrenz gebe. Einzig die vom Zentrumspolitiker Professor Georg Schreiber im Vorjahr in Münster gegründete „Forschungsstelle für Auslandsdeutschtum und Auslandskunde" betätige sich auf diesem Gebiet, und zu diesem bestünden ohnehin gute Kontakte. Thierfelder führte zur Unterstützung seines Standpunktes eine Unterredung mit von Loesch ins Feld, die er kurz zuvor gehabt habe. In dieser habe von Loesch hinsichtlich der zukünftigen Betätigung der wissenschaftlichen Abteilung eine stärkere Beschäftigung mit den Auslandsdeutschen in den vormaligen Gebieten der Habsburgermonarchie empfohlen und für die praktische Abteilung eine stärkere Konzentration auf die Kulturarbeit gegenüber Nichtdeutschen vorgeschlagen. Würde die Akademie eine solche klarere Ausrichtung ihrer Arbeit vornehmen, könne sie laut von Loesch auch Berliner Stellen für sich interessieren.[21]

Rohrbach hingegen, im Baltikum geboren und damit selbst Auslandsdeutscher, wollte nach wie vor zweigleisig fahren, also neben einer stärkeren Hinwendung zu nichtdeutschen Völkern zumindest die Betreuung wissenschaftlicher Einrichtungen der Auslandsdeutschen durch die praktische Abteilung fortführen lassen,

---

18 Laitenberger, Akademischer Austausch und auswärtige Kulturpolitik, S. 16 ff.
19 Frühere Kontakte zwischen Thierfelder und dem Auswärtigen Amt sind zumindest in den erhaltenen Akten nicht belegt.
20 PA Bd. R61124, Brief Terdenges an Thierfelder, 24. 4. 1928.
21 NStAOl Best. 271–14/677, An die Herrn Präsidenten der Deutschen Akademie, Schreiben Thierfelders vom 20. 6. 1928.

wobei nach wie vor der Ostseeraum wie Südosteuropa gleichermaßen berücksichtigt werden sollten. Eine Aufzeichnung von Ende 1928 über die „Aufgaben der praktischen Abteilung der Deutschen Akademie" stellte wohl den Versuch eines Kompromisses zwischen den Vorstellungen Thierfelders und Rohrbachs dar, auf den man sich in der Akademie vorerst einigte.[22] Demzufolge sollten 35 000 RM jährlich – bei einem Gesamtetat der Akademie von etwa 100 000 RM wäre dies der bei weitem größte Haushaltsposten gewesen – für die wissenschaftlichen Bedürfnisse des Auslandsdeutschtums bereitgestellt werden. Dies bedeutete vor allem die Fortführung der Förderung von Einrichtungen wie dem Brückentahlmuseum in Hermannstadt in Siebenbürgen und dem Herderinstitut in Riga. Weiterhin sollte die praktische Abteilung den Besuchsaustausch vor allem mit Delegationen vom Balkan fortführen, Stipendien für bereits akademisch vorgebildete Ausländer zu weiterführenden Studien in Deutschland bereitstellen, Büchersendungen ins Ausland vornehmen, eine Art Deutschlandhandbuch für Ausländer vorbereiten und allgemein an der wirksamen Organisation der Kulturwerbung zum Ausland arbeiten, da diese bisher von keiner anderen Institution betrieben werde.[23]

Daß man trotz Rohrbachs Vorstellungen den Ostseeraum und das nördliche Osteuropa Ende der zwanziger/Anfang der dreißiger Jahre in der Akademie weitgehend aus den Augen verlor und anfing, sich entsprechend Thierfelders Vorstellungen mehr dem Ausland im engeren Sinne zu widmen, verdeutlichte die Einrichtung sogenannter Länderausschüsse innerhalb der praktischen Abteilung ab 1928. Sie waren Komitees von bis zu zwei Dutzend anerkannten deutschen Experten für die jeweiligen Länder und Regionen. Die Ausschüsse sollten die Kenntnisse über die entsprechenden Zielgebiete in Deutschland vermehren und den Austausch mit diesen Ländern intensivieren. In manchen Ausschüssen saßen auch ausländische Gelehrte des betreffenden Landes. Bis Mitte der dreißiger Jahre hatten sich ein Amerika-, England-, China-, Japan-, Siam-, Indien-, Südafrika- und ein Südost-Ausschuß konstituiert. Für das nördliche Osteuropa und Skandinavien hingegen wurden bis zur Auflösung der Akademie nie eigene Ausschüsse eingerichtet. Allerdings tagten diese Länderausschüsse ebenso wie die wissenschaftlichen Sektionen nicht regelmäßig und waren eher eine eindrucksvolle Fassade als daß sie sichtbare Ergebnisse vorweisen konnten. Die Ausschüsse seien, so hieß es auf der Jahresversammlung 1932, nicht nach einem bestimmten Schema gebildet, sondern in ihrer Gliederung ganz auf die Bedürfnisse der einzelnen Länder ausgerichtet. Sie hätten weder Satzung noch Geschäftsordnung.[24] Am aktivsten waren der 1928 eingerichtete und stark besetzte Indische Ausschuß und der 1934 gegründete Südost-Ausschuß. Der Indische Ausschuß konstituierte sich als permanente Organisation mit dem Namen „India Institute der Deutschen Akade-

---

[22] Rohrbach wies in seinem Brief vom 27. 11. 1928 an Oncken auf seine wie auch Thierfelders Denkschrift zur Neuausrichtung der Arbeit der Akademie hin, die beide unbedingt diskutiert werden müßten. Sie sind allerdings nicht mehr erhalten. In: NStAOl Best. 271–14/469.

[23] NStAOl Best. 271–14/680.

[24] Bericht über die 6. Hauptversammlung der Deutschen Akademie 1932 in München, in: MdDA, 6 (1932), S. 415–444, hier S. 425 f.

mie". Ihm präsidierte bis 1937 Haushofer. Bis Kriegsausbruch ermöglichte er etwa zwei Dutzend indischen Studenten und Forschern den Aufenthalt in Deutschland. Noch stärker als der indische Ausschuß trat aber der sich dem Balkan widmende Südost-Ausschuß hervor. Er hatte als einziger eine eigene feste Arbeitsstelle in der Hauptgeschäftsstelle der Akademie und verfügte dort auch über eine Spezialbibliothek. Seine Arbeit schlug sich seit 1934 in einem monatlichen Informationsbulletin nieder, dem „Südost-Bericht", das ab 1937 unter dem Titel „Stimmen aus dem Südosten" weiter geführt wurde. Das Organ enthielt aktuelle Nachrichten und Analysen aus der Region mit einem besonderen Augenmerk auf die Aktivitäten anderer Länder in diesem Raum. Der Südost-Ausschuß ließ auch einige Bücher aus der Region ins Deutsche übersetzen, gab eine Schriftenreihe über die einzelnen südosteuropäischen Staaten heraus und setzte sich für die Einrichtung von Lektoraten für die Sprachen des Balkans an deutschen Universitäten ein.

3. Förderung der deutschen Sprache als kulturpolitische Nische

Thierfelder, unterstützt durch den Vorsitzenden des Deutschen Schutzbundes, war also ab 1928 die treibende Kraft bei dem Versuch, die künftige Arbeit der Akademie regional auf den Balkan und dabei vor allem auf die dortigen nichtdeutschen Völker auszurichten. Langfristig entscheidender für die gesamte Entwicklung der Akademie sollte aber noch eine andere Weichenstellung werden, an der er zusammen mit von Loesch und gefördert vom Auswärtigen Amt ebenfalls maßgeblich beteiligt war. Diese sollte ab 1929 die Arbeit der praktischen Abteilung immer stärker prägen und in den dreißiger Jahren zu ihrem Tätigkeitsmerkmal schlechthin werden: die Konzentration auf die Förderung der deutschen Sprache im Ausland.

„Sprachwerbung", der damals zumeist verwendete Begriff für ein Teilgebiet der auswärtigen Kulturpolitik, für das sich heute die Bezeichnung „Sprachförderung" eingebürgert hat,[25] hatte sowohl in der Planungsphase der Akademie in den Jahren 1923–1925 wie auch in der Auslandsarbeit der Akademie in den ersten Jahren ihrer Existenz keine Rolle gespielt. Beim Anschreiben der Deutschen Akademie an die deutschen Kultusminister im Frühjahr 1925 war die Verbreitung der deutschen Sprache überhaupt nicht als Betätigungsfeld für die praktische Abteilung aufgeführt worden. Bei der ungefähr zur gleichen Zeit entstandenen „Einführung in den Plan der Deutschen Akademie", die der Einladung zur Gründungsversammlung beigefügt war, wurde Sprachwerbung nur beiläufig als einer unter vielen Gesichtspunkten genannt.[26] Die 1926 eingerichteten Sprachkurse der Deutschen Akademie für ausländische Studenten an der Münchener Universität, die in

---

[25] Sprachförderung impliziert nicht nur Versuche der Verbreitung einer Sprache, sondern auch Maßnahmen zu ihrem Erhalt in Gebieten, auf denen sie im Rückzug begriffen ist. Vgl. Ulrich Ammon (Hrsg.), Sprachförderung. Schlüssel auswärtiger Kulturpolitik, Frankfurt/M. u. a. 2000.

[26] Jacobsen, Haushofer, Bd. 2, Dokument 22 (hier S. 43) und Dokument 24 (hier S. 49).

den zwanziger Jahren nach der Berliner Universität die meisten nichtdeutschen Studenten zählte, waren nicht einer Initiative der Zentrale, sondern der Münchener Ortsgruppe entsprungen. Daß die praktische Abteilung sich zunächst überhaupt nicht um die Möglichkeiten der Verbreitung der deutschen Sprache im Ausland kümmerte, war allerdings nicht verwunderlich, da ja die Aufmerksamkeit der Akademie zunächst vornehmlich den Auslandsdeutschen galt. Zudem war der Gründerzirkel der Deutschen Akademie, der sich vor allem aus Professoren der Münchener Universität zusammensetzte, noch ganz von der vor 1914 unumstrittenen Stellung der deutschen Sprache als der neben Englisch dominierenden Wissenschaftssprache geprägt.[27] Mithin setzte er also eher die Kenntnis der deutschen Sprache voraus, als daß ihm ihre Verbreitung als Voraussetzung für den Zugang zur deutschen Kultur notwendig erschien.

Vielleicht hat Thierfelder sich von dem 1927 erschienenen Buch von Karl Remme und Margarete Esch über die französische Kulturpropaganda beeinflussen lassen, galt doch seit dem Kaiserreich, erst recht aber in der Weimarer Republik, die französische auswärtige Kulturpolitik als Modell einer erfolgreichen Beeinflussung des Auslandes schlechthin. In diesem Buch hieß es, „Kulturpropaganda ist in erster Linie Sprachpropaganda. Diese Wahrheit hat man in Frankreich begriffen. Im Zeichen der Sprachpropaganda steht die gesamte Kulturpolitik mit ihren vielgestaltigen Maßnahmen."[28] Die Weichenstellung hin zur Spracharbeit ist aber ebenfalls ganz wesentlich auf den Einfluß des Deutschen Schutzverbundes zurückzuführen, der im Zuge seiner Koordinationsbemühungen 1927/28 versuchte, die Deutsche Akademie auf ein klar umrissenes, von anderen Organisationen vernachlässigtes Gebiet der Kulturpolitik zu führen. Da auf den vom Schutzbund seit 1927 organisierten Konferenzen ohnehin die Forderung erhoben worden war, die deutsche Sprache mit Hilfe der Auslandsdeutschen in Ost-, Zentral- und Südosteuropa zur innereuropäischen Verkehrssprache aufzubauen,[29] lag es nahe, Ausschau nach einer Organisation zu halten, die diese Aufgabe wahrnehmen konnte.

1957 erwähnte Thierfelder in einer Ansprache an die Mitarbeiter des wiedergegründeten Goethe-Instituts, daß von Loesch ihn seinerzeit anläßlich einer Unterhaltung mehr oder weniger zufällig auf die Idee gebracht habe, „ob man nicht in den Ländern der ehemaligen österreichisch-ungarischen Monarchie Wirtschaftskurse einrichten sollte, in denen neben deutschem Unterricht Lehrgänge für Schreibmaschine, Stenographie, Warenkunde u.ä. zu treiben sei; dieses Bedürfnis müsse befriedigt werden, wenn die Beziehungen zu dem deutschsprachigen Mitteleuropa nicht völlig verloren gehen sollten."[30] Diese Unterhaltung mit langfristigen Folgen für die Entwicklung der Deutschen Akademie dürfte irgendwann zwischen April und Juni 1928 stattgefunden haben. Denn in seiner Denkschrift an das Auswärtige Amt vom März 1928, die eine Reaktion auf die Berliner Schlußbe-

---

[27] Vgl. hierzu Ulrich Ammon, Die internationale Stellung der deutschen Sprache, Berlin u. a. 1991, S. 251 ff.
[28] Karl Remme und Margarete Esch, Die französische Kulturpropaganda, Berlin 1927, S. 21.
[29] Grundmann, Deutschtumspolitik, S. 435.
[30] Franz Thierfelder, 25 Jahre deutsche Sprachpolitik im Ausland, S. 225.

sprechung war, führte Thierfelder unter den Methoden der Kulturarbeit im Ausland die Förderung der Deutschen Sprache noch nicht auf. In seiner Denkschrift vom Juni 1928 an die Präsidenten der Deutschen Akademie hingegen verwies er bereits auf ein Gespräch mit von Loesch, in dem dieser darauf hingewiesen habe, daß die Zukunft der Deutschen Akademie auf dem Balkan und hier insbesondere in der Kulturpolitik gegenüber nichtdeutschen Völkern liege. Ein weiteres Indiz spricht dafür, daß das Frühjahr 1928 als Beginn der Beschäftigung mit Fragen der Sprachförderung innerhalb der Akademie anzusehen ist. In Thierfelders erstem Aufsatz über die internationale Stellung der deutschen Sprache stammen sämtliche von ihm bei den Auslandsmissionen des Reiches und bei Deutschlehrern im Ausland eingeholten und im Aufsatz zitierten Auskünfte aus dem Zeitraum Juni bis September 1928,[31] so daß die Versendung entsprechender Fragebögen im Frühjahr 1928 begonnen haben dürfte. Es erscheint plausibel, von Loesch die Urheberschaft für die Idee der Sprachförderung als zukünftigem Betätigungsfeld der Deutschen Akademie zuzuschreiben, da dieser ja bereits 1926 im Rahmen einer Veranstaltung der Akademie auf die Möglichkeit der Einrichtung von Sprachkursen auf dem Balkan hingewiesen hatte. Auch bei der „Berliner Schlußbesprechung" im März 1928 waren von ihm Sprach- und Wirtschaftskurse als Instrumente der Kulturwerbung vorgeschlagen worden.

Daß Thierfelder selbst nicht von Anfang an Sprachförderung als Betätigungsfeld der Deutschen Akademie im Sinn hatte, geht aus seiner letzten Denkschrift als Generalsekretär der Akademie im Dezember 1937 hervor. Diese war eine Art Rechenschaftsbericht über seine Tätigkeit seit den zwanziger Jahren, in der er sich gegen Kritik innerhalb der Akademie verteidigte, die vor allem von Professoren in den Sektionen der wissenschaftlichen Abteilung geäußert worden war. Für diese war offenbar die wissenschaftliche Akademie mittlerweile zu einer bloßen „Sprachschule" herabgesunken:

„Es ist nicht so, wie vielleicht jemand denken könnte, daß ich mein besonderes Steckenpferd zum Steckenpferd der Deutschen Akademie gemacht hätte. Als ich zur Deutschen Akademie kam, hatte ich mich bis dahin weder mit der deutschen Sprachwerbung befaßt noch diese als Aufgabe der Deutschen Akademie erkannt. Erst im Laufe der Jahre ist die Konzentrierung der praktischen Arbeit auf die Sprachwerbung als Notwendigkeit erwachsen, und es gehört vielleicht auch zu den Erfordernissen unserer Zeit, daß eine lebensnahe wissenschaftliche Organisation den Mut besitzt, sich zu dieser Wirksamkeit ganz zu bekennen."[32]

Der Einfluß des Vorsitzenden des Deutschen Schutzbundes auf die ab 1927 einsetzenden Bemühungen innerhalb der Akademie, dieser ein klareres Tätigkeitsprofil angedeihen zu lassen, das letztlich in einer Konzentration auf die Förderung der deutschen Sprache im Ausland mündete, kann also als sehr hoch angesehen werden.

Thierfelder war für die Idee der Förderung der deutschen Sprache im Ausland insofern empfänglich, als sein berühmter Vorfahre Thomasius sich Ende des

---

[31] Franz Thierfelder, Deutsch im Unterricht fremder Völker, in: MdDA, 3 (1928), S. 1015–1056.
[32] BAB R8043/1331, Erläuterungen zu dem Entwurf des Haushalts 1938 der Deutschen Akademie, Aufzeichnung Thierfelders vom 12. 12. 1937.

17. Jahrhunderts dafür eingesetzt hatte, Deutsch als Sprache in der Wissenschaft zu verwenden und es dazu als erster Universitätslehrer in Deutschland wagte, Vorlesungen in der Muttersprache abzuhalten. Der Gedanke, sozusagen in der Tradition der Familie den Kampf für die Verbreitung der deutschen Sprache nunmehr außerhalb der Reichsgrenzen aufzunehmen, so wie es Thomasius über zweihundert Jahre zuvor für ihre Durchsetzung in Deutschland getan hatte, dürfte Thierfelders beginnende Aktivitäten auf dem Gebiet der Förderung der deutschen Sprache sicherlich nicht gerade gebremst haben. Er widmete sich dieser für ihn zunächst gänzlich neuen Aufgabe, die ihn jedoch bis an sein Lebensende nicht mehr losließ, alsbald mit seiner ganzen Energie. Als ersten Schritt begann er im Frühjahr 1928, vermutlich ausgelöst durch die vom Deutschen Schutzbund lancierte Forderung, Deutsch als innereuropäischer Verkehrssprache Geltung zu verschaffen, im Namen der Deutschen Akademie mit einer systematischen Erhebung über den Stand des Deutschunterrichts und der Verbreitung der deutschen Sprache in der Welt. Er wollte damit, wie er 1929 schrieb, „der Deutschen Akademie erst einmal einen Rechtstitel geben, sich dieser Arbeit im besonderen annehmen zu können".[33] Er schrieb u. a. die deutschen Auslandsmissionen sowie Hochschullektoren und Deutschlehrer im Ausland an. Die Ergebnisse seiner sprachstatistischen Bemühungen veröffentlichte er, laufend aktualisiert, zunächst in sechs Aufsätzen in den Jahren 1928–1936 in den „Mitteilungen der Deutschen Akademie"[34], 1938 schließlich in Teilen in seinem Buch mit dem programmatischen Titel „Deutsch als Weltsprache"[35]. Die sprachstatistischen Erhebungen Thierfelders waren für die damalige Zeit hinsichtlich ihres Umfanges zumindest für Deutschland einzigartig.[36]

Bereits auf den ersten Seiten des ersten Aufsatzes, der Ende 1928 in den „Mitteilungen" veröffentlicht wurde, entwickelte Thierfelder eine Art Programm zukünftiger kulturpolitischer Betätigung. Bevor er an eine Bestandsaufnahme der Stellung der deutschen Sprache in den einzelnen Ländern ging, wies er auf die großen Vorteile hin, die Frankreich aus seiner systematischen Sprachpolitik in der Vergangenheit auf internationaler Bühne gezogen habe. Er argumentierte aber zugleich, daß im Grunde genommen die Dominanz der französischen Sprache in Europa überholt sei: Ihre beherrschende Stellung habe kein solides Fundament mehr, da sie nur noch durch ein überproportioniertes Instrumentarium auswärtiger Kulturpolitik aufrechterhalten werde, ihre Rolle aber nicht mehr den tatsäch-

---

[33] BHStA Nachlaß Heinrich Held Bd. 1110, Die Pflege der deutschen Sprache im Ausland als Arbeitsgebiet der Deutschen Akademie, Denkschrift Thierfelders vom Sommer 1929.

[34] Franz Thierfelder, Deutsch im Unterricht fremder Völker, in: MdDA, 3 (1928), S. 1015–1056; ders., Deutsch im Unterricht fremder Völker II, in: MdDA, 4 (1929), S. 4–48; ders., Deutsch im Unterricht fremder Völker III, in: MdDA, 5 (1930), S. 215–255; ders., Deutsch im Unterricht fremder Völker IV, in: MdDA, 6 (1931), S. 338–364; ders., Deutsch im Unterricht fremder Völker V, in: MdDA, 8 (1933), S. 298–342 sowie ders., Deutsch als Weltsprache. Die Entwicklung der deutschen Sprache im nichtdeutschen Ausland seit der nationalsozialistischen Revolution, in: MdDA, 11 (1936), S. 5–69.

[35] Franz Thierfelder, Deutsch als Weltsprache, Bd. 1: Die Grundlagen der deutschen Sprachgeltung in Europa, Hamburg 1938. Band 2 ist nicht erschienen.

[36] Ammon, Die internationale Stellung der deutschen Sprache, S. 4 und 6.

lichen ökonomischen, demographischen und politischen Gegebenheiten Nach-
kriegseuropas entspreche. Die Rede von einem bereits im Abstieg begriffenen
Frankreich, das eine Rolle auf der internationalen – nicht nur kulturpolitischen –
Bühne spiele, die seinen Ressourcen und seiner kulturellen Ausstrahlungskraft
eigentlich nicht mehr entspreche, war im übrigen ein ressentimentgeladenes Kli-
schee, das unter den Intellektuellen der Weimarer Republik weitverbreitet war
und im Dritten Reich geradezu zum Dogma wurde.[37] In dieses Horn stieß im
Jahre 1928 auch Thierfelder in sprachpolitischer Hinsicht:

> „Es soll gezeigt werden, daß sich nach dem Kriege eine zunehmende Kenntnis des Deutschen
> auf der ganzen Welt feststellen läßt, daß in dem Maße, als die Pflege des Französischen abzu-
> bröckeln beginnt, die Bevorzugung des Deutschen (und Englischen) als Fremdsprache im
> Schulunterricht teilweise erstaunlich voranschreitet, und daß sich bereits heute Deutsch in
> seiner internationalen Stellung in einzelnen Gebieten sogar vor ihm behauptet. Berücksich-
> tigt man vollends, daß sich diese Entwicklung in einer Zeit politischer und wirtschaftlicher
> Ohnmacht vollzogen hat und noch vollzieht, so darf man in kulturpolitischer Hinsicht ver-
> trauensvoll vorwärts blicken.“[38]

Als besonders vielversprechendes Tätigkeitsfeld bezeichnete er dabei, im Einklang mit der sich abzeichnenden geographischen Ausrichtung der gesamten Arbeit der Akademie, den Balkan: „Hier ist das Ringen um Sprachgeltung unter Nationen, die zur Weiterbildung ihrer eigenen Sprachen und Kulturen entschlossen
sind, besonders heftig, aber auch besonders aussichtsreich. Denn der Balkan mit
seinem Gemisch aus verschiedenen Rassen braucht eine Verkehrssprache, wie
staunenswert sich auch im Laufe der Jahrhunderte die Fähigkeit der Bewohner in
der Erlernung vieler Sprachen entwickelt hat." Diese Sprache, so Thierfelders
selbstredende Schlußfolgerung, konnte aus geschichtlichen wie geopolitischen
Gründen nur die deutsche sein. Allerdings sei ihre dortige traditionelle Vormachtstellung seit dem Ende des Ersten Weltkrieges durch das Französische, Englische
und Italienische bedroht, so daß dringender Handlungsbedarf bestehe.[39]

Thierfelder lieferte in den folgenden Jahren mehrere Gründe dafür, warum man
hinsichtlich der Zukunft der deutschen Sprache in Europa und anderswo optimistisch sein dürfe: Der Widerstand Deutschlands gegen eine übermächtige Gegner-
koalition im Weltkrieg, sodann die Entdeckung Deutschlands als preisgünstiges
Reiseland in den Zeiten der Inflation, schließlich auch seine wirtschaftliche Gesundung seit Mitte der zwanziger Jahren habe im Ausland, insbesondere in den
USA, zu einem verstärkten Interesse am Deutschen geführt. Der Balkanraum und
Osteuropa, nach dem Ende der Donaumonarchie, des Zarenreiches und des Os-

---

[37] Vgl. Hans Manfred Bock, Tradition und Topik des populären Frankreichklischees in
   Deutschland von 1925 bis 1955, in: Francia, 14 (1986), S. 475–508. Explizit gab Thierfelder
   seiner Überzeugung, daß Frankreich seinen kulturpolitischen Zenit überschritten habe,
   zwei Jahre später Ausdruck: „Das den Franzosen kennzeichnende mangelnde Verständnis
   für fremde Wesensart wurde durch unübertreffliche Geschicklichkeit in der Menschenbe-
   handlung ausgeglichen. Und doch ist der Höhepunkt der kulturellen Vormachtstellung
   Frankreichs in der Welt heute zweifellos überschritten." Zitiert aus Thierfelder, Geistige
   Grundlagen kultureller Auslandsarbeit, S. 227.
[38] Thierfelder, Deutsch im Unterricht fremder Völker I, S. 1016.
[39] Franz Thierfelder, Deutsche Spracharbeit in Südosteuropa, in: MdDA, 4 (1929), S. 262–
   272, hier S. 263.

manischen Reiches in eine Reihe neuer Nationalstaaten zerfallen, brauche eine lingua franca, zu der sich Deutsch aus historischen, demographischen und geographischen Gründen besonders eigne. Auch bei den Auslandsdeutschen, die z.T. erst durch Repressalien im Ersten Weltkrieg oder durch die Diskriminierung in den neuen Nationalstaaten Ost- und Südosteuropas sich ihrer Wurzeln bewußt geworden seien, sei ein stärkeres Sprachbewußtsein zu verzeichnen. Zudem gebe es bestimmte Bevölkerungsgruppen und politische Bewegungen, die sich ebenfalls des Deutschen oder verwandter Sprachen bedienten und damit wichtige Vorarbeit zur Verbreitung des Deutschen leisteten. Hierzu zählte Thierfelder einmal die stark von Deutschen geprägte kommunistische Internationale, vor allem aber das osteuropäische Judentum mit seinem Jiddisch, ja selbst das Afrikaans der Buren und die Mundarten deutschen Ursprungs, welche die nach Nord- und Südamerika ausgewanderten religiösen Minderheiten sprachen.[40] Schließlich, und das war vielleicht der Hauptgrund für Thierfelders sprachpolitischen Optimismus, verkörperte für ihn die deutsche Sprache auch im Gegensatz zu den anderen großen europäischen Sprachen das „völkische" Prinzip, also eine spezifische Form der Freiheit, der gesellschaftlichen Harmonie und des Widerstands gegen den verhaßten Liberalismus westlicher Prägung. Dies waren weltanschauliche Prinzipien, die er als Anhänger der Konservativen Revolution nicht nur in Deutschland seit Ende der zwanziger Jahre auf dem Vormarsch sah, während doch die westliche Idee der universellen Menschenrechte und des Parlamentarismus, für welche das Französische und Englische stünden, überall im Rückzug begriffen sei. „Ist es denn nur in Deutschland ein Geheimnis, daß die Erlernung des Deutschen in allen Ländern der Erde nach dem Kriege in teilweise überraschendem Umfange zunimmt?", schrieb Thierfelder am 18. Mai 1932 in einem Artikel in der der DVP nahestehenden „Deutschen Allgemeinen Zeitung" und sprach im gleichen Atemzug vom „untergehenden materialistisch-rationalistischen Zeitalter". Hier trafen sich seine (sprach-)politischen Gedankengänge eindeutig mit jenen Jungs, der beinahe zeitgleich in der Juni-Ausgabe 1932 der „Deutschen Rundschau" schrieb, daß

„die deutsche Sache zu einer europäischen gemacht werden muß, daß wir eine Sprache sprechen müssen, die nicht nur uns geläufig ist, sondern zum Herzen der zivilisierten Menschheit spricht. Unsere Sprache muß weltläufig werden dadurch, daß wir verstehen, die deutsche Sache zur Sache der Menschheit zu machen, eine Kunst, die den Franzosen 150 Jahre erfolgreicher Politik und den Sieg im Weltkrieg einbrachte. Es wäre falsch, zu diesem Zwecke eine kosmopolitische Sprache zu erlernen oder auszubilden, das Geheimnis ist, die deutsche Sprache – nicht im philologischen Sinne, sondern im geistigen Sinne – zur Weltsprache zu machen. Das ist aber nur möglich, wenn das deutsche Volk der Welt etwas schenkt, das sie in ihren Grundfesten erschüttert, die Herzen auflockert und den gepreßten Atem der kapitalistischen Menschheit vom Drucke befreit. Wer ein neues Ordnungssystem in das soziale und politische Sein hineinträgt, wird für die nächsten Jahrhunderte führen. Frankreich hat das Unglück, diesen Krieg gewonnen zu haben, sich auf Besitz versteifen zu müssen und das Rad der Geschichte aufhalten zu wollen. Wir haben das Glück, durch Zwang und Not gedrängt

---

[40] Vgl. Thierfelder, Deutsche Spracharbeit in Südosteuropa; ders., Neue Wege zur Verbreitung der deutschen Sprache im Auslande, in: MdDA, 5 (1930), S. 14–40 sowie ders., Deutsch als Weltsprache, S. 40–42.

zu werden, zum Quell wahren Menschtums zurückzukehren. Die neue Menschwerdung geht von uns oder niemand aus."[41]

An anderer Stelle konstatierte Jung etwa zur gleichen Zeit:

> „Die Sprache der deutschen Revolution wird – bei aller und gerade wegen dieser nationalistischen Grundhaltung – eine weltläufige sein. Wir werden im Kampfe um unsere Selbsterhaltung zum ersten Male wieder eine Sprache sprechen, die zum Herzen aller Völker dringt. Denn die Sache der deutschen Revolution wird zur Sache aller Völker, die nicht wie Frankreich den Ablauf der Geschichte hemmen wollen, indem sie sich und ihr Geistesgut als abschließenden Höhepunkt aller Zeiten statuieren wollen."[42]

Entsprechend schrieb Thierfelder einige Jahre später, Englisch habe zwar fast überall in Europa Französisch als dominierende Fremdsprache verdrängt, „aber sonst sehen wir vorerst nicht, was es geistig zum Neubau Europas, ja der Welt beizutragen hätte".[43]

Thierfelder wies bereits Ende 1928 den Weg, den man in der Deutschen Akademie gehe solle: „Der letzte Sinn des Aufsatzes besteht darin zu zeigen, welche unabsehbaren Möglichkeiten für Deutsch gerade im gegenwärtigen Augenblick gegeben sind, durch zielbewußte Sprachpflege im Ausland die aus der jüngsten Zeit stammenden Vorurteile zu überwinden und ein neues Fundament für unsere kulturelle Weltgeltung zu legen." Da es wohl kaum möglich sei, Einfluß auf die Lehrpläne der fremden Staaten zu nehmen, so schloß der Artikel, müsse man zunächst darauf hinwirken, daß der Deutschunterricht im Ausland attraktiver gemacht werde. Ein Weg sei die Verteilung von Buchgeschenken an die besten Schüler im Ausland, die Versendung von leicht zu lesenden Zeitschriften, insbesondere Illustrierten, und die Entwicklung eines lebendigen und aktuellen Deutschlehrbuches.[44] In den folgenden Artikeln versuchte er seine These von der ständig zunehmenden Bedeutung der internationalen Stellung der deutschen Sprache vor allem auf Kosten der französischen Sprache mit neuen Berichten aus dem Ausland zu untermauern. So schrieb er in Teil III seiner Erhebung, die im Sommer 1930 veröffentlicht wurde, seit der letzten zusammenfassenden Übersicht über den deutschen Unterricht im Ausland seien so viele erfreuliche Nachrichten über die Fortschritte auf diesem Gebiet eingegangen, daß ein Nachtrag zu den beiden früheren Aufsätzen angezeigt erscheine. In den wenigen Fällen, in denen die Nachprüfung früherer Angaben notwendig gewesen sei, habe es sich durchweg um Änderungen in einem für Deutschland günstigen Sinne gehandelt, „so daß der verschiedentlich beanstandete Optimismus unserer Übersicht seine Berechtigung erwiesen hat".[45]

Thierfelders Erhebungen und Überlegungen zeitigten schon im Jahre 1928 bei der Deutschen Akademie Wirkung. Auf der Hauptversammlung im Oktober, also noch vor ihrer Veröffentlichung in den „Mitteilungen", wurde bereits über die

---

[41] Edgar Julius Jung, Neubelebung von Weimar?, in: Deutsche Rundschau, 58 (1932), S. 153–162, Zitat S. 157.
[42] Ders., Deutschland und die konservative Revolution, in: Deutsche über Deutschland. Die Stimme des unbekannten Politikers, München 1932, S. 369–381, Zitat S. 380.
[43] Thierfelder, Deutsch als Weltsprache, S. 45.
[44] Thierfelder, Deutsch im Unterricht fremder Völker I, S. 1017 (Zitat) und S. 1055.
[45] Thierfelder, Deutsch im Unterricht fremder Länder III, S. 215.

„überraschend positiven Ergebnisse" der Erhebung berichtet und verkündet, daß man demnächst mit dem Versand von Illustrierten ins Ausland beginnen werde.[46] Daß Thierfelders Argumente auf einen fruchtbaren Boden fielen, dürfte nicht zuletzt auch darauf zurückzuführen sein, daß sich mit der Spracharbeit ein Betätigungsfeld für die Deutsche Akademie eröffnete, das noch nicht von anderen Institutionen bearbeitet wurde. Mithin bot sich endlich die Möglichkeit, der Auslandsarbeit der Deutschen Akademie ein eigenes Profil zu verschaffen und damit womöglich auch staatliche Sponsoren zu finden. Im Auswärtigen Amt wurde man auf Thierfelders Vorhaben der Erstellung einer Sprachstatistik schon während der Phase der Materialsammlung aufmerksam, hatte er doch die Auslandsmissionen um Hilfe gebeten. Die Sprachstatistik und die daraus abzuleitenden sprachpolitischen Handlungsmaximen erschienen der Kulturabteilung als ein klar umrissenes und vielversprechendes Projekt. Es war also ein wesentlich realistischerer Vorschlag als Thierfelders Gedankengänge in der Denkschrift vom März 1928, in der er für die Deutsche Akademie schlichtweg die Führung in der nichtamtlichen Kulturpolitik zum Ausland reklamiert hatte. Ab 1929 erhielt die Deutsche Akademie vom Auswärtigen Amt regelmäßig Kopien von jenen Berichten der Auslandsmissionen, die sich mit sprachpolitischen Fragen beschäftigten, sowie von den bei der Kulturabteilung eingehenden Denkschriften im Ausland lebender Deutscher zu Stand und Entwicklung des Deutschunterrichts in einzelnen Ländern. Die Geschäftsstelle der Akademie in München entwickelte sich seit 1929 quasi zu einem im Auftrag der Wilhelmstraße arbeitenden sprachstatistischen Büro.[47] Thierfelders Schilderung der erfolgreichen Kontaktaufnahme zur Kulturabteilung im Jahre 1928/29, die in einer Denkschrift aus dem Sommer 1929 überliefert ist, liest sich wie folgt:[48]

„Diese Arbeit fand die Aufmerksamkeit der Kulturabteilung des Auswärtigen Amtes, ich nutzte verschiedene Aufenthalte in Berlin, um mit den Herren der Kulturabteilung persönlich bekannt zu werden und arbeitete, als ich eine gewisse Geneigtheit für eine intensivere Behandlung der Sprachpflege im Ausland festgestellt hatte, eine längere Denkschrift mit praktischen Vorschlägen aus, die ich Geheimrat Terdenge einreichte. Dieser lud mich für mehrere Tage nach Berlin ein, um auch den anderen Herren der Kulturabteilung meine Vorschläge zu entwickeln, die sich zunächst, wie ich nachträglich erfahren habe, für eine Zusammenarbeit mit der Deutschen Akademie nicht geneigt gezeigt hatten. Es gelang mir, die Bedenken zu zerstreuen und Geheimrat Terdenge teilte mir mit, daß man grundsätzlich bereit sei, der Deutschen Akademie das ganze Gebiet der Sprachpflege, soweit es sich um die Arbeit unter Ausländern außerhalb der Propagandaschulen betreffe, zu überlassen, und hierfür auch die nötigen Mittel bereitzustellen."

[46] Bericht über die 3. Hauptversammlung der Deutschen Akademie 1928, in: MdDA, 3 (1928), S. 1063–1083, hier S. 1069f.
[47] So bedankte sich Thierfelder beispielsweise am 5. 12. 1929 beim Auswärtigen Amt für die Zusendung eines Berichtes über den Stand des Deutschunterrichts in Chile, den ein deutscher Lehrer an die Kulturabteilung geschickt hatte (in: PA Bd. R 63806). Im vierten Teil seines Überblicks über den Deutschunterricht im Ausland zitiert er den Bericht eines deutschen Konsulates in Rumänien. Vgl. Thierfelder, Deutsch im Unterricht fremder Völker IV, S. 344.
[48] BHStA Nachlaß Heinrich Held Bd. 1110, Die Pflege der deutschen Sprache im Auslande als Arbeitsgebiet der Deutschen Akademie, Denkschrift Tierfelders vom Sommer 1929.

Allerdings nannte das Auswärtige Amt laut Thierfelder zwei Bedingungen: Die Zusammenarbeit müsse vertraulich bleiben, und die Durchführung sei an seine Person gebunden, „da man nach den letzten Erfahrungen (Schutzbund) nicht mit Organisationen, sondern Personen verhandeln wolle".[49]

Thierfelders ursprüngliche, beim Auswärtigen Amt eingereichte Denkschrift über die Intensivierung der Sprachförderung im Ausland, auf die er in der zitierten Passage Bezug nahm, ist nicht mehr erhalten, er griff jedoch im Sommer 1929 wieder einige seiner früheren Vorschläge auf.[50] Thierfelders Grundidee war offenbar gewesen, die Sprachförderung bei den deutschen Hochschullektoren an ausländischen Universitäten zu zentralisieren, ein Vorschlag, der durch die zeitgleiche Konstituierung des DAAD in Berlin alsbald obsolet wurde, da dieser die Auswahl und Betreuung der Hochschullektoren monopolisierte. Die Hochschullektoren sollten nach Thierfelders Vorstellung künftig nicht mehr Einzelkämpfer sein, die individuell von den ausländischen Universitäten ausgewählt und angestellt wurden, sondern systematisch von Deutschland betreut und vor ihrer Ausreise ausgebildet würden. Sie sollten neben der Ausbildung der Deutschlehrer der Gastländer an den germanistischen Seminaren auch Sprachkurse außerhalb der Universitäten abhalten, auf den Deutschunterricht in den Schulen des Gastlandes einwirken, regelmäßig über die kulturpolitischen Aktivitäten von Drittstaaten berichten, sich für einen stärkeren Absatz deutschsprachiger Bücher einsetzen und Presse und Rundfunk des Gastlandes mit Informationen über Deutschland versorgen.

Im Auswärtigen Amt gedachte man, die bewährte Zusammenarbeit mit privaten oder halböffentlichen Einrichtungen, die sich auf dem Feld der Betreuung des Auslandsdeutschtums seit der Zeit vor dem Ersten Weltkrieg bewährt hatte, nun auch auf die Sprachförderung auszudehnen. Formal vom Amt unabhängige, sich kulturpolitisch betätigende Einrichtungen hatten mehrere Vorteile: Sprachförderung wie auch andere Aktivitäten waren kostengünstiger durch Vereine als durch Beamte zu betreiben. Zudem konnten Vereine scheinbar überparteilicher Natur private Spender besser zu Beiträgen animieren, ein nicht zu vernachlässigendes Argument angesichts der chronisch knappen Kassen des Weimarer Staates, die sich nicht zuletzt in der Kulturabteilung bemerkbar machten. Sodann gewährleisteten Privatorganisationen eine stärkere personelle Kontinuität als die dem Rotationsprinzip unterworfenen Beamten des Auswärtigen Amts. Schließlich suggerierte die Aktivität privater Organisationen im Ausland auch die Illusion einer relativen Staatsferne kultureller Initiativen und stieß daher möglicherweise bei den Empfängern auf weniger Vorbehalte, im Grunde genommen im Dienste außenpolitischer Ziele des Reichs zu stehen. Doch selbst wenn man, wie Kurt Düwell in seinem Standardwerk zur auswärtigen Kulturpolitik der Weimarer Republik schreibt, im Auswärtigen Amt gewillt war, der Kultur eine gewisse Autonomie zu gewähren und sie nicht nur als ein Mittel zur Erlangung machtpolitischer Ziele

---

[49] Ebenda.
[50] Ebenda. Einige der Gedankengänge finden sich auch bei Thierfelder, Deutsch im Unterricht fremder Völker II, S. 43 f.

sah,[51] so betrieb man sie doch in erster Linie nicht um ihrer selbst willen. Sie bewegte sich vielmehr stets im Rahmen der generellen politischen Zielvorgaben der damaligen deutschen Außenpolitik, welche auf eine Überwindung des Vertrags von Versailles und eine Wiederherstellung der deutschen Großmachtstellung hinzielte, wie sie vor dem Ersten Weltkrieg bestanden hatte. Zur Erlangung dieser Ziele konnten kulturelle Initiativen scheinbar wichtige Hilfsdienste leisten. Andernfalls wäre es unverständlich gewesen, warum das Auswärtige Amt Thierfelder bei der sich anbahnenden Zusammenarbeit zur Geheimhaltung verpflichtete und zunächst vor allem auf die Stärkung der deutschen Sprache auf dem Balkan abzielte, der seit Ende der zwanziger Jahre eine immer wichtigere Rolle im Rahmen der allgemeinen deutschen Außenpolitik einnahm.

In der Wilhelmstraße wollte man jedoch, bevor es an konkrete Schritte zur Sprachförderung ging, die Thierfelder vorgeschlagen hatte, zunächst einmal mehr über die Sprachsituation auf dem Balkan erfahren. „Die Besprechungen im Auswärtigen Amt haben damit geendet, daß ich inoffiziell beauftragt worden bin, auf einer Reise durch die Städte des Balkans die Anknüpfungen und Unterlagen zu schaffen, auf denen dann ein ins einzelne gehendes Programm der Sprachwerbung (Entsendung weiterer Lektoren, Einrichtung von Sprachkursen, Förderung fremdvölkischer Deutschlehrer usw.) durchgeführt werden kann", schrieb Thierfelder im Mai 1929 an Oncken. Vom 3. Juni bis 1. Juli 1929 absolvierte Thierfelder die erste Reise auf Kosten des Auswärtigen Amts, das ihm allerdings zugleich auferlegt hatte, daß seine Verbindungen nach Berlin in der Öffentlichkeit nicht bekannt werden sollten.[52] Die Exkursion führte ihn nach Budapest, Belgrad, Sofia, Saloniki, Athen, Istanbul und Bukarest. Sie war der eigentliche Beginn von Thierfelders jahrzehntelanger intensiver Beschäftigung mit dem Balkan.

In seinem Abschlußbericht an das Auswärtige Amt[53] sah er die Stellung des Deutschen in den Schulen und Universitäten Ungarns als führend und nicht durch andere Fremdsprachen gefährdet an. In Jugoslawien hingegen entspreche die Lage des Deutschunterrichts nicht dem bestehenden Interesse der Südslawen, vor allem slowenischer Wirtschaftskreise, und dem Stand der deutschen Sprache vor 1914, was vor allem auf das kulturpolitische Wirken Frankreichs zurückzuführen sei. Hinsichtlich Bulgariens schätzte Thierfelder die Situation als grundsätzlich günstig ein, da Deutsch schon an den Mittelschulen unterrichtet werde und es eine große Zahl privater Sprachkurse gebe. Problematisch sei hier eher die mangelnde

---

51 Düwell, Deutschlands auswärtige Kulturpolitik, S. 89ff. Scholten, Sprachverbreitungspolitik des nationalsozialistischen Deutschlands, S. 39–42 unterzieht diese etwas idealistische Sichtweise Weimarer auswärtiger Kulturpolitik, die in Düwells Buch z.B. nicht an der konkreten Kulturpolitik in bestimmten Ländern und Regionen der Welt überprüft wird, einer überzeugenden Kritik. Die neue Untersuchung von Pöppinghaus, Moralische Eroberungen? kommt anhand einer Überprüfung der konkreten Kulturpolitik gegenüber einem speziellen Land ebenfalls zum Schluß, daß die von Carl Heinrich Becker 1919 erhobene Forderung einer Autonomie der Kulturpolitik von außen- und handelspolitischen Vorgaben während der Weimarer Republik kaum Niederschlag in der tatsächlichen Politik gegenüber Spanien fand.
52 NStAOl Best 271–14/680, Brief Thierfelders an Oncken, 13. 5. 1929.
53 PA Bd. R63806, Die Lage der deutschen Sprache auf dem Balkan – Ergebnisse einer Studienreise, Bericht Thierfelders vom Sommer 1929.

fachliche Qualifikation der Deutschlehrer. In Griechenland sei der französische kulturelle Einfluß am stärksten, doch zugleich im Schwinden begriffen, so daß hier ein guter Ansatzpunkt für Deutschland sei. Allerdings bestehe in Griechenland eine Tendenz, sich gegen zu starke fremde kulturelle Einflüsse zunehmend abzuschotten. Für die Türkei bezeichnete Thierfelder die Stellung des Deutschen als sehr günstig, die alte Vorherrschaft des Französischen hingegen als erschüttert. In Rumänien sei noch gar nichts für die deutsche Sprache getan worden.

Auf einer zweiten, vom Auswärtigen Amt finanzierten Reise im November 1930 eruierte Thierfelder ganz konkret die Chancen zur Einrichtung von Sprachkursen der Akademie in Bulgarien und Jugoslawien. Es waren genau jene Länder, die laut Thierfelders erstem Reisebericht grundsätzlich der deutschen Sprache positiv gegenüberstanden, in denen es aber bislang Defizite gab. Zugleich waren es Länder, die in der Balkanstrategie des Auswärtigen Amts eine wichtige Position einnahmen, da sie die Brücke zum südlichen Balkan, dem Mittelmeer und zur Türkei bildeten. Nach Abschluß der zweiten Reise schrieb Thierfelder an das Auswärtige Amt: „Diese kurze Studienreise hat mich in meiner Überzeugung aufs neue bestärkt, daß für die deutsche Kulturarbeit im Ausland die südosteuropäischen Staaten das erfolgversprechendste Gebiet darstellen." Eines Tages werde man auch die wirtschaftlichen Früchte der kulturpolitischen Arbeit in diesem Raum ernten. „Aus diesem Grunde möchte ich zum Schluß immer wieder darauf hinweisen, wie notwendig es ist, durch aufklärende Arbeit in Deutschland selbst das Verständnis für die Balkanvölker zu mehren und ihre nationale Entwicklung in engste Verbindung zu unserer kulturellen Entwicklung zu bringen."[54]

Thierfelder sah die Balkanstaaten als junge Nationen an, die auf der Suche nach einem starken Partner waren, der ihnen bei der Entdeckung ihrer kulturellen Wurzeln helfen konnte. Deutschland war in seinen Augen besonders geeignet, enge kulturelle Bande zum Balkan zu knüpfen, da es anders als Frankreich keine universalistische Zivilisationsidee exportiere, sondern eine „völkische" Ideologie, die von der grundsätzlichen Unterschiedlichkeit und Unvereinbarkeit der Kulturen ausging und mithin zur Selbstfindung der noch jungen Nationen eher beitragen könne. „Es bedarf des Spiegels der fremden Nationen, um sich selbst noch besser zu erkennen, es braucht den kritischen oder befreundeten Zuruf, um seine eigenen Leistungen womöglich noch zu steigern und sich des eigenen Wertes täglich aufs Neue gewiß zu werden," verkündete Thierfelder auf der Hauptversammlung der Akademie im Oktober 1933.[55] Er zeigte sich damit als Jünger der damals dominierenden, erstmals von Arnold Bergsträsser explizit formulierten These der „kulturellen Begegnung", die beim Deutschen Akademischen Austauschdienst, der in einer gewissen Konkurrenz zur Deutschen Akademie stand, die offizielle Doktrin zur Begründung auswärtiger Kulturarbeit war. Diese besagte, daß die kulturelle Begegnung zwischen den Nationen vor allem der Entdeckung der eigenen nationalen Züge diene, was durchaus beiden Seiten zum Vorteil gereichen

---

54 PA Bd. R64194, Bericht über meine Studienreise in Südosteuropa 10.–30. 11. 1930.
55 Franz Thierfelder, Deutsche Kulturpolitik im Ausland, Referat auf der Jahresversammlung der Deutschen Akademie im Oktober 1933, in: BHStA MK 40444.

könne.[56] Zugleich sah Thierfelder die Balkanvölker auch als weniger durch die von ihm kritisch gesehene westliche, industrielle und demokratische Zivilisation beeinflußt. Sie waren also natürliche Partner Deutschlands, das sich schon vor 1933 wieder vom Westen abzuwenden und einer autoritäreren Staatsform zuzuwenden schien. So lobte er in einem Vortrag vom November 1934 in Belgrad die slawischen Völker, die sich ein gesundes Bauerntum erhalten hätten, während Deutschland bis 1933 bereit gewesen sei, „vor der westlichen Zivilisation zu kapitulieren und fortschrittsgläubig die bäuerliche Stufe als überwundenen Zustand der Entwicklung anzusehen." Auf dem Balkan hingegen habe sich die Kraft zum Widerstand gegen die „technische Zerstörung der abendländischen Kultur" erhalten.[57] Er beklagte das Ungleichgewicht in der gegenseitigen Wahrnehmung: Leider würde man sich in Deutschland nach wie vor hauptsächlich für den Westen interessieren, aber kaum für den Balkan, obwohl gerade dort großes Interesse für Deutschland herrsche.[58] Die geistige Affinität Thierfelders zur politischen Organisation und gesellschaftlichen Formation der Balkanstaaten, geopolitische Erwägungen und die Notwendigkeit, für die in München ansässige Deutsche Akademie eine auch in ihrer geographischen Ausrichtung überzeugende kulturpolitische Nische zu finden, waren die Hauptgründe dafür, daß er sich in den dreißiger Jahren immer mehr von seinem früheren Studienobjekt Skandinavien, dem er in seinen sächsischen Jugendjahren immerhin Studium und Promotion gewidmet hatte, ab- und einem neuen Großraum zuwendete. Auch nach dem Ausscheiden aus der Deutschen Akademie Ende 1937, als Thierfelder fortan als freier Autor seinen Lebensunterhalt verdienen mußte, versuchte er in einer regelrechten Flut von Veröffentlichungen das Interesse der deutschen Öffentlichkeit auf den Balkan zu lenken, auf dem seiner Ansicht nach ein politisches und kulturelles Engagement für Deutschland wesentlich lohnenswerter sei als in West- oder Nordeuropa.[59]

4. Jahresversammlung in Jena 1929

Als eigentlicher Wendepunkt für die Auslandsarbeit der Akademie, mit welchem eine künftige Förderung durch das Auswärtige Amt sichergestellt wurde, erwies sich die Hauptversammlung in Jena im Oktober 1929. Nicht nur sah sich die wissenschaftliche Abteilung unter Oncken dort kritisiert und wurde gezwungen, ihre

---

[56] Arnold Bergsträsser, Sinn und Grenzen der Verständigung zwischen Nationen, Berlin 1930. Vgl. hierzu auch Laitenberger, Akademischer Austausch und auswärtige Kulturpolitik, S. 73–80.
[57] Franz Thierfelder, Deutsche und Slawen, in: MdDA, 10 (1935), S. 25–39, hier S. 37.
[58] Vgl. Thierfelder, Deutsche Spracharbeit in Südosteuropa, S. 271.
[59] Vgl. Franz Thierfelder, Um die Seele des Balkans. Kulturpolitisches Reisetagebuch, Berlin 1940; ders., Schicksalsstunden des Balkans, Wien 1940; ders., Der Balkan im europäischen Raum, Berlin 1941; ders., Der Balkan als kulturpolitisches Kräftefeld. Zwischenstaatliche Propaganda und geistiger Austausch in Südosteuropa, Berlin ²1941; ders., Gestalten und Gestalter des Balkans, Berlin 1943; ders., Ursprung und Wirkung der französischen Kultureinflüsse in Südosteuropa, Berlin 1943.

Forschungs- und Publikationstätigkeit zu überdenken. Den Vertretern des Senats und der Ortsgruppen war im Vorfeld durch das Wirken Thierfelders und von Loeschs sowie die Signale aus der Wilhelmstraße deutlich vor Augen geführt worden, daß die Deutsche Akademie dringend eines neuen und eindeutigeren Profils für die Auslandsarbeit bedürfe. Thierfelder hatte offenbar einen Kurswechsel zur Bedingung für seinen Verbleib in der Akademie gemacht. Dies geht aus einem Schreiben Haushofers vom August 1929 an Senator Pechel hervor. Ihm übersandte er einen (nicht mehr erhaltenen) Entwurf eines Antrages für die Senatssitzung auf der kommenden Hauptversammlung. Wenn dieser, so Haushofer, nicht angenommen werde, bedeute „es den Abgang des tüchtigen Thierfelder, wahrscheinlich auch Fehns, den Bruch mit dem Auswärtigen Amt und nebenbei einen Skandal".[60] Soweit kam es jedoch nicht. Im November 1929 teilte Thierfelder dem Auswärtigen Amt mit, „Jena" sei so verlaufen, „daß mein weiterer Verbleib bei der Akademie vorläufig nicht in Frage gestellt ist".[61]

Auf der Jenaer Jahresversammlung stellte der Reichstagsabgeordnete des Zentrums Georg Schreiber, Senator der Deutschen Akademie und nicht zuletzt wegen seines Sitzes im Haushaltsausschuß des Reichstages einer der einflußreichsten Kulturpolitiker in der Weimarer Republik,[62] den Antrag, die kulturpolitische Arbeit der Deutschen Akademie gegenüber dem Ausland möge zukünftig weniger auf die Auslandsdeutschen als auf die Nichtdeutschen ausgerichtet werden, da es für die Betreuung der Auslandsdeutschen schon genügend andere Institutionen gebe. „Ihre Haupttätigkeit gilt jedoch der Pflege des deutschen Gedankens unter Ausländern; in zielbewußter Zusammenarbeit mit allen beteiligten Stellen wird die Deutsche Akademie die Verbreitung der deutschen Sprache im Auslande durch Errichtung von privaten Sprachkursen unter Zusammenarbeit von Professoren, Lektoren und Lehrern für die deutsche Sprache im Ausland zu fördern suchen." Daneben forderte Schreiber, zukünftig vermehrt Bücher und Zeitschriften ins Ausland zu versenden und die persönlichen Beziehungen zwischen deutschen und ausländischen Kreisen zu vertiefen, um damit das Verständnis für den Wert der deutschen Kultur im Ausland zu stärken und zugleich im Inland den Blick für die ausländischen Kulturinstitutionen zu schärfen.[63] Fehn und Thierfelder flankierten diesen Antrag mit Vorträgen über „Fremde Kulturarbeit im Ausland" und „Deutsche Sprachwerbung im Ausland".[64]

Fehns Vortrag griff den Topos auf, daß man in Deutschland vor dem Kriege die auswärtige Kulturpolitik vernachlässigt habe. Dies sei zwar mittlerweile bekannt, weniger bewußt sei man sich aber, daß die anderen Mächte, allen voran Frankreich, das „ungeheuere Mittel" aufwende, auch nach 1918 kulturpolitisch aktiv geblieben seien. Selbst kleinere neue Staaten wie Polen, die Tschechoslowakei und

60 BAK N1160/I/71, Brief Haushofers an Pechel, 4. 8. 1929.
61 PA Bd. R64194, Schreiben Thierfelders an das Auswärtige Amt, 3. 11. 1929.
62 Zu Schreiber vgl. Rudolf Morsey, Georg Schreiber, in: Wissenschaftspolitik in Berlin. Minister, Beamte, Ratgeber, hrsg. von Wolfgang Treue und Karlfried Gründer, Berlin 1987, S. 269–284.
63 BHStA MA 100128, Antrag Schreibers für die Senatssitzung am 18. 10. 1928.
64 Kopien der beiden Vortragsmanuskripte befinden sich in: BAK N1160/I/142.

Ungarn hätten sich kulturpolitisch zu Wort gemeldet, wenn auch eher dahingehend, daß sie versuchen würden, eine eigene Kultur aufzubauen und sich zugleich von fremden Einflüssen abzuschotten. „Wir dürfen die Augen vor den Deutschland dadurch drohenden Gefahren nicht verschließen. Deutschland darf von seiner kulturellen Weltgeltung nicht mehr weiter zurückgedrängt werden", forderte Fehn. Andere Nationen hätten bisher besser erkannt, „daß ein Volk, das Weltgeltung genießen will, auch die Kenntnis und Wertschätzung seiner Art, seines Wesens, seines Wissens und seiner Leistungen auf kulturellem Gebiet durch andere Völker braucht, und daß sich aus dieser Kenntnis und Wertschätzung wirtschaftliche Folgen ergeben, die auch mit bester Reklame nicht erzielt werden können". Allerdings machte Fehn seinen Zuhörern, die für eine neue Auslandskulturpolitik der Akademie gewonnen werden sollten, die sich nicht als Deutschtumspolitik gab, Mut: Sowohl im Auswärtigen Amt wie in der Wirtschaft beginne sich allmählich diese Erkenntnis Bahn zu brechen.

Thierfelder zeigte sodann in seinem Vortrag die Mittel, derer sich die Deutsche Akademie künftig bedienen sollte. Andere Länder seien Deutschland in Fragen der Auslandskulturpolitik mindestens zehn Jahre voraus, auch und vor allem in der Sprachpflege und Sprachpolitik. „Hier tut sich Neuland für unser Volk auf, hier stellt sich die Kernaufgabe der praktischen Abteilung der Deutschen Akademie, eine Aufgabe, deren Lösung zwar auf öffentliche Aufmerksamkeit und Anerkennung verzichten muß, dafür aber des Erfolges um so sicherer ist. Denn Deutschlands Zukunft in der Welt hängt nicht zuletzt davon ab, wieviele Menschen auf Erden Deutsch sprechen und verstehen werden." Merkwürdigerweise, so fuhr Thierfelder fort, habe bisher über den Grad der Verbreitung der deutschen Sprache im Ausland weitgehend Unkenntnis geherrscht. „Der Kampf gegen unsere Sprache nach dem Kriege, die bedauerliche Vorliebe der Deutschen, sich im Verkehr mit anderen Völkern jeder anderen Sprache eher als der eigenen zu bedienen und der unausrottbare Wahn, das Deutsche sei wegen seiner Schwierigkeit für die internationale Verständigung nicht geeignet, hatte eine Ungläubigkeit bezüglich der Auslandsgeltung des Deutschen groß werden lassen, die das schwerste Hemmnis für jede Spracharbeit darstellte." Nun lägen aber die Ergebnisse der Untersuchung über die internationale Stellung der deutschen Sprache gedruckt in den „Mitteilungen" vor. Sie seien zwar verschiedentlich als schön gefärbt bezeichnet worden, er könne „jedoch aus den Erfahrungen der letzten Monate erneut betonen, daß sich unsere zuversichtliche Beurteilung in vollem Umfange bestätigt hat". Thierfelder stellte sodann zwei Postulate auf, denen er während seiner ganzen Tätigkeit in der Akademie, also auch über 1933 hinaus, treu bleiben sollte: Grundlage der Auslandsarbeit müsse der Gedanke der Gegenseitigkeit sein und Kulturpolitik müsse offen arbeiten. „Vermeiden wir also alles, was den Schein des Geheimnisvollen und deshalb Hinterhältigen bei unserer Spracharbeit erwecken könnte; bei dem immer noch vorhandenen Mißtrauen der Welt gegen jede deutsche Auslandsarbeit ist rückhaltlose Offenheit das einzige Mittel, Vertrauen zu gewinnen." Da Auslandskulturarbeit nur Erfolg habe, wenn man auch den Adressaten Gelegenheit zur Entfaltung ihrer Kultur lasse, plädierte Thierfelder zugleich für eine stärkere Förderung der Sprachen Ost- und Südosteuropas in Deutschland etwa durch Einrichtung entsprechender Hochschullektorate, da in diesen Ländern das Interesse an der deutschen Sprache am größten sei. Eine slawische Sprache sollte seiner Auffassung nach auch an den deutschen Mittelschulen gelehrt werden. Zudem sei es angebracht, Französisch als erste Sprache an den deutschen Schulen zukünftig durch Englisch zu ersetzen, da Englisch überall auf dem Vormarsch, Französisch aber allgemein im Rückzug begriffen sei.

Mit sprachstatistisch scheinbar abgesicherten Argumenten und mit der Unterstützung Schreibers, von Loeschs und des Auswärtigen Amts im Rücken, war es nicht überraschend, daß sich Thierfelders Konzept, das die Förderung der deutschen Sprache unter Ausländern in den Vordergrund künftiger Aktivitäten der Deutschen Akademie rückte, im Oktober 1929 schließlich durchsetzte. Die Ereignisse in Jena waren zugleich eine Niederlage für Rohrbach, der bis dahin für die weitere Förderung auch des Auslandsdeutschtums durch die Akademie eingetreten war. Er wurde auf der Hauptversammlung auch nicht, wie er im Vorfeld erhofft und gefordert hatte, zum Präsidenten der praktischen Abteilung gewählt, sondern nur auf ein weiteres Jahr als geschäftsführendes Präsidialmitglied bestätigt.[65] Es war ein deutliches Zeichen dafür, daß sein Einfluß in der Akademie nach dem Weggang Onckens im Schwinden begriffen war, während nun die Ära Thierfelder anbrach.

5. Umdenken im Auswärtigen Amt

Die Kulturabteilung des Auswärtigen Amts lernte Thierfelders Kooperationsbereitschaft, Ideenreichtum und Energie alsbald zu schätzen. So hieß es in einer Aufzeichnung der Kulturabteilung für den Reichsaußenminister vom Oktober 1930, der „Geschäftsführer" Thierfelder sei außerordentlich aktiv und umsichtig und arbeite in allen Fragen aufs engste mit dem Auswärtigen Amt zusammen.[66] Thierfelder wiederum behauptete Mitte der dreißiger Jahre, als er mit dem neuen Akademiepräsidenten Haushofer in Konflikt geriet, das Auswärtige Amt habe in den Jahren 1929 bis 1933 lediglich ihm als Person, nicht jedoch der Akademie als Ganzes Vertrauen geschenkt. Nur durch dieses persönliche Vertrauensverhältnis zwischen ihm und der Wilhelmstraße sei der Aufbau der Spracharbeit der Akademie möglich gewesen.[67]

Die Förderung der deutschen Sprache im Ausland, der sich Thierfelder in München im Auftrage des Auswärtigen Amts 1928/29 anzunehmen begann, besaß in der Wilhelmstraße Ende der zwanziger Jahre eine etwa fünfzigjährige Tradition, deren Anfänge auf die Einrichtung eines Schulfonds im Jahre 1878 zurückgin-

---

[65] Daß Rohrbach seinen dauerhaften Verbleib in der Akademie an die Forderung geknüpft hatte, in Jena zum Präsidenten der praktischen Abteilung gekürt zu werden, spiegelt sich in der Korrespondenz mit Oncken in den Jahren 1928/29 wider. Dieser Schritt wurde unter anderem durch den Akademiepräsidenten von Müller blockiert. In: NStAOl Best. 271–14/469.
[66] PA Bd. R64194, Vorlage für den Reichsaußenminister, 15. 10. 1930.
[67] BAK N1010/39, Brief Thierfelders an Senator Gerland, 24. 3. 1937.

gen.[68] Doch erst im letzten Jahrzehnt vor dem Ersten Weltkrieg gewann sie richtig Kontur. Nun achtete der neu eingestellte Schulreferent im Auswärtigen Amt, Franz Schmidt, erstmals systematisch darauf, daß an den „klassischen" deutschen Auslandsschulen die Kinder ausgewanderter Deutscher oder vorübergehend im Ausland lebender Reichsangehöriger tatsächlich auch auf Deutsch unterrichtet wurden. Zugleich bemühte man sich, spezielle deutsche Schulen in den Gastländern für einheimische Schüler zu errichten, die sogenannten Reichsschulen für Ausländer. Ab 1909 hießen sie offiziell „Propagandaschulen"[69]. Allerdings entstanden von ihnen bis 1914 nur insgesamt 13 in China, der Türkei und Persien. Im Gegensatz zu den etwa 900 „klassischen" Auslandsschulen, die überwiegend von den deutschen Auslandsvereinen vor Ort finanziert wurden, waren die „Propagandaschulen" ganz von Subventionen aus dem Reichshaushalt abhängig. Daneben richtete man auch an den Auslandsschulen Abenddeutschkurse für Erwachsene ein.[70] Auch im VDA mehrten sich nach der Jahrhundertwende die Stimmen, daß man die Auslandsschulen nicht nur zum Erhalt des Deutschtums, sondern auch als Instrumente der Verbreitung deutscher Kultur und Sprache unter der nichtdeutschen Mehrheitsbevölkerung der jeweiligen Gastländer einsetzen solle. Allerdings setzte sich diese Auffassung nicht durch, da der selbstgestellte Auftrag, die auf 30 Millionen Mitglieder geschätzte deutsche Auslandsgemeinde vor der Assimilation zu schützen, bereits als eine derart große Herausforderung angesehen wurde, daß sie aller vorhandenen Energien und Ressourcen bedürfe.[71] Fokus des VDA wie auch des Auswärtigen Amts blieben also bis 1918 vornehmlich die deutschen Minderheiten, die stets an ihre deutschen Ursprünge erinnert wurden und sich damit eine gewisse Loyalität zum Reich bewahren sollten.

Nach 1918 wurde diese sich vor dem Ersten Weltkrieg abzeichnende Politik, also die deutsche Sprache mittels deutscher Schulen auch unter fremdsprachigen Völkern zu verbreiten, aus Geldmangel wie auch aus Furcht, die Auslandsschulen dadurch in den Verdacht von Propagandazentren geraten zu lassen, weitgehend eingestellt. Die „Propagandaschulen" verschwanden gänzlich, und auch die an den Schulen in der Vorkriegszeit eingerichteten Deutschkurse für Erwachsene wurden reduziert.[72] Hatte das Auswärtige Amt vor 1914 z.B. Deutschsprachkurse an 58 Plätzen im Ausland gefördert, wobei die Türkei mit 31 und China mit zehn Standorten herausragten, so waren es in der ersten Hälfte der zwanziger Jahre nur noch insgesamt zehn Standorte, davon sechs in China und zwei in der

[68] Vgl. den Überblick von Roswitha Reinbothe, Verbreitung der deutschen Sprache in Kaiserreich und Weimarer Republik, in: Ammon (Hrsg.), Sprachförderung, S. 31–41.
[69] Die Bezeichnung wurde in Hinblick auf die ursprüngliche Bedeutung des Wortes im Sinne von „werben, verbreiten" eingeführt, nicht in der nach dem Ersten Weltkrieg aufkommenden Konnotation „politischer Indoktrination".
[70] Kloosterhuis, Friedliche Imperialisten, S. 188 ff. sowie Geheime Denkschrift des Auswärtigen Amtes über das deutsche Auslandsschulwesen vom April 1914, abgedruckt in: Düwell, Deutschlands auswärtige Kulturpolitik, S. 268–370.
[71] Gerhard Weidenfeller, Der VDA zwischen „Volkstumskampf" und Kulturimperialismus, in: Interne Faktoren auswärtiger Kulturpolitik im 19. und 20. Jahrhundert, hrsg. vom Institut für Auslandsbeziehungen, Stuttgart 1981, S. 17–26.
[72] Düwell, Deutschlands auswärtige Kulturpolitik, S. 128–152.

Türkei.[73] Zugleich litt die Verbreitung der deutschen Sprache in den Auslands-schulen nach dem Ersten Weltkrieg daran, daß diese sich immer mehr den natio-nalen Unterrichtssystemen der Gastländer angleichen mußten, was auch verstärk-ten Unterricht in der Sprache des entsprechenden Landes bedeutete.[74] Quantitativ hingegen erholte sich das deutsche Auslandsschulwesen bis 1930 nicht nur von den Schließungen im Verlauf des Ersten Weltkrieges. Die Zahl stieg bis 1931 sogar durch einen forcierten Ausbau auf etwa 1500 Schulen, davon allein ca. 1200 in Brasilien, während es beispielsweise in ganz Europa nur etwa 50 Auslandsschulen gab.

Die Förderung der deutschen Sprache im Ausland war 1928/29, als Thierfelder mit dem Auswärtigen Amt in Verbindung trat, also im Wesentlichen auf den Er-halt bzw. Ausbau der deutschen Auslandsschulen beschränkt. Die Hauptauf-merksamkeit galt wie bereits vor dem Ersten Weltkrieg eher dem Erhalt der Sprachkenntnisse unter den deutschen Minderheiten im Ausland als einer Sprach-verbreitungspolitik unter den nichtdeutschen Mehrheitsvölkern der Gastländer. Der Sprachförderung unter erwachsenen Ausländern, der Entwicklung der inter-nationalen Stellung der deutschen Sprache oder der sprachpolitischen Aktivitäten anderer Länder wurde hingegen in der Wilhelmstraße kaum Beachtung geschenkt. Im Jahre 1929 beispielsweise hatte der Leiter der Kulturabteilung des Auswärti-gen Amts, Hans Freytag, in der „Deutschen Rundschau" einen Artikel über die deutsche auswärtige Kulturpolitik veröffentlicht, in dem die Sprachförderung nicht einmal Erwähnung fand.[75] Bis 1938 gab es in der Kulturabteilung des Aus-wärtigen Amts auch kein gesondertes Referat zur Förderung der deutschen Spra-che im Ausland. Daß die deutschen Diplomaten bis Ende der zwanziger Jahre der sprachpolitischen Betätigung anderer Staaten und der Stellung der einzelnen Fremdsprachen im Ausland keine besondere Aufmerksamkeit zollten, wird aus einer Aufzeichnung der Kulturabteilung vom September 1930 deutlich. Einer ih-rer Mitarbeiter hatte sich die Mühe gemacht, die Berichte der Auslandsmissionen der letzten Jahre durchzusehen, die, sofern kulturpolitisch relevant, auch an die Kulturabteilung weitergeleitet worden waren. Er mußte feststellen, daß sich diese Berichte weder den kulturpolitischen Aktivitäten anderer Staaten besonders wid-meten noch die Frage des Fremdsprachenunterrichts sowie generell die Stellung fremder Sprachen im Gastland für berichtenswert hielten.[76] Dieses Ergebnis war insofern nicht erstaunlich, als es bis Ende der dreißiger Jahre an den deutschen Auslandsmissionen keine speziellen Kulturreferenten gab, mithin der Bericht-erstattung über kulturelle Entwicklungen im Gastland ohnehin nicht viel Zeit ge-widmet werden konnte. In einer Aufzeichnung der Kulturabteilung für Reichs-außenminister Julius Curtius hieß es denn auch zu dessen Orientierung, daß die Deutsche Akademie auf Anregung des Auswärtigen Amts die Spracharbeit ins

---

[73] Zahlen nach dem Findbuch der (alten) Kulturabteilung des Auswärtigen Amts.
[74] Ammon, Die internationale Stellung der deutschen Sprache, S. 454.
[75] Hans Feytag, Über deutsche Kulturpolitik im Ausland, in: Deutsche Rundschau, 55 (1929), S. 97–101.
[76] PA Bd. R61125, Aufzeichnung für Terdenge, 3. 9. 1930.

Zentrum ihrer Aktivitäten gestellt habe, die bislang von keiner Stelle systematisch gepflegt worden sei.[77]

Dank der sprachstatistischen Aktivitäten der Deutschen Akademie, vor allem ihres Generalsekretärs, änderte sich nun aber innerhalb von nur etwa zwei Jahren der Stellenwert der Sprachförderung in der Wilhelmstraße. Die Kulturabteilung übernahm Thierfelders durch – wie es schien – akkurate Erhebungen abgesicherte Interpretation, daß die deutsche Sprache weltweit einen Aufschwung erlebe, der nicht nur eine Normalisierung nach dem durch den Weltkrieg verursachten Einbruch ihrer internationalen Stellung sei. Sie machte sich vielmehr Thierfelders Argument zu eigen, daß man sogar auf Anzeichen einer über die Vorkriegszeit hinausgehende Ausdehnung der deutschen Sprache schließen könne. Mithin sei Sprachförderung ein vielversprechender Ansatzpunkt für die deutsche auswärtige Kulturpolitik. So wie die deutsche Sprache schon das im 19. Jahrhundert dominierende Französisch in Europa entthront habe, bestehe jetzt die berechtigte Hoffnung, bei entsprechenden Anstrengungen das Englische in Europa von Platz eins zu verdrängen. Denn Voraussetzung für die Weltstellung des Englischen war für die Zeitgenossen Großbritanniens Position als uneingeschränkte Welthandelsmacht gewesen. So war vor 1914 allgemein die Auffassung verbreitet gewesen, Französisch sei die Sprache der Diplomatie, Englisch des Handels und Deutsch der Wissenschaft.[78] Die britische Position als führende Handelsmacht der Welt war aber durch den Ersten Weltkrieg vernichtet worden, während zugleich die überragende Bedeutung der USA durch ihre seit 1920 betont isolationistische Politik nicht in vollem Umfang wahrgenommen oder bewußt verdrängt wurde. Zudem unterschieden sich die Diplomaten in der Wilhelmstraße in ihrer großen Mehrzahl kaum von Thierfelder in ihrer Ablehnung der parlamentarischen Demokratie westlichen Musters, die seit der Etablierung von Heinrich Brünings Präsidialkabinett im Frühjahr 1930 in Deutschland faktisch beendet war. Folglich mußte auch in ihren Augen die Attraktivität der Sprache, die für anti-westliche, „völkische" Ideen stand, zumindest europa-, wenn nicht gar weltweit im Steigen begriffen sein. Im Sommer 1932 hielt dann Thierfelder auch in der Kulturabteilung der Wilhelmstraße einen Vortrag über „Deutsch als Weltsprache".[79]

Diese insgesamt sehr optimistische Auslegung der aktuellen Stellung und zukünftigen Perspektiven der deutschen Sprache in der Welt war im Interesse der Deutschen Akademie, die durch eine Konzentration auf die Spracharbeit auf eine Sicherung ihrer Existenz mittels Subventionen vom Reich hoffte. Sie war auch im Sinn der Kulturabteilung, die ein relatives Schattendasein im Gesamtgefüge der Wilhelmstraße führte[80] und über zu wenig Mittel im Vergleich zu den anderen Staaten klagte.[81] Höhere Mittel konnte man natürlich um so überzeugender ein-

---

[77] PA Bd. R64194, Vorlage des Leiters der Kulturabteilung für den Reichsaußenminister, 15. 10. 1930.

[78] Ammon, Die internationale Stellung der deutschen Sprache, S. 283.

[79] Dies geht aus einem Schreiben des Auswärtigen Amts vom 13. 8. 1932 an die Deutsche Akademie hervor. In: PA Bd. R64194.

[80] Twardowski, Anfänge der deutschen Kulturpolitik zum Ausland, S. 18.

[81] So der Leiter der Kulturabteilung, Freytag, in einem Schreiben vom 23. 5. 1929 an Georg Schreiber, in dem er einerseits Schreiber für sein Eintreten im Haushaltsausschuß des

fordern, je mehr man vielversprechende und angeblich statistisch belegte Ansatz-
punkte einer Kulturarbeit zum Ausland aufzeigte. Folglich hieß es in einem Redeentwurf der Kulturabteilung für den Reichsaußenminister vom Juni 1930: „Das
Rückgrat unserer ganzen Kulturpolitik ist nach meiner Überzeugung die Pflege
der deutschen Sprache, deren Weltgeltung unbestritten im Zunehmen ist."[82] Julius
Curtius bedankte sich dann auch bei seinem Auftritt auf der Jahresversammlung
der Deutschen Akademie im Oktober 1930 in Berlin, der ersten überhaupt, bei
der ein Reichsaußenminister anwesend war, dafür, daß die Akademie den Blick
auf die wachsende Bedeutung der deutschen Sprache im Ausland gelenkt habe.[83]
In einem Runderlaß von 1931 wurden die Auslandsmissionen folglich aufgefordert, die Akademie, die mit der Förderung der deutschen Sprache eine besonders wichtige Aufgabe gefunden habe, zukünftig bei ihrer Auslandsarbeit zu
unterstützen.[84]

Betrachtet man aus heutiger Sicht die damalige Entwicklung der internationalen
Stellung der deutschen Sprache, so lassen sich die zwanziger und frühen dreißiger
Jahre, zumindest in Europa, eher als eine Phase der relativen Erholung nach den
kriegsbedingten Einbrüchen interpretieren, nicht jedoch als vielversprechender
Aufstieg. In den USA beispielsweise erlangte Deutsch als Fremdsprache in den
Schulen nie mehr die dominierende Stellung, die es vor 1914 gehabt hatte. Französisch übernahm diese Position. Weltweit verzeichneten im übrigen sowohl das
Deutsche wie auch das Französische schon vor 1914 einen leichten Rückgang im
Schulunterricht, von dem Englisch profitierte.[85] Lediglich in Ost- und Südosteuropa mögen tatsächlich Chancen zur Ausweitung der aus historischen, ethnischen
und politischen Gründen ohnehin schon starken Stellung der deutschen Sprache
bestanden haben. Doch war natürlich die Interpretation, daß Deutsch als Weltsprache noch eine große Zukunft vor sich habe, eine motivierendere und zugleich
zur Rechtfertigung der Kulturfonds zugkräftigere Vision als jene einer relativen
Stabilisierung oder einer Nullsummenrechnung, bei der Gewinne in gewissen Regionen der Welt Verlusten in anderen gegenüberstanden. Zudem verstellte in Berlin wie München neben budgetären Erwägungen politisches Wunschdenken, gespeist im wesentlichen aus einer Ablehnung der westlichen Zivilisation und ihres
Demokratiegedankens, den nüchternen Blick auf die tatsächliche internationale
Stellung der deutschen Sprache.

Wie fragwürdig die gesamte Sprachstatistik Thierfelders, vor allem aber die daraus abgeleiteten Entwicklungsperspektiven für die internationale Stellung der
deutschen Sprache waren, zeigt seine erste Bestandsaufnahme nach dem Zweiten
Weltkrieg aus dem Jahre 1950. Sie zeugt von dem selben Zweckoptimismus hinsichtlich der Zukunft der deutschen Sprache wie die Erhebungen der Jahre 1928

Reichstages dankte, andererseits auf die nach wie vor bestehende finanzielle Überlegenheit der anderen Staaten auf kulturpolitischem Gebiet hinwies. In: PA Bd. R61124.

[82] PA Bd. R61125, Entwurf zu der Rede des Herrn Reichsaußenministers betreffend die
Aufgaben der Abteilung VI, 10. 6. 1930.

[83] Bericht über die Hauptversammlung der Deutschen Akademie in Berlin 10./11. 10. 1930,
in: MdDA, 5 (1930), S. 277–302, hier S. 300f.

[84] Scholten, Sprachverbreitungspolitik des nationalsozialistischen Deutschlands, S. 106.

[85] Ammon, Die internationale Stellung der deutschen Sprache, S. 427 ff.

bis 1936. Nun führte er z.T. genau das Gegenteil der Gründe, die er 20 Jahre zuvor für die angeblich zunehmende Bedeutung der deutschen Sprache genannt hatte, dafür an, daß Deutsch erneut auf dem Vormarsch sei: Nach Flucht und Vertreibung der Deutschen aus Ost- und Südosteuropa war es plötzlich das Verschwinden dieser deutschsprachigen Minderheiten, welches die Verbreitung des Deutschen im Ausland fördern würde, da durch Wegfall dieser Mittler die Ausländer gezwungen seien, Deutsch zu lernen.[86] War es in den dreißiger Jahren u.a. das „völkische Prinzip", das Deutsch angeblich zum Exportschlager machte, so war es nun die Ablehnung des Nationalsozialismus, welche die Verbreitung des Deutschen gefördert habe, da man im Ausland den Gegner habe studieren müssen. In einzelnen alliierten Ländern, vor allem in Nordamerika, habe das Deutsche sichtbare Fortschritte gemacht, so daß es 1950 mehr Deutschsprechende als 1938 gebe, „wenn wir von den Kriegsverlusten absehen".[87] Thierfelder versuchte also nach 1945 wie schon seit Ende der zwanziger Jahre, Trends herbeizuschreiben, indem er jede militärische und politische Katastrophe Deutschlands in Ereignisse umdeutete, die letztlich der Verbreitung der deutschen Sprache im Ausland förderlich seien. Im Gegensatz jedoch zu den fünfziger Jahren, als Thierfelder zunehmend wie ein deutsch-nationales Fossil erschien, das nicht mehr in die neuen Zeitläufte zu passen schien,[88] verfehlten seine Sprachprognosen Ende der zwanziger/ Anfang der dreißiger Jahre nicht ihre Wirkung im Auswärtigen Amt, das seinerseits energisch an der Wiederherstellung der deutschen Großmachtstellung arbeitete. Sie waren entscheidend dafür, daß die Deutsche Akademie sich endlich ein Tätigkeitsfeld sicherte, für welches sie in den kommenden Jahren staatliche Unterstützung erwarten konnte.

---

[86] Franz Thierfelder, Deutsche Sprache im Ausland, in: Deutsche Philologie im Aufriß, Bd. 1, hrsg. von Wolfgang Stammler, Berlin u.a. 1952, S. 499–581, hier S. 502.

[87] Ebenda., S. 544f

[88] So sah der neue Leiter der Kulturabteilung des Auswärtigen Amts, Dieter Sattler, 1959 Thierfelder als zu deutsch-national und damit den Generalsekretär des IfA als potentiell ungeeignet an, eine der Mittlerorganisationen der bundesrepublikanischen auswärtigen Kulturpolitik zu leiten. Vgl. Stoll, Kulturpolitik als Beruf, S. 370.

IV. Beginn und Ausbau der Spracharbeit im In- und Ausland (1930–1939)

Seit 1928 bahnte sich, wie im vorangegangenen Kapitel gezeigt, ein neues Konzept für die Deutsche Akademie an, das auf der Hauptversammlung in Jena im Oktober 1929 schließlich zur Maxime erhoben wurde: Inhaltlich die Sprachwerbung in der Kulturarbeit zum Ausland in den Vordergrund zu stellen, das Engagement für die Auslandsdeutschen hingegen zurückzufahren, und sich geographisch – auch bei den Arbeiten der wissenschaftlichen Abteilung – vor allem auf den Balkan zu konzentrieren. Bereits 1928 bekundete Reichsaußenminister Stresemann seinen Willen, die Deutsche Akademie finanziell zu unterstützen. Sie erhielt 1929 vom Auswärtigen Amt eine einmalige Zahlung von 50 000 RM.[1] Daß man nun im Auswärtigen Amt der Deutschen Akademie wohlwollender als in ihren ersten Jahren gegenüberstand, ja, sie nach der Entdeckung der Spracharbeit und der Ausrichtung auf den Balkan als ein durchaus fördernswertes Instrument auswärtiger Kulturpolitik ansah, zeigte sich am deutlichsten auf der Jahresversammlung im Oktober 1930: Reichsaußenminister Curtius wertete sie durch seine Anwesenheit auf. 1931 erhielt die Deutsche Akademie zum ersten Mal einen festen jährlichen Zuschuß von 8000 RM für die Spracharbeit. Im Jahre 1932 stieg der Zuschuß auf 19 000 RM bei einem Gesamtetat der Akademie von 133 360 RM. 1933 steuerte das Auswärtige Amt 36 500 RM zum Haushalt von 136 600 RM bei. In diesem Jahr wurden die Ausgaben für die Sprachwerbung nach jenen für die Verwaltung erstmals zum zweitgrößten Etatposten.[2] Mitte der dreißiger Jahre, als das Budget der Deutschen Akademie auf etwa 300 000 RM anwuchs, belief sich der jährliche Zuschuß der Kulturabteilung auf 65 000 RM, der jedoch, wie schon seit 1931, gelegentlich durch Sonderbeihilfen aufgestockt wurde. Dieser Zuschuß war nur für die Spracharbeit im Ausland, vor allem die Lektorengehälter, und für die allgemeine Verwaltung der Akademie gedacht und durfte nicht für die wissenschaftliche Abteilung verwendet werden.

1. „Die Sprache als Bildnerin der Völker"

Seit 1930 bemühte sich die Deutsche Akademie, auch ein theoretisches Fundament zur Rechtfertigung ihrer vor allem auf Sprachwerbung aufbauenden Auslandsarbeit zu legen. Auf der Hauptversammlung der Deutschen Akademie in Berlin im Oktober 1930 führte Thierfelder aus, daß zwar das Treffen im Vorjahr in Jena den Weg frei gemacht habe für die Schwerpunktverlagerung der Arbeit der praktischen Abteilung auf die Förderung der deutschen Sprache im Ausland.

---

[1] Schlicker, Die Deutsche Akademie, S. 55 f.
[2] BHStA StK 7390, Aufstellung über den Etat der Deutschen Akademie 1932/33.

Man könne aber nicht bloß Frankreich oder andere Nationen kopieren, sondern die deutsche Kulturwerbung im Ausland bedürfe einer geistigen Grundlegung. Das Problem Deutschlands beim Kulturexport sei, daß es keine einheitliche nationalen Kultur besitze, die man dem Ausland präsentieren könne. Frankreich verbreite seinen Zivilisationsbegriff, Großbritannien exportiere seinen Lebensstil, die UdSSR und Italien seien zu Repräsentanten einer politischen Ideologie geworden und die USA würden im Ausland mit technologischem Fortschritt gleichgesetzt.

„Wir sprechen zwar gern von deutscher Kultur und jeder einzelne hat eine sehr lebendige Vorstellung von diesem für den Fremden so schillernden Begriff; doch diese Vorstellung ist vorderhand noch ganz persönlich bedingt und nicht in eine Scheidemünze umgeprägt, die von Hand zu Hand gegeben werden kann. Dies aber setzt Kulturpropaganda im westlichen Sinne voraus; sie verlangt Typisches, eine allgemeingültige nationale Form, die überall und zu jeder Zeit eindeutig als Kulturgut dargeboten werden kann. Wir fühlen sofort, daß Deutschland in dieser Beziehung mit anderen Völkern nicht in Wettbewerb treten kann. Wir besitzen keinen nationalen Lebensstil, von dem man sagen kann, er ist für das deutsche Volk typisch."[3]

In Ermangelung eines einheitlichen, exportfähigen Lebens- und Kulturstils wurde in den Augen Thierfelders gleichsam die Sprache selbst zum wichtigsten Kulturgut, das es im Ausland zu präsentieren galt. Französisches „savoir vivre" und die Ideen der französischen Revolution konnte man nach Auffassung der Deutschen Akademie auch ohne französische Sprache an den Ausländer bringen, sie sprachen ebenso für sich wie das britische Gentleman-Ideal, der italienische Faschismus, der sowjetische Kommunismus oder die Errungenschaften der amerikanischen Industrie- und Konsumgesellschaft. Im Falle Deutschlands hingegen sei die Sprache aber Quintessenz deutscher Kultur, das einzige, was dem Ausländer als einendes, für die ganze Nation im wahrsten Sinne des Wortes sprechendes kulturelles Band zu präsentieren war. Denn Sprache sei nicht nur Träger einer bestimmten nationalen Kultur, sondern ihr Ausdruck selbst. Dies war ein keineswegs origineller Gedanke. Er war in Deutschland bereits im 19. Jahrhundert vor allem durch Wilhelm von Humboldts Schrift von 1836 „Über die Verschiedenheit des menschlichen Sprachbaus und ihren Einfluß auf die geistige Entwicklung des Menschengeschlechts" popularisiert worden,[4] wurde nun aber von der Deutschen Akademie erstmals konsequent in den Dienst der auswärtigen Kulturpolitik gestellt. Im Januarheft 1931 der „Süddeutschen Monatshefte", das ganz der auswärtigen Kulturpolitik gewidmet war, erklärte Thierfelder folglich unter dem Titel „Geistige Grundlage kultureller Auslandsarbeit" die Sprachwerbung zum Zentrum aller Kulturarbeit im Ausland. Der Ausländer könne die deutsche Sichtweise der Welt nur verstehen, wenn er die deutsche Sprache beherrsche. Der Artikel schloß mit der Feststellung: „Deutsche Kulturarbeit im Ausland ist Werbearbeit für deutsche

---

3 Bericht über die 5. Hauptversammlung der Deutschen Akademie (16.–18. 10. 1930), in: MdDA, 5 (1930), S. 277–302, hier S. 291f.
4 Vgl. Andreas Gardt, Sprachnationalismus in Deutschland zwischen 1850 und 1945, in: Nation und Sprache. Die Diskussion ihres Verhältnisses in Geschichte und Gegenwart, hrsg. von Andreas Gardt, Berlin 2000, S. 247–272.

Sprache", selbst wenn diese nicht so formvollendet wie die französische oder so leicht zu erlernen sei wie die englische.[5]

Die Deutsche Akademie ging sogar einen Schritt weiter, um auch ein theoretisches Fundament dafür zu legen, daß Kulturarbeit im Ausland vornehmlich im Gewand der Sprachwerbung erfolgen müsse. Sie förderte zusammen mit der „Notgemeinschaft der Deutschen Wissenschaft" ein Buch, das schließlich im Mai 1932 erschien. Es handelte sich um das von Georg Schmidt-Rohr verfaßte Werk „Die Sprache als Bildnerin der Völker".[6] Der Autor unterrichtete Germanistik am Lehrerseminar in Frankfurt/Oder. Schmidt-Rohr hatte schon in einer Flugschrift im Jahre 1917 versucht, den Weltkrieg letztlich als Kampf um die deutsche Kultur zu rechtfertigen, welche sich vornehmlich durch die Sprache definiere.[7] Nun versuchte er, beeinflußt von den in den zwanziger Jahren in der deutschen Sprachwissenschaft an Boden gewinnenden und von Ferdinand de Saussures Strukturalismus beeinflußten, als „Neo-Humboldtianer" bezeichneten Germanisten um Jost Trier und Leo Weisgerber, den Nachweis zu führen, daß sich in den Gesetzen der jeweiligen Sprache das Denken und Handeln eines Volkes niederschlage. Sprache sei also nicht nur ein Instrument zur Verbreitung von Ideen, sondern ein tendenziell autonomes, beinahe unkontrollierbares Phänomen, das basierend auf seinen jeweiligen spezifischen grammatikalischen, lexikalischen und phonetischen Eigenschaften dem einzelnen wie dem Gesamtvolk bestimmte Eigenschaften zuweise. Schon unmittelbar vor der Veröffentlichung des Buches hatte Thierfelder das Werk als Beweis dafür angekündigt, daß die Tage des „materialistisch-rationalistischen Zeitalters" gezählt seien, welches Sprache nur als mechanisches Hilfsmittel des Gedankenaustausches betrachte. „Haben wir also erkannt, daß sich in unserer deutschen Sprache die höchsten Werte unseres Volkstums am vollkommensten ausdrücken, daß unsere Sprache gleichsam das große geistige Erbe aller unserer Vorgeschlechter wie in einem von unzähligen Strömen gespeisten Sammelbecken einschließt, so wächst daraus unsere heilige Pflicht, seine Ufer zu erweitern." Thierfelder wandte sich zugleich jedoch gegen jede Art von Sprachimperialismus, indem er schrieb: „Ehrfurcht vor der Sprache verbietet uns freilich, andere Völker propagandistisch zu überschwemmen und ihre Sprachquellen zu trüben, Ehrfurcht vor der Sprache schließt die Vergewaltigung Anderssprechender aus."[8] Schmidt-Rohrs Buch wurde von Thierfelder sofort in einer für die „Mitteilungen" außergewöhnlich langen Besprechung vorgestellt und enthusiastisch gefeiert: „Georg Schmidt-Rohr hat nun nach unserer Überzeugung den entscheidenden Schritt getan. Er spricht selbstbewußt von einer ‚kopernikanischen Umkehr' der bisherigen Auffassung vom Wesen der Sprache: nicht nur Spiegel, nicht nur Ausdruck des Volkstums ist sie ihm, er beweist, daß sie die in dem Men-

---

5 Thierfelder, Geistige Grundlagen kultureller Auslandsarbeit, S. 229.
6 Georg Schmidt-Rohr, Die Sprache als Bildnerin der Völker. Eine Wesens- und Lebenskunde der Volkstümer, Jena 1932.
7 Ders., Unsere Muttersprache als Waffe und Werkzeug des deutschen Gedankens, Jena 1917. Zu Schmidt-Rohr vgl. Gerd Simon, Georg Schmidt-Rohr, in: Internationales Germanistenlexikon 1800–1950, Bd. 3, hrsg. von Christoph König, Berlin 2003, S. 1630–1632.
8 Franz Thierfelder, Societas Latina, Basic English und die unverbesserlichen Deutschen, in: Deutsche Allgemeine Zeitung, 18. 5. 1932.

schen wirkende gemeinschaftsbildende Kraft ist, die Sprache schafft Volk",
schrieb Thierfelder über das Buch, um dann fortzufahren, „[...] und es ist nicht
zuviel behauptet, wenn wir es als ‚nationales Manifest' bezeichnen, das nicht nur
dem deutschen Volke, sondern jeder Nation des 20. Jahrhunderts schlechthin in
großen Linien die geistigen Grundlagen ihres Daseins zeichnet".[9]

Der von Schmidt-Rohr und Thierfelder postulierten „kopernikanischen
Wende", mit der sich vortrefflich theoretisch begründen ließ, daß deutsche Kulturpolitik im Ausland vor allem Sprachwerbung sein müsse, war allerdings kein
langes Leben beschieden. Schmidt-Rohr hatte sich in seiner Fokussierung auf die
Sprache als die jedes Volk prägende Kraft eindeutig gegen die Auffassung gewendet, Rasse und Vererbung bestimme Gestalt, kulturelle Äußerungen und Sprache
eines Volkes.[10] Vielmehr vertrat er die Ansicht, daß jeder Mensch in einer bestimmten Umgebung jede Sprache erlernen könne, unabhängig von seiner Abstammung. Damit konnte potentiell auch jeder Mensch Reichsangehöriger sein,
vorausgesetzt, er wuchs im deutschsprachigen Umfeld auf und eignete sich die
deutsche Sprache an.[11] Sein Standpunkt erhielt Thierfelders vollste Zustimmung,
denn dieser wandte sich ganz im Einklang mit Jung gegen eine rein rassisch fundierte Definition der Nation, wie sie im völkischen Lager vorherrschte und die
von Jung wie Thierfelder als „blutsmaterialistisch" abgelehnt wurde.[12] Schmidt-
Rohrs These wurde folglich schon weniger als ein Jahr nach Erscheinen seines Buches zur Zielscheibe der Kritik seitens der neuen Machthaber. Thierfelder suchte
den Schaden für die Deutsche Akademie zu begrenzen, indem er auf der Hauptversammlung im Oktober 1933 erklärte, Schmidt-Rohrs Werk sei trotz abwei-
chender Auffassung in der „Rassefrage" dennoch von „leidenschaftlich nationaler
Stimmung getragen"[13]. Der Autor wie die Akademie traten dennoch einen Teil-
rückzug an, indem noch 1933 mit Hilfe der Deutschen Akademie eine zweite Auflage des Buches herauskam, die nicht nur in der Einleitung die Machtübernahme
Hitlers bejubelte, sondern zumindest im Titel und in den Kapitelüberschriften
eine Abschwächung von Schmidt-Rohrs kühner Interpretation anzudeuten
schien: Die Sprache war nun nicht mehr „Bildnerin der Völker", sondern nur
noch ein Faktor, der zur „Volkwerdung" beitrug.[14] Der Autor, der im übrigen im
Mai 1933 in die NSDAP eingetreten war, bedauerte zudem in einer der zweiten
Auflage seines Buches beigelegten und zugleich in den „Mitteilungen" abgedruck-
ten Erklärung[15], daß seine Behandlung der Sprachfrage ihn fälschlicherweise als
„liberalen Fürsprecher des Judentums" habe erscheinen lassen, obwohl er sich zu-

---

[9] Franz Thierfelder, Die Sprache – Ausdruck oder Inbegriff des Volkstums, in: MdDA, 7
(1932), S. 255–258, hier S. 256 f.

[10] Schmidt-Rohr, Die Sprache als Bildnerin der Völker, S. 193, 211 f., 224, 289–303.

[11] Ebenda, S. 231.

[12] Thierfelder, Die Sprache – Ausdruck oder Inbegriff des Volkstums, S. 257 f.; Edgar Jung,
Die Herrschaft der Minderwertigen, Berlin ³1930, S. 121.

[13] Bericht über die 7. Hauptversammlung der Deutschen Akademie 13./14. 10. 1933, in:
MdDA, 8 (1933), S. 399–427, hier S. 423.

[14] Georg Schmitt-Rohr, Muttersprache. Vom Amt der Sprache bei der Volkswerdung, Jena
²1933.

[15] MdDA, 8 (1933), S. 381.

gleich in der zweiten Auflage kritisch zur Judenverfolgung äußerte.[16] Schmidt-Rohr blieb auch in dieser zweiten Auflage trotz aller Anfechtungen vorerst seiner Grundthese treu, daß die Rasse nicht das entscheidende Merkmal eines Volkes sei, sondern die Sprache, ja er verstärkte sogar im Hauptteil des Buches noch seine Angriffe auf die Rassetheorie.[17]

Schmidt-Rohrs Buch diente im übrigen auch anderen Kräften in der Akademie als Rechtfertigung dafür, der Sprache in der Arbeit der Münchener Organisation verstärkte Aufmerksamkeit zukommen zu lassen. Einer von ihnen war der Vorsitzende der Sektion für Deutsche Literatur, Sprache, Volks- und Altertumskunde, Friedrich Panzer. Er präsidierte zugleich der „Deutschen Gesellschaft für Bildung", wie sich der damalige deutsche Germanistenverband nannte. In seinem Festvortrag auf der Hauptversammlung der Akademie im Oktober 1932 in München forderte er unter Hinweis auf Schmidt-Rohrs Auffassung von der Sprache als einem wesentlichen Element, das ein Volk auszeichne, vermehrte Forschungen der Akademie über die deutschen Sprache und ein größeres Engagement in der Sprachpflege. Dazu solle die Akademie u.a. durch die Errichtung eines „Reichsamtes für deutsche Sprache" beitragen.[18] Am 10. und 11. März 1933 verhandelte die Akademie in Berlin mit der Reichsrundfunkgesellschaft, der „Gesellschaft für deutsche Bildung" und dem Deutschen Sprachverein bereits über die Errichtung eines solchen Sprachamtes. Die anvisierte Institution sollte die Behörden im Sprachgebrauch beraten, Auskünfte an die Öffentlichkeit hinsichtlich sprachlicher Fragen erteilen, gegen übermäßigen Gebrauch von Fremdwörtern vorgehen, das Vokabular der deutschen Sprache auf technischem Gebiet planmäßig und sinnvoll erweitern, eine Zentralstelle zur Beratung von Änderungen in der Rechtschreibung und Aussprache werden, der Ausbreitung der deutschen Sprache im Ausland dienen und schließlich eine umfassende Erfassung sprachlicher Phänomene sicherstellen.[19] Die Deutsche Akademie und die anderen am Treffen beteiligten Institutionen vertagten dann aber eine Entscheidung wegen der seit Januar eingetretenen politischen Umwälzungen, da man erst einmal die Initiativen der neuen Hitler-Regierung abwarten wollte.[20]

Die praktische Arbeit der Deutschen Akademie auf dem Gebiet der Sprachförderung schlug sich ab 1930 in zwei Initiativen nieder, die künftig zu den Pfeilern schlechthin der Auslandstätigkeit der Deutschen Akademie werden sollten: Zum einen bemühte die Münchener Einrichtung sich nun um die Verbesserung der Methodik des Deutschunterrichts im Ausland, zum zweiten gründete die Deutsche Akademie Sprachschulen außerhalb der Reichsgrenzen. Die Spracharbeit entwik-

---

16 Schmidt-Rohr, Muttersprache, S. 309.

17 Gerd Simon, Wissenschaft und Wende 1933. Zum Verhältnis von Wissenschaft und Politik am Beispiel des Sprachwissenschaftlers Georg Schmidt-Rohr, in: Das Argument, 28 (1986), S. 527–542; Christopher M. Hutton, Linguistics in the Third Reich. Mother-tongue Fascism, Race and the Science of Language, London u.a. 1999, S. 288 ff.

18 Abgedruckt in: MdDA, 7 (1932), S. 401–414.

19 Gerd Simon, Sprachpflege im Dritten Reich, in: Sprache im Faschismus, hrsg. von Konrad Ehlich, Frankfurt/M. 1989, S. 58–86, hier S. 61 f.

20 BAB R8043/1330, Bericht über die Tätigkeit der Deutschen Akademie 1932/33, Vorlage für die Hauptversammlung im Oktober 1933.

kelte sich in den dreißiger Jahren im übrigen kontinuierlich, ungeachtet der durch die nationalsozialistische Machtübernahme hervorgerufenen ideologischen Kontroversen über Schmidt-Rohrs Versuch ihrer theoretischen Fundierung.

2. Die Gründung des Goethe-Instituts

Im Juli 1930 lud man erstmals 20 Deutschlehrer zu einem von der Deutschen Akademie organisierten und vom Auswärtigen Amt subventionierten Fortbildungskurs nach München ein. Es handelte sich um bulgarische Germanisten, denen Thierfelder nach seiner ersten Balkanreise im Juli 1929 besondere Defizite in der Unterrichtsmethodik attestiert hatte. Die Einladung ausländischer Deutschlehrer zu Sommerkursen nach München wurde seit dem Erfolg des ersten Kurses zum festen Bestandteil der Arbeit der Deutschen Akademie und bis zum Sommer 1944 fortgeführt. Der inhaltliche Schwerpunkt dieses ersten wie der folgenden Kurse lag eindeutig auf Fragen der Methodik des Deutschunterrichts, aber auch landeskundliche und kulturhistorische Themen sowie ein Kultur- und Ausflugsprogramm wurden stets geboten.

Die Kurse basierten auf der Annahme, daß man keinen Einfluß auf die ausländischen Lehrpläne zwecks Ausdehnung des Deutschunterrichts nehmen könne. Statt dessen müsse man das Fach Deutsch zumindest attraktiver gestalten, indem man die ausländischen Deutschlehrer durch Einladungen nach München motivierte und mit modernen didaktischen Methoden vertraut machte. Insbesondere in den noch relativ jungen Staaten des Balkans stellte die Deutsche Akademie Nachholbedarf fest. Diese hätten häufig nicht die Mittel, ihren Deutschlehrern eine ausreichende pädagogische Ausbildung und Fachdidaktik vergleichbar jener zu vermitteln, welche die deutschen Lehramtsanwärter während ihrer Referendarzeit erhielten.[21] Ein verbesserter Unterricht wiederum sei auch ein Mittel, um dem der deutschen Sprache vorauseilenden Ruf, im Vergleich zum Englischen oder Französischen eine schwierige Sprache zu sein, entgegenzutreten. Da die deutsche auswärtige Kulturpolitik und damit die Deutsche Akademie auch nicht die gleichen Mittel wie die französische oder italienische Konkurrenz verfüge, müsse man eben Quantität durch mehr Nachdruck auf die Qualität des Deutschunterrichts ersetzen, der im Ausland nach Möglichkeit durch die modernsten didaktischen Erkenntnisse vermittelt werde solle.[22]

Um die Fortbildungskurse für ausländische Deutschlehrer in München dauerhaft zu etablieren und eine Stätte zur Erfassung bestehender Methoden und Unterrichtsmittel sowie deren Weiterentwicklung zu schaffen, schlug Thierfelder 1931 die Einrichtung eines entsprechenden Instituts im Rahmen der Deutschen Akademie vor. Dieses sollte zugleich auch die künftigen deutschen Sprachlehrer im Ausland ausbilden. Thierfelder sah es auch als zentrale Auskunftsstelle für alle

---

[21] Erich Drach, Deutsche Sprachbildung im Ausland, in: MdDA, 6 (1931), S. 162–177, hier S. 169f.
[22] Thierfelder, Deutsche Spracharbeit in Südosteuropa, S. 263.

Fragen des Deutschunterrichts, die im Ausland auftauchen könnten. Die Erforschung des Deutschunterrichts für Nichtmuttersprachler, heute als „Deutsch als Fremdsprache" (DaF) an vielen in- und ausländischen Universitäten als Studienfach und Forschungsfeld fest etabliert, war ein Bereich, der – im übrigen bis in die sechziger Jahre des zwanzigsten Jahrhunderts hinein – von den germanistischen Instituten der deutschen Universitäten ignoriert worden war.[23] Thierfelder und der in den dreißiger Jahren eng mit dem Goethe-Institut zusammenarbeitende Berliner Universitätslektor und frühere Schauspieler Erich Drach, eine der Autoritäten der damaligen Zeit in Fragen der Sprecherziehung und Rhetorik, fühlten sich daher als Pioniere in einem bislang von der Germanistik vernachlässigten, ihrer Meinung nach aber kulturpolitisch ungeheuer wichtigen Feld. „Eine Methodik des Deutschen als Fremdsprache gibt es nicht, ebenso gibt es keine Methodik des Erwachsenenunterrichts. Es muß alles neu aufgebaut werden", hieß es beispielsweise im Protokoll der ersten Versammlung der Sprachlehrer der Deutschen Akademie im Juni 1933.[24]

Einzig das „Deutsche Institut für Ausländer" an der Friedrich-Wilhelm-Universität in Berlin hatte sich in den zwanziger Jahren der Problematik und den Anforderungen des Deutschunterrichts für Ausländer angenommen. Es war 1922 ursprünglich gegründet worden, um die wachsende Zahl ausländischer Studenten in den Stand zu versetzen, den Veranstaltungen an der Berliner Universität zu folgen. Es begann entsprechende Lehrbücher herauszugeben, vor allem Walter Webers „Deutsch für Ausländer" (1923) und das 1929 erstmals aufgelegte und bis in die fünfziger Jahre gebräuchliche Werk von Hans Schulz und Wilhelm Sundermeyer, „Deutsche Sprachlehre für Ausländer". Neben Sprachkursen für Ausländer bot es auch schon seit 1922 Fortbildungskurse für ausländische Deutschlehrer an. Leiter des Berliner Instituts war Professor Karl Remme, der schon 1927 auf die Bedeutung hinwies,[25] die der Verbreitung der Sprache in der französischen auswärtigen Kulturpolitik beigemessen werde und dadurch möglicherweise Thierfelder beeinflußte.

Thierfelder behauptete in einer Denkschrift[26] aus dem Jahre 1931, gerade die derzeitige wirtschaftliche und politische Schwäche Deutschlands, die alles Deutsche zunächst als ungefährlich erscheinen lasse, habe im Ausland zu einem vermehrten Interesse an der deutschen Kultur und Sprache geführt, die es zu nutzen gelte. Wenn es gelänge, in München eine feste Einrichtung zur Förderung des Deutschunterrichts für Ausländer zu etablieren, prophezeite er der bayerischen

---

[23] Vgl. hierzu Dietrich Eggers, Zur Geschichte und zum Selbstverständnis des Faches Deutsch als Fremdsprache aus Sicht der Hochschulen und Universitäten der Bundesrepublik, in: Das Fach Deutsch als Fremdsprache in den deutschsprachigen Ländern, hrsg. von Rolf Ehnert und Hartmut Schröder, Frankfurt/M. u.a. ²1994, S. 83–102.

[24] PA Bd. R64195, Die Spracharbeit der Deutschen Akademie im Ausland, Protokoll der Tagung vom 28./29. 6. 1933.

[25] Vgl. Roswitha Günther, Das Deutsche Institut für Ausländer an der Universität Berlin in der Zeit von 1922 bis 1945. Ein Beitrag zur Erforschung des Lehrgebietes Deutsch als Fremdsprache, Berlin (Ost) 1988. Vgl. Remme/Esch, Die französische Kulturpropaganda.

[26] BAB R51/2, Vorschläge zur Errichtung eines Instituts zur Fortbildung von ausländischen Deutschlehrern in München, Denkschrift Thierfelders von 1931.

Landeshauptstadt nicht nur kostenlose Werbung über die Reichsgrenzen hinaus, sondern auch einen Geldsegen durch den einsetzenden Sprachtourismus. Dieser würde vor allem aus dem zahlungskräftigen Nordamerika kommen, wo der Deutschunterricht sich im vollen Aufschwung befinde und alsbald Hunderte von fortbildungshungrigen und devisenstarken amerikanischen Deutschlehrern nach München führen werde. Mit der Förderung der Gründung des „Instituts zur Fortbildung ausländischer Deutschlehrer" könne die Stadt München zugleich einen herausragenden und dauerhaften Beitrag zum 1932 anstehenden „Goethe-Jahr" anläßlich des hundertsten Todestages des größten deutschen Dichters leisten.

Die Prognose einer Invasion der bayerischen Landeshauptstadt durch bildungshungrige US-Deutschlehrer, die tatsächlich nie erfolgte, ist ein Beispiel dafür, wie Thierfelder von ihm selbst postulierte Trends hinsichtlich der Stellung der deutschen Sprache im Ausland nutzte, um mögliche Sponsoren wie die Stadt München für die Arbeit der Akademie zu gewinnen. Da die Deutsche Akademie nach wie vor unter Geldmangel litt, vereinbarte Thierfelder mit der Goethe-Gesellschaft in Frankfurt 1931, daß dem neu zu gründenden Institut als einmaliger Zuschuß ein Drittel der in Bayern im Jahre 1932 eingenommenen Spenden zukommen sollte, die im Jubiläumsjahr des Dichters voraussichtlich ganz besonders kräftig sprudeln würden. Gerechnet wurde mit etwa 4000 RM. Im Gegenzug würde das neugegründete Institut dauerhaft den Namen „Goethe-Institut zur Fortbildung ausländischer Deutschlehrer" tragen. Das Auswärtige Amt war zunächst gegen diese Namensgebung, da sie nur Verwirrung stifte. Doch Thierfelder, der ansonsten in allen Fragen der Sprachförderung aufs engste mit der Wilhelmstraße kooperierte, blieb standhaft: Die Deutsche Akademie benötige unbedingt die Spende der Goethe-Gesellschaft zur Errichtung des Instituts.[27]

Am 22. März 1932, dem Todestag des Namenspatrons, wurde das Institut offiziell gegründet. Im Kuratorium saßen neben dem Präsidenten der Deutschen Akademie Vertreter der Stadt München, des bayerischen Staates und der Münchener Goethe-Gesellschaft. Thierfelder übernahm die Leitung. Seiner ursprünglichen Forderung, daß das Institut auch in einem eigenen Haus untergebracht werden solle, konnte aus finanziellen Gründen allerdings vorerst nicht Rechnung getragen werden. Wegen der Gründung des Goethe-Instituts, für dessen Tätigkeit die Akademie nunmehr erstmals Unterrichtsräume benötigte, zog sie jedoch im Sommer 1932 vom Odeonsplatz, wo das halbe Dutzend Mitarbeiter der Geschäftsstelle seit 1924 gearbeitet hatte, ins Maximilianeum um. Dort mietete man zwei Stockwerke im Südflügel an. Das Maximilianeum blieb bis 1945 Sitz der Akademie.

Das erste Jahr der Tätigkeit des Goethe-Instituts verlief nicht sonderlich spektakulär. Die Kurse waren so konzipiert, daß sie für die Deutsche Akademie einen Gewinn abwerfen sollten. Doch statt der erhofften Kurse für ein halbes Dutzend Nationalitäten kam es wegen der Weltwirtschaftskrise zu einer nur geringen Zahl von Anmeldungen, so daß im ersten Sommer nur ein gemischter Fortbildungs-

---

[27] Der Schriftwechsel zwischen Thierfelder und Auswärtigem Amt zur Namensgebung befindet sich in: PA Bd. R 64194.

kurs für Italiener, Finnen und Schweden abgehalten werden konnte. Den Unterricht für die ausländischen Germanisten übernahmen außerhalb der rein sprachdidaktischen Module bis in den Krieg hinein zumeist Dozenten der Münchener Universität, darunter der später im Zusammenhang mit der studentischen Widerstandsgruppe „Weiße Rose" hingerichtete Professor Kurt Huber, mit dem Thierfelder persönlich befreundet war. Erst 1934/35 erhielt das Goethe-Institut zwei eigens angestellte Kräfte namens Magda Gerken und Kurt Derleth, die sich vor allem der Erforschung von Unterrichtsmethoden und der Herstellung von Unterrichtsmaterialien widmeten. Bis 1936 stieg die Zahl der jährlichen Kursteilnehmer auf etwa 300. 1937 erhielt das Goethe-Institut schließlich mit dem sogenannten Ausländerhaus ein eigenes Gebäude in der Galeriestraße 6 am Hofgarten, das mit Kriegsausbruch allerdings aufgegeben wurde. 1937 zählte man schon 768, 1938 schließlich 878 ausländische Kursteilnehmer aus etwa 30 verschiedenen Nationen, wobei Briten, Amerikaner, Italiener und Schweden am stärksten vertreten waren.

Die Ausländerkurse des Goethe-Instituts dienten zugleich der Ausbildung der von der Deutschen Akademie ins Ausland entsandten Lektoren, die hier vor ihrer Ausreise hospitierten. Das Goethe-Institut gründete im Sommer 1933 anläßlich der ersten Tagung der von der Deutschen Akademie ins Ausland entsandten Deutschlehrer, die von nun an jährlich stattfand, eine „Arbeitsgemeinschaft deutscher Lektoren und privater Sprachlehrer im Ausland" zwecks Erfahrungsaustausch über und Vereinheitlichung des Deutschunterrichts im Ausland. Seit 1935 gab diese Vereinigung das von Thierfelder und Gerken redigierte, zunächst vierseitige, dann achtseitige monatlich erscheinende, kostenlose Blatt mit dem Titel „Deutschunterricht im Ausland" heraus. Es enthielt praktische Tips zur Gestaltung des Deutschunterrichts, alsbald aber auch Leseempfehlungen für den Unterricht.

Im Juli 1934 eröffnete das „Goethe-Institut", dessen Bibliothek zu diesem Zeitpunkt 3200 Bücher landeskundlicher, literarischer, pädagogischer und sprachwissenschaftlicher Art zählte, eine „pädagogische Schau" zum deutschen Sprachunterricht im Ausland in vier Räumen des Maximilianeums. Dieses kleine Museum sollte ebenso wie die Fachbibliothek die Ausbildung ausländischer Deutschlehrer unterstützen, die an einem Sommerkurs des Goethe-Instituts teilnahmen. Die Ausstellung befaßte sich mit der Verbreitung der deutschen Sprache im Ausland und den dafür arbeitenden Institutionen. Sie präsentierte ferner Hilfsmittel des Sprachunterrichts, zeigte einen idealtypischen Unterrichtsraum zur Vermittlung der deutschen Sprache, versuchte den Stand der damaligen Pädagogik hinsichtlich des Fremdsprachenunterrichts zu vermitteln und widmete sich der Sprachbildung und Sprecherziehung, angefangen bei den anatomischen Voraussetzungen des Menschen zur Lautbildung.

3. Die „direkte Methode"

Die Fortbildungskurse für in- wie ausländische Germanisten am Goethe-Institut seit 1932 zielten vor allem auf die Unterweisung in der seit den zwanziger Jahren in Deutschland im Fremdsprachenunterricht voll durchgesetzten „direkten Methode" ab. Sie betonte anstelle des überkommenen grammatik- und schriftsprachenlastigen Unterrichts die Vermittlung des gesprochenen Wortes und verzichtete weitgehend auf die Zuhilfenahme der Muttersprache. Die „direkte Methode" wurde konsequent bei den Grundkursen der Auslandslektorate der Deutschen Akademie angewandt.

Der Fremdsprachenunterricht in Deutschland hatte seit dem frühen 19. Jahrhundert im Zuge der Durchsetzung des neuhumanistischen Bildungsideals an den Schulen und der durch die Befreiungskriege aufgekommenen antifranzösischen Ressentiments die Erlernung der Grammatik und der Schriftsprache nicht nur bei den alten Sprachen, sondern auch bei den modernen Fremdsprachen in den Vordergrund gestellt. Fremdsprachen, so war die unter Pädagogen allgemein verbreitete Auffassung, könne man höchstens durch systematisches Übersetzen anhand eingeübter Regeln erlernen, man würde aber nie in der Lage sein, in ihnen intuitiv zu denken und zu sprechen. Fremdsprache und Muttersprache wurden stets gegenübergestellt. Ziel des Unterrichts war ohnehin nicht so sehr die mündliche oder schriftliche Beherrschung der fremden Sprache. Statt dessen sollte abstraktes Denken am Beispiel der Grammatik fremder Sprachen geübt werden. Die mündliche Beherrschung einer fremden Sprache wurde höchstens als ein Nebenprodukt, als beinahe abschätzige „Oberkellnerfertigkeit" anvisiert.[28] Thierfelder selbst bezeichnete sich rückblickend noch in den fünfziger Jahren als „Opfer der indirekten Methode", die es ihm als jungen Mensch verwehrt habe, unbefangen ein Gespräch in Englisch oder Französisch zu führen.[29] Die Dominanz der „grammatischen Grundorientierung" (Walter Apelt) war im übrigen im 19. Jahrhundert kein rein deutsches Phänomen, sondern dominierte auch in Frankreich und Großbritannien: „Diesen Fremdsprachenunterricht prägte vor allem abstraktes Deduzieren, langatmige Formenanalysen und Übersetzungsexerzitien, rigoroses Vokabelpauken, sowie ständiges Systematisieren, besonders aber fortgesetzter Regelkult."[30]

Private Sprachschulen wie die seit den 1880er Jahren sich rasch verbreitenden amerikanischen Berlitz-Schools hingegen hatten mit der „direkten Methode", die an die Bedürfnisse des immer stärker grenzüberschreitenden Wirtschaftslebens angelehnt war, da sie auf die Kommunikationsfähigkeit in der fremden Sprache abzielte, erstaunliche Ergebnisse erzielt. Es bürgerte sich alsbald allgemein der Begriff „Berlitz-Methode" für diese Art der Sprachvermittlung ein. Die staatlichen Einrichtungen nicht nur Deutschlands waren also gezwungen nachzuziehen, wollten sie nicht ins Hintertreffen geraten und den Sprachunterricht Privatinstituten überlassen, die mit diesem keine kulturpolitische Missionierungsarbeit verbanden.[31] In Frankreich mit seinem zentralisierten Schulsystem wurde die „di-

---

[28] Erich Drach, Deutsche Sprecherziehung im Ausland, S. 163.
[29] Franz Thierfelder, Die Deutsche Sprache im Ausland. Bd. 1: Der Völkerverkehr als sprachliche Aufgabe, Hamburg 1956, S. 93.
[30] Walter Apelt, Vom Lernen und Lehren fremder Sprachen. Grundorientierungen und Methoden in historischer Sicht, Berlin 1991, S. 67 ff. (Zitat S. 79).
[31] A. Pfrimmer, Ein halbes Jahrhundert direkter Methode, in: Deutschunterricht im Ausland, 3 (1954/55), S. 60–69.

rekte Methode" beispielsweise 1902 als verbindlich für den Fremdsprachenunterricht eingeführt. In Deutschland hatte schon 1882 der Pädagoge Wilhelm Viëtor in seiner berühmten Streitschrift „Der Sprachenunterricht muß umkehren" die Ausrichtung des Fremdsprachenunterrichts auf die Schriftsprache und das Studium der Grammatik kritisiert und die Hinwendung zu einem auf das gesprochene Wort fixierten und anwendungsbezogenen Unterricht gefordert. Dies war eine durchaus zeitgemäße Forderung nach der Reichsgründung, die Deutschland zu einer wirtschaftlichen, politischen und militärischen Großmacht ersten Ranges mit über Mitteleuropa hinausreichenden Interessen gemacht hatte. Es dauerte aber im Reich wegen seines föderalen Bildungssystems und der starken neuhumanistischen, d. h. der Vermittlung anwendungsbezogener Lehrinhalte ablehnend gegenüberstehenden Auffassung von Bildung und Kultur,[32] noch etwa zwanzig Jahre länger als in Frankreich, bis sich die „direkte Methode" im Fremdsprachenunterricht durchgesetzt hatte. Die aus dem Reich an die deutschen Auslandsschulen entsandten Lehrer zeigten sich zumeist als unfähig, einen auf aktives Sprachvermögen abstellenden Unterricht etwa im Fach Französisch oder Deutsch (für die nichtdeutschen Schüler) abzuhalten. Dies mußte beispielsweise der Direktor der deutschen Schule in Bukarest und spätere Koordinator des Auslandsschulwesens im Auswärtigen Amt, Franz Schmidt, nach Ankunft an seinem neuen Arbeitsort im Jahre 1900 feststellen. Als der erste Reichskommissar für das Auslandsschulwesen zu einem Besuch in Bukarest eintraf, hatte er, obwohl selbst Neuphilologe, bezeichnenderweise Probleme, sich mit dem rumänischen Erziehungsminister auf Französisch zu unterhalten.[33] Die Denkschrift des Auswärtigen Amts vom April 1914 über das deutsche Auslandsschulwesen stellte signifikanterweise noch heraus, daß der Englisch- und Französischunterricht an den Auslandsschulen, der den Vorgaben der Gastländer folgte und meist von nichtdeutschen Lehrkräften unterrichtet wurde, im Gegensatz zu jenem im Reich „praktisch orientiert sei".[34]

Die zwanziger Jahre bildeten in der westlichen Welt sprachgeschichtlich ohnehin in etwa die Scheidelinie zwischen einer etwa 150jährigen Dominanz der Schriftsprache als der normenden Sprache und der nun aufgrund technischer Neuerungen wie Telephon, Radio, Grammophon, Tonfilm und Mikrophon standardsetzenden gesprochenen Sprache.[35] Der Nationalsozialismus war insofern durchaus auch Ausdruck der neuen Sprachära, als er wesentlich mehr Wert auf das gesprochene Wort, allen voran seines „Rhetorik-Talentes" und „Führers" Hitler legte denn auf das gedruckte Wort. Das Radio, nicht die Presse wurde auch im 1933 gegründeten Propagandaministerium als das Medium der Zukunft zur Verbreitung politischer Botschaften gesehen.[36] Das gesprochene Wort rückte auch

32 Vgl. hierzu Bollenbeck, Bildung und Kultur, S. 144 ff.
33 Franz Schmidt, Ein Schulmannsleben in der Zeitwende. Lebenserinnerungen von Geheimrat Professor Dr. Franz Schmidt, Marburg 1961, S. 41.
34 Abgedruckt in: Düwell, Deutschlands auswärtige Kulturpolitik, S. 268–370, hier S. 294 f.
35 Peter von Polenz, Deutsche Sprachgeschichte. Vom Spätmittelalter bis zur Gegenwart, Bd. 3: 19. und 20. Jahrhundert, Berlin u. a. 1999, S. 37–39.
36 Goebbels äußerte sich beispielsweise entsprechend am 25. 3. 1933 in einer Rede vor den

bei den Sprachkursen der Deutschen Akademie ins Zentrum des Unterrichts.[37] Aktives Sprechen statt abstrakter Analyse von Satzbau und Stil wurde nun als wesentliches Mittel, ja geradezu Voraussetzung angesehen, um Ausländern deutsches Denken und Fühlen zu vermitteln.[38]

Der Aufbau des Sprachunterrichts im Ausland der Deutschen Akademie fiel somit just in einen Zeitraum, in dem sich in Deutschland ein Paradigmenwechsel im Fremdsprachenunterricht vollzog. So gesehen waren auch in sprachdidaktischer Hinsicht erst in den zwanziger Jahren die Voraussetzungen vorhanden, Deutsch nicht nur in lebendiger Weise im Ausland zu verbreiten, sondern überhaupt die deutsche Sprache als wesentlichen Träger kulturpolitischer Botschaften anzuerkennen. Erst die sich in den zwanziger Jahren im vollen Maße in Deutschland durchsetzende Erkenntnis, daß eine fremde Sprache sehr wohl intuitiv erlernt werden kann und nicht dazu verdammt war, nur als ein gleichsam totes Studienobjekt fremder Grammatikregeln zu dienen, ebnete den Weg dafür, daß man der Verbreitung der deutschen Sprache im Ausland im Auswärtigen Amt und anderen kulturpolitisch tätigen Institutionen mehr Aufmerksamkeit als zuvor widmete. Die von Thierfelder gefeierte Erkenntnis Schmidt-Rohrs, Sprache sei nicht nur Träger von Gedanken, sondern vielmehr Essenz einer Kultur, war ganz wesentlich durch die neue Wertschätzung befördert worden, welche die gesprochene Sprache im Fremdsprachenunterricht erhalten hatte. Sprachkurse mit Dozenten, welche bis zur Jahrhundertwende in den pädagogischen Seminaren Fremdsprachen noch durch „Pauken" grammatikalischer Regeln erlernt hatten, wären kaum geeignet gewesen, Erwachsene zum anwendungsbezogenen Lernen der deutschen Sprache zu animieren. Auch vor diesem Hintergrund ist es nicht verwunderlich, daß die Gründer der Deutschen Akademie wie Pfeilschifter, Oncken, Haushofer u. a. in der ersten Hälfte der zwanziger Jahre der Spracharbeit als möglichem Aufgabenfeld so wenig Aufmerksamkeit geschenkt hatten. Denn in Erinnerung an ihren eigenen, grammatikzentrierten, leblosen Fremdsprachenunterricht, den sie im 19. Jahrhundert in den Gymnasien des kaiserlichen Deutschlands genossen hatten, erschien die Perspektive, mit diesen Methoden für die deutsche Sprache und damit die deutsche Kultur im Ausland zu werben, wahrlich nicht sehr vielversprechend, sondern eher abschreckend.

Die „direkte Methode", die in der Deutschen Akademie und auch noch im ersten Jahrzehnt des wiedergegründeten Goethe-Instituts ab 1951 Anwendung fand, vernachlässigte bewußt die Vermittlung grammatikalischer Grundstrukturen zugunsten eines möglichst umfangreichen Alltagswortschatzes. Die fremde Sprache sollte anfangs ohne Hinterfragen in ihren gegebenen Strukturen hin- und aufgenommen werden unter Einsatz aller Sinnesorgane und ohne zu thematisie-

---

Rundfunkräten des Reichs. Abgedruckt in Helmut Heiber (Hrsg.), Goebbels-Reden, Bd. 1: 1932–1939, Düsseldorf 1971, S. 82–107, hier S. 91.

[37] Vgl. die erste Seite des (nicht paginierten) Juniheftes 1935 von „Deutschunterricht im Ausland": „Seitdem das gesprochene und gehörte Wort und nicht mehr das geschriebene und gelernte im Mittelpunkt des Deutschunterrichts steht, seitdem ist auch Sprecherziehung in den Dienst des deutschen Sprachunterrichts getreten."

[38] Drach, Deutsche Sprecherziehung im Ausland, S. 163.

ren, warum ein Satz in einer bestimmten Weise konstruiert war oder sich Wörter bestimmter grammatikalischer Formen bedienten.

„Das Ziel des Unterrichts besteht darin, daß die Schüler die deutsche Sprache in einem lebendigen Umgang beherrschen. Eine gesprochene, die wirkliche Sprache soll erlernt werden, nicht eine Lehrbuch-Sprache. Der Schüler soll selbst sprechen, sich eine Sprache produktiv aneignen. Das Buch ist infolgedessen nicht die Hauptsache, sondern nur eine Stütze des Unterrichts. Der Unterricht besteht aus einem fortlaufenden Gespräch zwischen Schüler und Lehrer, zu dem in zweiter Linie die schriftlichen Übungen, das Studium nach Lehrbuch und die häuslichen Aufgaben hinzutreten",

erläuterte Lektor Wilhelm Ruoff in einem Bericht von 1934 an das Auswärtige Amt die Lehrmethode der Deutschen Akademie.[39] Die praktischen Vorteile der „direkten Methode" für die Spracharbeit der Deutschen Akademie im Ausland lagen auf der Hand: Sie gab dem Sprachlernenden frühzeitig Erfolgserlebnisse, da er anders als in der jetzt als überaltet geltenden „Übersetzungsmethode" bald den Eindruck bekam, er könne sich in der fremden Sprache ausdrücken. Sie war einer national heterogenen Gruppe von Schülern leichter zu vermitteln bzw. konnte von Dozenten unterrichtet werden, die der Sprache des Gastlandes nicht oder kaum mächtig waren, da sie auf Erklärungen des „Warum" weitgehend verzichtete. Schließlich schien sie auch in ihrer spielerischen Art sinnvoller beim Einsatz für berufstätige Erwachsene zu sein, die abends die Kurse der Deutschen Akademie besuchten und nicht das Gefühl vermittelt bekommen sollten, sie würden erneut die Schulbank drücken und müßten wie zu Schulzeiten Grammatik „pauken".

Die praktische Abteilung der Deutschen Akademie begab sich auch auf unkonventionelle Pfade, um den ausländischen Germanisten zu helfen, ihre Schwierigkeiten beim Vermitteln der deutschen Sprache zu überwinden. So förderte sie seit 1930 die von dem bayerischen Lehrer Georg Lapper entwickelte Methode des „singenden Lernens". Lapper experimentierte seit seiner Zeit als Lehrer an deutschen Auslandsschulen in China und Spanien vor dem Ersten Weltkrieg damit, den Schülern das deutsche Alltagsvokabular mit Hilfe von auf Basis von Volksliedmelodien gedichteten, einfachen Gesangstexten zu vermitteln, die stets um ein bestimmtes Thema kreisten.[40] Die „Methode Lapper" wurde regelmäßig bei den von der Akademie in den dreißiger Jahren veranstalteten Fortbildungskursen vorgeführt und erlebte auch im wiedergegründeten Goethe-Institut nach dem Zweiten Weltkrieg eine kurze Renaissance. Sie wirkte auf den ersten Blick durchaus vielversprechend: „Herr Lapper wußte seine Methode im Lehrgang so gut an den Mann zu bringen, daß alle begeistert waren – ich auch. Und zwar so sehr, daß ich mich bereit fand, quasi als Beitrag zum Lehrgang eine Einführungslektion für Türkisch auszuarbeiten, nach deren Absolvierung wir uns alle fragten, warum wir

---

[39] PA Bd. R63130, Bericht über die Sprachkurse der Deutschen Akademie in Split, März 1934.
[40] Siehe Thierfelders Bericht über die Spracharbeit der praktischen Abteilung, in: Bericht über die 5. Hauptversammlung der Deutschen Akademie (16.–18. 10. 1930), in: MdDA, 5 (1930), S. 277–302, hier S. 291–297.

uns früher beim Erwerb von Fremdsprachen so sehr abgequält hatten", erinnerte sich ein Lehrgangsteilnehmer aus dem Jahre 1952.[41]

4. „Gesprochenes Deutsch"

Das Bedürfnis, ausländische Deutschlehrer fortzubilden, ging einher mit dem Erfordernis, Hilfsmittel für den Deutschunterricht im Ausland zu schaffen. Die ersten Ergebnisse konnte die Deutsche Akademie schon 1930 präsentieren. Sie brachte ein zweibändiges „Sachwörterbuch der Deutschkunde" heraus, das als Nachschlagewerk für ausländische Germanisten zu allen Fragen deutscher Kultur und Sprache gedacht war.[42] Zudem begann sie, eine „Zeitgenössische Schriftsteller" genannte Reihe von Leseheften herauszugeben, die in ansprechender, aber dennoch kostengünstiger Aufmachung auf jeweils 32 Seiten den ausländischen Lesern und insbesondere Sprachschülern bekannte neuere Schriftsteller durch Auszüge aus ihren Werken nahebringen sollten. Als erstes erschienen Hefte, die Thomas Mann, Gerhart Hauptmann, Ricarda Huch, Jacob Wassermann und Hans Carossa gewidmet waren. Ausgaben über Hermann Hesse und ab 1933 über Erwin Guido Kolbenheyer und Hans Grimm folgten. Es hatte sich nämlich erwiesen, daß die Unterrichtslektüre in den meisten Ländern bei den deutschen Klassikern des 19. Jahrhunderts stehengeblieben war. Ferner unterstützte die Akademie die Herausgabe einer Aussprachelehre für Ausländer, die durch vier besprochene Schallplatten ergänzt wurde.[43]

Seit Anfang der dreißiger Jahre arbeitete die Deutsche Akademie an einem eigenen, ganz der „direkten Methode" verpflichteten Lehrbuch der deutschen Sprache für Ausländer. Offenbar hielt man jene des Deutschen Instituts für Ausländer für unzureichend,[44] zumal sie ja vornehmlich für Ausländer verfaßt waren, die bereits in Deutschland lebten, sich also in einem anderen kommunikativen Umfeld befanden als die Kursteilnehmer in den Auslandslektoraten. Drach, der als Autor auserkoren war, legte das Lehrwerk auf zwei Bände an. Der erste Band für die Anfänger war auf reinen Spracherwerb abgestellt, der zweite für fortgeschrittene Sprachschüler sollte stärker die Landeskunde berücksichtigen.[45] Da Drach jedoch bereits im Juli 1935 starb, wurde die Arbeit von Gerken und Wolfhart Klee weitergeführt. Letzterer war eigens hierfür von Thierfelder eingestellt worden, der ihn angeblich mit den Worten, „bei mir brauchen sie nicht für die Partei zu arbeiten", geködert hatte.[46] Der erste Entwurf des Lehrbuchs wurde auf der Lektoren-

---

[41] Heinz Griesbach, Am Anfang war fast nichts. Wie es vor fünfzig Jahren begann, in: Murnau – Manila – Minsk, S. 73–75, hier S. 73.

[42] Walter Hoffstaetter und Ulrich Peters (Hrsg.), Sachwörterbuch der Deutschkunde, 2 Bände, Leipzig 1930.

[43] Erich Drach, Deutsche Aussprachelehre für den Gebrauch im Ausland, Frankfurt/M. 1931.

[44] So Drach auf der ersten Tagung der Auslandslektoren im Juni 1933 in München, in: PA Bd. R64195.

[45] Ebenda.

[46] Wolfhart Klee, Erinnerungen – Werke – Dokumente 1909–1985, München 1985, S. 52.

tagung im Juli 1936 in München mit den Auslandslektoren diskutiert. Die Autoren arbeiteten die dort gemachten Verbesserungsvorschläge ein und schickten das verbesserte Manuskript nochmals an alle Auslandslektoren zur Stellungnahme.[47] Im Sommer 1939 schließlich erschien der erste Band unter dem Titel „Gesprochenes Deutsch". Es war ein für damalige Zeiten modernes, aus der Erfahrung vieler im Ausland unterrichtender Dozenten gespeistes, phonetisch vorbildliches Lehrwerk. Mit seiner Betonung der kommunikativen Kompetenz nahm es einen Ansatz vorweg, der erst in den siebziger Jahren des zwanzigsten Jahrhunderts wieder durchgehend in den Lehrbüchern für DaF aufgenommen wurde.[48] Bis Ende 1940 waren bereits 30 000 Exemplare gedruckt, bis Kriegsende erschienen 34 Auflagen. „Gesprochenes Deutsch" wurde in insgesamt 41 Auflagen bis 1968 verlegt.

Das schließlich vorgelegte Lehrbuch folgte Drachs Bestreben, landeskundliche und damit auch potentiell politische Inhalte im Anfängerunterricht zu vermeiden. Tatsächlich drehten sich die Lektionen um Alltagssituationen wie Reisen, Einkaufen, Sportereignisse etc. Folglich war das Lehrbuch in der zweiten Hälfte des Krieges, als die Deutsche Akademie unter die Kontrolle des Propagandaministeriums geriet, hier nicht sonderlich populär. Ein Zeitzeuge glaubte sich sogar erinnern zu können, das Buch sei deshalb ab 1943 aus dem Verkehr gezogen worden, und dem geplanten zweiten Teil „Lebendiges Deutsch" sogar von vornherein vom Propagandaministerium die Druckerlaubnis versagt worden.[49] Hier dürfte allerdings eher der Wunsch, die Deutsche Akademie als eine gänzlich harmlose, ja beinahe anti-nazistische Organisation erscheinen zu lassen und damit die eigene Auslandtätigkeit im Kriege der Nachwelt in möglichst mildem Licht zu präsentieren, die Erinnerung geleitet haben. Vielmehr waren bei einem großen Bombenangriff auf das Leipziger Verlagsviertel Anfang Dezember 1943 u. a. 70 000 Exemplare des Lehrwerks „Gesprochenes Deutsch" verbrannt. „Lebendiges Deutsch" kam bis Kriegsende nicht mehr zur Auslieferung. Auch dies lag vornehmlich daran, daß der vorgesehene Papiervorrat in Leipzig vernichtet worden war.[50] Papierknappheit und nicht das Propagandaministerium waren also für den Lehrbuchmangel ab 1943 verantwortlich. Mitautorin Gerken jedoch erwähnte im Februar 1944 auf der letzten Mittelstellenleitertagung der Deutschen Akademie in München die vielfach gegen das Buch geäußerte Kritik. Sie rechtfertigte den „unpolitischen" Ansatz von „Gesprochenes Deutsch" damit, daß in den Anfängerkursen mit einer Methode, die wie die „direkte" weitgehend auf die Benutzung der Muttersprache verzichte, Unterrichtsthemen und somit auch die Lektionen des Lehrbuches so angelegt sein müßten, daß der Lernende möglichst viel aus seiner eigenen alltäglichen Erfahrungswelt, u. a. unter Zuhilfenahme der Abbildun-

---

[47] Dies geht aus der überlieferten Korrespondenz der Geschäftsstelle mit den Lektoraten hervor, in: BAB R51/23.

[48] Eggers, Zur Geschichte und zum Selbstverständnis des Faches Deutsch als Fremdsprache, S. 87.

[49] So der ehemalige Mittelstellenleiter der Deutschen Akademie in Frankreich, Gerhard Funke, am 17. 7. 1991 in einem Brief an den Autor. Ähnlich Klee in seinen Memoiren, der fälschlicherweise behauptete, Seyß-Inquart habe das Buch 1943 aus dem Verkehr gezogen. Vgl. Klee, Erinnerungen, S. 53.

[50] BAB R51/8, Bericht über den Stand der Deutschen Akademie, 23. 12. 1943.

gen im Buch, ableiten und in die fremde Sprache übertragen könne. Nur dann sei
ein schneller Fortschritt der Schüler in der fremden Sprache garantiert. Sie vertrö-
stete die anwesenden Lektoren, vor allem aber wohl den vom Propagandaministerium entsandten Generalsekretär Matthias Schmitz damit, daß der in Vorbereitung befindliche Teil II „Lebendiges Deutsch" sich mehr der Deutschlandkunde
widmen werde, also überragende Persönlichkeiten, Glaubens- und Lebensfor-
men, Feste und ähnliches vorstellen werde.[51]

5. Der Aufbau des Lektoratsnetzes

Die zweite Säule der Spracharbeit der Deutschen Akademie war neben der Errichtung des Goethe-Instituts in München der Aufbau von Deutschsprachkursen im
Ausland, eine Idee, die offenbar auf eine Anregung des Vorsitzenden des Deutschen Schutzbundes im Jahre 1928 zurückging. Das Auswärtige Amt förderte
zwar schon in den zwanziger Jahren offenbar einzelne, im Ausland arbeitende
Sprachlehrer[52], doch gab es, bis sich die Deutsche Akademie der Aufgabe annahm,
kein systematisches Programm für die Verbreitung der deutschen Sprache im
Ausland mittels Erwachsenkursen außerhalb der Universitäten.

Nach Thierfelders beiden vom Auswärtigen Amt finanzierten sprachpolitischen Erkundungsreisen in den Balkan im Juli 1929 und November 1930 nahm
das Vorhaben Gestalt an. Die Eröffnung von Sprachkursen im Ausland wurde
dennoch anfangs in München durchaus als Wagnis gesehen, da man auf diesem
Gebiet keine Erfahrungen hatte.[53] Die Akademie verfügte zu diesem Zeitpunkt
über einen so kurzen finanziellen Atem – aus Geldmangel fand im Jahre 1931 erstmals keine Jahresversammlung statt –, daß sie diese Einrichtungen bei nur geringer Resonanz nicht lange hätte unterhalten können. So hieß es Ende 1930 in den
„Mitteilungen", die Einrichtung von Sprachkursen in Sofia und Split sei geplant.
„Falls sie genügend Beteiligung finden, sollen sie zu einer ständigen Einrichtung
werden."[54]

Die erste Sprachschule, Lektorat genannt, wurde im Frühjahr 1931 in Split, das
Thierfelders erste Station auf seiner Reise im November 1930 gewesen war, eröffnet. Der dortige deutsche Konsul hatte Deutschsprachkurse als großes Desiderat
bezeichnet, da es in der dalmatinischen Metropole weder eine Universität noch
eine deutsche Auslandsschule gab.[55] Der erste „Auslandslektor" der Deutschen
Akademie und gleichsam Urahn aller heutigen Dozenten des Goethe-Instituts
war ein bayerischer Lehrer namens Dr. Sprengel, der allerdings nicht lange in den
Diensten der Akademie blieb. Die Bezeichnungen Lektor/Lektorat erinnerte

---

51 BAB R51/26, Protokoll der Tagung der Mittelstellenleiter vom 11.–16. 2. 1944.
52 So findet in den wenigen erhaltenen Akten der Kulturabteilung zum Thema Sprachförderung beispielsweise 1929 ein vom Auswärtigen Amt geförderter privater Sprachlehrer in
   Neapel Erwähnung.
53 Franz Thierfelder, 25 Jahre deutsche Sprachpolitik im Ausland, S. 225.
54 Nachrichten aus der praktischen Abteilung, in: MdDA, 5 (1930), S. 377.
55 Thierfelder, 25 Jahre deutsche Sprachpolitik im Ausland, S. 225.

noch an Thierfelders ursprüngliche Idee von 1928/29, die von der Deutschen Akademie aufzubauende Sprachförderung an den ausländischen Hochschulen zu zentralisieren, die durch die parallele Konstituierung des DAAD obsolet geworden war. Dennoch sprach man bis Kriegsende in der Deutschen Akademie von „Lektoraten", wenn man die Sprachschulen meinte, und von „Lektoren/Lektorinnen" in Hinblick auf die entsandten Lehrkräfte. Noch 1931 eröffnete ein zweites Lektorat in Sofia, geleitet von einem Assessor namens Fred Kaltmann. 1932 nahmen Lektorate in Saloniki und Sarajewo die Arbeit auf, letzteres geleitet von Joachim Schulz, der 1938 erster Leiter der Abteilung Auslandslektorate der Deutschen Akademie werden sollte, und dessen Frau Dora maßgeblich am Wiederaufbau des Goethe-Instituts ab 1951 beteiligt war. Grundsatz der Deutschen Akademie war in den dreißiger Jahren, möglichst dort Lektorate einzurichten, wo es weder eine deutsche Schule noch eine Hochschule gab, an der Deutsch gelehrt wurde. Man konzentrierte sich zumindest in Europa eher auf die größeren Provinzstädte jener Länder, in denen aus wirtschaftlichen, politischen oder kulturellen Gründen mit einem gewissen Interesse an der deutschen Sprache gerechnet werden konnte, die aber in dieser Hinsicht unterversorgt waren, als auf die Metropolen. Aufgrund der in den dreißiger Jahren trotz beginnender Subventionen des Auswärtigen Amts insgesamt bescheidenen Mittel der Deutschen Akademie war es angebracht, die Lektorate nach Möglichkeit in der Provinz anzusiedeln. In den europäischen Metropolen hätten sie kaum mit den kulturpolitischen Stützpunkten der anderen Nationen konkurrieren können. In Haupt- und Universitätsstädten wirkten zudem schon die Lektoren des DAAD als Repräsentanten deutscher Kultur.

Zur Überraschung der Zentrale in München erwiesen sich die meisten Lektorate als voller Erfolg. In Orten, in denen alsbald deutlich wurde, daß es nicht genügend an der deutschen Sprache Interessierte gab oder andere Institutionen konkurrenzstärker waren, scheute man sich auch nicht, die Lektorate wieder aufzugeben. So schloß schon 1934 das ein Jahr zuvor in Ankara eingerichtete und 1935 das im Vorjahr auf der jugoslawischen Insel Kortschula eröffnete Lektorat. Doch bei der großen Mehrheit der Orte, in denen die Akademie sich seit 1931 engagierte, bestand ein ausreichender Bedarf nach einem qualitativ hochwertigen Deutschunterricht für berufstätige Erwachsene, so daß die Zeichen insgesamt eher auf Expansion standen.

Anfang 1934 verfügte die Deutsche Akademie bereits über 20 Lektorate, davon sechs in Griechenland, vier in Jugoslawien, jeweils zwei in Bulgarien, der Türkei und Indien, und jeweils eines in Italien, Schweden, Brasilien und Irak. Zu diesem Zeitpunkt zählten alle Lektorate zusammen ungefähr 2000 eingeschriebene Hörer.[56] Ende 1938 waren es schließlich 45 Lektorate mit 57 Dozenten in 15 Ländern, wobei Jugoslawien mit Lektoraten an neun Orten und 18 Dozenten, Griechenland mit 11 Lektoraten und 12 entsandten Lehrkräften und Bulgarien mit acht Lektoraten und acht Lehrkräften eindeutig den Schwerpunkt der Auslandstätig-

---

[56] Einen nützlichen Überblick über Grundsätze und Stand der Spracharbeit der Deutschen Akademie im Ausland Anfang der dreißiger Jahre bietet Wilhelm Ruoff, Lehrgänge der deutschen Sprache im Ausland, in: MdDA, 9 (1934), 229–243.

keit bildeten. Die Zahl der Hörer war auf etwa 7000 angestiegen, davon etwa 4000 in den genannten drei Ländern.

Die Dislozierung der Lektorate auf dem Balkan entsprach nach wie vor Thierfelders sprachpolitischer Lageeinschätzung von 1929: Die Deutsche Akademie wurde vor allem in strategisch wichtigen Ländern tätig, in denen man eine grundsätzliche Bereitschaft zum Deutschlernen vermutete, gleichzeitig aber ein Defizit in der Unterrichtspraxis der Länder und starke sprachpolitische Aktivität anderer Länder, insbesondere Frankreichs, festgestellt hatte. So war Jugoslawien das Schlüsselland für den Zugang zum gesamten Balkan, in dem sich Frankreich eine sprachpolitisch privilegierte Stellung dadurch geschaffen hatte, daß seit 1924 Französisch an allen höheren Schulen erste Fremdsprache, Deutsch jedoch nur Wahlfach war. Bulgarien hingegen galt als Brücke zur Türkei mit einer sprachpolitisch vorerst offenen Situation. Die relativ starke Präsenz der Deutschen Akademie ab 1933 in Griechenland rührte vor allem daher, daß die griechische Regierung seit Anfang der dreißiger Jahre ihren Schülern untersagte, auf ausländische Schulen zu gehen. Da Deutsch aber, anders als Französisch, in den höheren griechischen Schulen keine obligatorische Fremdsprache war, hoffte man in München dieses Defizit durch die Errichtung von Sprachkursen für Erwachsene auszugleichen.[57] In Griechenland versuchte die Deutsche Akademie bewußt, in solchen Provinzstädten, die keine französischen Kulturstützpunkte hatten, aktiv zu werden, um so im Lande, sozusagen von der Peripherie her, langsam einen sprachpolitischen Umschwung zugunsten des Deutschen herbeizuführen.[58] Dies gelang bis 1941 nicht nur in Griechenland, sondern in allen drei Ländern, wobei die Entwicklung stets auf Kosten der französischen Sprache ging. In Bulgarien lernten 1931 nur 20% der Schüler Deutsch als erste Fremdsprache auf den Gymnasien, 80% hingegen Französisch. 1938 hatte sich der Vorsprung von Französisch nach Einschätzung der deutschen Botschaft in Sofia auf 55% zu 45% verringert.[59] Thierfelder jubilierte Ende 1937, das kulturpolitische Ziel von 1929, Deutsch als Wahlfach in den bulgarischen Progymnasien zu verankern, sei nunmehr erreicht.[60] In Jugoslawien erfolgte die nach außen hin sichtbare sprachpolitische Wende im Sommer 1940, als Deutsch wieder zur obligatorischen ersten Fremdsprache in den Schulen avancierte. In Griechenland schließlich entthronte Deutsch Französisch als erste Fremdsprache in den Schulen erst nach der deutsch-italienischen Besetzung 1941. Allerdings ist davon auszugehen, daß diese Erfolge nicht so sehr auf das Wirken der Deutschen Akademie in diesen Ländern zurückzuführen war. Der sprachpolitische Umschwung war vielmehr Ausdruck einer generellen engeren wirtschaftlichen und politischen Anlehnung der Balkanstaaten an Deutschland seit Anfang der dreißiger Jahre.

Es war von Anfang an beabsichtigt, die Lektorate nicht als bloße Sprachschulen zu führen, sondern als kleine Kulturinstitute. Dies erschien um so nötiger, als es

---

[57] Vgl. Thierfelder, Deutsch im Unterricht fremder Völker IV, S. 347.
[58] Thierfelder, 25 Jahre deutsche Sprachpolitik im Ausland, S. 225.
[59] Scholten, Sprachverbreitungspolitik des nationalsozialistischen Deutschlands, S. 354.
[60] BAB R8043/1331, Erläuterungen zu dem Entwurf des Haushalts 1938 der Deutschen Akademie, Aufzeichnung Thierfelders vom 17. 12. 1937.

bis in den Zweiten Weltkrieg hinein noch keine deutschen Auslandskulturinstitute im eigentlichen Sinne gab. In einigen europäischen Metropolen wie London, Paris, Rom, Budapest und Madrid nahmen seit Ende der zwanziger Jahre lediglich die Zweigstellen des DAAD diese Funktion mittels kleinerer kultureller Veranstaltungen und vor allem mittels auf Studenten abzielender Sprachkurse in einem gewissen Umfang wahr.[61] Dies geschah allerdings in Ländern, in denen die Deutsche Akademie vorerst ohnehin nicht aktiv war. Die Lektorate des Münchener Vereins sollten Vorträge von Gastrednern veranstalten, Empfänge geben und deutsche Lesezirkel einrichten. „Die ‚Skola‘ ist eben nicht nur eine Schule, sondern sie wird langsam als deutsches Zentrum bekannt, wo deutsche Vorträge und Zusammenkünfte stattfinden, wo deutsche Bücher und Zeitschriften zu entleihen sind, kurz wo ein eigenes deutsches Leben pulsiert. Wir arbeiten immer mehr daraufhin, den Kursen ihren privaten Charakter zu nehmen und die Institution zu festigen. Wir möchten schließlich etwas wie ein Institut zustandebringen", berichtete beispielsweise der Lektoratsleiter in Split im Frühjahr 1934 an das Auswärtige Amt.[62]

Zielgruppe des Sprachunterrichts waren in der Regel Akademiker, Beamte sowie die lokale Wirtschaftselite, z. T. auch die Oberstufenschüler der örtlichen höheren Schulen. In Jugoslawien gelang es Mitte der dreißiger Jahre auch, Deutschkurse für Offiziere der Armee und in Schweden für Polizeibeamte einzurichten. Beides wurde in München als besonderer Erfolg gewertet, erweckte in Drittländern aber auch Befürchtungen, daß die Lektorate mehr als bloßen Sprachunterricht betrieben. So berichtete die Londoner „Times" am 23. Januar 1937 unter der Schlagzeile „Undesired Activities" darüber, daß Naziagenten, getarnt als Vertreter der Deutschen Akademie, für einen nur symbolischen Betrag in Schweden angeblich deutsche Sprache, tatsächlich aber NS-Propaganda verbreiteten. Selbst die schwedische Polizei sei darauf hereingefallen und so für die Zusammenarbeit mit der Gestapo geworben worden. Als Folge dieses Berichts kam es zu einer Hausdurchsuchung und der Beschlagnahmung der Korrespondenz des Lektorates in Gefle durch die schwedische Polizei. Dank der politischen Zurückhaltung des Lektors, die ganz im Einklang mit der Philosophie der Akademie stand, konnte aber nichts Belastendes gefunden werden. „Der Vorfall gibt jedoch Veranlassung, nochmals dringend darauf hinzuweisen, daß jede nach außen sichtbare Tätigkeit der Lektoren unterbleiben und daß im Briefwechsel mit der Hauptstelle abfällige Bemerkungen über die Charaktereigenschaften des Volkes, unter dem sie tätig sind und seine öffentlichen Einrichtungen völlig vermieden werden müssen", ermahnte Thierfelder dennoch die Außenstellen der Akademie in einem Rundschreiben.[63]

Ganz im Gegensatz zum Tenor des „Times"-Artikels sollten die Lektorate den Eindruck vermeiden, sie seien Billigsprachschulen. Thierfelder hatte von Anfang

---

61 Vgl. Laitenberger, Akademischer Austausch und auswärtige Kulturpolitik, S. 71 f. und S. 119–134.
62 PA Bd. R63130, Bericht über die Sprachkurse der Deutschen Akademie in Split, März 1934.
63 BAB R51/23, Rundschreiben an die Lektorate, 15. 8. 1937.

an darauf bestanden, daß die Kurse kostenpflichtig sein müßten, da ein unentgeltlicher Lehrgang nur in den Geruch der Propaganda kommen würde und leicht in seinem erzieherischen Wert unterschätzt werde.[64] Zudem hätten die Finanzen der Deutschen Akademie auch gar keine kostenlosen oder sehr günstigen Sprachkurse erlaubt. Die Gebühren für die Kurse der Deutschen Akademie sollten sich nach den landesüblichen Tarifen für Privatunterrichtsstunden oder nach denen der Kulturinstitute von Drittstaaten im Gastland richten, diese aber keinesfalls unterschreiten.[65] So zielten sie allein schon durch ihre Gebühren vornehmlich auf die lokale „Elite" ab, da – und dies entsprach auch dem Credo des Auswärtigen Amts – Kulturpolitik auf die führenden Schichten eines Landes ausgerichtet war, wobei der Sprachunterricht im Gastland nach Auffassung des Auswärtigen Amts vor allem Vorstufe für ein späteres Studium der Ausländer in Deutschland sein sollte.[66] Die Praxis sah aber teilweise anders aus, denn die Sprachkurse zogen offenbar nicht nur die höheren Schichten des Gastlandes an: „Es ist wohl angebracht, auf die einfacheren Bildungs- und Berufsschichten einen besonderen Blick zu werfen. Es kommen da junge Leute, Arbeiter, Friseurgehilfen, angehende Kellner, die Deutsch lernen wollen, buchstäblich aber ihre eigene Sprache nicht beherrschen. Die Mühe, die hier aufgewendet werden muß, ist kaum vorstellbar. [...] Man darf die Erfolge deshalb auch nicht bescheiden genug einschätzen. Oft ist es einfach ein aussichtsloser Kampf, weil jede Voraussetzung und Schulung fehlt", hieß es entsprechend im ersten Artikel der „Mitteilungen", der sich mit den Sprachkursen beschäftigte.[67]

Zusätzlich zum Unterricht sollten die Lektoren das leisten, was man heutzutage „pädagogische Verbindungsarbeit" nennt: die örtlichen Deutschlehrer mit modernen Unterrichtsmaterial und Unterrichtsmethoden vertraut machen und für die vom Goethe-Institut veranstalteten Fortbildungslehrgänge für Deutschlehrer werben. Ferner sollte das Lektorat über den Stand des Deutschunterrichts an Schulen und Universitäten vor Ort, die Ausstattung der Bibliotheken mit deutscher Literatur und Büchern über Deutschland berichten und die kulturpolitischen Aktivitäten anderer Nationen beobachten.[68] Diese Berichterstattung war eine wichtige Quelle für die von der Akademie seit 1934 veröffentlichten Süd-Ost-Berichte, welche die deutsche Öffentlichkeit über das Ringen der europäischen Großmächte um Einfluß auf dem Balkan informieren sollten.

Seit Ende der dreißiger Jahre wurden die Lektorate in jedem Land, in dem es mehrere von ihnen gab, von einer sogenannten Mittelstelle koordiniert. Diese befand sich in der Regel in der größten Stadt bzw. Hauptstadt des Landes und machte nun der Zentrale Vorschläge, wo die Errichtung neuer Lektorate sinnvoll sei. Hierüber wiederum beriet die Deutsche Akademie mit dem Auswärtigen

---

[64] PA Bd. R63806, Schreiben Thierfelders an das Auswärtige Amt, 5. 12. 1929.

[65] BAB R51/56, Merkblatt zur Errichtung eines Auslandslektorates der DA (ohne Datum).

[66] So die Kulturabteilung in einem Redeentwurf für den Reichsaußenminister vom Juni 1930, abgedruckt in: Düwell, Deutschlands auswärtige Kulturpolitik, S. 379–384, hier S. 381.

[67] Ruoff, Lehrgänge der deutschen Sprache im Ausland, S. 236.

[68] BAB R51/56, Merkblatt zur Errichtung eines Auslandslektorates (ohne Datum).

Amt, da dieses die Spracharbeit teilweise finanzierte. Der Mittelstellenleiter nahm in manchen Fällen ein Universitätslektorat wahr und war in einigen Balkanländern, sofern es im entsprechenden Land wie etwa Griechenland keine DAAD-Zweigstelle gab, auch für den akademischen Austausch zuständig. Im Januar 1938 schließlich, als Thierfelder aus der Akademie ausschied, wurde in der Zentrale in München offiziell eine Abteilung „Auslandslektorate" eingerichtet mit einem eigenen Leiter. Der zuvor auf dem Balkan tätige Lektor Schulz übernahm den Posten. Bis Ende 1937 hatte Thierfelder die Lektorate zusätzlich zu seinen anderen Verpflichtungen als Generalsekretär betreut.

6. Das Profil der Lektoren

Die ausreisenden Lektoren sollten nicht nur pädagogische Befähigung und Fachkenntnisse haben – in der Regel entsandte man Studienassessoren, die Deutsch studiert hatten –, sondern auch kulturpolitisches Gespür und Einfühlungsvermögen in die fremde Kultur zeigen. Auch nach der Machtübernahme der Nationalsozialisten legte man in München Wert darauf, daß sich der Auslandslektor zwar als selbstbewußter, dem NS-Regime aufgeschlossen gegenüberstehender Deutscher gab, aber nicht als auftrumpfender, besserwisserischer Germanisierer, um nicht von vornherein seine Kulturmission zu unterminieren. So wandte sich Thierfelder im Juni 1933 an den neu ernannten nationalsozialistischen bayerischen Ministerpräsidenten Ludwig Siebert mit der Bitte, die bayerische Unterrichtsverwaltung möge der Deutschen Akademie geeignete Kandidaten zur Entsendung als Lektoren ins Ausland zur Kenntnis bringen: „Ausgewählte jüngere Germanisten, die in ihrer nationalen Einstellung erprobt sind und gleichzeitig neben besonderer pädagogischer Befähigung Takt und Gewandtheit bei der Einfühlung in fremde Verhältnisse gezeigt haben." Hervorragende Prüfungsergebnisse und Fachkenntnisse seien weniger wichtig als charakterliche Festigkeit, persönliche Gewandtheit und vielfältige Begabungen und Interessen.[69] Der Lektor, so der in Split tätige Ruoff 1934 in den „Mitteilungen der Deutschen Akademie", müsse Zurückhaltung und Bescheidenheit an den Tag legen, denn er sei Gast. Er müsse aber zugleich mit der Bewußtheit und Entschiedenheit auftreten, die seiner großen Sache entspreche, doch diese Entschiedenheit solle nach innen größer sein als nach außen.[70]

Auf der ersten Tagung der im Ausland tätigen Sprachlehrer der Deutschen Akademie Ende Juni 1933 in München erklärte Drach, der im kulturpolitischen Amt der NSDAP tätig war, die Sprachlehrer der Deutschen Akademie dürften auf keinen Fall als Propagandisten innerdeutscher Angelegenheiten ins Ausland gehen. Es werde von Berlin sogar ausdrücklich empfohlen, zurückhaltend zu sein. Niemand verlange, daß die Lektoren Mitglieder der NSDAP seien. „Aber wenn sie sich über die heutigen deutschen Verhältnisse äußern, so kann es selbstverständ-

---

[69] BHStA MK 40444, Schreiben Thierfelders an Ministerpräsident Siebert, 6. 6. 1933.
[70] Ruoff, Lehrgänge der deutschen Sprache im Ausland, S. 234.

lich nur im Sinne des nationalen Staates geschehen. Gegen die nationale Regierung zu sprechen, ist undenkbar." Besonders auf eine klare Haltung zur „Judenfrage" werde in Berlin Wert gelegt. Diese sei in Deutschland viel problematischer als etwa in Großbritannien und den USA gelagert, da z. B. in den Krankenhäusern der deutschen Großstädte bislang bis zu 80% der Ärzte Juden gewesen seien, und das „Berliner Tageblatt" zur Zeit der Weimarer Republik grundsätzlich nur jüdische Redakteure aufgenommen habe. Thierfelder als Nichtparteimitglied hingegen erklärte den Eintritt in die NSDAP als empfehlenswerten Schritt für die Lektoren, während aus Rücksichtnahme auf das Ausland die Träger der kulturpolitischen Arbeit in der Zentrale keine Parteigenossen sein könnten. Diese Forderung hinsichtlich der Parteimitgliedschaft der Lektoren war wohl eher taktischer Natur und für das Protokoll gedacht, um das Vertrauen der neuen Machthaber zu gewinnen, als ernst gemeint. Denn es war schon im Frühjahr 1933 zu einer Attacke gegen ihn aus den Reihen des Nationalsozialistischen Deutschen Studentenbundes (NSDStB) gekommen, der behauptet hatte, Thierfelder habe mit Ruoff einen eindeutig marxistisch orientierten Lektor nach Split entsandt.[71] Da aber das bayerische Kultusministerium sich hinter Thierfelder stellte und Präsident von Müller sich jegliche Einmischungen in die inneren Angelegenheiten der Akademie seitens des NSDStB verbat, konnte der Angriff leicht abgewehrt werden.

Thierfelder, obwohl keineswegs gegen das NS-Regime eingestellt (siehe Kapitel V), wollte die Spracharbeit im Ausland von einer plumpen tagespolitischen oder ideologischen Instrumentalisierung zugunsten des Reiches freihalten. So erklärte er, für sämtliche Lektoren bestehe die Pflicht, die Landessprache zu erlernen, denn sie sollten eine Art Mittler der Kulturen sein und nicht einseitige Propagandisten.[72] In einem seiner regelmäßigen Rundschreiben an die Auslandslektorate vom September 1936 verwies Thierfelder nicht nur auf den nötigen politischen und menschlichen Takt im Umgang mit anderen Völkern, sondern auch darauf, daß man zwar in erster Linie Deutschland, aber nicht nur ihm allein diene, sondern dem geistigen Austausch zwischen den Völkern insgesamt. „Der nochmalige ernste und unmißverständliche Hinweis des Führers auf dem Parteitag der Ehre in Nürnberg, daß der Nationalsozialismus eine arteigene deutsche Angelegenheit ist, die auf andere Völker gar nicht verpflanzt werden dürfe und könne, wird uns bei jeder Entscheidung bewußt bleiben", fügte er als Mahnung an mögliche parteipolitische Eiferer unter den Lektoren hinzu.[73] Thierfelder bezog sich hierbei vermutlich auf eine Passage Hitlers in dessen Rede auf der „Kulturtagung" des Nürnberger Parteitags am 9. September 1936, in welcher der Diktator u. a. folgenden „fundamentalen Grundsatz" verkündet hatte: „Es kann kein Mensch eine innere Beziehung zu einer kulturellen Leistung besitzen, die nicht in dem Wesen seiner Herkunft wurzelt."[74]

---

[71] Harvolk, Eichenlaub und Hakenkreuz, S. 28 f.
[72] PA Bd. R64195, Die Spracharbeit der Deutschen Akademie im Ausland, Protokoll der Tagung vom 28./29. 6. 1933.
[73] BAB R51/23, Rundschreiben an die Lektorate vom 15. 9. 1936.
[74] Adolf Hitler, Reden des Führers auf dem Parteitag der Ehre 1936, München ⁶1936, S. 30.

Der ersten Lektorengeneration verlangte die Akademie erhebliches organisatorisches und kaufmännisches Geschick ab. Sie wurde ohne jegliche Vorbereitung oder Hilfestellung anderer deutschen Behörden an ihren Einsatzort im Gastland geschickt, um hier ein neues Lektorat einzurichten. Im Vorfeld hatte sich die Deutsche Akademie an dem anvisierten zukünftigen Standort jeweils einen zuverlässigen Korrespondenzpartner gesucht, der für sie den Bedarf für Deutschkurse eruierte. Wenn dieser zum Schluß gekommen war, daß das Potential für ein Lektorat vorhanden sei, entsandte die Akademie einen Lektor. Dieser mußte sich dann um alles weitere kümmern, von der Anmietung der Räume über ihre Einrichtung bis hin zur Werbung für die Kurse.[75] Dabei war das Lektorat so zu führen, daß es der finanziell kränkelnden Akademie außer dem Lektorengehalt und der Versendung von Lehrmaterial und Zeitschriften keine Extrakosten verursachen würde.[76] „Meist an kleineren oder mittleren Plätzen tätig, an denen es keine deutsche Schule und keine größere deutsche Gemeinde gibt, bisweilen der einzige Deutschsprachige am Ort, bescheiden bezahlt und ausgestattet, ist er Studienleiter und Schuldiener, Sprachwerber und Vertreter höherer geistiger und künstlerischer Ansprüche," so umschrieb Thierfelder die Tätigkeit des Lektors.[77] Das Gehalt betrug für einen ledigen Lektor in den dreißiger Jahren monatlich etwa 170 RM, für Verheiratete mit Kindern gab es etwa 250 RM. Er verdiente also wesentlich weniger als ein Facharbeiter im Reich. Allerdings konnten die Lektoren ihr Gehalt dadurch aufbessern, daß ihnen außerdem 20% der Einnahmen aus den Sprachkursen vor Ort zustanden, was natürlich zugleich ein Anreiz war, möglichst aktiv für die deutsche Sprache Werbung zu betreiben. Die Arbeitsbelastung war in den Anfangsjahren sehr hoch. Ruoff in Split berichtete z. B. im Frühjahr 1934 von 42 Stunden Unterricht, die er wöchentlich gab.[78] Thierfelder feierte denn auch, ganz den neuen Zeitläuften entsprechend, die erste Generation von Auslandslektoren auf der Jahresversammlung der Deutschen Akademie im Oktober 1933 in martialischen Tönen als „Beispiele soldatischer Pflichterfüllung", die allen Widrigkeiten trotzen würden. „Hier wächst eine Truppe von Soldaten heran, die ihr Ziel kennt und zu jedem Opfer bereit ist."[79]

Die Akademie bemühte sich stets, die Lektoren gegenüber der Öffentlichkeit nicht nur als Spezialisten für die Verbreitung der deutschen Sprache herauszustellen, sondern als Kenner ihres Gastlandes. Sie seien daher geeignet, auch für die deutsche Wirtschaft in ihren sprachpolitischen Einsatzgebieten aktiv zu werden

---

[75] BAK B307/24, Niederschrift über die Sitzung des Vorstandes am 10. 12. 1952. In dieser Sitzung schilderte Thierfelder, wie man zu Zeiten der Deutschen Akademie Lektorate errichtet habe und empfahl eine ähnliche Vorgehensweise für die nunmehr anvisierten Auslandsstützpunkte des Goethe-Instituts.

[76] BAB R51/56, Merkblatt für die Errichtung eines Auslandslektorates (ohne Datum). Das Merkblatt gipfelt in der Feststellung, daß sich bei Beachtung der Ratschläge ein Lektorat lukrativ führen lasse.

[77] Thierfelder, Deutsch als Weltsprache, S. 63.

[78] PA Bd. R63130, Bericht über die Sprachkurse der Deutschen Akademie in Split, März 1934.

[79] „Deutsche Kulturpolitik im Ausland", Vortragsmanuskript Thierfelders von 1933, in: BHStA MK 40444.

oder später als Berater für die entsprechenden Regionen in den deutschen Unternehmen Verwendung zu finden. Da die Akademie bis Kriegsausbruch finanziell vor allem von Spenden aus der Wirtschaft abhing, mußte sie ihrer sprachpolitischen Aktivität das Mäntelchen einer direkten außenwirtschaftlichen Verwertbarkeit umhängen. Auf dem Fahrzeug der Sprache würden alle Güter einer Nation befördert, selbst die wirtschaftlichen, auch wenn die Auslandskulturpolitik nicht in erster Linie der Erhöhung der Exportziffern diene, ließ Thierfelder auf der Hauptversammlung der Akademie 1936 in einem Vortrag mit dem Titel „Die Bedeutung der Sprachpolitik im Auslande für die deutsche Wirtschaft" verlauten.[80]

Frauen wurden bis in die Kriegszeit hinein nur in Ausnahmefällen ins Ausland entsandt. Das bereits erwähnte Schreiben Thierfelders an den bayerischen Ministerpräsidenten vom Juni 1933 ging ganz selbstverständlich davon aus, daß nur Männer geeignet zur Ausreise seien. Folglich gab es nur eine Handvoll Frauen unter dem bis Kriegsausbruch auf 62 Lektoren angewachsenen Stamm von Auslandslehrkräften. Sie kamen nur in größere Lektorate, die von einem Mann geleitet wurden. Von den Ehepartnerinnen der Lektoren erwartete die Akademie, daß sie unentgeltlich bei der Verwaltung der Lektorate und bei der Ausrichtung des Kulturprogrammes mithalfen und, sofern sie qualifiziert waren, auch bis zu sechs Stunden unbezahlt unterrichteten.[81] Dora Schulz beispielsweise, eines der Gründungsmitglieder des „neuen" Goethe-Instituts ab 1951 und dort bis 1970 Abteilungsleiterin für den Bereich Inlandsinstitute, verdiente sich ihre ersten kulturpolitischen Sporen im Ausland als unentgeltliche Hilfskraft ihres Ehemannes in Jugoslawien.

Ein Anspruch auf Altersversorgung war im Gehalt der Lektoren nicht enthalten. Eine jährliche Heimreise wurde dem Lektor nur bezahlt, wenn er sich bereiterklärte, in den Sommerkursen des Goethe-Instituts in München einige Wochen umsonst zu unterrichten.[82] Nostalgisch erinnerte sich folglich Thierfelder in den fünfziger Jahren bei der Neugründung des Goethe-Instituts an die Anspruchslosigkeit der Lektoren der Deutschen Akademie. Diese stehe im Gegensatz zur nunmehrigen Generation potentieller Auslandsdozenten, die nicht nur höhere Gehälter, sondern auch eine Altersvorsorge verlangten und damit die Auslandskulturarbeit zu einem im Gegensatz zu den dreißiger Jahren teuren Unterfangen machten.[83] Dennoch, an Bewerbern für ihre Spracharbeit im Ausland mangelte es der Deutschen Akademie in den dreißiger Jahren angesichts der durch die Weltwirtschaftskrise hervorgerufenen Akademikerarbeitslosigkeit nicht.[84] Auch als sich die wirtschaftliche Lage in Deutschland durch die zügellose Aufrüstungspolitik der Nationalsozialisten besserte, gab es weiterhin genügend Bewerber. Denn

[80] Hauptversammlung 1936, in: MdDA, 11 (1936), S. 565–587, hier S. 583.
[81] BAB R51/23, Rundschreiben an die Lektorate vom 15. 10. 1937.
[82] Thierfelder, 25 Jahre deutsche Sprachpolitik im Ausland, S. 227.
[83] BAK B306/25, Protokoll der kombinierten Sitzung des Vorstandes und des Verwaltungsrates des Goethe-Instituts, 21. 3. 1955.
[84] BAB R51/35, Bericht über die Entwicklung und den Stand der Auslandsarbeit der Abteilung Auslandslektorate, Entwurf vom Februar 1943.

in Zeiten, als es noch keinen Massentourismus gab, der akademische Austausch zwischen den Nationen erst am Anfang stand und die Reichsmark im Ausland nicht hoch im Kurs stand, war ein Auslandsaufenthalt vor allem für Philologen ein noch wesentlich verlockenderes, aber auch schwieriger zu realisierendes Unterfangen als heutzutage.[85]

---

[85] „Für einige Befreundete darunter war, wie ich weiß, der Wunsch Deutschland überhaupt zu verlassen, ein wichtiges Motiv ihrer Bewerbung. Denn für die Generation, denen meine Freunde und ich angehörten, war es so gut wie unmöglich, ohne diplomatische (oder großkapitalistische) Beziehungen während des Dritten Reiches, d.h. vor dem Krieg, ins Ausland zu reisen". Aus einem Brief vom 8. 3. 1991 von Arthur Henkel, ehemals Lektor der Deutschen Akademie, an den Verfasser.

V. Übersteigerte Erwartungen (1933–1939)

Die Einrichtung der ersten, erfolgreich arbeitenden Sprachkurse im Ausland im Jahre 1931 und die Eröffnung des Goethe-Instituts 1932 leiteten in der Deutschen Akademie eine Entwicklung ein, die sich in den dreißiger Jahren noch stärker fortsetzen sollte: Die wissenschaftliche Abteilung verlor an Bedeutung. Für das Überleben der Akademie vor allem in finanzieller Hinsicht, gleich ob in der Endphase der Weimarer Republik oder während der NS-Diktatur, wurden die Leistungen der praktischen Abteilung auf dem Gebiet der Spracharbeit immer wichtiger. Dies war sicherlich zu einem wesentlichen Teil auf Thierfelders Geschick und Ideenreichtum zurückzuführen. Seine Initiativen vermittelten den Eindruck, (sprach-)statistisch abgesichert, theoretisch fundiert, systematisch vorbereitet, mit dem Auswärtigen Amt abgestimmt zu sein und in Arbeitsbereiche vorzustoßen, die bislang von anderen kulturpolitischen Institutionen vernachlässigt worden waren. Zudem gelang es ihm, die Tätigkeit der praktischen Abteilung überzeugend zu präsentieren. So erklärte er auf der Jahresversammlung der Akademie im Oktober 1932 in München, die praktische Abteilung verzettele sich nicht in ihrer Auslandsarbeit, sondern arbeite so, „daß wir methodisch Schritt für Schritt in den Gebieten um geistigen Einfluß ringen, in denen die allgemeine Entwicklung eine für die deutsche Kulturarbeit empfängliche Atmosphäre geschaffen hat".[1] Thierfelders Präsentation der Ergebnisse und zukünftigen Perspektiven der Arbeit der praktischen Abteilung hob sich damit deutlich von dem nach wie vor unklaren Profil der wissenschaftlichen Abteilung ab, die mit ihren Leistungen schon wegen der begrenzten finanziellen Ressourcen nicht mit den etablierten Akademien konkurrieren konnte.[2] So war es kein Wunder, daß in der Aussprache auf der Jahresversammlung 1932 einmal mehr, wie schon in Jena 1929, die wissenschaftliche Abteilung, obwohl nun schon seit drei Jahren unter dem neuen Präsidenten Arnold Oskar Meyer arbeitend, ins Kreuzfeuer der Kritik geriet. Die Aussprache gipfelte in dem Hinweis, in Zeiten des Geldmangels sei die Fortführung der Arbeit der praktischen Abteilung wichtiger als jene der wissenschaftlichen.[3]

Die allgemeine wirtschaftliche Lage Anfang der dreißiger Jahre war auch für die Deutsche Akademie Anlaß zur Sorge, da sie sich immer noch zum Großteil aus den nun immer spärlicher fließenden Spenden aus der Wirtschaft und den Orts-

---

[1] Bericht über die 6. Hauptversammlung der Deutschen Akademie, in: MdDA, 7 (1932), S. 415–444, hier S. 425.

[2] Während der Etat der wissenschaftlichen Abteilung der Deutschen Akademie 1932 bei einem Gesamthaushalt von 133000 RM etwa 19000 RM betrug, hatte die Preußische Akademie der Wissenschaften einen Etat von 511000 RM für Forschung, Verwaltung und Repräsentation zur Verfügung. Zahlen für die Deutsche Akademie in BHStA StK 7390; für die Preußische Akademie der Wissenschaften in: Fischer (Hrsg.), Die Preußische Akademie der Wissenschaften, S. 533.

[3] Bericht über die 6. Hauptversammlung der Deutschen Akademie, in: MdDA, 7 (1932), S. 415–444, hier S. 428.

gruppen finanzierte. Zugleich ließ auch der Haushalt des Auswärtigen Amts im Zeichen sinkender Steuereinnahmen wenig Spielraum für eine großzügige Förderung der Akademie. „Kulturarbeit im Auslande – auch in dieser Notzeit?" lautete denn auch die Überschrift eines Begleitschreibens Thierfelders, das den Einladungen zur Jahresversammlung 1932 der Deutschen Akademie in München beigefügt war.[4] In diesem Schriftstück nahm er Stellung zu der offenbar damals häufiger geäußerten Ansicht, daß es in Zeiten wirtschaftlicher Not wichtigere Dinge gebe als Kulturarbeit im Ausland. Thierfelder, um Erklärungen zur Rechtfertigung der Auslandsarbeit der Akademie und damit seines eigenen Postens nie verlegen, behauptete hingegen, daß auf kulturpolitischem Gebiet ein geradezu „tragisches Gesetz" herrsche: „Die Aussichten auf Erfolg sind gerade dann am größten, wenn eine Nation politisch machtlos und wirtschaftlich verarmt ist. Von ihr, der ungefährlichen, geistiges Gut zu empfangen, erträgt sogar der politische Gegner, und so waren unsere kulturpolitischen Wirkungsmöglichkeiten in der Welt seit langer Zeit nicht so günstig wie gegenwärtig."

Ein seit etwa drei Jahren gefundenes neues Tätigkeitsprofil, das die praktische Abteilung und den hinter ihr stehenden Generalsekretär Thierfelder innerhalb der Akademie aufwertete bei gleichzeitiger, durch die Weltwirtschaftskrise noch verschärfter Finanzkrise kennzeichnete also die Situation der Akademie, als Adolf Hitler Reichskanzler wurde.

1. Reaktionen auf die Machtübernahme der Nationalsozialisten

Die Machtübernahme der Nationalsozialisten Ende Januar 1933 empfand die Mehrzahl der Mitarbeiter der Deutschen Akademie wohl kaum als negativen Einschnitt, vielmehr als konsequenten Schlußakt einer schrittweisen, seit 1930 zu verzeichnenden Aushöhlung der ungeliebten Demokratie in Deutschland. Der Stamm der Deutschen Akademie war, ebenso wie andere Bildungs- und Wissenschaftseinrichtungen im damaligen Deutschland, von einer sozialen und professionellen Elite geprägt, die sich in ihrer überwältigenden Mehrheit nicht für die Weimarer Republik hatte erwärmen können. Die parlamentarische Demokratie der Weimarer Republik wurde von ihr mit egoistischer Parteienherrschaft, Ineffizienz, nationaler Uneinigkeit und Herrschaft der Masse statt Führung durch eine dazu berufene Elite gleichgesetzt. Die große Mehrheit unter den Angehörigen der intellektuellen wie administrativen Eliten Deutschlands fühlte sich von der von den Nationalsozialisten versprochenen Wiederherstellung einer deutschen Großmachtstellung in Europa und des in Aussicht gestellten autoritären, anti-marxistischen Führerstaates stärker angezogen als von dem anti-intellektuellen, plebejischen Charakter der NSDAP und ihrer gewalttätigen Methoden abgeschreckt. Dies schloß nicht aus, daß ein beträchtlicher Teil, womöglich sogar die Mehrzahl

---

[4] BAK N1160/I/142.

unter ihnen, nicht für die NSDAP votiert hatte.[5] Die Deutsche Akademie war
ohnehin, obwohl offiziell parteipolitisch neutral, schon vor 1933 eine politisch
eher rechts stehende Organisation gewesen, was sich u. a. an den engen Beziehungen zum nationalistischen „Deutschen Schutzbund" und der Auswahl der Senatoren zeigte. Thierfelder hatte folglich schon in seinem bereits erwähnten Begleitschreiben zur Einladung zur Jahresversammlung der Deutschen Akademie 1932
von einer „Übergangsphase zu neuer völkischer Gemeinschaft" gesprochen, in
der sich Deutschland gegenwärtig befinde. Dies läßt auf seine bzw. die Zustimmung der Deutschen Akademie als Ganzes zum von Reichskanzler Franz von Papen, dem im übrigen Jung als Berater zur Seite stand, anvisierten „neuen Staat"
schließen, welcher den Reichstag, die Parteien und die Massen weitgehend entmachten sollte.[6] Thierfelders Besprechung zweier Bücher zur deutschen Litera-
turgeschichte im Aprilheft 1933 der „Mitteilungen" ist für die Ablehnung des
fortschrittlichen kulturellen Erbes der Weimarer Republik bezeichnend, die in der
Deutschen Akademie schon vor 1933 herrschte und nun auch offen ausgesprochen werden konnte, da die Deutsche Akademie keine Rücksichten mehr nehmen
mußte. Thierfelder feierte hier in martialischen Tönen[7] den Abgang einer angeblich undeutschen, großstädtischen, intellektuellen Literatur, welche dem Volk von
einer ihm entfremdeten Avantgarde bislang oktroyiert worden sei. Während Paul
Fechters 1932 erschienenes Werk „Dichtung der Deutschen" von Thierfelder eine
positive Bewertung erhielt, kritisierte er Guido Brandts „Werden und Wandlung"
von 1933 über die Entwicklung der deutschen Literatur seit 1880 wegen der Konzentration auf die „großstädtisch-artistisch-international-pazifistische" Literatur,
„deren Zusammenbruch wir eben erlebten".[8]
   Daß sich die Akademie schnell im neuen Regime eingewöhnen würde und zunächst wenig von den neuen Machthabern zu befürchten hatte, war schon dadurch recht wahrscheinlich, daß ein großer Teil ihrer Mitglieder eng mit der Münchener Universität verbunden war. Diese war in der Weimarer Republik ohnehin
eine konservative Hochburg gewesen, bei der die Nazis weit weniger Eingriffe in
den Lehrkörper vornehmen zu müssen glaubten als bei anderen Hochschulen des
Reiches.[9]

---

[5] Vgl. Eduard Seidler, Die akademische Elite und der neue Staat, in: Die Elite der Nation im
    Dritten Reich. Das Verhältnis von Akademien und ihrem wissenschaftlichen Umfeld zum
    Nationalsozialismus (Leopoldina-Symposion), hrsg. von Christoph J. Scriba, Halle 1995,
    S. 15–30.
[6] BAK N1160/I/142, Kulturarbeit im Auslande – auch in dieser Notzeit?, Begleitschreiben
    Thierfelders vom Sommer/Herbst 1932. Vgl. hierzu Jones, Edgar Julius Jung, S. 158 f. so-
    wie Hans Mommsen, Regierung ohne Parteien. Konservative Pläne zum Verfassungsum-
    bau am Ende der Weimarer Republik, in: Die deutsche Staatskrise 1930–1933. Handlungs-
    spielräume und Alternativen, hrsg. von Heinrich August Winkler, München 1992, S. 1–18.
[7] „Nur endlich weg mit jenem volksfernen, volkswidrigen, zersetzenden, entwertenden Bü-
    chern, die den Strom des Lebens trübe und beizend machten, daß seine Dünste die Ufer
    zerfraßen." Franz Thierfelder, Zwei Fronten – zwei Bücher, in: MdDA, 8 (1933), S. 14–20,
    Zitat S. 17.
[8] Ebenda, S. 20.
[9] Vgl. Hartmut Titze, Hochschulen, in: Handbuch der deutschen Bildungsgeschichte.
    Bd. IV: 1918–1945, hrsg. von Dieter Langewiesche und Heinz-Elmar Tenoth, München

Der „Kleine Rat" erklärte in einer Entschließung am 27. März 1933, als nach den letzten halbwegs freien Reichstagswahlen und „Ermächtigungsgesetz" deutlich geworden war, daß das Kabinett Hitler wohl nicht nur eine vorübergehende Erscheinung sein würde:

> „Die Deutsche Akademie begrüßt mit stolzer Freude das Erwachen des nationalen Gedankens, wie es in der großen Erhebung des deutschen Volkes zum Ausdruck gekommen ist. Die Deutsche Akademie, welche seit ihrer Gründung für dieses Ziel in wissenschaftlicher und praktischer Arbeit gekämpft hat, ist sich bewußt, daß die Regierung der nationalen Einigung in besonderem Maße die Notwendigkeit erkennt, Forschung und Pflege des Deutschtums im In- wie Ausland unter vollem Einsatz der zur Mitarbeit bereiten Führerpersönlichkeiten der Wirtschaft, Kunst und Wissenschaft nachdrücklich zu fördern."[10]

Meyer als Präsident der wissenschaftlichen Abteilung erklärte zudem auf der Jahresversammlung der Akademie im Oktober 1933, eine äußere Gleichschaltung der Münchener Einrichtung sei nicht nötig gewesen, da die maßgeblichen Persönlichkeiten des Präsidiums und der Geschäftsführung durch ihre bisherige Tätigkeit den Beweis erbracht hätten, daß ihr Wirken seit der Gründung der Akademie in innerer Übereinstimmung mit den Zielen der „nationalen Revolution" gestanden habe.[11] Beide Erklärungen waren vermutlich mehr als ein bloßer Anbiederungsversuch an die neuen Machthaber. Vielmehr glaubte man sich tatsächlich im Einklang mit den vermeintlich vorrangigen Zielen des Nationalsozialismus, vor allem hinsichtlich einer zukünftigen machtvolleren Selbstdarstellung Deutschlands nach außen, basierend auf einer inneren „Gesundung" durch das Abstreifen des als undeutsch empfundenen Parlamentarismus zugunsten eines „völkischen", autoritären Führerstaates. In einer Begrüßungsansprache vom Juni 1933 an die schwedischen Teilnehmer eines Fortbildungslehrganges für Deutschlehrer des Goethe-Instituts bezeichnete Thierfelder, der im übrigen nie versuchte, der NSDAP beizutreten, die „deutsche Revolution von 1933 [als] eine geschichtliche Notwendigkeit". Weiter hieß es in der Ansprache: „Wir sind so vollkommen von dem inneren Rechte dessen, was heute in Deutschland geschieht, durchdrungen, daß wir ihre Kritik nicht fürchten und daß wir uns nicht im geringsten bemühen werden, Ihnen das neue Deutschland anders darzustellen, als es wirklich ist."[12]

Unaufgefordert trug die Deutsche Akademie den neuen politischen Verhältnissen Rechnung und entfernte im Frühjahr und Sommer 1933 aus dem Senat und dem Kleinen Rat die nunmehr politisch oder rassisch mißliebig gewordenen Mitglieder, von denen es ohnehin nicht viele gab. Im Kleinen Rat mußte Held dem neuen bayerischen NS-Ministerpräsidenten Ludwig Siebert weichen, während Haushofer als Vertreter des Senats in das Gremium geholt wurde und damit, nach

---

1989, S. 209–240, hier S. 226. Im Reichsdurchschnitt verloren die Universitäten durch die „Säuberungen" des NS-Regimes 16,6% ihres wissenschaftlichen Personals, wobei Berlin und Frankfurt mit jeweils über 32% hervorstachen. München hingegen verlor nur 8,3% der Dozenten.

10 BAK N1160/I/142.

11 Bericht über die 7. Jahresversammlung der Deutschen Akademie, in: MdDA, 8 (1933), S. 399–427, hier S. 409.

12 2. Fortbildungskurs für schwedische Lehrer der deutschen Sprache des Goethe-Instituts der Deutschen Akademie, in: MdDA, 8 (1933), S. 242–244, hier S. 243.

Jahren der Abstinenz, wieder stärkeren Einfluß auf die Geschicke der Akademie zu nehmen begann. Gleichzeitig hoffte man, die Sympathie der neuen Machthaber dadurch zu gewinnen, daß man den „Stellvertreter des Führers" und Schüler Haushofers, Rudolf Heß, sowie den Verleger Hugo Bruckmann, der zusammen mit seiner Frau Elsa in den zwanziger Jahren ganz wesentlich dazu beigetragen hatte, Hitler in die Münchener Gesellschaft einzuführen, in den Kleinen Rat berief. Im Senat fielen der Säuberung u. a. der Kölner Oberbürgermeister Konrad Adenauer sowie Thomas Mann wegen ihrer politisch „ablehnenden" Haltung gegenüber dem neuen Regime zum Opfer, während Max Liebermann und zwei weitere Senatoren wegen ihrer „nichtarischen Abstammung" ausgestoßen wurden.[13] Die Deutsche Akademie trennte sich also aus eigener Initiative frühzeitiger von ihren jüdischen Mitgliedern als die anderen Akademien in Deutschland, die sich dem Drängen der Nationalsozialisten unter Hinweis auf die nachteiligen Folgen einer solchen „Säuberung" für die internationale Wissenschaftskooperation bis 1937/38 erfolgreich widersetzten.[14] Der Kleine Rat schloß ferner Kurt Magnus, den Mitbegründer des späteren „neuen" Goethe-Instituts, der in seiner Eigenschaft als Direktor der Reichsrundfunkgesellschaft außerordentlicher Senator war, im September 1933 wegen seiner zu großen Nähe zum gestürzten System aus.[15]

Ob dieser Selbstgleichschaltung der Akademie und ihrer ohnehin schon vor 1933 gezeigten konservativen Ausrichtung sahen die neuen Machthaber keine Veranlassung, in ihr ein personalpolitisches Revirement zu erzwingen. Die beiden Präsidenten, von Müller als Präsident der Gesamtakademie und der Historiker Meyer als Präsident der wissenschaftlichen Abteilung, blieben vorerst auf ihren Posten. Auch in der Geschäftsstelle änderte sich nichts. Thierfelder arbeitete weiter als Generalsekretär und Fehn blieb Hauptgeschäftsführer. „Unsere Arbeit ist bisher von den Ereignissen unbeeindruckt weitergegangen und wenn nicht alles täuscht, sind die kritischen Zeiten in dieser Beziehung vorüber", schrieb Thierfelder bereits Mitte Juni 1933 an einen Korrespondenzpartner der Akademie in Split.[16]

Hinsichtlich der Wirkung der Arbeit der Akademie auf das Ausland waren nach der Machtübernahme der Nationalsozialisten allerdings vorerst Rückschläge zu registrieren. Das Goethe-Institut sah seine für den Sommer 1933 geplanten Fortbildungslehrgänge für ausländische Germanisten gefährdet. Dies geht aus einer Korrespondenz mit dem Auswärtigen Amt im Frühjahr hervor, in der Thierfelder die Wilhelmstraße bat, auf die Reichsbahn einzuwirken, den Teilnehmern an den Sommerkursen für ihre Anreise innerhalb Deutschlands freie Fahrt zu gewähren. Angesichts des zu verzeichnenden Rückgangs von Anmeldungen und

---

13 Besprechung über die Neubesetzung des Senats der Deutschen Akademie vom 25. 8. 1933, abgedruckt in: Jacobsen, Haushofer, Bd. 2, Dokument 76 (S. 142 f.).
14 Vgl. z.B. die Beiträge von Martina Stoermer, Die Bayerische Akademie der Wissenschaften im Dritten Reich sowie von Rolf Winau, Die Preußische Akademie der Wissenschaften, beide in: Scriba (Hrsg.), Die Elite der Nation, S. 89–111 bzw. S. 75–85.
15 BAB R8043/1330, Protokoll der Sitzung des Kleinen Rates vom 18. 9. 1933.
16 BAB R51/41, Brief Thierfelders an Dr. Rittmann, 17. 6. 1933.

Stornierungen im Zuge der „nationalen Revolution" müßten materielle Anreize geschaffen werden, um Ausländer dennoch ins Reich zu locken.[17] Jene, die schließlich kamen, versuchte die Akademie im Sinne des Regimes zu vereinnahmen: Einige Teilnehmer des Fortbildungskurses für schwedische Deutschlehrer des Goethe-Instituts unterzeichneten im Sommer 1933 eine Erklärung, daß im Gegensatz zur Berichterstattung in der ausländischen Presse in Deutschland Ruhe und Ordnung herrsche und Ausländer nicht belästigt würden. Die angeblich positiven Eindrücke der Schweden schlachtete der „Völkische Beobachter" unter der Schlagzeile „Deutschland, das Land der Ordnung und Ehrlichkeit", propagandistisch aus.[18] Eine ähnliche Erklärung hatten einige ausländische Studenten der Universität, welche die dortigen Deutschkurse der Deutsche Akademien besuchten, im übrigen schon im März 1933 auf Geheiß ihres Dozenten unterzeichnet.[19]

2. Hohe Erwartungen an das neue Regime

Es ist im nachhinein schwierig festzumachen, inwieweit die führenden Vertreter der Deutschen Akademie sich dem neuen Regime aus genuiner Überzeugung andienten, und inwieweit ein gewisser Opportunismus mitspielte, um im Windschatten einer zumindest äußeren Anpassung an das Regime möglichst ungestört weiterarbeiten zu können. Die frühzeitige Selbstgleichschaltung im Vergleich zu den anderen, etablierten Akademien war sicherlich auch Ausdruck der prekären finanziellen Lage, in der sich die Deutsche Akademie selbst acht Jahre nach ihrer Gründung noch befand, und die sie durch Anbiederung an die neuen Machthaber glaubte überwinden zu können. Denn in München wurde die Machtübernahme der Nationalsozialisten auch als Chance begriffen, den Apparat der Deutschen Akademie zukünftig mit staatlicher Förderung nicht nur zu erhalten, sondern sogar ausbauen zu können, erwartete man doch von den neuen Machthabern ein größeres Interesse für eine möglichst macht- und eindrucksvolle Außendarstellung des Reiches als es die politische Elite der Weimarer Republik gezeigt hatte. Dieses, so hoffte man, würde sich früher oder später auch in größeren finanziellen Zuwendungen durch die öffentliche Hand an den chronisch defizitären Münchener Verein äußern. Thierfelder wie andere Akademiemitglieder setzten vor allem auf die angeblich guten Kontakte Haushofers, der der Deutschen Akademie seit seinem Rücktritt als Präsident der praktischen Abteilung im Juli 1925 nach wie vor als Senator verbunden geblieben war, um das neue Regime zur finanziellen Unterstützung des Münchener Vereins zu animieren. Haushofer sollte über Heß, der sogar in der Anfangszeit der Akademie in deren Geschäftsstelle ausgeholfen hatte, und nun praktisch über Nacht zu einem der mächtigsten Männer in Deutschland geworden war, mehr öffentliche Gelder für den Münchener Verein

---

[17] PA Bd. R64194, Schreiben der Deutschen Akademie an das Auswärtige Amt, 26. 4. 1933.
[18] Völkischer Beobachter, 6. 8. 1933.
[19] Harvolk, Eichenlaub und Hakenkreuz, S. 26.

erwirken. Die bisherigen Zuschüsse des Auswärtigen Amts seien, so Thierfelder im Sommer 1933 in einem Brief an Haushofer, zu gering bemessen. Die Spendensammlung in der Wirtschaft, die als Ersatz für das gescheiterte Konzept der Finanzierung der Deutschen Akademie durch ihre Ortsgruppen herhalten mußte, habe dagegen wegen der Wirtschaftskrise in den vorangegangenen Jahren immer geringere Beträge ergeben.[20] Daß Haushofers Stern in der Akademie wegen seiner angeblich guten Kontakte nach Berlin wieder zu leuchten begann, zeigte sich spätestens auf der Jahresversammlung im Oktober 1933, als er den Festvortrag mit dem Titel „Die Deutsche Akademie und ihre Aufgaben im neuen Reich" hielt. Parallel dazu ernannte man ihn zum zweiten Vizepräsidenten der Akademie, ein Posten, der seit 1927 vakant gewesen war.

Die Erwartung, unter dem neuen Regime nicht nur möglichst unbeschadet weiterarbeiten, sondern womöglich noch expandieren zu können, hegte 1933 im übrigen nicht nur die Deutsche Akademie, sondern auch der zu ihr in einem gewissen Konkurrenzverhältnis stehende DAAD. Der in Berlin ansässige Verein machte sich 1933/34 Hoffnungen, vom neuen Regime zur zentralen Institution der nichtamtlichen auswärtigen Kulturpolitik aufgebaut zu werden, eine Position, die Thierfelder im Jahre 1928 für die Deutsche Akademie vergeblich gefordert hatte. Dabei hatte der DAAD zunächst aufgrund seines Sitzes in Berlin und seiner besseren Beziehungen zu den ausschlaggebenden Fachministerien wesentlich bessere Aussichten, das Rennen um die Gunst der neuen Machthaber zu machen als die Deutsche Akademie, die in den Plänen des DAAD nur noch eine ihm untergeordnete, ganz auf die Sprachwerbung reduzierte Rolle spielen sollte. Allerdings zerstoben diese Träume einer führenden Rolle des DAAD, als im Juni 1934 sein Präsident, Adolf Morsbach, der sich zwischenzeitlich der SA angenähert hatte, im Zuge der Röhm-Affäre sein Amt verlor.[21]

Die innere Entwicklung von Deutscher Akademie und DAAD wies 1933/34 durchaus Parallelen auf: Beide Institutionen suchten durch Annäherung an profilierte Nationalsozialisten ihre Stellung im neuen System nicht nur zu sichern, sondern mit Hilfe der neuen Machthaber die eigene Rolle im Gefüge der deutschen auswärtigen Kulturpolitik im Vergleich zur Zeit der Weimarer Republik noch auszubauen. Im Falle des DAAD geschah dies durch die Hereinnahme des Ex-Generals und SS-Mitgliedes Ewald von Massow in den Vorstand und später durch Kontakte zu Ernst Röhm. Die Deutsche Akademie reagierte auf die neuen Verhältnisse mit der Aufnahme von Heß, Siebert und Bruckmann in den Kleinen Rat und im Jahre 1934 durch die Wahl Haushofers zum Präsidenten. Zugleich diente die äußere Anpassung dazu, tiefgreifenderen Einschnitten der neuen Machthaber in die innere Autonomie und die inhaltliche Arbeit möglichst vorzubeugen. Im Falle der Deutschen Akademie wurde daraus schon bald ein schwieriger Balanceakt. Je mehr man sich dem Regime andiente, desto eher glaubte dieses, die Deutsche Akademie für seine Propaganda vereinnahmen zu können. Zudem war die Deutsche Akademie gerade deshalb, weil sie noch als formal politisch unabhängiger Verein verfaßt war, für die neuen Machthaber ein interessantes Sprachrohr ge-

---

[20] BAK N1122/46, Brief Thierfelders an Haushofer, 21. 8. 1933.
[21] Laitenberger, Akademischer Austausch und auswärtige Kulturpolitik, S. 39ff.

genüber dem Ausland, das wegen seiner vermeintlichen Distanz zu den Macht-
zentren des Regimes um so überzeugender, da scheinbar unvoreingenommen, für
dieses Werbung machen konnte.

Deutlich wurde dieser schwierige Balanceakt zwischen Anbiederung und dem
Versuch, nach außen die Fassade eines unabhängigen kulturpolitischen Vereins
aufrechtzuerhalten und möglichst ungestört weiterarbeiten zu können, bereits
wenige Monate nach der nationalsozialistischen Machtübernahme: Im Sommer
1933 lancierte die Deutsche Akademie eine Schriftenreihe mit dem Titel „Das
Neue Reich", in welcher u. a. Haushofer über den „Gedanken des Nationalsozialismus in der Welt" schrieb, Hjalmar Schacht die Währungspolitik des neuen Regimes vorstellte und ein Oberst von Oertzen in einem Heft mit dem Titel
„Deutschland ohne Sicherheit" für eine forcierte Aufrüstung eintrat, während
Thierfelder ein Heft über die Grundlagen auswärtiger Kulturpolitik im „neuen
Deutschland" beisteuerte.[22] Die Idee, die Münchener Institution solle eine Schriftenreihe auflegen, in der Vertreter des neuen Regimes der in- wie ausländischen
Öffentlichkeit die Grundsätze nationalsozialistischer Politik in ausgewählten Bereichen vorstellen sollten, stammte offenbar nicht von der Deutschen Akademie
selbst. Denn in einer Aufzeichnung Thierfelders vom Juni 1933 heißt es, die Deutsche Akademie sei aufgefordert worden, eine solche Schriftenreihe vorzubereiten.
Thierfelder konnte und wollte diesen Auftrag nicht ablehnen, forderte jedoch,
„daß die Behandlung bei aller Entschiedenheit des vertretenen Standpunktes jegliche aufdringliche Agitation vermeidet".[23] Dies war eine Forderung, die angesichts der gewählten Themen einer Quadratur des Kreises glich.

Auch bei dem schon 1933 einsetzenden Versuch, über Haushofer die neuen
Machthaber zu einer großzügigeren Subventionierung des Vereins aus den staatlichen Kassen zu animieren, gab die Geschäftsstelle der Akademie sich der Hoffnung hin, daß diese nicht auf die inhaltliche Arbeit durchschlagen werde. „Wir
können unsere kulturwerbende Tätigkeit im Ausland nur dann mit Erfolg fortsetzen und verstärken, wenn der wissenschaftliche Deckmantel unserer Organisation nicht fadenscheinig wird", schrieb Thierfelder im August 1933 an Haushofer.
Trotz ihrer „aktivistischen Kulturwerbung" gelte die Deutsche Akademie im
Ausland als unpolitisch und genieße daher Anerkennung. Das neue Regime solle
folglich der Deutschen Akademie unbedingt brieflich ihre Unabhängigkeit be-
scheinigen.[24] Die Garantie, daß staatliche wie Parteidienststellen sich auch künftig
nicht in die Arbeit der Akademie einmischen würden, erfolgte denn auch in einem
Brief vom 16. September 1933 von Heß.[25]

Dieses Zugeständnis, welches das Regime im Sommer 1933 im übrigen auch
dem VDA machte,[26] fiel dem NS-Regime nicht schwer. Zum einen tat die Füh-

[22] Franz Thierfelder, Im Kampf um die Seele der Welt. Grundlinien der Kulturwerbung im
   Auslande, München 1934.
[23] BHStA StK 7390, Vorschläge für eine Schriftenreihe „Das Dritte Reich", Aufzeichnung
   Thierfelders vom Sommer 1933.
[24] BAK N1122/46, Brief Thierfelders an Haushofer, 21. 8. 1933.
[25] Abgedruckt in: Jacobsen, Haushofer, Bd. 2, Dokument 80 (S. 147 f.).
[26] Hans-Adolf Jacobsen, Nationalsozialistische Außenpolitik 1933–1938, Frankfurt/M.
   1968, S. 176 f.

rung der Deutschen Akademie alles, um den neuen Machthabern zu gefallen. Zum zweiten war dem Regime in der Phase seiner inneren Machtkonsolidierung auch daran gelegen, nach außen hin Kontinuität auszustrahlen, um nicht das Mißtrauen des Auslands zu erwecken. Schließlich brauchte es auch schlichtweg die Kompetenz der international versierten Fachleute. Aus diesen Gründen vermied man zunächst jegliche Eingriffe in das personelle Geflecht oder die inhaltliche Tätigkeit von Ministerien wie dem Auswärtigen Amt[27] oder Institutionen wie dem DAAD und der Deutschen Akademie, die das Bild Deutschlands im Ausland mitformten.

Das Auswärtige Amt unterstützte dieses Konzept der relativen Unabhängigkeit der kulturpolitisch im Ausland tätigen Organisationen, das schon die auswärtige Kulturpolitik der Weimarer Republik gekennzeichnet hatte. So blockierte es im Frühjahr 1935 den Versuch des Propagandaministeriums, eine reichseigene Anstalt „Deutscher Kulturaustausch" ins Leben zu rufen, die alle im Kulturaustausch mit dem Ausland tätigen Vereine, also auch die Deutsche Akademie und den DAAD, unter ein Dach bringen und der Dienstaufsicht des Goebbels-Ministeriums unterstellen sollte. Reichsaußenminister Konstantin von Neurath schrieb am 24. April 1935 an den Chef des Propagandaministeriums:

„Für meine ablehnende Stellungnahme ist in erster Linie der Gesichtspunkt maßgebend, daß Vereinigungen und Einrichtungen, deren wesentlicher Vorzug darin besteht, daß sie keinen amtlichen Charakter tragen, durch die reichsgesetzliche und damit der Öffentlichkeit bekannt werdende Unterstellung unter die geplanten Dachverband einen behördlichen Charakter erhalten und vom Ausland lediglich als Organe der Reichsbehörden angesehen werden, wodurch sie in ihrer Kulturarbeit zum Ausland zum mindesten stark beeinträchtigt werden."

Bei einer Ressortbesprechung fünf Tage später zwischen den involvierten Ministerien hieß es außerdem, es sei für das Auswärtige Amt untragbar, die nützliche Tätigkeit dieser Einrichtungen dadurch zu gefährden, daß sie per Reichsgesetz einem Ressort unterstellt werden sollten, das bereits in seinem Namen den odiösen Begriff „Propaganda" enthalte, der nun einmal seit dem Kriege kompromittiert sei.[28] Im Mai 1935 schließlich mußte das Propagandaministerium sein Vorhaben begraben, da auch das 1934 gegründete Reichsministerium für Erziehung, Wissenschaft und Volksbildung (RMEWV) unter Bernhard Rust sich der Haltung des Auswärtigen Amts angeschlossen hatte.

Sicherlich waren die vom Auswärtigen Amt vorgebrachten Argumente in erster Linie dadurch motiviert, daß man im Kampf um die Zuständigkeit in der auswärtigen Kulturpolitik die Oberhand gegenüber dem Propagandaministerium behalten wollte. Letzteres wollte sich seit seiner Gründung im März 1933 auch auf dem Gebiet der auswärtigen Kulturpolitik betätigen, zumal ihm 1933 aus dem Bereich der Kulturabteilung der Wilhelmstraße ohnehin schon die Arbeitsfelder Werbung für deutsche Kunst und deutschen Film im Ausland und die internationalen

---

27 Vgl. hierzu Hans-Jürgen Döscher, Diplomatie im Schatten der Endlösung. Das Auswärtige Amt im Dritten Reich, Köln 1987, S. 85 ff.
28 Akten der Reichskanzlei. Regierung Hitler 1933–1945. Bd. 2/1: August 1934–Mai 1935, hrsg. vom Bundesarchiv, München 1999, Dokument 147 (Zitat S. 545 f.) und Dokument 148 (hier S. 449).

Sportbeziehungen angegliedert worden waren.[29] Dennoch zeugten die Argumente der Diplomaten zugleich im Kern auch von der nach 1933 in der Wilhelmstraße vorerst weiter dominierenden Auffassung, daß die unabdingbare Voraussetzung für eine erfolgreiche auswärtige Kulturpolitik eben ihr zumindest nach außen hin möglichst staatsferner und propagandafreier Charakter sei. Dieses Konzept wiederum garantierte Institutionen wie der Deutschen Akademie mit Rückendeckung des Auswärtigen Amts auch nach 1933 ein gewisses Maß an inhaltlicher Autonomie in ihrer Auslandsarbeit.

3. Expansion und drohender Zusammenbruch

Der seit 1933 erhoffte Geldsegen aus den öffentlichen Kassen für die Deutsche Akademie ließ trotz der Anbiederungsversuche an die neuen Machthaber auf sich warten. In München hatte man auf einen Zuschuß des Reiches von jährlich 200 000 RM gehofft. Doch Heß, dessen Stellung im neuen System trotz des pompösen Titels eines „Stellvertreters des Führers" recht schwach war, konnte im Reichskabinett 1933 nur 50 000 RM an zusätzlichen Mitteln erwirken. Die Finanzsituation wurde Anfang 1934 noch angespannter, nicht zuletzt weil potentielle Spenden der Wirtschaft wie von Einzelpersonen nun von der NSDAP oder neuentstandenen Massenorganisationen wie dem „Winterhilfswerk" abgeschöpft wurden. Ein Hilferuf der Deutschen Akademie erging im Februar 1934 an alle für die Kulturarbeit relevanten Reichsressorts, in dem erneut ein Reichszuschuß von 200 000 RM angemahnt wurde. Andernfalls müsse die Akademie zum 1. April ihre Arbeit abbauen und sich womöglich zum Jahresende auflösen, was einen beispiellosen Prestigeverlust Deutschlands im Ausland nach sich ziehen würde.[30]

Da dieser, von Präsident von Müller unterzeichnete Notruf unbeantwortet blieb, ging die Akademie in ihrer Selbstgleichschaltung noch einen Schritt weiter. Einen Ausweg aus einem drohenden finanziellen Kollaps sah die Akademieführung nur noch darin, Haushofer zum neuen Präsidenten zu bestellen. Thierfelder und Fehn statteten folglich dem amtierenden Präsidenten Anfang März 1934 einen Besuch ab und forderten ihn auf, zum Wohle der Akademie sein Amt niederzulegen. Ein halbes Jahr zuvor, auf einer Sitzung des Kleinen Rates, hatte man die Gratulation zu Müllers 75. Geburtstag noch mit der Hoffnung verknüpft, er möge noch lange der Akademie als Präsident erhalten bleiben.[31] Thierfelder und Fehn baten ihn, unter Vorschiebung von Alters- oder Gesundheitsgründen zurückzutreten, denn mit Haushofer als Präsidenten könne mit einem Zuschuß vom Propagandaministerium und Reichsinnenministerium gerechnet werden. Müller war zwar zum Rücktritt bereit, wollte aber in einer Presseerklärung richtigstellen,

---

[29] Laitenberger, Akademischer Austausch und auswärtige Kulturpolitik, S. 88 f.

[30] BAB R2/11996, Rundschreiben der Deutschen Akademie an den Reichspräsidenten, den Reichskanzler, das Propagandaministerium, das Reichsinnenministerium, den „Stellvertreter des Führers", das Auswärtige Amt, die SA-Führung und den Arbeitsminister, 19. 2. 1934.

[31] BAB R8043/1330, Protokoll der Sitzung des Kleinen Rates, 18. 9. 1933.

daß er auf Wunsch höherer Stellen seinen Posten geräumt habe, keineswegs jedoch, weil er sich nicht mehr in der Lage sehe, die Amtsgeschäfte fortzuführen. Diese Forderung brachte den Kleinen Rat in Verlegenheit, wollte man doch nach außen hin jede Abhängigkeit von den Machthabern vermeiden und die Fiktion einer unabhängigen Einrichtung wahren. Schließlich beugte sich von Müller auch der Bitte des Kleinen Rates, zum Wohle der Akademie in der Öffentlichkeit falsche Gründe für seinen Rücktritt vorzuschieben.[32] Das Opfer Müllers brachte der Akademie im Jahre 1934 neben den ohnehin für die Sprachwerbung vom Auswärtigen Amt zugesagten 50 000 RM immerhin weitere 50 000 RM vom Propagandaministerium ein, während das RMEWV 25 000 RM für 1935 in Aussicht stellte.

Die Wahl Haushofers scheint in der Geschäftstelle geradezu eine Art Euphorie ausgelöst zu haben, da nunmehr mit einem Präsidenten, der über den „Stellvertreter des Führers" angeblich über beste Kontakte nach Berlin verfügte, die Zeiten knapper Kassen endlich vorbei seien und man uneingeschränkt auf Expansion setzen könne. Der Voranschlag der Deutschen Akademie für das Haushaltsjahr 1935/36, das am 1. April 1935 begann, sah optimistisch 290 000 RM vor, also 90 000 RM mehr als im Vorjahr. Davon sollten das Auswärtige Amt 115 000 RM, das Propagandaministerium 50 000 RM und das RMEWV 25 000 RM aufbringen, obwohl das Auswärtige Amt zu einem realistischeren Voranschlag mahnte hinsichtlich der aus der Wilhelmstraße zu erwartenden Subventionen.[33] Parallel wurden 1934/35 allein 15 neue Mitarbeiter in der Geschäftsstelle eingestellt, u. a. zur Reaktion der „Südost-Berichte" und für das Goethe-Institut. Die Geschäftsstelle der Deutschen Akademie, die bis dahin mit einem halben Dutzend Mitarbeitern ausgekommen war, bestand nach dieser Erweiterung des Mitarbeiterstabs an hauptamtlichen Kräften neben dem Generalsekretär und dem Hauptgeschäftsführer aus 17 Sachbearbeitern, einem „Organisationsleiter", vier Sekretärinnen und zwei Registraturkräften. Auch das Lektoratsnetz expandierte von 20 Einrichtungen mit 20 entsandten Lehrkräften im Frühjahr 1934 auf 47 Lektorate mit nunmehr 60 Lektoren Ende 1935. Thierfelder unterstützte diesen Expansionskurs im Frühjahr 1936 mit seiner „bewährten" Sprachstatistik. Er betitelte seinen sechsten Überblick über die internationale Stellung der deutschen Sprache kühn mit „Deutsch als Weltsprache". Zwar sei aus politischen Gründen in Skandinavien und im Baltikum die deutsche Sprache im Schulunterricht und als Amtssprache zurückgedrängt worden, die Anziehungskraft des Deutschen auf „gewöhnliche" Ausländer hingegen sei ungeachtet der Haltung ihrer jeweiligen Regierungen zum nationalsozialistischen Deutschland in allen Ländern unterschiedslos gestiegen.[34] Doch die Vision eines nunmehr großzügig vom Staat subventionierten kulturpolitischen Vereins realisierte sich selbst mit Haushofer als Präsidenten nicht. Das

---

[32] Müller, Lebenserinnerungen, S. 245 f. Müllers Schilderung der Umstände seines Rücktrittes wird durch das Protokoll der Sitzung des Kleinen Rates vom 11. 4. 1934 bestätigt, in: BAB R8043/1331.

[33] PA Bd. R63130, Haushaltsplan der Deutschen Akademie, Frühjahr 1935; Schreiben der Kulturabteilung an die Deutsche Akademie, 12. 4. 1935.

[34] Franz Thierfelder, Deutsch als Weltsprache. Die Entwicklung der deutschen Sprache im nichtdeutschen Auslande seit der nationalsozialistischen Revolution, in: MdDA, 11 (1936), S. 5–69.

Auswärtige Amt stockte zwar seinen Beitrag vor allem für die Auslandslektorate auf, dem einzigen Aspekt der Arbeit der Akademie, der den Diplomaten wirklich förderungswürdig erschien: Der Zuschuß stieg von 50 000 RM 1934 auf 65 000 RM im Jahre 1935, von denen 45 000 RM direkt für die Lektorate vorgesehen waren und 20 000 RM als Beitrag zu den allgemeinen Verwaltungskosten. Das Propagandaministerium hingegen wiederholte die 1934 getätigte Zahlung von 50 000 RM im folgenden Jahr nicht mehr, ebenso blieben die zugesagten 25 000 RM des Erziehungsministeriums aus. Die Unterstützung durch das Goebbels-Ministerium blieb vorerst also eine einmalige Angelegenheit. Goebbels verlor das Interesse an der Deutschen Akademie im Frühjahr 1935, als deutlich geworden war, daß seine Initiative einer dem Propagandaministerium unterstehenden reichseigenen Anstalt „Deutscher Kulturaustausch", in welche die Deutsche Akademie hätte eingegliedert werden sollen, am Widerstand des Auswärtigen Amts scheiterte.

Angesichts starker Expansion, aber fehlender, wenngleich schon eingeplanter Zahlungen von Propaganda- und Reichserziehungsministerium, stand die Deutsche Akademie folglich im Sommer 1935 dem finanziellen Aus näher als je zuvor. Thierfelder informierte am 21. August 1935 Haushofer, daß die Akademie ohne sofortige Finanzspritze zum 15. September ihre Arbeit einstellen müsse. Die Situation entspannte sich leicht, als das Auswärtige Amt mit einer vorgezogenen Zahlung der vierteljährlich fälligen Raten seines Beitrages Anfang September einsprang. Diese befreite die Akademie vorerst vom drängendsten Problem, der Bezahlung der Lektorengehälter. Im Laufe des September gelang es Thierfelder und Haushofer, weitere Gelder in der Wirtschaft einzuwerben. Erfolgreich war wohl vor allem ein Vortrag Thierfelders in der Zentrale des Siemenskonzerns in Berlin über die Chancen der Erhöhung des Exportes durch die Zusammenarbeit von Wirtschaftsvertretern und Kulturfunktionären im Ausland.[35] Dennoch ließ Thierfelder einige Mitarbeiter der Geschäftsstelle Ende September 1935 schon einmal vorsorglich ihre Kündigung zum Ende des Jahres unterschreiben mit dem Versprechen, diese werde als ungültig angesehen, wenn sich die finanzielle Lage doch noch stabilisieren sollte. Im Laufe des Oktober werde sich herausstellen, ob die Arbeit der Deutschen Akademie fortgeführt werden könne.[36] Anfang Oktober konnte vorerst Entwarnung gegeben werden.

Thierfelder hatte offenbar im Gegensatz zu seiner Darstellung nach dem Kriege Mitte der dreißiger Jahre nichts gegen eine engere Zusammenarbeit der Akademie mit exponierten Institutionen des NS-Regimes einzuwenden, wenn nur die Finanzierung endlich sichergestellt werden würde. Ende August 1935, als die Finanzkrise der Deutschen Akademie besonders akut war, schrieb er an Haushofer, er habe sich auf einer Dienstreise nach Berlin spontan entschlossen, beim Goebbels-Ministerium vorzusprechen. Dabei habe er erfreut feststellen können, daß man dort die Arbeit der Deutschen Akademie mit Wohlwollen verfolge, was sich hoffentlich alsbald auch in Form einer finanziellen Unterstützung von dieser Seite

---

[35] Zur finanziellen Krise 1935 vgl. auch Norton, Karl Haushofer and the German Academy, S. 90f.; Helms Hardcastle, The Deutsche Akademie Munich, S. 352.
[36] BAB R51/150, Schreiben Thierfelders an die Mitarbeiter der Geschäftsstelle, 30. 9. 1935.

niederschlagen werde.[37] Offenbar wußte man in der Deutschen Akademie nichts von dem Tauziehen um die Kompetenz in der auswärtigen Kulturpolitik, die im Frühjahr 1935 in Gestalt der vom Propagandaministerium lancierten Initiative einer Anstalt „Deutscher Kulturaustausch" stattgefunden und deren Scheitern das Propagandaministerium veranlaßt hatte, vorerst von einer Finanzierung der Akademie abzusehen. Geld war von diesem nur zu erwarten, wenn Goebbels auch das alleinige Sagen auf staatlicher Seite über die Geschicke der Akademie erhalten würde. Dies wurde bei Haushofers folgendem Versuch deutlich, einen besseren Draht zum Propagandaministerium herzustellen. Am 17. Mai 1936 gelang es ihm, mit Goebbels zu einem Gespräch über die Zukunft der Deutschen Akademie zusammenzukommen.[38] Wie Haushofer im Juli 1936 im Kleinen Rat berichtete, habe sich Goebbels im Gespräch als wohl informiert über die Deutsche Akademie gezeigt und die Notwendigkeit voll anerkannt, die Einrichtung auch in Zukunft als Verein zu tarnen. Allerdings, und das war der entscheidende Punkt, sei Goebbels nicht bereit, die Deutsche Akademie zu finanzieren, wenn er nicht auch die alleinige Aufsicht über sie erhalten würde. Haushofer wies auf die Gefahr für die Unabhängigkeit der Deutschen Akademie hin, wenn man sich in die finanzielle Abhängigkeit nur einer staatlichen Institution begebe. Doch nachdem der Schatzmeister Kisskalt nochmals darlegte, daß entgegen den Vorstellungen ihrer Gründer ein Überleben der Deutschen Akademie nur mit staatlichen Mitteln möglich sei, befürwortete der Kleine Rat einstimmig die Annäherung an das Propagandaministerium.[39]

Allerdings folgten diesem Beschluß keine Taten. Zum einen, weil das Auswärtige Amt mit seinem vorerst erfolgreich durchgesetzten Anspruch auf Federführung in der auswärtigen Kulturpolitik diesen Weg blockierte. Im September 1936 sprang es mit einem Sonderzuschuß von 60 000 RM für die Akademie nochmals in die finanzielle Bresche. Im Gegenzug mußte die Deutsche Akademie allerdings dem Auswärtigen Amt einen ständigen Sitz im Kleinen Rat einräumen. Zum anderen mißlang die Anlehnung an das Propagandaministerium, da Haushofer selbst, der den Kontakt zum Propagandaministerium vorangetrieben hatte, ein dreiviertel Jahr später von seinem Amt als Präsident zurücktrat. Auch innerhalb der Akademie regte sich seit Herbst 1936 Widerstand gegen eine zu einseitige Anlehnung an das Propagandaministerium. Sie ging vom neuen Präsidenten der wissenschaftlichen Abteilung, dem in München Volkswirtschaft lehrenden, renommierten Otto von Zwiedineck-Südenhorst aus. Der Anfang 1936 nach Berlin berufene Meyer hatte ihn als seinen Nachfolger vorgeschlagen. Zwiedineck-Südenhorst wies nach einer Balkanreise im Oktober 1936, auf der ihn besonders die Arbeit der dortigen Lektorate beeindruckte, darauf hin, daß deren Breitenwirkung

---

[37] BAK N1122/46, Brief Thierfelders an Haushofer, 28. 8. 1935.

[38] „Prof. Haushofer hält Vortrag über die Deutsche Akademie. Man muß sie wohl unterstützen. Ich werde mich dafür einsetzen," notierte Goebbels in seinem Tagebuch, in: Die Tagebücher von Joseph Goebbels. Teil I Aufzeichnungen 1923–1941. Bd. 3/II (März 1936–Februar 1937), hrsg. von Elke Fröhlich im Auftrag des Instituts für Zeitgeschichte, München 2001, S. 84.

[39] BHStA StK 7391, Protokoll der Sitzung des Kleinen Rates, 6. 7. 1936.

gerade durch ein bewußt unpolitisches Auftreten erzeugt werde. Die Lehrkräfte und Mittelstellenleiter würden zwar voll und ganz die großen Linien des Nationalsozialismus erfassen, seien sich aber bewußt, daß sie das Beste für das Reich leisteten, wenn sie lediglich das Interesse für die deutsche Kultur und Sprache erweckten.[40] Zudem verfügte er offenbar über gute Beziehungen zum Leiter der kulturpolitischen Abteilung des Auswärtigen Amts, Friedrich Stieve, den er immerhin duzte („Lieber Fritz") und den er ebenfalls davon zu überzeugen suchte, daß die Deutsche Akademie am besten wirken könne, wenn sie unpolitisch bleibe und auf die Protektion des Auswärtigen Amts setze.[41] Letztlich erübrigte sich eine Unterstellung unter die Direktiven des Propagandaministeriums seit Anfang 1937 auch aus finanziellen Gründen.

4. Auseinandersetzungen im Führungszirkel 1936/37

Zur finanziellen Krise der Deutschen Akademie Mitte der dreißiger Jahre gesellten sich im Jahre 1936 interne Auseinandersetzungen zwischen Haushofer einerseits und Fehn, Thierfelder und Zwiedineck-Südenhorst andererseits, die schließlich dazu führten, daß alle vier bis zum Jahresende 1937 aus der Akademie ausschieden. Dabei waren persönliche Animositäten und Eitelkeiten mindestens so entscheidend wie grundsätzliche Auffassungsunterschiede über die Haltung zum Nationalsozialismus und den von der Akademie einzuschlagenden Weg. Sicherlich war Haushofer, der „bayerische Royalist national-liberal-großdeutscher Prägung" (Hans-Adolf Jacobsen), obwohl selbst kein Parteimitglied, etwas forscher als seine Akademiekollegen bei dem Versuch, dem Münchener Verein zumindest nach außen hin einen nationalsozialistischen Anstrich zu geben und ihn mit den Machtträgern des Reichs in Verbindung zu bringen, um endlich dessen Finanzierung sicherzustellen und damit einer Institution zum Durchbruch zu verhelfen, die er selbst zehn Jahre zuvor mitgegründet hatte. Schließlich war ihm ja genau zu diesen Zweck im März 1934 u. a. von Thierfelder und Fehn das Präsidentenamt angetragen worden. Haushofer verstand sich seit seiner Wahl 1934 aber nicht nur als nützliches Medium, um beim NS-Staat um Geld zu antichambrieren. Vielmehr wollte er, anders als sein Vorgänger von Müller, der sich wenig in das Tagesgeschäft der Akademie eingemischt hatte, selbst tatkräftig an der inneren Organisation und dem Ausbau der Akademie mitwirken. Bis 1936 schien Haushofers Kurs weder Thierfelder noch Fehn Kopfschmerzen zu bereiten, selbst wenn es zur Folge hatte, daß nunmehr NSDAP-Mitglieder in der Geschäftsstelle arbeiteten. Im übrigen hatte Thierfelder selbst mit Magda Gerken schon zum 1. Mai 1934 ein NSDAP-Mitglied für die Arbeit des Goethe-Instituts engagiert.[42]

---

[40] BAB R51/10144, Pro Memoria, Denkschrift Zwiedineck-Südenhorsts über seine Erfahrungen auf einer Balkanrundreise (Oktober 1936).
[41] IfZ ED98, Brief Zwiedineck-Südenhorsts an den Gesandten Stieve, 4. 2. 1937.
[42] Vgl. BAB R51/150, Aufzeichnung Thierfelders über das Personal der Geschäftsstelle, Ende 1935.

Als jedoch im Sommer/Herbst 1936 die Konflikte zwischen Thierfelder und Fehn einerseits und Haushofer andererseits offen ausbrachen, wurden von Haushofer schnell Argumente der mangelnden nationalsozialistischen Gesinnung ins Feld geführt, um sich der Gegner im eigenen Haus zu entledigen. Dabei hatte vor allem der Sturz Thierfelders, anders als dieser nach dem Krieg glauben machen wollte, zunächst keine politischen Ursachen im engeren Sinn. Dennoch ist festzuhalten, daß Thierfelder (und auch Fehn) nie überzeugte Nationalsozialisten waren, obwohl sie sicherlich auch nicht als Gegner des Regimes angesehen werden können.[43] Es gab, soweit es sich rekonstruieren läßt, mindestens vier Motive, die Thierfelder zumindest partiell von der Ideologie und Politik des NS-Regimes trennten:

(1) Thierfelder stand dem Rassegedanken der Nationalsozialisten im allgemeinen und dem Antisemitismus im besonderen ursprünglich ablehnend gegenüber, was sich bei seiner sehr positiven Reaktion auf Schmidt-Rohrs Buch „Die Sprache als Bildnerin der Völker" im Jahre 1932 gezeigt hatte.[44] Allerdings vollbrachte auch er, ähnlich wie Schmidt-Rohr nach 1933, in dieser Hinsicht karrierebedingte Anpassungsleistungen. Den seit 1933 zur staatlichen Maxime erhobenen Antisemitismus rechtfertigte er beispielsweise 1934 damit, daß der „jüdische Anteil an den Verantwortlichen, den Künstlern und Kritikern, die dieser völkischen Vernichtungsarbeit"- gemeint war die „Zersetzung" deutscher Kunst und Musik vor 1933 – „die Hand geliehen haben, unerträglich groß" gewesen sei.[45] 1936 schrieb er in den „Mitteilungen", nur der oberflächliche Leser habe meinen können, „daß in Schmidt-Rohrs Buch die Rasse als natürliche Voraussetzung, als Urgrund völkischen Werdens beiseite geschoben werde – ohne sie ist der Vorgang der Sprach-

---

[43] So z.B. die Stellungnahme Gustav Fochler-Haukes, der Nachfolger Thierfelders wurde, aus dem Jahre 1973. „Sein Ausscheiden aus der Deutschen Akademie war bereits beschlossen, ehe ich in die Deutsche Akademie eintrat. Genaueres habe ich darüber nie erfahren. Entscheidend soll jedenfalls nicht die politische Einstellung gewesen sein, sondern die Forderung, daß der Präsident ihm gegenüber nur die Stellung eines „primus inter pares" haben dürfte [...] Er war sicherlich der Überzeugung nach kein Nationalsozialist, ging aber – wie fast alle, die damals an einer wichtigen Stelle standen – Kompromisse ein." In: BAK Kleine Erwerbungen 606, Stellungnahme zur Denkschrift über die Deutsche Akademie von Thierfelder und Zwiedineck-Südenhorst vom 21. 8. 1945, Brief Fochler-Haukes vom 25. 10. 1973 an das Bundesarchiv.

[44] So schrieb Thierfelder anerkennend über Schmidt-Rohr: „[...] furchtlos bekennt sich der Verfasser auch dort zu den Wahrheiten, wo eine gefällige Umbiegung dem herrschenden Vorurteil zuliebe hätte billigen Beifall ernten lassen. Das gilt vor allem bei der Prüfung der Rasselehren; wer es noch nicht wußte, wird nach der Lesung der Schmidtschen Ausführungen erkennen, welch ungeheure Gefahr der im übelsten Materialismus des ausgehenden 19. Jahrhunderts wurzelnde Rassenwahn für die völkische Stellung Deutschlands in Europa bedeutet. [...] Immer wird das willensmäßige Bekenntnis zu einem Volke und seiner Wesensart bedeutungsvoller bleiben als die triebhafte, unerforschbare Verbundenheit vom Blute her...", zitiert nach Thierfelder, Die Sprache – Ausdruck oder Inbegriff des Volkstums, S. 258f. Bei der ersten Versammlung der Auslandslektoren der Deutschen Akademie in München im Juni 1933 hatte Thierfelder sich gegen jegliche antisemitische Propaganda der Lektoren im Ausland gewandt. In: PA Bd. R64195, Die Spracharbeit der Deutschen Akademie im Ausland, Protokoll der Versammlung am 28./29. 6. 1933.

[45] Franz Thierfelder, Im Kampf um die Seele der Welt, S. 42.

entstehung ja gar nicht denkbar und die Verschiedenheit der großen Sprachge-
meinschaften ja gar nicht zu erklären".[46]

(2) Er hielt auch nach 1933 an dem Grundsatz fest, daß jeglicher Kulturaustausch mit dem Ausland auf der Grundlage der Gegenseitigkeit und der Gleichberechtigung aller Kulturen basieren müsse, was auch indirekt eine Absage an die
der NS-Ideologie implizite Auffassung von der Höher- oder Minderwertigkeit
bestimmter Völker war.

(3) Die vom Nationalsozialismus aufgestellte Rassenskala, in welcher die slawischen Völker weit unten rangierten, stieß sich zudem auch mit Thierfelders besonderem Interesse, ja seiner Faszination für die Nationen des Balkans.

(4) Für Thierfelder war die Schmerzgrenze der Anbiederung dort erreicht, wo
die Kulturarbeit zum Ausland offen politisiert werden sollte. Er hatte sich offenbar einige Jahre der Illusion hingegeben, daß es Geld vom nationalsozialistischen
Staat geben könnte, ohne daß dieser dafür mehr als nur eine verbale Anpassungs-
leistung einfordern würde. Eine offene Politisierung der Auslandsarbeit wider-
sprach seiner Grundauffassung von der Autonomie der Kultur wie auch seiner
Überzeugung, daß Kulturpolitik im Ausland letztlich nur im Interesse des Ausgangsstaates wirken könne, wenn sie sich unpolitisch gebe. So schrieb er im September 1937 an Heinrich Gerland, einen Strafrechtsprofessor, der als Vertreter des
Senats im Kleinen Rat saß:

„Ich lehne die Politisierung der Akademie ab, weil dadurch die Arbeit im bisherigen Sinne,
und nur eine solche kann ich leisten, unmöglich wird. Ich muß das jetzt unumwunden sagen,
und zwar werde ich das jedem sagen, auch den höheren Parteistellen, falls sie mich danach
fragen. Ich habe vier Jahre bewiesen, daß ich diesem Staate dienen konnte, und lehne jede An-
zweifelung von vornherein ab."[47]

Aus diesen Gründen erfreute sich Thierfelder trotz aller Anbiederungsversuche
seit 1933 und gewisser ideologischer Überschneidungen mit dem Nationalsozialismus auch nie sonderlicher Wertschätzung bei den Parteidienststellen.

Die finanzielle Krise des Sommers 1935 führte dazu, daß Haushofer es nun als
dringend erforderlich erachtete, einige Parteimitglieder für die Geschäftsstelle der
Akademie zu engagieren, um in Berlin erfolgversprechender auf Sponsorensuche
gehen zu können. Die etwa zeitgleichen Vorgänge im VDA, der sich unter Führung des „Bundesleiters" Heinz Steinacher verzweifelt gegen die Angriffe seitens
der Partei wehrte, lieferten Haushofer, der hier ebenfalls an führender Stelle aktiv
war, Anschauungsmaterial: Es war besser, so lautete offenbar Haushofers Lehre
aus den Vorgängen in Stuttgart, in kontrollierter Weise Nationalsozialisten in die
Arbeit einzubinden, als durch hinhaltenden Widerstand letztlich eine nicht mehr
kontrollierbare Nazifizierung von außen oktroyiert zu bekommen. Er berichtete
beispielsweise Heß im August 1935, man habe nun auch zwei jüngere Parteigenossen in die Geschäftsstelle geholt, die außerordentlich Gutes leisten würden.[48]
Seit Herbst 1935 strebte Haushofer eine Umorganisation der Geschäftsstelle an,

---

[46] Ders., Zwischen Mundart und Hochsprache, in: MdDA, 11 (1936), S. 363–369, hier S. 364.
[47] BAK N1010/38, Brief Thierfelders an Gerland, 16. 9. 1937.
[48] Brief Haushofers an Hess vom 20. 8. 1935, in: Jacobsen, Haushofer, Bd. 2, Dokument 119
(S. 213f.).

die zwar nicht zur Entmachtung von Thierfelder und Fehn führen, aber zumindest nach außen hin den Einfluß von Parteigenossen in der Führung der Akademie unterstreichen sollte.

Thierfelder hingegen war seit Ende der zwanziger Jahre gewohnt gewesen, ohne allzu große Aufsicht durch den Präsidenten zu arbeiten und stieß sich folglich an Haushofers Eingriffen. Thierfelders von Natur aus cholerisches Temperament, seine Tendenz zu einsamen Entscheidungen,[49] sein Selbstbewußtsein, nicht zuletzt genährt aus der berechtigten Überzeugung, daß seinen Initiativen seit Ende der zwanziger Jahre in wesentlichem Maße das Überleben, vor allem aber das Gedeihen der Auslandsarbeit der Akademie zu verdanken war, machten es ihm schwer sich unterzuordnen. Thierfelder hielt sich schlichtweg für unentbehrlich und beinahe allwissend in Fragen der Auslandsarbeit, schrieb er doch im Februar 1937 an Gerland:

„Es ist wiederholt gesagt worden, ich sei für die Arbeit der Akademie unersetzlich. Das ist nicht ganz richtig – ich bin innerhalb kürzester Zeit in der Lage, meine Arbeit auf etwa drei andere Herren in der Lektorenschaft zu übertragen, wenn man mir die Auswahl überläßt. [...] Unersetzlich bin ich in der Garantiestellung dem Auslande gegenüber – die kann ich keinem Nachfolger übertragen. Unersetzlich bin ich als Träger der Tradition von 11 Jahren, der alle Zusammenhänge im Kopfe hat und unersetzlich – vielleicht – durch meine Vielseitigkeit."[50]

Sowohl Fehn wie auch Thierfelder blockierten also Haushofers Reorganisationsvorschläge, so daß sich dessen Groll immer mehr gegen die beiden richtete. Zur Jahreswende 1935/36 glaubte Haushofer, das eigentliche Hindernis für einen weiteren Ausbau der Akademie mit Hilfe staatlicher Unterstützung in der mangelnden Parteinähe von Fehn und Thierfelder entdeckt zu haben. Am 9. Januar 1936 beklagte sich Haushofer beispielsweise in einem Brief an Heß in seinem typischen wirren Stil über die innere Verfassung der Deutschen Akademie und ihren Generalsekretär, „der durch ein erfolgreiches Ränkespiel innerhalb einer übriggebliebenen System-Einrichtung seinen Präsidenten wegsprengt, nachdem er ihn als Leiter zum Hinübergleiten in das Dritte Reich für genügend ausgenützt hielt".[51] Auch ein halbes Jahr später identifizierte er die Leitung der Geschäftsstelle als einen der Gründe für den nach wie vor ausbleibenden Geldsegen staatlicher Stellen.[52] Allein, es fehlte vorerst eine Möglichkeit, gegen Fehn und Thierfelder vorzugehen. Ihre Amtsführung hatte bislang der Partei keinen wirklichen Anlaß zur Beanstandung gegeben und Thierfelder war im Auswärtigen Amt nach wie vor wohlgelit-

---

[49] Diese Charaktereigenschaften erschwerten ihm auch zwei Jahrzehnte später die Führung des IfA. Eine Würdigung seiner Tätigkeit nach Niederlegung des Postens als Generalsekretär im März 1960 enthielt durchaus kritische Töne. So hieß es dort, Thierfelder sei kein Mann des „Teamworks" gewesen. Vielmehr habe er alles selbst erledigen wollen. Seinem ganzen Wesen nach habe er sich eher Gegner als Freunde geschaffen. Vgl. Walther Erbe, Zum Ausscheiden Franz Thierfelders als Generalsekretär, in: Mitteilungen. Institut für Auslandsbeziehungen, 10 (1960), S. 143f.

[50] BAK N1010/39, Brief Thierfelders an Gerland, 5. 2. 1937.

[51] Jacobsen, Haushofer, Bd. 2, Dokument 130 (S. 229f.).

[52] So etwa Haushofer in einem Brief vom 26. 6. 1936 an Wilhelm Rodde von der Dienststelle Ribbentrop, in: Ebenda, Dokument 142 (S. 258–260).

ten. Beide genossen zudem das Vertrauen wichtiger Mitglieder des Kleinen Rates, vor allem bei Gerland als Vertreter des Senates, bei Schatzmeister Kisskalt, sowie den Vizepräsidenten Meyer und Zwiedineck-Südenhorst, die um die langjährige und erfolgreiche Arbeit der beiden für die Akademie wußten.

Im Sommer 1936 schließlich bot sich ein erster Anlaß zum Eingreifen. Fehn geriet in Streit mit einem anderen Mitarbeiter der Geschäftsstelle. Zugleich stand er im Konflikt mit der Auslandsorganisation der NSDAP, die Einfluß auf die Besetzung des Lektorates in Rio de Janeiro nehmen wollte, das mit etwa 1000 Sprachschülern das bei weitem erfolgreichste der Deutschen Akademie überhaupt war. Auch andere Mitarbeiter beklagten sich über den autoritären Führungsstil des Ex-Majors, dem offenbar diplomatisches Fingerspitzengefühl nicht in die Wiege gelegt worden war.[53] Folglich sprachen gleich mehrere Gründe für sein Ausscheiden aus der Akademie. Im August 1936 wurde er beurlaubt und schließlich zum Jahresende entlassen. An seine Stelle trat das NSDAP-Mitglied Albert Schmidt, während Fehn, der bis 1918 Berufsoffizier gewesen war, sich für die Wehrmacht reaktivieren ließ. Thierfelder deckte seinen langjährigen Kollegen, mit dem er die Akademie seit Ende der zwanziger Jahre aufgebaut hatte, in dieser Krise nicht.

Zum Konflikt mit Thierfelder kam es, als Haushofer versuchte, durch eine erneute Umgestaltung der Geschäftsstelle und Beschneidung des Einflusses von Thierfelder diese nach außen hin noch parteikonformer erscheinen zu lassen. Auf der Sitzung des Kleinen Rates in Breslau am 13. Oktober 1936 trug Haushofer seine Idee einer Reorganisation der Geschäftsstelle vor. Für den ausgeschiedenen Fehn sollte nach seinen Vorstellungen ein „Kurator" eingestellt werden, welcher das Vertrauen der NSDAP besitze, um damit die Akademie gegen Angriffe unterer und mittlerer Parteibehörden zu immunisieren. Das Instrument hierzu sollte ein junger Wissenschaftler namens Gustav Fochler-Hauke sein. Dieser hatte als Geographiestudent mit einem besonderen Interesse an Ostasien und einem ungewöhnlichen Lebensweg Haushofers Wohlwollen erlangt. Der Sudetendeutsche war als Vollwaise aufgewachsen und hatte sich zunächst als Handwerker, Buchhändler und Globetrotter durchgeschlagen und dabei ausgiebig Asien bereist. 1931 schließlich legte er das Begabtenabitur in München ab, studierte sodann u.a. bei Haushofer und promovierte bei dessen Kollegen von Drygalski.[54] Fochler-Hauke war zu diesem Zeitpunkt zwar offiziell noch kein Parteimitglied, da er noch nicht die deutsche Staatsbürgerschaft besaß,[55] hatte sich aber in der NS-Studentenschaft engagiert. Er sollte nach Vorstellung Haushofers als Zwischeninstanz zwischen den drei Abteilungsleitern (für die Abteilungen Auslandslektorate, Goethe-Institut und Länderausschüsse) und dem Generalsekretär eingebaut werden. Thierfelder faßte dies als eine Beschneidung seiner Befugnisse, ja als eine

---

[53] Nach dem Zweiten Weltkrieg beklagte sich sogar Thierfelder über Fehns schroffes und wenig zugängliches Wesen, unter dem er in den dreißiger Jahren während der gemeinsamen Tätigkeit für die Akademie nicht selten gelitten habe. BHStA MK Registratur-Spalte II Bd. 586/I, Brief Thierfelders an Staatsrat Meinzolt, 12. 2. 1952.

[54] Der Lebensweg läßt sich aus der Personalakte Fochler-Haukes im Berlin Document Center des Bundesarchivs rekonstruieren.

[55] Dieser wurde erst zum 1. 12. 1938 in die Partei aufgenommen. Vgl. Berlin Document Center im Bundesarchiv, Personalunterlagen Fochler-Hauke.

Art Mißtrauensvotum auf und bezog eine unzweideutige Position: Entweder habe die Partei Vertrauen in seine Arbeit und Person, dann sehe er nicht ein, warum er Kompetenzen abgeben solle, oder aber, falls dieses Vertrauen nicht mehr bestehe, wie es sich in Haushofers Plänen andeute, werde er die Konsequenzen ziehen und zurücktreten.[56] Haushofer wiederum unterstellte Thierfelder, er wolle als Präsident der Deutschen Akademie „eine bloße Scheinfigur als dekorative Null" haben.[57]

Anstatt den Konflikt auszusitzen, da sich abzeichnete, daß Haushofer ohnehin nicht mehr viel Energie hatte, die Deutsche Akademie weiterzuführen, kündigte Thierfelder in einem Anfall von Stolz unmittelbar nach der stürmischen Sitzung des Kleinen Rates in Breslau seinen Posten zum 31. Dezember 1937,[58] da er eine Zusammenarbeit mit Haushofer als nicht mehr tragbar ansah. Haushofer wiederum war seit Sommer 1936 überarbeitet, geschwächt und gleichzeitig nervlich überspannt,[59] was ihn reizbar machte, und die Chancen zu einer Versöhnung minderte. Eine im November 1936 unternommene Vortragsreise durch Polen, von welcher der Generalsekretär den Präsidenten nur unzureichend informiert hatte, goß weiteres Öl ins Feuer und erschwerte die nach der Kündigung unternommenen Schlichtungsversuche der anderen Mitglieder des Kleinen Rates. Thierfelder hoffte vielleicht auch, daß Haushofer innerhalb der ihm nach der Kündigung noch verbleibenden 15 Monate in der Akademie zurücktreten werde. Dies war eine Hoffnung, der sich auch der Stellvertreter Haushofers hingab.[60] Denn der neue zweite Mann in der Akademie, Zwiedineck-Südenhorst, stellte sich ganz auf Thierfelders Seite, dessen Fähigkeiten und unschätzbaren Wert für die Arbeit der Deutschen Akademie er sofort erkannte und den er für die Akademie zu erhalten hoffte, vorausgesetzt, daß der von ihm als krank und damit amtsunfähig erachtete Haushofer alsbald abdanke.[61] Dieser Schritt zeichnete sich tatsächlich seit Dezember 1936 ab, da sich Haushofer im Kleinen Rat mit seinen Neuerungsvorschlägen isoliert fühlte. Er trat schließlich im April 1937 zurück. Doch war er durch seine Kontakte zu Heß und anderen einflußreich genug, um Thierfelders Weiterbeschäftigung bei der Akademie als untragbar hinzustellen. So schrieb er Anfang 1937 an Heß: „Der Generalsekretär, der als Meuterer gekündigt hat, muß diese Kündigung auch am 31. 12. 1937 nach redlicher Geschäftsübergabe erfahren, sonst ist die Stellung eines jeden Präsidenten eine Unmöglichkeit."[62] Für das Scheitern seines Versuches, die Deutsche Akademie zu einer mächtigen Organisation aufzubauen, die nach seinen Vorstellungen eines Tages selbst den wesentlich

---

56 IfZ ED 98, Protokoll der Sitzung des Kleinen Rates, 13. 10. 1936.
57 Brief Haushofers an Ernst Schulte-Strathaus vom 11. 11. 1936, in: Jacobsen, Haushofer, Bd. 2, Dokument 155 (S. 281 f.).
58 Diese lange Kündigungsfrist war bei der Einstellung Thierfelders in den zwanziger Jahren vereinbart worden, um ihn überhaupt zum Wechsel von Dresden nach München zu animieren.
59 Vgl. Jacobsen, Haushofer, Bd. 2, S. 274 Anmerkung 3.
60 IfZ ED 98, Brief Zwiedineck-Südenhorsts an den Gesandten Stieve, 4. 2. 1937.
61 Vgl. Denkschrift Zwiedineck-Südenhorsts zur Lage der Deutschen Akademie, in: Jacobsen, Haushofer, Bd. 2, Dokument 153 (S. 274–279).
62 Ebenda, Dokument 165 (hier S. 310).

einflußreicheren und finanziell besser ausgestatteten DAAD schlucken sollte,[63] brauchte Haushofer natürlich einen Sündenbock. Folglich stellte Haushofer Thierfelder seit Ende 1936 bei Parteidienststellen erst recht als Vertreter des „Weimarer Systems" und Gegner des Führerprinzips dar.[64] Somit bestand selbst nach dem Rücktritt Haushofers für Thierfelder keine Aussicht mehr, über Ende 1937 hinaus die Geschicke der Akademie mit zu lenken. Haushofers Einfluß und Rachsucht war auch stark genug, um über das Auswärtige Amt im Frühjahr 1938 Thierfelder zum Abbruch einer Balkanreise zu zwingen, die dieser, der nun als freier Publizist arbeitete, angetreten hatte. Ausdruck von Haushofers fortan fast pathologischem Haß auf Thierfelder war ein Brief, den er im April 1938 an den früheren Generalsekretär schrieb. Haushofer bezeichnete darin Thierfelder als „Seele der Widerstandsgruppe" im Kleinen Rat und Senat, die gegen die Interessen von NSDAP, Reich und gegen den Führergedanken gewirkt habe. Immerhin sollten diese Anschuldigungen Haushofers gegenüber Thierfelder letzterem dienlich sein, um sich nach 1945 als Opfer des NS-Regimes darzustellen. Seine demokratische Gesinnung, so Thierfelders nachträgliche Deutung der Ereignisse, habe ab 1937 zu einem herben Karriereknick geführt. Thierfelder nutzte dafür beispielsweise Haushofers erwähnten Brief, von dem sich eine Abschrift in den Unterlagen des wiedergegründeten Goethe-Instituts befindet.[65]

Thierfelders Nachfolge als Generalsekretär trat Fochler-Hauke an, der bis zum Sommer 1941 diesen Posten bekleidete. Ferner schlug Haushofer nach Beratungen mit Heß und dem Auswärtigen Amt als seinen Nachfolger den Rektor der Münchener Universität vor, den Österreicher Leopold Kölbl. Heß hatte zunächst Ernst Krieck, einen dezidierten NS-Pädagogen, der in Heidelberg lehrte, als Nachfolger gewünscht. Diese Nominierung scheiterte u.a. daran, daß laut Satzung der Deutschen Akademie ihre Präsidenten eine Professur in München innehaben sollten. Der Geologe Kölbl dagegen lehrte seit 1934 in München, da er seine Professur in Wien wegen seines Engagements für die österreichischen Nationalsozialisten verloren hatte. Das Auswärtige Amt hatte im übrigen darauf bestanden, daß mit Rücksicht auf die Wirkung der Deutschen Akademie im Ausland an die Stelle Haushofers erneut ein Wissenschaftler treten sollte und keinesfalls ein Vertreter von Partei oder Staat.[66] Dennoch trat mit Kölbl im Mai 1937 erstmals ein – allerdings recht einflußloses – Parteimitglied an die Spitze der Deutschen Akademie.[67] Zwiedineck-Südenhorst, der im Februar 1937 aus Protest gegen die Amtsführung Haushofers zurückgetreten war, hatte zuvor als seinen Nachfolger den in Köln lehrenden Germanisten und bekannten Mythologie- und Märchenforscher Friedrich von der Leyen vorgeschlagen, der seit den zwanziger Jahren Mitglied in der Sektion für Deutsche Sprache, Literatur und Volkskunde war. Heß, Erzie-

---

[63] Vgl. entsprechende Andeutungen in Briefen Haushofers von Anfang 1936 und Anfang 1937, abgedruckt in: Ebenda, Dokument 130 (S. 230) und 165 (S. 310).

[64] Ebenda, Dokument 165.

[65] In: BAK B307/118. Zu Thierfelders weiterer „Karriere" im Dritten Reich vgl. Kapitel VII.

[66] BAB R43/II/1226, Aufzeichnung Stieves betr. Deutsche Akademie in München, 31. 5. 1937.

[67] Zu Kölbl vgl. seine Personalunterlagen im Berlin Document Center des Bundesarchivs Berlin.

hungsminister Rust wie auch die SS hatten ursprünglich gehofft, den ebenfalls in München lehrenden, noch jungen, aber bereits anerkannten Professor für indogermanische Sprachwissenschaft und Dekan der philosophischen Fakultät, Walther Wüst, der später Präsident der „Lehr- und Forschungsgemeinschaft Das Ahnenerbe" wurde,[68] auf diesen Posten hieven zu können. Allerdings scheiterte dies am Widerstand der Germanisten, die nun unbedingt einen der ihren als Leiter der wissenschaftlichen Abteilung sehen wollten, nachdem ihr zwölf Jahre lang Nichtgermanisten vorgestanden hatten. Auch der Senat sprach sich für von der Leyen aus, obwohl dieser wegen jüdischer Vorfahren seiner Frau, die er den Behörden verheimlicht hatte, Anfang 1937 in Köln zwangsemeritiert worden war.[69] Es gab also zumindest im Frühjahr 1937 noch einen Rest von Selbstbestimmung innerhalb der Akademie. Als Folge der vorangegangenen Auseinandersetzungen drängte Haushofer jedoch mit Rückendeckung von Heß, sozusagen als sein Vermächtnis, auf eine Änderung der Satzung der Akademie. In dieser wurde schließlich im August 1937 das Führerprinzip offiziell verankert.

Im Jahre 1937 erschien auch erstmals im Ausland eine Serie negativer Presseberichte über die Deutsche Akademie. Artikel im Rotterdamer „Kursant", der in Karlsbad erscheinenden „Escher Zeitung", der Londoner „Times", der „Politika" in Belgrad sowie in einer amerikanischen und einer Schweizer Zeitung bezeichneten die Münchener Einrichtung als NS-Propagandainstitution, wie Thierfelder in einem Brief an Gerland beklagte. Dies war nach Ansicht des noch amtierenden Generalsekretärs einzig auf das unheilvolle Wirken Haushofers zurückzuführen, durch den die Deutsche Akademie politisiert worden sei.[70]

5. Erneute Präsidentenkrise und langsame finanzielle Konsolidierung

Die internen Auseinandersetzungen der Jahre 1936/37 und Haushofers damit einhergehende Behauptungen gegenüber der SS, der Dienststelle Ribbentrop, dem Reichsminister für kirchliche Angelegenheiten Hanns Kerrl und Hitlers Adjutant Fritz Wiedemann,[71] im Kleinen Rat hätten sich Strukturen der „Systemzeit" erhalten, halfen der Deutschen Akademie nicht gerade, das NS-Regime zu einer größeren finanziellen Unterstützung zu animieren. Im Gegenteil, in führenden Kreisen in Berlin sah man im Jahre 1937 die Münchener Einrichtung offenbar kri-

---

[68] Zu Wüst vgl. Michael H. Kater, Das „Ahnenerbe" der SS 1935–1945. Ein Beitrag zur Kulturpolitik des Dritten Reiches, Stuttgart 1974, S. 43 ff.

[69] BAK N1010/39, Schreiben von Heß an die Deutsche Akademie, 18. 5. 1937; Protokoll der Sitzung des Kleinen Rates, 19. 5. 1937. Vgl. ferner die Personalunterlagen von Wüst im Berlin Document Center des Bundesarchivs. Daß die Nominierung von Wüst vor allem am Widerstand der Sektion für Sprache, Literatur und Volkskunde scheiterte, geht aus einem Brief Meyers an Gerland vom 28. 3. 1939 hervor. In: BAK N1010/38. Zu Leyen vgl. Kathrin Stegbauer, Friedrich von der Leyen, in: Internationales Germanistenlexikon, Bd. 2, S. 1082–1086.

[70] BAK N1010/38, Brief Thierfelders an Gerland, 16. 9. 1937.

[71] Norton, Karl Haushofer and the German Academy, S. 95.

tischer denn je. So berichtete Kerrl im Juni 1937 dem bayerischen Ministerpräsidenten Siebert, Hitler halte die Münchener Einrichtung für ein bloßes Plagiat der Académie Française und habe bei einer Unterredung mit ihm die berechtigte Frage aufgeworfen, ob man überhaupt ein Interesse an ihrem weiteren Bestand haben solle. Kerrl, Senator der Akademie, Mitglied des Kleinen Rates und Vorsitzender der „Berliner Freunde der Deutschen Akademie", forderte Siebert außerdem auf, gemeinsam aus dieser über kurz oder lang dem Untergang geweihten Institution auszutreten.[72]

Die Deutsche Akademie taumelte in eine neue personelle Krise, als die Gestapo im Februar 1939 Kölbl wegen homosexueller Vergehen verhaftete, die dieser auch sofort eingestand. Rettung schien für die Deutsche Akademie nun nur eine weitere Nazifizierung ihrer Spitze zu bringen. Das Auswärtige Amt, inzwischen zumindest am Erhalt der Spracharbeit der Deutschen Akademie brennend interessiert, und Heß drängten den ohnehin seit 1933 im Kleinen Rat sitzenden Ministerpräsident Siebert, die Präsidentschaft zu übernehmen, um die Akademie zu retten.[73] Siebert, Jurist und als langjähriger Bürgermeister von Lindau einer der wenigen Nationalsozialisten, der schon vor 1933 Verwaltungserfahrungen gesammelt hatte, war ein ruhig und sachlich auftretender Beamtentyp von 65 Jahren. Er war hinsichtlich Herkunft, Alter und Bildungsweg ein eher untypischer Vertreter des „alten Kämpfers". Goebbels bezeichnete ihn in seinem Tagebuch denn auch einmal als „etwas komische[n] alte[n] Herr[n]"[74]. Siebert behauptete zwar gegenüber den Reichsbehörden, daß er nur aus Verantwortungsbewußtsein und auf Drängen von diversen Seiten in einer Krisensituation die Präsidentschaft als Retter übernommen habe.[75] Doch offenbar gefiel er sich durchaus in der Rolle des Kulturmäzens, und sein Interesse für die deutsche Sprache äußerte sich u. a. darin, daß er seine Untergebenen mit stilistischen Verfeinerungen ihrer Vorlagen bis hin zur Zeichensetzung sprachlich zu erziehen versuchte.[76] Fochler-Hauke jedenfalls attestierte Siebert nach dem Kriege, daß er sich zwar in die alltägliche Arbeit der Akademie nicht sehr eingemischt habe, es aber genoß, bei Festveranstaltungen als Präsident der Akademie im Vordergrund zu stehen.[77] Auf jeden Fall trug Siebert

---

[72] Harvolk, Eichenlaub und Hakenkreuz, S. 37.

[73] BHStA StK 7392, Protokoll der Sitzung des Kleinen Rates, 22. 2. 1939.

[74] Die Tagebücher von Joseph Goebbels, Teil 2: Diktate 1941–1945, Bd. 6, hrsg. von Elke Fröhlich im Auftrag des Instituts für Zeitgeschichte, München 1996, S. 127 f. (Eintragung vom 15. 12. 1942). Eine Biographie Sieberts fehlt bislang.

[75] So schrieb Siebert am 24. 7. 1939 an Heß: „Ich habe das Amt sicher nicht angestrebt und bin dem mir überraschend gekommenen Ruf so vieler Stellen nur mit schwerem Herzen gefolgt." Abgedruckt in: Jacobsen, Haushofer, Bd. 2, Dokument 216, hier S. 398.

[76] „Selbst in den Vorlagen, die ihm auf dem Dienstwege durch die Sachbearbeiter oder Abteilungsleiter eingereicht wurden, mußten wir oft beschämt seine Verbesserungen und stilistischen Verfeinerungen wahrnehmen. In der Satzuntergliederung und in der Satzzeichengebung ist er manchem von uns Lehrer geworden." Walther Wüst, Gedenkrede für den verstorbenen Präsidenten der Deutschen Akademie, in: Deutsche Kultur im Leben der Völker (MdDA), 18 (1942), S. 355–366, hier S. 359.

[77] BAK Kleine Erwerbungen 606, Stellungnahme zur Denkschrift über die Deutsche Akademie von Thierfelder und Zwiedineck-Südenhorst vom 21. 8. 1945, Brief Fochler-Haukes vom 25. 10. 1973 an das Bundesarchiv.

in den folgenden Jahren entscheidend zu der endgültigen Etablierung der Deutschen Akademie bei. Möglicherweise war sein Ehrgeiz, die Akademie großzügig auszubauen, auch Kompensation für die relative Machtbeschränkung und Einflußlosigkeit, die er als bayerischer Ministerpräsident im zentralisierten Dritten Reich hinnehmen mußte, und die er durch Engagement für eine reichsweite Organisation wettzumachen suchte.

Siebert wollte die erneute Krise der Akademie nutzen, um ihre Führung endgültig mit anerkannten Nationalsozialisten zu besetzen. Von der Leyen, der kein Parteimitglied und zudem mit einer Halbjüdin verheiratet war, mußte auf Drängen Sieberts im Februar 1939 seinen Posten als Präsident der wissenschaftlichen Abteilung räumen. Nun schlug die Stunde von Wüst, der bereits 1937 Nachfolger Haushofers als Vorsitzender des Indischen Ausschusses der Akademie geworden war und jetzt an die Spitze der wissenschaftlichen Abteilung trat, die er bis 1945 leitete. Als zusätzlicher Sicherheitsanker wurde der seit 1934 vakante Posten des zweiten Vizepräsidenten mit einem Altparteigenossen, dem Vizepräsidenten des Deutschen Reichstages und Bankier Emil von Stauß, besetzt, der zuvor bereits Vorsitzender des Wirtschaftsrates gewesen war.

Wenigstens in finanzieller Hinsicht brachen seit Mitte 1937 bessere Zeiten in München an. Die Wirtschaft zeigte sich offenbar im Zeichen der einsetzenden rüstungsbedingten Hochkonjunktur spendierfreudiger als zuvor. Dabei machte es sich für die Akademie im wahrsten Sinne des Wortes bezahlt, daß sie seit 1935 einen Referenten eingestellt hatte, der sich ausschließlich um die Einwerbung von Geldern aus der Wirtschaft kümmerte und dazu für die Wirtschaftsführer im Berliner Hotel „Kaiserhof" wöchentliche „Donnerstagsfrühstücke" veranstaltete. Zugleich erhielt die Akademie einen „Wirtschaftsrat", in den sie verdiente Förderer aus Industrie und Finanzwesen berief, und der wiederum einen Vertreter in den Kleinen Rat entsenden konnte. Schon im März 1937 berichtete Thierfelder Gerland von einer „finanziellen Erholung" der Deutschen Akademie, die unter anderem auf die Tätigkeit des „Organisationsleiters" Eduard Weisner zurückzuführen sei.[78] Der Etat der Akademie stieg von 290 000 RM im Haushaltsjahr 1936/37 auf 365 000 RM im Haushaltsjahr 1937/38, obwohl von staatlicher Seite nach wie vor lediglich das Auswärtige Amt 65 000 RM an jährlichen Zuschüssen gewährte. Gleichzeitig konnte die Akademie mit dem Goethe-Institut und den Lektoraten seit Mitte der dreißiger Jahre sichtbare Zeichen einer recht wirkungsvollen Auslandtätigkeit vorweisen, so daß die Sponsoren auch den Eindruck erhielten, ihr Geld werde sinnvoll eingesetzt. Der letzte Haushalt der Akademie vor Ausbruch des Krieges für das Jahr 1939/40 betrug 550 000 RM, von denen fast 480 000 RM durch den Wirtschaftsrat aufgebracht wurden.

Der Haushaltsvoranschlag der Deutschen Akademie für 1936/37, der in seinem Gesamtumfang jenem des Vorjahres entsprach, machte die seit Anfang der dreißiger Jahre eingetretene Verschiebung der Gewichte innerhalb der Arbeit der Akademie mehr als deutlich: Ausgehend von einem Haushalt von 290 000 RM war die Auslandsspracharbeit, also die Arbeit der zu diesem Zeitpunkt 57 Lektoren und

---

[78] BAK N1010/39, Brief Thierfelders an Gerland, 24. 3. 1937.

des Goethe-Instituts mit 120000 RM der größte Posten, gefolgt von den Verwaltungsausgaben der Hauptstelle mit 78000 RM. Für die Förderung wissenschaftlicher Arbeiten in den Sektionen und die Förderung wissenschaftlicher Einrichtungen (des Auslandsdeutschtums) hingegen waren nur ganze 27000 RM veranschlagt.[79] Diese Entwicklung zugunsten der Sprachwerbung bei gleichzeitiger Marginalisierung der wissenschaftlichen Abteilung wurde zumindest von einigen Mitgliedern der wissenschaftlichen Sektionen offenbar nicht gern gesehen. Ein Teil von ihnen sah die Akademie zu einer Art „Sprachschule" herabsinken, denn Thierfelder verwahrte sich in seiner letzten großen Aufzeichnung für die Akademie, seinen Erläuterungen zum Haushalt 1938, die zugleich ein Rechenschaftsbericht über die von der Akademie in den vergangenen Jahren eingeschlagene Entwicklung war, gegen entsprechende Vorwürfe.[80] Der Einflußverlust der wissenschaftlichen Abteilung, so Thierfelder weiter, sei nicht zuletzt darauf zurückzuführen, daß die wissenschaftliche Abteilung nach wie vor kein überzeugendes Programm vorlegen könne, das die Auslandsarbeit der Akademie sinnvoll ergänzen würde. So habe er die Erarbeitung einer umfassenden Geschichte der deutschen Sprache angeregt, die seiner Auffassung nach ein bedeutendes wissenschaftliches Hilfsmittel zur Spracharbeit im Ausland gewesen wäre. Er sei jedoch auf Ablehnung der Germanisten innerhalb der Sektion für deutsche Sprache, Literatur und Volkskunde gestoßen.[81]

6. Verstärktes Interesse des Auswärtigen Amts 1938/39

Neben einer langsamen finanziellen Konsolidierung dank der insgesamt verbesserten Wirtschaftskonjunktur ab 1937 konnte die Deutsche Akademie parallel auch auf ein gesteigertes Interesse des Auswärtigen Amts rechnen. Das Auswärtige Amt fühlte sich seit Hitlers Rede auf der „Kulturtagung" des Nürnberger Parteitags im September 1937 angespornt, die kulturpolitischen Aktivitäten im Ausland zu intensivieren.[82] Zwar ging Hitler in seiner Ansprache mit keinem Wort auf Fragen der auswärtigen Kulturpolitik ein, doch reichten anscheinend die vagen Ausführungen am Ende der Rede, die in den Sätzen gipfelten, „dieser Staat soll nicht eine Macht sein ohne Kultur und keine Kraft ohne Schönheit. Denn auch die Rüstung eines Volkes ist nur dann moralisch berechtigt, wenn sie Schild und Schwert einer höheren Mission ist",[83] aus, um in einem Runderlaß des Staatssekretärs die Auslandsvertretungen aufzufordern, künftig der Kulturpolitik mehr

---

[79] Jacobsen, Haushofer, Bd. 2, Dokument 136 (hier S. 249 f.).
[80] BAB R8043/1331, Erläuterungen zu dem Entwurf des Haushaltes 1938 der Deutschen Akademie, Aufzeichnung Thierfelders vom 17. 12. 1937.
[81] Belegt wird diese Initiative Thierfelders und ihre Blockade durch die Germanisten in der wissenschaftlichen Abteilung auch durch von der Leyen, Leben und Freiheit der Hochschule, S. 226. Laut von der Leyen sei Thierfelders Projekt einer mehrbändigen Geschichte der deutschen Sprache auf einstimmigen Widerstand gestoßen, da die Sprache ein zu lebendiges und sich wandelndes Instrument sei, um sie kodifizieren zu wollen.
[82] Laitenberger, Akademischer Austausch und auswärtige Kulturpolitik, S. 135 f.
[83] Adolf Hitler, Reden des Führers auf dem Parteitag der Arbeit 1937, München 1938, S. 49.

Augenmerk zu widmen. Parallel entstand ein Generalreferat innerhalb der Kulturpolitischen Abteilung[84] zwecks Koordinierung der einzelnen Arbeitsfelder. Das Auswärtige Amt setzte fortan auch erstmals spezifische Kulturreferenten in wichtigen Auslandsmissionen ein.

Der Wechsel an der Spitze des Ministeriums Anfang Februar 1938 hatte ebenfalls Auswirkungen. Der nüchterne, schon seit der Endphase der Weimarer Republik als Amtschef amtierende Berufsdiplomat Konstantin von Neurath hatte wie die meisten Karrierediplomaten des damaligen auswärtigen Dienstes, die z.T. ihre Prägung noch in der wilhelminischen Zeit erhalten hatten, nicht viel Interesse für Fragen der kulturellen Selbstdarstellung im Ausland aufgebracht.[85] Mit dem neuen Außenminister Joachim von Ribbentrop bekam die Wilhelmstraße jedoch einen Amtschef, der, als vormaliger Sekthändler ohnehin mit den Werbemethoden der Wirtschaft besser vertraut, an einer effektiven propagandistischen und kulturpolitischen Selbstdarstellung des Reiches mehr als sein Vorgänger interessiert war. Nach dem Krieg gab Franz Alfred Six, der von 1943 bis 1945 die Kulturpolitische Abteilung des Auswärtigen Amts leitete, gegenüber den amerikanischen Behörden an, daß von Ribbentrop sich selbst für einen Spezialisten auf dem Gebiet der Auslandspropaganda hielt, doch habe er das Wort Propaganda möglichst gemieden, da es einen zu negativen Beiklang hatte.[86] So hatte von Ribbentrop, dessen eigener Lebensstil ebenfalls auf eine pompöse Selbstdarstellung ausgerichtet war,[87] in seiner Eigenschaft als Botschafter in London seit 1937 die Eröffnung des ersten deutschen Kulturinstituts im Ausland überhaupt forciert. Das Projekt wurde allerdings nie realisiert, da bekanntermaßen von Ribbentrops Mission in London mit einem Mißerfolg endete und er folglich wohl das Interesse verlor.[88] In London unternahm der spätere Außenminister auch seine ersten Schritte, der deutschen Sprache auf dem internationalen Parkett zu einer stärkeren Stellung zu verhelfen, allerdings mit desaströsen Konsequenzen: Der Botschafter regte die Protokollab-

---

[84] Die Kulturabteilung nannte sich seit 1936 Kulturpolitische Abteilung. Angeblich war diese Umbenennung dadurch motiviert, daß man den Eindruck einer stärkeren Kopplung von kulturellen Initiativen und allgemeiner Außenpolitik erwecken wollte, um im Windschatten dieser semantischen Anpassung an die NS-Außenpolitik weiterhin „unpolitische" Kulturarbeit betreiben zu können. Vgl. Twardowski, Anfänge der deutschen Kulturpolitik im Ausland, S. 33.

[85] Zur stiefkindlichen Behandlung auswärtiger Kulturpolitik im Auswärtigen Amt in den zwanziger Jahren vgl. die Einschätzung von Fritz von Twardowski, der 1939 die Leitung der Kulturabteilung übernahm: Ebenda, S. 18 f.

[86] Daher wurde die 1939 für die Auslandspropaganda eingerichtete neue Abteilung im Auswärtigen Amt auch „Informationsabteilung" getauft. Zu Six' Aussage siehe IfZ Film 1300 B, Befragung Six, 30. 4. 1946, hier S. 368 ff.

[87] Zu von Ribbentrops Lebensstil und Geltungsdrang vgl. Michael Bloch, Ribbentrop, London u. a. 1992, S. 158 f.

[88] Sowohl von Twardowski, Anfänge deutscher Kulturpolitik zum Ausland, S. 41, und in Anlehnung an ihn Laitenberger, Akademischer Austausch und auswärtige Kulturpolitik, S. 116 f. gehen fälschlicherweise davon aus, dieses habe schon 1938 die Arbeit in der vormaligen österreichischen Botschaft aufgenommen. Tatsächlich war aber lediglich im Sommer 1939 ein Umzug der DAAD-Zweigstelle in London in das vormalige österreichische Legationsgebäude vorgesehen. Einige Dokumente hierzu finden sich in: Public Record Office Kew (PRO) FO 371/23090.

teilung an, die für einen Empfang anläßlich der Krönungsfeierlichkeiten für Georg VI. im Mai 1937 vorgesehenen Einladungen nicht, wie es den diplomatischen Gepflogenheit entsprach, auf Französisch oder der Sprache des Gastlandes abzufassen, sondern auf Deutsch. Die Auslandsmissionen der anderen Staaten antworteten folglich in ihrer jeweiligen Landessprache, so daß die Botschaft den Sprachendienst des Auswärtigen Amts um Hilfe bitten mußte, um die Zu- von den Absagen unterscheiden zu können.[89]

Daß Kulturpolitik unter dem neuen Außenminister ein stärkeres Gewicht erhalten würde, wurde schon im Jahr seiner Ernennung deutlich: Noch 1938 schloß das Auswärtige Amt erstmals überhaupt Kulturabkommen mit anderen Staaten ab, und zwar im November 1938 mit Italien und Japan.[90] Von Ribbentrop belehrte beispielsweise seinen Amtskollegen Rust, mit dem er im Streit über die Zuständigkeit beim Abschluß von Kulturabkommen mit dem Ausland lag, die er im Gegensatz zu seinem Vorgänger als alleinige Domäne des Auswärtigen Amts betrachtete, im Juli 1938: Seine Erfahrungen im Ausland hätten ihm gezeigt, daß Kulturpolitik ein Instrument der Machtpolitik sei, das sich glänzend bewährt habe, um Einfluß bei fremden Völkern zu gewinnen.[91] Zugleich bemühte sich von Ribbentrop, die unangefochtene Stellung des Auswärtigen Amts in außenpolitischen Belangen, die bis 1933 bestanden hatte, zwischenzeitlich aber durch Institutionen wie die Auslandsorganisation der NSDAP, seine eigene „Dienststelle Ribbentrop", und auf dem Gebiet der Kulturpolitik durch das Propagandaministerium und das RMEWV in Frage gestellt worden war, wiederzuerlangen.[92] Dies gelang ihm auch in den folgenden zweieinhalb Jahren vorübergehend – nicht zuletzt deshalb, weil er sich von seiner Ernennung bis etwa Herbst 1940 großer Wertschätzung bei Hitler erfreute. Das Propagandaministerium hingegen als größter Konkurrent des Auswärtigen Amts auf dem Gebiet der Auslandskulturpolitik verlor gerade 1938/39 wegen der Affäre seines Amtschefs mit der tschechischen Schauspielerin Lida Baarova bei Hitler an Einfluß.[93]

Der Amtsantritt von Ribbentrops ließ in der Kulturpolitischen Abteilung zu Beginn des Jahres 1938 offenbar die Hoffnung keimen, daß die auswärtige Kulturpolitik alsbald Auftrieb erhalten würde, selbst wenn sich vorerst noch das Reichsfinanzministerium entgegenstellte.[94] Die durch die Expansion des nationalsoziali-

---

[89] Reinhard Spitzy, So haben wir das Reich verspielt. Bekenntnisse eines Illegalen, München 1986, S. 156 f.

[90] Vgl. hierzu Jan-Pieter Barbian, „Kulturwerte im Zweikampf". Die Kulturabkommen des „Dritten Reiches" als Instrumente nationalsozialistischer Außenpolitik, in: Archiv für Kulturgeschichte, 74 (1992), S. 415–459. Das erste Kulturabkommen des Reiches überhaupt mit einem anderen Staat war noch vom RMEWV 1936 mit Ungarn ausgehandelt worden. Vgl. zu den Kulturverträgen und der allgemein zu verzeichnenden Intensivierung der auswärtigen Kulturpolitik des Dritten Reiches seit 1938 auch Scholten, Sprachverbreitungspolitik des nationalsozialistischen Deutschlands, S. 53 ff.

[91] Barbian, Kulturwerte im Zweikampf, S. 456.

[92] Bloch, Ribbentrop, S. 159.

[93] Ian Kershaw, Hitler. 1936–1945: Nemesis, London 2000, S. 144 und 199.

[94] Vgl. die Aufzeichnung „Die finanziellen Mittel für die Kulturpolitik des Auswärtigen Amts" des Leiters der Kulturabteilung vom 23. 2. 1938, abgedruckt in: Jacobsen, Nationalsozialistische Außenpolitik, S. 680–682.

stischen Deutschlands bedingten verschärften internationalen Spannungen zog das Auswärtige Amt als Rechtfertigung heran, mehr Mittel einzufordern, um mit den anderen Mächten, die auf kulturpolitischem Gebiet angeblich ebenfalls immer aktiver würden, mithalten zu können. In der Tat befanden sich vor allem in den Ländern Südosteuropas die europäischen Großmächte seit Mitte der dreißiger Jahre in einem regelrechten kulturpolitischen Wettkampf, in dem eine Nichterhöhung der eigenen eingesetzten Mittel bereits als Rückschritt gegenüber den anderen Mitspielern galt, denen man gerne höhere Mittel zuschrieb als jene, über die man selbst verfügte.[95] Selbst Großbritannien fühlte sich schließlich 1935 genötigt, als letzte der europäischen Großmächte mit dem British Council ein Instrument auswärtiger Kulturpolitik einzurichten, nachdem sich bereits seit Ende der zwanziger Jahre die Klagen gemehrt hatten, das Foreign Office überlasse nicht zuletzt zum Schaden der britischen wirtschaftlichen Interessen dieses Feld gänzlich den anderen europäischen Großmächten. Auch im Vereinten Königreich wurde zur Rechtfertigung einer nunmehr zentral gelenkten, staatlichen auswärtigen Kulturpolitik der Vorsprung der anderen Mächte auf diesem Gebiet und die großen Geldsummen, die diese angeblich vor allem im östlichen Mittelmeer aufwendeten, als Rechtfertigung herangezogen, um in diesem neuen Bereich auswärtiger Politik aktiv zu werden.[96] Auf der Insel wurden also die gleichen Argumente ins Feld geführt, mit denen man ein Jahrzehnt zuvor in Berlin und München zur angeblich dringend notwendigen kulturpolitischen Aufholjagd geblasen hatte.

Durch den seit 1937/38 zu verzeichnenden neuen kulturpolitischen Wind im Auswärtigen Amt konnte auch die Deutsche Akademie über kurz oder lang auf bessere Zeiten hoffen. Immerhin hatte zum 1. Juni 1938 in der Wilhelmstraße ein eigenes Referat „S" für Sprachförderung die Arbeit aufgenommen, das sich nur deutschen Sprachlehrern im Ausland und der Deutschen Akademie widmete, während zuvor die Belange der Deutschen Akademie vom Schulreferat mitverwaltet worden waren.[97] Im Frühjahr 1939 drängte von Ribbentrop sogar Siebert, zumindest die Abteilung Auslandslektorate und die Länderausschüsse zwecks besserer Zusammenarbeit nach Berlin zu verlegen.[98] Der Einsatz des Auswärtigen Amts dafür, daß Siebert die Präsidentschaft der Deutschen Akademie übernahm, war an sich schon ein Zeichen dafür, wie wichtig man in der Wilhelmstraße das Überleben des Münchener Vereins erachtete. Bei der Nachfolge Haushofers knapp zwei Jahre zuvor hatte sich das Amt noch für einen Wissenschaftler an der Spitze der Akademie eingesetzt, um sie zumindest formal als von Staat und Partei getrennt erscheinen zu lassen. Nun, in der Ära Ribbentrop, der Kulturpolitik eindeutiger als seine Amtsvorgänger in den Dienst der Machtpolitik stellen wollte,

---

[95] So etwa Stieve in der erwähnten Aufzeichnung, in der es hieß, ein Festhalten an den bisherigen zur Verfügung stehenden Mitteln sei eher ein Rückschritt angesichts der Großbritannien und anderer Staaten zur Verfügung stehenden Gelder. Vgl. auch Louise Atherton, Lord Lloyd at the British Council and the Balkan Front, in: International History Review, 16 (1994), S. 25–48.
[96] Frances Donaldson, The British Council. The First Fifty Years, London 1984, S. 16–33.
[97] Scholten, Sprachverbreitungspolitik des nationalsozialistischen Deutschlands, S. 70 f.
[98] BHStA StK 7392, Glückwunschschreiben Ribbentrops an Siebert anläßlich dessen Ernennung zum Präsidenten der Deutschen Akademie, 30. 3. 1939.

gab es solche Bedenken offenbar nicht mehr.[99] Das Überleben und Gedeihen der den Diplomaten nützlich erscheinenden Akademie innerhalb der Ämterpolykratie des Dritten Reiches schien in den Augen der Wilhelmstraße nur mit einem anerkannten Nationalsozialisten mit einer gewissen politischen Hausmacht gesichert. Der Eindruck, den diese Berufung im Ausland hinterlassen könnte, war hingegen zweitrangig.

Der „Völkische Beobachter" jubelte denn auch über die Ernennung Sieberts: „Es war bisher üblich, die Akademie von Wissenschaftlern und Gelehrten führen zu lassen. Heute steht an ihrer Spitze ein aktiver Propagandist der Bewegung, ein politischer Träger der nationalsozialistischen Staatsform und ein alter Kämpfer unserer Weltanschauung. Unter der Führung Ludwig Sieberts wird sie (die Deutsche Akademie, E.M.) trotz ihrer jungen Geschichte eine Stellung erringen, die der Größe unserer Zeit entspricht und dem Ansehen des Reichs im Ausland."[100]

Zwar steigerte sich der feste jährliche Zuschuß des Auswärtigen Amts bis Kriegsausbruch nicht wesentlich, doch war dies offensichtlich durch haushaltspolitische Zwänge und nicht etwa durch mangelndes Interesse der Diplomaten an der Arbeit der Akademie bedingt. Beinahe verzweifelt notierte denn auch der stellvertretende Leiter der kulturpolitischen Abteilung, Fritz von Twardowski, Anfang Mai 1938, das Reich reagiere nicht entsprechend, um dem „kulturpolitischen Ansturm" insbesondere Großbritanniens, Frankreichs und Italiens auf dem Balkan, in den nordischen Staaten und den USA zu begegnen. Dies habe u.a. zur Folge, daß „eines der wesentlichsten Instrumente der deutschen Kulturpolitik im Auslande, die Deutsche Akademie, die unter wissenschaftlichem Deckmantel Sprachwerbung betreibt", am Rande des finanziellen Zusammenbruchs stehe. Die Akademie müsse einen festen Haushalt von mindestens 500 000 RM jährlich haben, derzeit seien aber nur 80 000 RM vom Auswärtigen Amt und 200 000 RM an Spenden aus der Wirtschaft gesichert.[101] Insgesamt wurde vom Auswärtigen Amt eine Erhöhung der Schul- und Kulturfonds von 7,2 Millionen Reichsmark im Jahre 1938 auf 12,5 Millionen für das kommende Jahr gefordert. Dabei war das Hauptproblem nicht so sehr die Erhöhung der Schul- und Kulturfonds an sich, da das NS-Regime ja grundsätzlich keine Skrupel kannte, für seine Aggressionspolitik die Staatsfinanzen vorübergehend zu ruinieren in der Hoffnung, sie in naher Zukunft durch Raubzüge gegen die Nachbarn wieder sanieren zu können. Die Schwierigkeit lag vielmehr darin, daß von den geforderten 12,5 Millionen RM allein 11,6 Millionen RM Devisen für die Auslandsarbeit sein sollten. Das Dritte Reich nutzte aber im Rahmen der durch den Vierjahresplan vorgegebenen Devisenbewirtschaftung die insgesamt knappen fremden Währungen lieber zum Import von Rohstoffen für die Rüstungswirtschaft als zur Verbreitung der deutschen Kultur im Ausland, denn das Regime wollte ja in erster Linie zu militärischen Eroberungen schreiten. Folglich schrieb Reichswirtschaftsminister Walther Funk im

---

[99] Zu diesem Befund kommt am Beispiel der Kulturabkommen auch Barbian, Kulturwerte im Zweikampf, S. 457.

[100] Völkischer Beobachter, 29. 3. 1939.

[101] PA Bd. R60611, Notiz betreffend finanzielle Mittel für die Arbeit der Kulturpolitischen Abteilung, 4. 5. 1938.

Februar 1939 an seinen Kollegen im Auswärtigen Amt, er könne die erhöhten Anforderungen der Wilhelmstraße wegen der bedrohlichen Entwicklung der Devisenlage nicht berücksichtigen. Das Auswärtige Amt solle froh sein, daß es nicht von einer zwanzigprozentigen Mittelkürzung, unter der andere Reichsressorts litten, betroffen sei. „Ich darf darauf hinweisen, daß die Devisenzuteilung für kulturpolitische Zwecke in erster Linie von dem Umfang der vorhandenen Mittel abhängig ist. Ich setzte dabei als bekannt voraus, daß die Bestände der Reichsbank durch die Anforderungen zur Sicherstellung der Rohstoffbeschaffung des Reiches nahezu erschöpft sind."[102]

Angesichts dieser Devisenknappheit wurde der Deutschen Akademie vom Auswärtigen Amt bei einer Sitzung des Kleinen Rates Ende Oktober 1938 folglich nur mehr Geld in Aussicht gestellt, wenn sie zukünftig noch stärker den kulturpolitischen Vorgaben aus Berlin folge. Die Akademie müsse sich hinsichtlich der geographischen Ausrichtung der Spracharbeit – hier war vor allem an die Eröffnung von Lektoraten im von Franco kontrollierten Teil Spaniens gedacht – dem Kurs der Wilhelmstraße anpassen und künftig stärker die in den wissenschaftlichen Sektionen betriebene Forschung mit der Auslandsarbeit verkoppeln. Zudem sollte nach Vorstellungen des Auswärtigen Amts die Akademie die Betreuung der Volksdeutschen im Ausland weiter reduzieren. Auch ermahnte Legationssekretär Karl Klingenfuß die Anwesenden, daß das Auswärtige Amt als Voraussetzung für eine stärkere Förderung der Spracharbeit der Akademie Ordnung in ihren finanziellen Verhältnissen erwarte. Diese Forderungen quittierte Haushofer, der als Vertreter des Senats weiterhin Mitglied des Kleinen Rates geblieben war, laut Protokoll mit dem Einwurf, die Deutsche Akademie sei doch vor allem eine wissenschaftliche Institution und keine bloße Sprachschule.[103] Die Arbeit des Münchener Vereins sollte sich also problemlos in außenpolitisch begründbare Haushaltstitel der Kulturpolitischen Abteilung ummünzen lassen. Anders ist die Aufforderung an die Akademie nicht zu verstehen, die kulturpolitische Betreuung der Volksdeutschen – einst ein Lieblingskind des Münchener Vereins – weiter zu verringern. Diese Arbeit wurde seit Anfang 1937 durch die von der SS kontrollierte Volksdeutsche Mittelstelle wahrgenommen und hätte budgettechnisch dem Reichsfinanzministerium Argumente liefern können, warum die Fonds des Auswärtigen Amts für die Deutsche Akademie nicht erhöht zu werden brauchten. Nicht nur Haushofer, auch ein anderes Gründungsmitglied der Akademie, Schatzmeister Kisskalt, sah das wachsende Interesse des Auswärtigen Amts zwiespältig: Unter finanziellen Gesichtspunkten erschien es begrüßenswert, doch die zunehmende Reduzierung des einstmals weit gefaßten Auftrages der Deutsche Akademien auf bloße Sprachförderung im Auftrag und unter strenger Kontrolle des Auswärtigen Amts löste keine Begeisterung aus. So schrieb er im Herbst 1938 an Senator Gerland, das Auswärtige Amt möchte die Deutsche Akademie am liebsten als von ihm abhängiges Sprachinstitut sehen. Sein Brief gipfelte in der Feststellung: „Die Dinge haben sich grundlegend geändert. Die Deutsche Akademie

---

102 Ebenda, Schreiben Funks an von Ribbentrop, 15. 2. 1939.
103 BHStA StK 7391, Protokoll der Sitzung des Kleinen Rates, 28. 10. 1938.

als freie Institution aufrecht zu erhalten, ist unmöglich. Es handelt sich darum zu retten, was zu retten ist."[104]

Es gelang der Deutschen Akademie nach dem großen Expansionsschub von 1934/35, der beinahe zum Bankrott geführt hätte, Ende der dreißiger Jahre die Spracharbeit in einem langsameren Tempo, aber dennoch stetig auszubauen. 1937 erhielt das Goethe-Institut, wie erwähnt, ein eigenes Gebäude in München, und die Zahl der ausländischen Kursteilnehmer wuchs zwischen 1935 und 1938 von jährlich etwa 300 auf über 800. Das Informationsblatt „Deutschunterricht im Ausland" erreichte Ende der dreißiger Jahre eine Auflage von 14000 Stück. Es präsentierte sich seit Juni 1939 erstmals als gebundene, zweimonatlich im Oldenbourg-Verlag erscheinende kostenpflichtige Zeitschrift in einem ansprechenderen und umfangreicheren Gewand. Im Untertitel nannte sie sich nun „Zeitschrift des Goethe-Instituts der Deutschen Akademie" und nicht mehr „Mitteilungen der Vereinigung deutscher Lektoren und Sprachlehrer im Ausland". Sie beschränkte sich nun nicht mehr nur auf praktische Anregungen zur Unterrichtsgestaltung und Lektüreempfehlungen, sondern veröffentlichte ebenso wie die „Mitteilungen der Deutschen Akademie", deren Auflage seit den zwanziger Jahren bei 5000 Stück stagnierte, auch kulturgeschichtliche Aufsätze. Die Zahl der Lektoren stieg von 57 im Jahre 1936 auf 62 bei Kriegsausbruch, die Zahl der Lektorate im gleichen Zeitraum um vier auf 46, die nach dem Sieg Francos in Pamplona, Burgos, Gijon und Oviedo ihre Arbeit aufnahmen. Hierfür stellte die Wilhelmstraße zur Jahreswende 1938/39 zusätzlich einen Sonderzuschuß von 27000 RM zu dem jährlichen Etat von 65000 RM zu Verfügung. Mit der Übernahme der Präsidentschaft durch Siebert begannen auch die Planungen dafür, der Deutschen Akademie in München endlich ein eigenes repräsentatives Gebäude zu errichten.

Der Wechsel an der Spitze des Auswärtigen Amts im Frühjahr 1938 sowie die sich nun offen aggressiv gebärdende NS-Außenpolitik, die nicht zuletzt durch den neuen Außenminister verkörpert wurde, schufen in den letzten beiden Friedensjahren also für das Gedeihen der Akademie als einer Institution der Sprachförderung generell günstige Rahmenbedingungen. Allerdings ging dies einher mit einer immer stärkeren Einflußnahme des Auswärtigen Amts auf die Arbeit der Akademie, die nur als förderungswürdig erachtet wurde, solange sie sich vor allem in ihrer geographischen Ausrichtung nahtlos in die Macht- und Expansionspolitik des Dritten Reiches einfügte. Dennoch waren selbst in der Phase der offenen Expansion und Kriegsvorbereitung dem Auswärtigen Amt und seiner Kulturpolitischen Abteilung budgetäre Fesseln angelegt, die verhinderten, die Deutsche Akademie im gewünschten Maße auszubauen. Dies zeigte sich, als sich ein neuer finanzieller Engpaß in der an Krisen wahrlich reichen fünfzehnjährigen Geschichte der Akademie anbahnte. Am 31. Mai 1939 erhielt Siebert einen Brief von Martin Bormann, dem Leiter der Parteikanzlei, in dem dieser den Präsidenten aufforderte, die Einwerbung von Spendengeldern in der Wirtschaft einzustellen, da diese das Aufkommen für die Adolf-Hitler-Spende der deutschen Wirtschaft schmälern könne. Auch Hinweise Sieberts auf die Wichtigkeit der Gelder aus der

---

[104] BAK N1010/38, Brief Kisskalts an Gerland, 13. 10. 1938.

Wirtschaft für das Überleben der Akademie nutzten nichts. Bormann schlug als einzigen Ausweg in einem weiteren Brief vom 13. Juni 1939 vor, die Deutsche Akademie solle sich zukünftig ganz aus den Kassen der Reichsministerien finanzieren.[105] Sondierungen von Wüst und Fochler-Hauke beim Auswärtigen Amt in der zweiten Julihälfte 1939 ergaben, daß dieses zwar der Deutschen Akademie sehr positiv gegenüberstand und auch eine weitere sprachpolitische Expansion bis Jahresende erwartete, denn sechs oder sieben neue Lektorate sollte die Akademie auf Wunsch der Diplomaten einrichten und nach Möglichkeit selbst finanzieren, drei wollte die Kulturpolitische Abteilung voraussichtlich „spenden". Doch machte von Twardowski zugleich deutlich, daß die Akademie stets nur einen Zuschuß vom Auswärtigen Amt erwarten könne, der zwar nach Möglichkeit erhöht werden solle, niemals aber die Einrichtung ganz tragen könne. Der Rest müsse durch Spenden aus der Wirtschaft aufgebracht werden.[106] Folglich sandte Siebert am 24. Juli 1939 einen Hilferuf an Heß in der Hoffnung, daß dieser ein für allemal die Finanzierung der Deutschen Akademie durch Aufhebung des Spendensammelverbots und Verankerung in den Etat eines oder mehrerer Reichsressorts sicherstellen würde. Andernfalls stünde die sofortige Auflösung der Deutschen Akademie bevor.[107]

7. Nazifizierung in der Zentrale, relativer Freiraum an der Peripherie

Die Machtübernahme der Nationalsozialisten hatte in der Führung der Deutschen Akademie Hoffnungen erweckt, daß nun die Zeiten gesicherter finanzieller Existenz anbrechen würden. In dem Bemühen, das Wohlwollen der neuen Machthaber wie das Überleben der Akademie überhaupt sicherzustellen, ernannte die Akademie aus eigenem Antrieb Nationalsozialisten oder dem Regime nahestehende Personen wie Haushofer zu ihren Führern. Diese mit der „Säuberung" des Senates und der Hereinnahme von Nationalsozialisten wie Heß und Siebert in den Kleinen Rat bereits 1933 einsetzende, sodann durch die Wahl Haushofers 1934 zum Präsidenten und die internen, krisenhaften Auseinandersetzungen in der Akademie (Haushofer versus Thierfelder, Fehn und Zwiedineck-Südenhorst) und personellen Pannen (Fall Kölbl) wesentlich verstärkte Entwicklung führte dazu, daß bei Kriegsausbruch alle leitenden Positionen der Akademie in München von Parteimitgliedern besetzt waren. Im Sommer 1939 standen mit den Präsidenten Siebert, Wüst und Stauß sowie dem Generalsekretär Fochler-Hauke überzeugte Nationalsozialisten an der Spitze der Akademie. Auch die Leiter der Abteilungen „Auslandslektorate" und „Goethe-Institut" waren in der Partei: Heinz Nitschke,

---

105 Hinweise über diesen Schriftwechsel in Sieberts Brief an Heß vom 24. 7. 1939, abgedruckt in: Jacobsen, Haushofer, Bd. 2, Dokument 216 (hier S. 398 f.).
106 BHStA StK 7392, Bericht Fochler-Haukes an Siebert über eine Unterredung zwischen ihm und Wüst einerseits und von Twardowski und einem weiteren Diplomaten andererseits, 22. 7. 1939.
107 Jacobsen, Haushofer, Bd. 2, Dokument 216.

der den parteilosen Schulz ersetzte, da dieser nach nur einem Jahr auf dem Posten einen Nervenzusammenbruch erlitt und Anfang 1939 aus der Akademie ausschied, übernahm die Aufsicht über die Auslandslektorate, Derleth leitete bereits seit 1935 das Goethe-Institut und war im gleichen Jahr in die NSDAP eingetreten.

Die Grundsätze der Kulturarbeit im Ausland hingegen blieben nach 1933 die gleichen wie in der späten Weimarer Republik. Man ging in München von der grundsätzlichen Unübertragbarkeit der Kulturen aus, die ob ihrer spezifischen „völkischen" Gestalt jeweils einzigartig und in ihrem letzten Kern anderen Völkern nicht zu vermitteln waren. Kulturarbeit im Ausland konnte also allenfalls Verständnis für andere Nationen wecken und fördern oder zu einem verstärkten Bewußtsein über die eigene Besonderheit führen, nicht aber zu einer Synthese der Kulturen führen. Zugleich blieb der Gedanke des Kulturaustausches und der Achtung der Kultur anderer Völker weiterhin prägend für die gesamte Auslandsarbeit der Deutschen Akademie, zumindest in den Augen ihres Generalsekretärs Thierfelder. „Wir wollen den Erdball nicht germanisieren, sondern unsere Kultur so entfalten, daß jeder, der guten Willens ist, in ihr das Spiegelbild der Welt, freilich mit deutschen Augen gesehen und in deutschem Geist verarbeitet, wiederfindet," schrieb Thierfelder 1931.[108] Er wiederholte dieses Credo wortwörtlich auf der Jahresversammlung der Deutschen Akademie im Oktober 1933 in seinem Grundsatzreferat über „Deutsche Kulturpolitik im Ausland". Hier faßte er auch die einzunehmende Haltung der Mitarbeiter der Deutschen Akademie wie folgt zusammen:

„Vertiefung in die Wesensart und Verfassung fremder Völker, Hochachtung vor jeder Nationalkultur, Vermeidung von Einmischung in politische Tagesfragen, Beschränkung der Arbeit auf wissenschaftliches, künstlerisches und pädagogisches Gebiet und Pflege der Beziehungen in entsagungsvoller Kleinarbeit auf der einen Seite – auf der anderen Seite selbstverständliche und unerschütterliche Verwurzelung im eigenen Volkstum, Bekenntnis zum Staate in seiner neuen Gestalt, entschiedener Wille zur geistigen Beeinflussung des Auslandes und organisatorische Planung der gesamten Auslandsarbeit."

An anderer Stelle im Vortrag hieß es:

„Weil wir die deutsche Kultur für uns als das Kostbarste schätzen, haben wir vor jeder anderen Ausprägung völkischen Lebens- und Kulturwollens Ehrfurcht und müssen in einer Verwässerung und Nivellierung der Volkstümer ein Unglück für die Menschheit schlechthin erblicken. Diese Auffassung hat der Nationalsozialismus nicht verändert, sondern erst recht eigentlich bekräftigt. Und so stelle ich als erste Aufgabe unserer heutigen Kulturpolitik im Ausland die Forderung: in Wort und Tat den Beweis zu führen, daß das nationalsozialistische Deutschland entschlossen ist, die gleiche Achtung, die es für sein Volkstum unbedingt und unter allen Umständen fordert, den fremden Volkskulturen entgegen zu bringen."[109]

1938, kurz nach seinem Ausscheiden aus der Deutschen Akademie, distanzierte sich Thierfelder in seinem Buch „Deutsch als Weltsprache", das auch eine Art Bilanz seiner Erfahrungen bei der Verbreitung der deutschen Sprache im Ausland im Dienste der Deutschen Akademie war, von jeglichem Kulturimperialismus und jeglicher stumpfen Kulturpropaganda, ohne dabei den Boden des völkischen Na-

---

108 Thierfelder, Geistige Grundlagen kultureller Auslandsarbeit, S. 229.
109 Manuskript in: BHStA MK 40444.

tionalismus zu verlassen: Kultur könne nicht propagiert werden, denn die Kultur eines Volkes sei etwas einmaliges, die Summe der organisch aus dem Volksboden und dem Volksgeiste erwachsenen Werte. „Sie mit den Mitteln der Massenbeeinflussung zu propagieren, um die völkische Eigenart einer anderen Nation zu überdecken oder zu verfälschen, ist ein geistiger Verrat, dem der letzte Erfolg schließlich doch versagt bliebe."[110]

Der Personalwechsel in der Zentrale in München seit 1933 machte sich in der Kulturarbeit im Ausland kaum bemerkbar, weder hinsichtlich der Grundsätze, noch in bezug auf das Personal: Es gab kein personalpolitisches Revirement unter den Lektoren nach 1933. NSDAP-Zugehörigkeit spielte offenbar bei der Auswahl der Lektoren weder unter der Ägide Thierfelders noch in den verbleibenden weiteren zwei Friedensjahren eine Rolle. Doch konnte ein Kandidat, der im Ruf einer regimekritischen Einstellung stand, nicht auf Einstellung als Lektor hoffen.[111] Dies war schon in der Ära Thierfelder so. Jedenfalls wurden die Lektoren weder von der Zentrale noch von den deutschen Auslandsmissionen dazu angehalten, politische Propaganda zu betreiben. Im Gegenteil, gerade wenn man die Kultur- und Spracharbeit im vorpolitischen Raum hielt, und das war nicht nur Credo der Deutschen Akademie, sondern auch der Kulturabteilung des Auswärtigen Amts selbst nach 1933, glaubte man mehr Ausländer wirksamer, sozusagen schleichend, im deutschen Interesse beeinflussen zu können, als wenn man auf politische Indoktrination setzte, die wegen ihrer Vordergründigkeit nur auf Ablehnung stoßen würde.

Allerdings konnte und wollte man die seit 1933 in Deutschland eingetretenen Verhältnisse in der Deutschen Akademie auch nicht ignorieren. Abgesehen von einigen Aspekten wie der weitverbreiteten Korruption unter den Parteifunktionären, dem Kirchenkampf und den gewalttätigen Übergriffen auf Juden, wie sie sich z. B. in der Reichspogromnacht vom November 1938 äußerten, überwogen in den Augen der Deutschen in der zweiten Hälfte der dreißiger Jahre die positiven Aspekte des Regimes: Seine außenpolitischen Erfolge, die Deutschland innerhalb weniger Jahre wieder zur dominierenden Großmacht auf dem europäischen Kontinent machten, der vermeintliche wirtschaftliche Aufschwung sowie das durch eine geschickt inszenierte Propaganda erzeugte Gefühl, von einer starken, vertrauensvollen, selbstlosen, lediglich um das Wohl der Nation besorgten und unfehlbaren Führergestalt geleitet zu werden.[112] Es ist unwahrscheinlich, daß die

---

[110] Thierfelder, Deutsch als Weltsprache, S. 29.

[111] Vgl. hierzu auch Scholten, Sprachverbreitungspolitik des nationalsozialistischen Deutschlands, S. 96 ff. Scholtens Beispiel, daß Thierfelder sich gänzlich gleichgültig gegenüber der politischen Einstellung der Lektoren gezeigt habe, ist allerdings nicht sehr stichhaltig, da es sich um eine Italienerin handelte, die sich als Ortskraft für eine Stelle in Italien beworben hatte. Vielmehr dürfte die Akademie wie Thierfelder, blickt man auf ihre Vorgeschichte in der Weimarer Republik zurück, in den dreißiger Jahren „national" eingestellte Lektoren bevorzugt haben, und sei es nur aus Selbsterhaltungstrieb, da die Tätigkeit der Akademie von den Parteidienststellen skeptisch verfolgt wurde.

[112] Grundlegend hierzu Ian Kershaw, Der Hitlermythos. Führerkult und Volksmeinung, Frankfurt/M. 2002, S. 107 ff. Vgl. ferner Ulrich Herbert, „Die guten und die schlechten Zeiten". Überlegungen zur diachronischen Analyse lebensgeschichtlicher Interviews, in:

Mehrzahl der Lektoren von dieser grundsätzlich zustimmenden Haltung zum Regime abwich. Im Gegenteil: Die meisten Lektoren waren Akademiker. Sie entstammten aufgrund des elitären Charakters des deutschen Bildungswesens in den zwanziger und dreißiger Jahren weitgehend aus Familien der oberen und unteren Mittelkasse, rekrutierten sich also aus jenen Schichten, die ohnehin eher als Stützen, zumindest aber nicht als besonders resistent gegenüber dem Regime angesehen werden können.[113] Die deutschen Hochschulen waren entsprechend schon in den zwanziger Jahren nicht nur aufgrund der politischen Einstellung der Professoren, sondern auch hinsichtlich der Studentenschaft wegen der sogenannten Überfüllungskrise, also steigender Studentenzahlen bei gleichzeitig schlechteren Berufsaussichten für die Absolventen, Hochburgen antidemokratischen Denkens gewesen. Dies hatte sich nicht zuletzt an den Wahlerfolgen des NSDStB bei den AStA-Wahlen seit Ende der zwanziger Jahre gezeigt. Hier erzielte der akademische Vortrupp der NSDAP regelmäßig bessere Ergebnisse als die Mutterpartei bei den allgemeinen Wahlen.[114] Wenn auch die Attraktivität des NSDStB unter den Studenten nach 1933 schnell nachließ, da dieser die Studenten zu gängeln versuchte, blieben Hochschulen wie Studentenschaft bis Kriegsausbruch dem Regime loyal ergeben: Man mag bestimmte bildungspolitische Initiativen des Regimes abgelehnt haben, ansonsten aber überwog bei weitem die Zustimmung zum Dritten Reich aus den bereits genannten Gründen.[115]

Nicht zuletzt konnte die Akademie die neuen politischen Verhältnisse nicht ignorieren, selbst wenn sie gewollt hätte, da die Mehrheit jener Ausländer, die sich für Deutschland interessierten, auch Informationen über die aktuellen politischen Verhältnisse im Reich erwarteten, die ihnen dann natürlich in gefilterter Form und in rosaroten Farben präsentiert wurden.

„Daß die Diskussionen im einzelnen sich immer wieder auf das neue Deutschland richteten, daß wir immer wieder davon gesprochen, daß wir erzählt, daß wir dargestellt haben, daß wir mit Leidenschaft dafür eingetreten sind, sei hier mit selbstverständlichem Stolz berichtet. Die große Aufgabe, die hier dem deutschen Sprachunterricht gestellt ist, besteht darin: die falschen und flachen Meinungen über Deutschland, die vor allem durch die Zeitung verbreitet werden, durch tiefere zu ersetzen. Jedes Wort der Tagespolitik muß dabei auf den tiefen Grund der Kultur hinabgeleitet werden. Die Bedenken, daß man sich etwa nicht genügend zurückhält, kann deshalb nicht laut werden. Im Gegenteil, es sind immer wieder die Schüler selbst, die Diskussionen wünschen,"

„Die Jahre weiß man nicht, wo man die heute hinsetzen soll". Faschismuserfahrungen im Ruhrgebiet, hrsg. von Lutz Niethammer, Berlin u. a. 1983, S. 67–96.

[113] Vgl. zu den Widerstandspotentialen in der deutschen Gesellschaft im Nationalsozialismus überblicksartig Martin Broszat, Zur Sozialgeschichte des deutschen Widerstandes, in: Vierteljahrshefte für Zeitgeschichte, 34 (1986), 293–309, sowie Hans Mommsen, Der Widerstand gegen Hitler und die deutsche Gesellschaft, in: Der Widerstand gegen den Nationalsozialismus. Die deutsche Gesellschaft und der Widerstand gegen Hitler, hrsg. von Jürgen Schmädecke und Peter Steinbach, München ³1993, S. 3–23.

[114] Vgl. hierzu Michael H. Kater, Studentenschaft und Rechtsradikalismus in Deutschland 1918–1933. Eine sozialgeschichtliche Studie zur Bildungskrise in der Weimarer Republik, Hamburg 1975, S. 111 ff.; Michael Grüttner, Studenten im Dritten Reich, Paderborn 1995, S. 19 ff.

[115] Grüttner, Studenten im Dritten Reich, S. 479 ff.

schrieb beispielsweise der Lektor aus Split in seinem Bericht an das Auswärtige Amt im Frühjahr 1934.[116] Obwohl er sich in seinem Bericht gegen jegliche Propaganda ausgesprochen hatte, scheint er, vielleicht gerade weil er in der Diaspora lebte und daher zur Verklärung neigte, sich so mit dem neuen Regime identifiziert zu haben, daß sein Unterricht automatisch zu einer Werbung für das „neue Deutschland" degenerierte.

Dennoch hatten die Lektoren die Möglichkeit, wenn sie denn wollten, im Ausland ohne allzu großen Konformitätsdruck zu arbeiten. Hier waren sie relativ unbeaufsichtigt von der Zentrale oder den Auslandsmissionen, da die meisten Lektorate ja in Provinzstädten angesiedelt waren. Die Signale aus der Zentrale in München für den Deutschunterricht im Ausland wiederum waren nicht eindeutig. Dies läßt sich zum Beispiel an den seit 1936 in der Zeitschrift „Deutschunterricht im Ausland" erscheinenden Literaturempfehlungen ablesen. Zwar empfahl diese zur Lektüre im Unterricht u.a. die vom Regime favorisierten Schriftsteller Hans Grimm, Erwin Guido Kolbenheyer, Hans Friedrich Blunck, Rudolf Binding und Hanns Johst, ebenso aber Schriftsteller der „inneren Emigration" wie Ricarda Huch, Ina Seidel, Gertrud von Le Fort, Hans Carossa und Ernst Wiechert, die eher geduldet wurden als daß sie in der Gunst des Regimes standen. Zudem bewertete die Zeitschrift die vom Regime hochgeschätzten Autoren nicht ausführlicher oder positiver als z.B. die christlich orientierten Schriftstellerinnen von Le Fort und Seidel.[117] Ebenso verwies die Zeitschrift in einigen Ausgaben des Jahres 1935 auf Oster- und Passionsspiele als für den Deutschunterricht nützliche Hilfsmittel, was angesichts eines Regimes, das gerade zu diesem Zeitpunkt den „Kirchenkampf" intensivierte, doch auf einige zumindest in den dreißiger Jahren bestehende kulturpolitische Freiräume in der Akademie schließen läßt, trotz ihrer zunehmenden Nazifizierung an der Spitze.

Damit fügt sich die Auslandskulturpolitik der Deutschen Akademie in den Jahren 1933 bis 1939 in das insgesamt von der Forschung seit den achtziger Jahren gezeichnete Bild einer „nationalsozialistischen" Kulturpolitik ab 1933, die mehr aus den kulturellen Leistungen (und dem antidemokratischen Denken) aus der Zeit vor 1933 schöpfte oder Langzeittrends in der Massenkultur fortführte, als daß sie nach der Machtübernahme eigene inhaltliche Akzente als allgemeinverbindlich setzte. Der aufgestellte Totalitaritätsanspruch wurde zum einen durch die Unfähigkeit unterminiert, überhaupt spezifisch nationalsozialistische Inhalte in den Künsten zu definieren, zum zweiten durch die untereinander rivalisierenden kulturpolitischen Institutionen behindert und zum dritten durch die notwendige Rücksichtnahme auf den Geschmack der in- wie ausländischen Adressaten der Kulturpolitik begrenzt.[118]

---

[116] PA Bd. R63130, Bericht über die Sprachkurse der Deutschen Akademie in Split, März 1934.

[117] Dieter Schümer, Franz Thierfelder und „Deutsch für Ausländer". Kontinuität und Neuorientierung seit 1932, in: Sprachwissenschaft als politisches Engagement. Zur Problem- und Sozialgeschichte einiger sprachtheoretischer, sprachdidaktischer und sprachpflegerischer Ansätze in der Germanistik des 19. und 20. Jahrhunderts, hrsg. von Gerd Simon, Weilheim u.a. 1979, S. 207–229, hier S. 211 f.

[118] Erstmals wurde dieser Zwiespalt zwischen Anspruch und Wirklichkeit des Kulturlebens

Die Indoktrination im Sinne des NS-Staates in der Spracharbeit der Deutschen Akademie traf vermutlich in stärkerem Maße für die Fortbildungskurse des Goethe-Instituts zu als für die Arbeit in den Auslandslektoraten. Mit dem Goethe-Institut erfaßte man eine Zielgruppe mit weit fortgeschrittenen Deutschkenntnissen, mithin konnte man ihr anspruchsvollere Themen als die vermischten Nachrichten und Kurzgeschichten in der Tages- oder illustrierten Presse zumuten, welche die Unterrichtslektüre in den Grundkursen im Ausland bildeten.[119] Ihr konnte zudem ein besonderes Interesse an Deutschland unterstellt werden, das es zu befriedigen galt, und sie war zudem in ihren Heimatländern ein wichtiger Multiplikator des Deutschlandbildes. So war bei den Sommerkursen des Jahres 1934 ein Vortrag von Nitschke über „Die deutsche Revolution" [von 1933] fester Bestandteil des Programms. Ebenso sah das Begleitprogramm den Besuch eines Lagers des Reichsarbeitsdienstes vor.[120] Das Programm des Goethe-Instituts für die Sommerkurse für ausländische Germanisten im Jahre 1937, für das noch Thierfelder verantwortlich zeichnete, sah z.B. in den vierwöchigen Lehrgängen jeweils 15 Unterrichtsstunden für die Methodik des Deutschunterrichts, 15 Stunden für Phonetik, zehn Stunden für die deutsche Dichtung seit 1890 und zehn Stunden für deutsche Geistesgeschichte und Kunst seit dem Mittelalter vor. Schließlich gab es noch einen Block von 12 Stunden über das Dritte Reich mit den Unterthemen Partei, Schule und Staatsjugend.[121]

im NS-Regime von Hans Dieter Schäfer, Das gespaltene Bewußtsein. Über deutsche Kultur und Lebenswirklichkeit 1933–1945, München 1981 herausgearbeitet. Vgl. auch Peter Reichel, Der schöne Schein des Dritten Reiches. Faszination und Gewalt des Faschismus, Frankfurt/M. 1993 sowie Volker Dahm, Nationale Einheit und partikulare Vielfalt. Zur Frage der kulturpolitischen Gleichschaltung im Dritten Reich, in: Vierteljahrshefte für Zeitgeschichte, 43 (1995), S. 221–265. Für den Bereich Literatur siehe Jan-Pieter Barbian, Literaturpolitik im „Dritten Reich". Institutionen, Kompetenzen, Betätigungsfelder, überarbeitete und aktualisierte Ausgabe München 1993; Tobias Schneider, Bestseller im Dritten Reich. Ermittlung und Analyse der meistverkauften Romane in Deutschland 1933–1944, in: Vierteljahrshefte für Zeitgeschichte, 52 (2004), S. 77–97.
[119] Vgl. hierzu die Erhebung über den Inhalt des Deutschunterrichts im Ausland in der Novemberausgabe 1935 der Zeitschrift „Deutschunterricht im Ausland".
[120] BAB R51/2.
[121] Siehe die Broschüre „Goethe-Institut zur Fortbildung ausländischer Deutschlehrer, Lehrgänge Marktbreit 1937", in: BHStA MK 40445.

VI. Sprachpolitik und Propaganda im Zeichen der militärischen und finanziellen Expansion (1939–1945)

Ausgelöst durch das Verbot der Parteikanzlei, Gelder in der Wirtschaft einzuwerben, kämpfte die Deutsche Akademie bei Kriegsausbruch einmal mehr um ihr finanzielles Überleben, obwohl sie nun mit Ministerpräsident Siebert einen „alten Kämpfer" an ihrer Spitze hatte. Der Kriegsausbruch schien in München, abgesehen von den finanziellen Schwierigkeiten, auch so interpretiert zu werden, daß die kulturpolitische Betätigung im Ausland vorerst zum Erliegen kommen werde. Das Goethe-Institut stellte seine Arbeit in München ein, und die für September anberaumte Jahresversammlung wurde kurzfristig abgesagt.

Es sollte jedoch ganz anders kommen. Auf der Sitzung des Kleinen Rates am 19. September 1939 erklärte von Twardowski, seit Mai Leiter der Kulturpolitischen Abteilung, im Namen von Staatssekretär Ernst von Weizsäcker, daß das Auswärtige Amt einer Liquidierung der Deutschen Akademie unmöglich zustimmen könne. Gerade in der gänzlich neuen Situation sei ihre Erhaltung eine dringende Notwendigkeit und dies um so mehr, als das Ausland angesichts der Schließung zahlreicher deutscher Universitäten mit Kriegsausbruch schon hämische Bemerkungen über den Kulturstand der Deutschen gemacht habe. Das Auswärtige Amt werde folglich alles tun, um den Fortbestand der Akademie zu sichern. Der Krieg werde nicht zuletzt durch das Ringen um die Seele der neutralen Länder entschieden; hier müsse die Kulturarbeit das leisten, was anderswo die Waffen bewerkstelligten.[1]

Zugleich gingen innerhalb der Akademie die Diskussionen weiter, wie man die Existenz der Einrichtung auf Dauer sichern könne. Generalsekretär Fochler-Hauke plädierte auf der Sitzung des Kleinen Rates am 12. Dezember 1939 dafür, die Akademie in eine öffentliche Einrichtung umzuwandeln, nicht zuletzt um den Mitarbeitern eine langfristige berufliche Perspektive zu bieten. Das bisher stets vorgebrachte Argument, die Akademie könne Kulturarbeit im Ausland überzeugender leisten, wenn sie den Schein der Unabhängigkeit durch ihren Charakter als privatrechtlicher Verein beibehalte, greife nicht mehr: Alle Entscheidungen seien ohnehin eng an die Direktiven des Auswärtigen Amts gebunden. Siebert hingegen hielt vorerst an der Idee fest, die Akademie als Verein weiterzuführen, der sich hauptsächlich auf Spenden der Wirtschaft stützen solle. Allerdings müsse das Auswärtige Amt seinen jährlichen Zuschuß auf 300000 bis 400000 RM erhöhen, um die Spracharbeit großzügig auszubauen. Auch der Vertreter des Auswärtigen Amts unterstrich, daß seine Behörde die Akademie weiterhin gerne als Verein mit Sitz in München sehen würde.[2]

---

[1] BHStA StK 7392, Protokoll der Sitzung des Kleinen Rates, 19. 9. 1939.
[2] BAB R8043/1332, Protokoll der Sitzung des Kleinen Rates, 12. 12. 1939.

1. Intensivierung der Kulturpolitik mit Kriegsausbruch

Von Twardowskis Ausführungen in München unmittelbar nach Kriegsausbruch machten deutlich, daß man in der Wilhelmstraße die kulturpolitische Lektion des Ersten Weltkrieges gelernt zu haben glaubte: Der Gefahr, daß das Reich wie ein Vierteljahrhundert zuvor auf der internationalen Bühne erneut als barbarische, aggressive Macht dargestellt werden könnte, wollten die Diplomaten durch eine ab Kriegsausbruch intensivierte Kulturpolitik im Ausland vorbeugen. Noch 1943 stellte von Twardowski in einer Aufzeichnung diesen eher defensiven, den Lehren des Ersten Weltkrieges geschuldeten Auftrag als die wichtigste Aufgabe der Kulturpolitischen Abteilung im Kriege heraus. Die Grundlegung der „geistigen Fundamente" eines „neuen Europas", also die ideologische Absicherung der deutschen Hegemonie über Europa, belegte in der Prioritätenliste erst die Ränge drei bis sieben der Aufstellung.[3] Die sich seit September 1939 abzeichnende verstärkte Unterstützung der Deutschen Akademie durch das Auswärtige Amt war dabei nur ein Pfeiler der kulturpolitischen und propagandistischen Offensive, welche die Aggressionspolitik des Dritten Reiches verschleiern und zugleich unter der Hand unterstützen sollte. Vielmehr profitierten alle Aspekte der Arbeit der Kulturpolitischen Abteilung in materieller Hinsicht vom Kriegsausbruch: So gab es mehr Geld für den Ausbau des Auslandsschulwesens – die Schulfonds stiegen beispielsweise von 5,4 Millionen RM 1939 auf 13,3 Millionen RM 1941 – und mehr Stipendien für das Studium von Ausländern im Reich: 1936/37 hatte man 254 Ausländer gefördert, 1942/43 waren es 1650.[4] Mit Kriegsausbruch ging das Auswärtige Amt, das sich Anfang September gegenüber seinem ewigen Konkurrenten, dem Propagandaministerium, zunächst bei Hitler die Federführung in der Auslandspropaganda hatte sichern können,[5] ebenfalls daran, erstmals ein Netz zentral gesteuerter und einheitlich strukturierter Kulturinstitute im Ausland aufzubauen, die sogenannten Deutschen Wissenschaftlichen Institute (DWI).[6] Sie wurden in der Wilhelmstraße als wichtigster kulturpolitischer Beitrag zu den Kriegsanstrengungen des Reiches angesehen.[7]

---

[3] PA Bd. R60804, Aufzeichnung über die Kulturpolitische Abteilung, 10. 4. 1943. Als ersten Punkt des Programms der Kulturpolitischen Abteilung im Kriege nannte das Dokument die Aufgabe, dem Ausland trotz des Krieges einen Eindruck vom kulturellen Selbstbehauptungswillen und den geistigen Reserven Deutschlands zu geben. An zweiter Stelle fand sich der Auftrag, der feindlichen Propaganda über die Kulturfeindlichkeit des Dritten Reiches entgegenzutreten.

[4] Ebenda, Arbeitsprogramm der Kulturpolitischen Abteilung für 1942, 19. 1. 1942 sowie Aufzeichnung über die Kulturpolitische Abteilung, 10. 4. 1943.

[5] Peter Longerich, Propagandisten im Krieg. Die Presseabteilung des Auswärtigen Amtes unter Ribbentrop, München 1987, S. 135 f.

[6] Vgl. zur Entstehung Michels, Das Deutsche Institut in Paris, S. 48–55 sowie Hausmann, „Auch im Krieg schweigen die Musen nicht", S. 19–36.

[7] So der ehemalige Leiter der Kulturpolitischen Abteilung, Franz Alfred Six, 1946 in einem Verhör durch die Amerikaner. In: IfZ Film 1300/3, Interrogation of F.A.Six, 30. 4. 1946. Zu Six vgl. auch Lutz Hachtmeister, Der Gegnerforscher. Die Karriere des SS-Führers Franz Alfred Six, München 1998.

Die Idee, repräsentative Kulturinstitute im Ausland zu errichten, kursierte im Auswärtigen Amt schon seit Mitte der dreißiger Jahre. Sie war u.a. angestoßen worden durch die Schenkung eines Deutsch-Amerikaners, der 1935 dem Reich ein repräsentatives Gebäude in Paris in der Avenue d'Iéna, heute Standort des Pariser Goethe-Instituts, mit der Auflage vermacht hatte, es zu einer deutsch-französischen Begegnungsstätte auszubauen. Als das Gebäude in Paris im Frühjahr 1938 eröffnet wurde, firmierte es als „Goethe-Haus" und diente vornehmlich als Residenz für deutsche Künstler.[8] Auch im Hinblick auf London gab es, wie bereits erwähnt, seit 1937 Überlegungen, ein Kulturinstitut zu gründen. Allerdings wurden in Paris, London und anderen besonders wichtigen Hauptstädten die Aufgaben eines Kulturinstituts bis zum Kriegsausbruch in begrenztem Maße weiterhin von den Zweigstellen des DAAD wahrgenommen.[9] Erst im Winter 1939/40, als die auswärtige Kulturpolitik den Stempel eines kriegswichtigen Beitrages an der geistigen Front erhielt, konnte die Kulturabteilung auch die nötigen Mittel vom Finanzministerium einfordern, um das Projekt „Kulturinstitute" europaweit anzugehen.

Diesen Instituten, die sich in Zeiten des Krieges bewußt auch als wissenschaftliche Forschungseinrichtungen präsentieren sollten, um sich von bloßen Kulturinstituten wie den Instituts Français des Gegners abzusetzen, die angeblich lediglich „oberflächliche" Kulturpropaganda betrieben,[10] stand daher stets ein renommierter deutscher Wissenschaftler und Kenner des Gastlandes vor. Er sollte für den wissenschaftlichen und daher vermeintlich unpolitischen Ruf des Instituts bürgen. Die Institute umfaßten als Kern neben einer gut bestückten, dem Publikum zugänglichen Bibliothek stets eine „wissenschaftliche Abteilung", die eigenständige Forschungen betrieb. Ferner hatten sie eine „akademische Abteilung", welche die Arbeit der ggf. früher im Lande vorhandenen Zweigstelle des DAAD übernahm. Schließlich erhielten sie auch jeweils eine Sprachabteilung, die stets die personell am stärksten besetzt war. Sie war identisch mit der jeweiligen Mittelstelle der Deutschen Akademie im Gastland. Die unter der Bezeichnung „Mittelstelle" seit Mitte der dreißiger Jahre arbeitenden Regionalbüros der Deutschen Akademie verloren also ihre Unabhängigkeit, indem sie zu Unterabteilungen der vom Auswärtigen Amt geschaffenen und beaufsichtigten neuen Kulturinstitute wurden. Das gleiche galt für die DAAD-Zweigstellen, die bislang wie die ganze Austauschorganisation dem RMEWV unterstanden hatten.

Die ersten Institute mit dieser einheitlichen Struktur, die im Auswärtigen Amt offenbar im Oktober oder November 1939 ausgearbeitet worden war, sollten nach Vorstellungen der Kulturpolitischen Abteilung auf dem Balkan eröffnet werden.[11] Folglich nahm auch das Institut in Bukarest als erstes seine Arbeit im April

---

[8] Twardowski, Anfänge deutscher Kulturpolitik zum Ausland, S. 41.
[9] Laitenberger, Akademischer Austausch und auswärtige Kulturpolitik, S. 71 f. und 115 ff.
[10] Barbian, Kulturwerte im Zweikampf, S. 430 Anmerkung 61.
[11] BAB R51/51, Aufzeichnung Twardowskis betr. Kulturinstitute auf dem Balkan, 18. 11. 1939. In dieser Aufzeichnung findet sich bereits die grundsätzliche, später für die DWI maßgebliche Unterteilung in eine wissenschaftliche, eine akademische und eine Sprachabteilung.

1940 auf. Die Institute ergänzten ebenso wie die auf dem Balkan nun noch verstärkte Tätigkeit der Deutschen Akademie kulturpolitisch die bis Kriegsausbruch
schon weit fortgeschrittene ökonomische Unterwanderung Südosteuropas durch
das Reich. Denn man rechnete in Berlin mit einer intensivierten kulturpolitischen
Offensive der Gegner in dem vorerst neutralen, für Deutschland aber ökonomisch
wie strategisch immens wichtigen Großraum. Da die Balkanstaaten nach den Vorstellungen Berlins vorerst möglichst neutral bleiben sollten, weil so die möglichst
ungestörte Nutzung ihrer wirtschaftlichen Ressourcen für das Reich am besten
gewährleistet war,[12] erschien eine verstärkte kulturpolitische Präsenz ein geeigne-
tes Mittel, hier in Kriegszeiten Flagge zu zeigen, ohne die Intervention anderer
Mächte heraufzubeschwören.

Als erste Stützungsmaßnahme des Auswärtigen Amts erhielt die Deutsche
Akademie Anfang Januar 1940 einen Sonderzuschuß von 100000 RM für die
Spracharbeit, der insbesondere für die Ausstattung der bestehenden Lektorate in
Südosteuropa verwendet werden sollte. Weitere Gelder stellte die Wilhelmstraße
in den nächsten Monaten bereit. Ende Juni 1940 informierte München beispielsweise die Lektorate, daß demnächst Radios, Schreibmaschinen, Stapeldrucker,
Lichtbildgeräte, Farblichtdrucke und Stiche an sie versandt würden. Zudem bestehe nun die Möglichkeit, ausländischen Kursteilnehmern akademischer Berufe
wie Ärzten, Chemikern und Ingenieuren für einige Zeit kostenlos Abonnements
deutscher Fachzeitschriften zukommen zu lassen. Ab 1. Juli würden den Lektoraten auch „namhafte" Mittel zur Abhaltung „geselliger" Veranstaltungen wie z. B.
Teenachmittagen und Abendeinladungen zur Verfügung stehen.[13] Allerdings sollten diese Veranstaltungen nicht zu „gesellig" geraten: Als einige Jahre später ein
Mittelstellenleiter anfragte, ob in den Lektoraten auch Tanzveranstaltungen erlaubt seien, machte der Leiter der Abteilung Auslandslektorate, Nitschke, dies
von einer Genehmigung der jeweiligen diplomatischen Mission abhängig. Er fügte
aber hinzu: „Wir persönlich stehen auf dem Standpunkt, daß nicht getanzt werden
sollte".[14]

Spracharbeit biete, so die Begründung des Auswärtigen Amts im Frühjahr 1940
gegenüber dem Reichsfinanzministerium beim Antrag auf zusätzliche Gelder für
die Deutsche Akademie, in Kriegszeiten eine unverdächtige Art der Beeinflussung
des neutralen Auslandes, das auf politische Propaganda ablehnend reagiere. Ziel
der Sprachwerbung sei es nicht, den Ausländern mehr oder weniger Deutsch beizubringen oder im Rahmen des Unterrichts Propagandaschriften in ihrer Muttersprache in die Hand zu drücken. Derartige Versuche hätten stets mehr Schaden als
Nutzen eingebracht. Der Sprachunterricht bewirke vielmehr, daß „der Ausländer
von da ab Deutschland nicht mehr gleichgültig gegenübersteht und unwillkürlich
und fast automatisch sich über deutsche Dinge zu unterrichten suchen wird und
allmählich ein wirkliches Interesse an Deutschland und seiner Ideenwelt

---

[12] Vgl. Klaus Olshausen, Die deutsche Balkanpolitik 1940/41, in: Hitler, Deutschland und
die Mächte, hrsg. von Manfred Funke, Düsseldorf 1976, S. 707–727.
[13] BAB R51/23, Rundschreiben an die Lektorate, 27. 6. 1940.
[14] BAB R51/26, Protokoll der Tagung der Mittelstellenleiter, 11.–16. 2. 1944.

nimmt".[15] Selbst nach Kriegsausbruch hielt man also in der Kulturpolitischen Abteilung zumindest theoretisch an der Trennung von Kulturpolitik und Propaganda fest. Für die mehr auf die Tagespolitik ausgerichtete Beeinflussung des Auslandes hatte man im übrigen im Sommer 1939 eine „Informationsabteilung" im Auswärtigen Amt eingerichtet, die, obwohl Propaganda betreibend, dennoch den odiösen Begriff mied. Die Abgrenzung gegenüber kruden Propagandamethoden bestand allerdings eher in der Theorie denn in der Praxis: Allein zwischen Herbst 1939 und Frühjahr 1940 vertrieben die Lektorate der Deutschen Akademie, deren Arbeit weiterhin vom Referat Sprache innerhalb der Kulturpolitischen Abteilung betreut wurde, in Bulgarien mehrere tausend Exemplare der Druckschrift „Polnische Greueltaten", bis das Auswärtige Amt selbst den Versand weiterer Exemplare stoppte, da man um den Ruf der Lektorate fürchtete. Anfang 1940 wurde zudem ein Lektor der Akademie von der jugoslawischen Polizei verhaftet, da die deutsche Gesandtschaft in Belgrad ihm paketweise Propagandamaterial zugesandt hatte.[16]

Daß Kriegszeiten einer unpolitischen, sich von bloßer Propaganda absetzenden Kulturarbeit nicht dienlich waren, sah man im übrigen 1940 auch beim British Council. „It is not possible to distinguish the borderline between cultural and political propaganda in wartime", schrieb sein Vorsitzender Lord George Lloyd im November 1940. Dennoch wurde nach außen hin auch in London an der Fiktion einer Trennung von Propaganda und Kulturpolitik festgehalten, da andernfalls die Gefahr bestand, daß der British Council aus der Obhut des Foreign Office gelöst und dem mit Kriegsausbruch geschaffenen Ministry of Information unterstellt worden wäre. Dies wäre nicht nur für das Ansehen und die Wirksamkeit der Arbeit des British Council fatal gewesen, sondern hätte auch für die nicht einmal fünf Jahre alte Organisation die Gefahr heraufbeschworen, ebenso wie das britische Informationsministerium, das wie im Ersten Weltkrieg eine rein kriegsbedingte Einrichtung sein sollte, bei Friedenschluß schlichtweg wieder aufgelöst zu werden.[17] So machte sich denn Lord Lloyd die gleichen Argumente zu eigen, mit denen die Kulturpolitische Abteilung des Auswärtigen Amts in Berlin auf die angeblich größere Effizienz von kulturellen Initiativen gegenüber plumper politischer Propaganda hinwies, um nicht dem Ministry of Information unterstellt zu werden: „It is a fundamental paradox that the political effect of cultural propaganda increases in proportion to its detachment from political propaganda, no matter how honestly and candidly the latter may be conducted and however wide the evidence it may win."[18]

Das Auswärtige Amt zahlte bis Jahresende 1940 insgesamt 860 000 RM an die Deutsche Akademie, also mehr als das Zehnfache der Summe, welche 1938/39 für den Münchener Verein zur Verfügung gestanden hatte. Dies war aber erst der Anfang, denn 1941 erübrigte das Amt sogar 3,3 Millionen RM, so daß der Gesamtetat

---

15 BAB R2/11497, Aufzeichnung der kulturpolitischen Abteilung über die notwendige Etaterhöhung für die Spracharbeit, Frühjahr 1940.
16 Scholten, Sprachverbreitungspolitik des nationalsozialistischen Deutschlands, S. 411.
17 Donaldson, The British Council, S. 70 f.
18 Ebenda, S. 74.

der Akademie inklusive Spenden aus der Wirtschaft und Eigeneinnahmen aus den Sprachkursen auf 4,4 Millionen RM anwuchs.[19] Auch im Vereinigten Königreich stiegen im übrigen die Ausgaben für auswärtige Kulturpolitik seit Kriegsausbruch kontinuierlich, wenn auch anfänglich nicht so drastisch wie die Zuschüsse für die Deutsche Akademie. Betrug der letzte Friedenshaushalt des British Council für 1939/40 immerhin schon 330 000 Pfund, so war er im Rechnungsjahr 1941/42 auf 611 728 Pfund angewachsen. 1944/45 verfügte die britische Organisation schließlich über 2,1 Millionen Pfund.[20]

Anfang 1941 zählte die Akademie bereits 120 Lektoren im Ausland, zudem hatte man 52 Hilfslehrkräfte vor Ort engagiert. Die Zahl der Sprachschüler war von etwa 7000 bei Kriegsausbruch auf nunmehr 17 000 angewachsen.[21] Vor allem aber war nun die materielle Ausstattung der Lektorate verbessert worden. Allein schon vom äußeren Erscheinungsbild her hatte man sich bislang gegenüber der französischen, italienischen und britischen Konkurrenz benachteiligt gefühlt und war daher vor dem Krieg gerne in Provinzstädte ausgewichen, in denen es gar keine anderen ausländischen Kulturstützpunkte gab. Nun hingegen brachte man die Lektorate in ansprechenden, zentral gelegenen Gebäuden unter, zumindest in Italien nach Aussage Wüsts oftmals sogar in „palastartigen Häusern".[22] Ferner bekamen sie alle kleine Bibliotheken von, je nach Größe des Lektorates,[23] 1000 bis 3000 Bänden, ebenso Schallplattenspieler und Schallplatten, Diaprojektoren, Radiogeräte, Bilderschmuck, Landkarten etc. Sie wurden jetzt regelmäßig mit den wichtigsten Zeitungen und Zeitschriften aus Deutschland beschickt, vom „Völkischen Beobachter" über „Das Reich" bis zur „Leipziger Illustrierten Zeitung". Die Lektorate erhielten nun ein einheitliches Mobiliar, das von einem eigens dafür engagierten Innenarchitekten entworfen worden war und „gediegene deutsche Wohnkultur" ausstrahlen sollte.[24] Ab 1941 gehörte zur Ausstattung auch jeweils eine „Führerbüste".

„Damit die Arbeit der Deutschen Akademie der Würde des Großdeutschen Reiches entspricht, habe ich veranlaßt, daß auch in den räumlichen Verhältnissen das jeweilige Auslandslektorat der Deutschen Akademie entsprechende Formen gewinnt. Es ist beabsichtigt, eine jede derartige Vertretung der Deutschen Akademie auch im Äußeren so würdig ausstatten zu lassen, daß die Ausländer, die es besuchen, dadurch einen unmittelbar wirksamen Begriff vom deutschen Lebensstil gewinnen und sich dessen bewußt werden, daß sie sich im geistigen Raum eines Volkes bewegen, das berufen ist, Europa ein neues Gesicht zu geben",

schrieb Siebert.[25]

Jedes Lektorat konnte ab 1941 jährlich zwei Stipendien für Sommerkurse am Goethe-Institut in München an besonders gute Sprachschüler oder Deutschlehrer

---

[19] Zahlen in: BAB R2/11622.
[20] Donaldson, The British Council, S. 382.
[21] Zahlen in: BAB R51/10149 (Personal) und BAB R51/35 (Hörer).
[22] Wüst, Gedenkrede für den verstorbenen Präsidenten der Deutschen Akademie, S. 360.
[23] Die Zahl der Lektoren pro Lektorat variierte von beispielsweise 20 in Paris tätigen Kräften bis zu Einmann-Lektoraten wie z. B. in Alicante, Dubrovnik oder Göteborg.
[24] Walter Kunze, Die Spracharbeit der Deutschen Akademie, in: Jahrbuch der Deutschen Sprache, 2 (1944), S. 135–142, hier S. 137.
[25] Völkischer Beobachter, 19. 10. 1940, S. 1.

vergeben. Dieses nahm im Sommer 1941 seine Arbeit wieder in vollem Umfang auf, nachdem es ein neues Haus in der Maria-Josepha-Straße in München bezogen hatte. Die Sommerkurse in München zogen in den Kriegsjahren jährlich zwischen 300 und 500 Sprachschüler an, zumeist, aber nicht ausschließlich, Stipendiaten der Auslandslektorate. Daneben hatten die Lektorate die Möglichkeit, Buchgeschenke an besonders gute Sprachschüler zu verteilen, ein Idee, die schon in den dreißiger Jahren von Thierfelder initiiert worden war, nun aber erst mit der verbesserten finanziellen Situation der Akademie großzügig gehandhabt werden konnte. Allein zwischen Frühjahr 1942 und Frühjahr 1943 wurden 200 000 RM nur für den Versand von Büchern an die Lektorate ausgegeben, also etwa das Dreifache dessen, was die Deutsche Akademie für ihre gesamte Spracharbeit in den dreißiger Jahren als Reichszuschuß erhalten hatte.

Für 1942 forderte das Auswärtige Amt trotz der bereits seit Kriegsausbruch erreichten Etatsteigerung noch mehr Geld für die Deutsche Akademie:

> „Die Erhöhung des Etats der Deutschen Akademie ist auf die politische Entwicklung zurückzuführen, die im Verlauf der vergangenen 1¼ Jahre das Bild der sich für die deutsche Sprachpolitik ergebenden Möglichkeiten und Bedürfnisse von Grund auf verändert hat. Abgesehen davon, daß ein im hohen Grade gesteigertes Bedürfnis nach der Erlernung der deutschen Sprache in den verschiedenen Ländern zu verzeichnen war, ergab sich auch die Notwendigkeit für unsere Sprachenpolitik, in die von den Feindstaaten teilweise geräumten Positionen so schnell wie möglich einzudringen",

hieß es in der Etatbegründung der Kulturpolitischen Abteilung im August 1941, in der sie die benötigten Mittel für das kommende Jahr für die Münchener Einrichtung auf 5,5 Millionen RM veranschlagte.[26] Auch diese Summe wurde bewilligt, wie überhaupt ab 1940 für die Deutsche Akademie Geldmangel nie mehr ein Problem sein sollte. Bei einem seit Kriegsausbruch ständig an Umfang zunehmenden Reichshaushalt – von 50 Milliarden Reichsmark im letzten Friedenshaushalt auf etwa 90 Milliarden im ersten, 148 Milliarden im zweiten und 218 Milliarden RM im dritten Kriegsjahr – war stets genügend Geld vorhanden für alle Forderungen, die den Stempel der Kriegswichtigkeit erhielten. Die Ausgabenpolitik des Reiches richtete sich nun nicht mehr nach den zu erwartenden Einnahmen. Diese wurden vielmehr durch ungezügelte Kreditaufnahme und zu einem kleineren Teil durch Steuererhöhungen und Ausplünderung der besetzten Länder den finanziellen Forderungen der Reichsressorts angepaßt.[27] Zudem fiel für die kulturpolitische Betätigung in einem Großteil Europas seit 1940 die Notwendigkeit weg, wertvolle Devisen bereitzustellen, während die Devisenbewirtschaftung im Rahmen des Vierjahresplanes bis 1939 das Haupthindernis eines großzügigen Ausbaus der Spracharbeit durch das Auswärtige Amt gewesen war. Den besetzten Ländern konnte nun ein beliebiger Wechselkurs oktroyiert werden – im Falle Frankreichs beispielsweise war eine RM seit 1940 mit 20 Francs zu verrechnen – oder man konnte die Kulturarbeit indirekt durch die von den eroberten Ländern

---

[26] BAB R2/11629, Haushaltsansatz für die deutsche Sprachwerbung im Ausland, 29. 8. 1941.

[27] Vgl. dazu überblicksartig Willi A. Boelcke, Die Finanzpolitik des Dritten Reiches. Eine Darstellung in Grundzügen., in: Deutschland 1933–1945. Neue Studien zum NS-Herrschaftssystem, hrsg. von Karl-Dietrich Bracher u. a., Düsseldorf 1992, S. 95–117.

aufzubringenden Besatzungskosten finanzieren. Der Geldsegen, der in den Kriegsjahren aus den Kassen des Reiches über die Deutsche Akademie kam, führte, wie eine nachträgliche Überprüfung ihrer Bücher durch den Bayerischen Landesrechnungshof Ende Mai 1946 ergab, zur regelrechten Verschwendung öffentlicher Gelder: Die Besoldung der Mitarbeiter war teilweise sehr großzügig bemessen worden und die Ausgaben für Telefonkosten und Dienstreisen waren selbst im letzten Kriegsjahr noch unverhältnismäßig hoch.[28]

Der mit Kriegsausbruch forcierte Ausbau des Lektoratsnetzes der Deutschen Akademie hatte mehrere Gründe. Zunächst wurde im Auswärtigen Amt wie auch in der Deutschen Akademie der Krieg als eine Chance gesehen, der Sprachwerbung endlich durch den Stempel der Kriegswichtigkeit die nötigen Mittel zukommen zu lassen, die zuvor vom Reichsfinanzministerium blockiert worden waren. War die Kulturpolitik 1939/40 noch eher defensiv ausgerichtet, d. h. vornehmlich dadurch motiviert, nicht die gleichen Fehler wie im Ersten Weltkrieg zu begehen und dem Gegner das Feld der Beeinflussung der Öffentlichkeit in den neutralen Ländern zu überlassen, so nahmen die Zukunftspläne nach dem überraschend schnellen Sieg über Frankreich ganz andere Dimensionen an. Den nun überall in den deutschen Ministerien und Dienststellen einsetzenden, teilweise phantastisch anmutenden Neuordnungsplänen für ein Europa unter deutschem Vorzeichen, aber auch für ein zu errichtendes überseeisches Imperium,[29] fanden Unterstützung in der Kulturpolitischen Abteilung und der Deutschen Akademie. Nun galt es, Deutschland zu einer Großmacht auszubauen, die einen auch kulturellen Führungsanspruch in Europa nicht nur erhob, sondern auch durchsetzte. Seit Sommer 1940 wurde ganz unverhohlen in der Akademie wie im Auswärtigen Amt darauf hingearbeitet, die deutsche Sprache zur dominierenden Sprache in Europa zu machen.

Siebert stimmte in den Chor derer ein, die hybride Neuordnungsvorschläge für ein Europa unter deutscher Herrschaft machten. So schrieb er im Oktober 1940 an die Reichskanzlei, er wolle mittels der Deutschen Akademie nun Deutsch zur wichtigsten Weltsprache ausbauen, ein Vorhaben, das auch vom Propagandaministerium unterstützt werde. Daher bitte er auch um einen Finanzzuschuß aus den Fonds des „Führers", u. a. um der Akademie endlich ein repräsentatives Gebäude in München bauen zu können.[30] Er hielt mit den sprachpolitischen Zielen der Akademie auch in der Öffentlichkeit nicht hinter dem Berg: Auf Seite eins der Ausgabe des „Völkischen Beobachters" vom 19. Oktober 1940 prangte ein von ihm verfaßter Artikel mit der Überschrift „Deutsch als Weltsprache – Auftrag an die Deutsche Akademie", in dem es u. a. hieß:

---

[28] BHStA MK Registratur-Spalte V/1274, Bericht über den Stand der Abwicklung der aufgelösten Deutschen Akademie, Mai 1946.

[29] Beispiele liefert Ralf Giordano, Wenn Hitler den Krieg gewonnen hätte. Die Pläne der Nazis nach dem Endsieg, Hamburg 1989, passim. Zu den kolonialpolitischen Planungen vgl. Klaus Hildebrand, Vom Reich zum Weltreich. Hitler, NSDAP und koloniale Frage 1919–1945, München 1969, S. 900 ff.

[30] BAB R43/II/1230a, Schreiben Sieberts an die Reichskanzlei, 3. 10. 1940.

„Das Deutsche hat bereits viele Gebiete für sich gewinnen können. Es wird nach den Siegen, die unsere Waffen errungen haben und noch erringen werden, seinen Einfluß noch in einem Maße zu steigern wissen, wie es die meisten unter uns im Augenblick kaum ermessen können […] Das deutsche Volk wird durch sein Geistesgut und durch seine Lebensart ebensosehr die Augen der Welt auf sich lenken wie durch den Sieg seiner Waffen. Darum genügt es nicht mehr, daß sich der Mitarbeiterstab der Auslandslektorate der Deutschen Akademie mit den gegenwärtigen Zahlen begnügt. Es wurde daher beschlossen, mit sofortiger Wirkung den Mitarbeiterstab der Auslandslektorate erheblich zu erhöhen, damit die Deutsche Akademie alle Ansprüche, die bereits an sie gestellt werden, in einer der Größe des Deutschen Reiches entsprechenden Weise erfüllen kann."

Interessanterweise berief sich Siebert in diesem Artikel nicht etwa auf einen „Führerbefehl" oder eine Weisung des Auswärtigen Amts oder einer sonstigen Stelle. Vielmehr scheinen Siebert und seine Mitarbeiter in der Akademie sich den Auftrag „Weltsprache Deutsch" aus eigenem Antrieb gestellt zu haben. Es war ein klassisches Beispiel dafür, daß es in der Euphorie des Sieges im Dritten Reich keines „Führer-" oder sonstigen Befehls bedurfte, um auch in untergeordneten Instanzen die größenwahnsinnigsten Projekte zu konzipieren oder die radikalsten Lösungen anzustreben. Auch in der Deutschen Akademie „arbeitete man dem Führer entgegen"[31], indem man seine angeblichen Wünsche und Visionen antizipierte. In einer Aufzeichnung der Kulturpolitischen Abteilung vom Dezember 1940 hieß es entsprechend über zukünftig abzuschließende Kulturverträge mit europäischen Staaten, diese seien so abzufassen, daß der deutschen Sprache die Stellung als vorherrschende Vermittlungssprache gesichert werde.[32] Ausgehend von dieser Zielsetzung waren die mit Bulgarien im Juni 1940 und der Slowakei im Mai 1942 unterzeichneten Kulturverträge so konzipiert, daß die Vertragspartner der deutschen Sprache eine privilegierte Stellung als erste Fremdsprache einräumen mußten. Im Falle des im November 1941 mit Rumänien abgeschlossenen Kulturvertrages konnte sich Bukarest unter Hinweis auf die traditionell starke Stellung des Französischen im Lande immerhin gegen eine entsprechende Klausel wehren und verpflichtete sich lediglich, der deutschen Sprache an den Schulen und Hochschulen das Gewicht einzuräumen, das ihr gemäß der besonderen Bedeutung der deutschen Sprache im politischen und wirtschaftlichen Leben Rumäniens zukomme. Dies wäre allerdings angesichts der Einbindung Rumäniens in den deutschen Machtbereich auf eine Vorrangstellung der deutschen Sprache hinausgelaufen.[33]
Der seit Anfang 1940 einsetzende Geldsegen aus den Kassen des Auswärtigen Amts hatte seinen Preis: Die Deutsche Akademie mußte hinnehmen, daß ihre Lektorate seit Sommer 1940 zu bloßen Sprachabteilungen der neugegründeten Deutschen Wissenschaftlichen Institute degradiert wurden. Diese bestimmten nunmehr zusammen mit den Diplomaten in Berlin über die Einrichtung und Dislozierung neuer Lektorate sowie das über die Sprachkurse hinausgehende Kulturprogramm, also z. B. darüber, welche Vortragsredner aus dem Reich die Lektorate einladen durften. Selbst die Bezeichnung „Lektorat der Deutschen Akademie"

---

31 Vgl. hierzu Ian Kershaw, Hitler. Hubris 1889–1936, London 1999, S. 529–531.
32 Scholten, Sprachverbreitungspolitik des nationalsozialistischen Deutschlands, S. 397.
33 Barbian, Kulturwerte im Zweikampf, S. 430–439; für Rumänien Scholten, Sprachverbreitungspolitik des nationalsozialistischen Deutschlands, S. 354 f.

mußte sehr zum Unwillen Münchens in Frankreich unter den Tisch fallen. Dort war die Akademie bis 1939 nicht tätig gewesen. Jetzt aber wurden hier innerhalb kürzester Zeit auf Betreiben der deutschen Botschaft in Paris und des dortigen Kulturinstituts unter Karl Epting zehn Lektorate mit der weitaus größten Zahl aller im Ausland tätigen Lektoren aus dem Boden gestampft. Allein in Paris waren 1942 zwanzig Lektoren im Einsatz, mehr als in jedem einzelnen der Balkanländer, die bislang den Schwerpunkt gebildet hatten. In Frankreich sollten sie sich auf Geheiß der Botschaft aus Gründen der Tarnung „Deutsches Institut" nennen. Das gleiche galt in Italien. Damit sollte in jenen Ländern der Eindruck vermieden werden, bei den Lektoraten handele es sich um Außenstellen einer zentral gesteuerten Organisation. Ein weiterer Streitpunkt zwischen Auswärtigem Amt und Akademie ergab sich dadurch, daß Epting die Sprachkurse für die Hörer möglichst kostengünstig anbieten wollte, um das seit 1940 zu verzeichnende starke Interesse der Franzosen an der deutschen Sprache optimal ausschöpfen zu können. Dies stand im Gegensatz zur von Thierfelder begründeten Tradition, keine Billigsprachkurse anzubieten, denn alles, was es mehr oder weniger umsonst gebe, gerate in den Geruch der Propaganda.[34]

Generalsekretär Fochler-Hauke gingen die Eingriffe des Auswärtigen Amts in die Arbeit der Akademie schließlich zu weit, obwohl er im Kleinen Rat im Dezember 1939 am nachdrücklichsten für eine Umwandlung der Akademie in eine öffentliche Einrichtung plädiert hatte. Er rückte im Juni 1941 erneut – er hatte sich bereits im Frühjahr 1940 für den Frankreichfeldzug gemeldet – freiwillig zur Wehrmacht ein, obwohl Siebert ihn davon abzuhalten versuchte.[35] So sehr das Auswärtige Amt auch an der Intensivierung der Sprachwerbung im Ausland seit 1939 interessiert war, so wenig war der Wilhelmstraße an den Arbeiten der wissenschaftlichen Abteilung der Akademie gelegen. Gerade dieser jedoch fühlte sich Fochler-Hauke als frisch habilitierter Privatdozent der Münchener Universität, der im Gegensatz zu Thierfelder wenig Interesse an sprachpolitischen Fragen hatte, besonders verbunden.

2. Umwandlung in eine Körperschaft des Öffentlichen Rechts

Siebert, der im Dezember 1939 im Kleinen Rat und erneut im Mai 1940 vor dem Senat für den Erhalt der Akademie als eingetragenem Verein plädiert hatte, um die Wirksamkeit der Akademiearbeit nicht zu gefährden,[36] ließ nach dem Sieg der Wehrmacht über Frankreich in dieser Hinsicht ebenfalls jede Zurückhaltung fal-

---

[34] Michels, Das Deutsche Institut in Paris, S. 188 ff.
[35] Vgl. Fochler-Haukes Personalakte in BAB R51/101134. Damit nicht genug, Fochler-Hauke versuchte durch seine Beziehungen zu Siebert sicherzustellen, daß er auch tatsächlich in den Fronteinsatz kam. Sein Wunsch scheint in Erfüllung gegangen zu sein, denn er wurde im Herbst 1941 an der Ostfront schwer verwundet und verbrachte mehrere Wochen in Deutschland im Lazarett. Er nahm nie mehr seine frühere Tätigkeit in der Deutschen Akademie auf, sondern ging nach seiner Genesung erneut an die Front und kehrte erst 1945 aus dem Krieg zurück.
[36] BAK N1160/I/142, Protokoll der Sitzung des Senats, 4. 5. 1940.

len. Spätestens seit Anfang Oktober betrieb er zielstrebig die Umwandlung der Akademie in eine Körperschaft des Öffentlichen Rechts.[37] Dadurch hoffte er, die Finanzierung der Deutschen Akademie und deren weiterer Ausbau auch über den Krieg hinaus sicherzustellen, der im Herbst 1940 so gut wie gewonnen schien. Die beabsichtigte Umwandlung der Akademie in eine Körperschaft des Öffentlichen Rechts, also zu einer Institution, die staatliche Aufgaben wahrnahm, erforderte es, den Auftrag der Akademie präziser zu definieren. „Siebert erläutert mir die Aufgaben der Deutschen Akademie. Er faßt die ganze Sache sehr energisch und großzügig an. Daraus kann noch etwas werden", notierte Goebbels am 1. November 1940 in seinem Tagebuch.[38] Am nächsten Tag hielt Siebert Hitler in Berlin Vortrag über seine Pläne. Obwohl innerhalb der NS-Hierarchie an untergeordneter Stelle, erfreute sich Siebert bei Hitler dennoch eines hohen Ansehens. In einem seiner Monologe bezeichnete Hitler ihn beispielsweise als eine „hervorragende Persönlichkeit", als einen „Rechenmeister", der aber nicht unempfänglich gegenüber den Künsten sei.[39] Hitler, der sich 1937 noch recht skeptisch über die Münchener Institution geäußert hatte, seinen Paladinen aber in der Regel im Zwiegespräch ungern einen Wunsch ausschlug oder ihre Initiativen abblockte, sofern sie nicht Kernbereiche wie die Außenpolitik und Kriegführung betrafen,[40] zeigte sich laut Protokoll daher auch sehr interessiert an Sieberts Ausführungen und billigte die Vorschläge, u. a. die Idee, einen repräsentativen Neubau für die Akademie in München zu errichten. Neben der Umwandlung der Akademie in eine Körperschaft des Öffentlichen Rechts trug Hitler Sieberts Wunsch Rechnung, daß die Akademie zukünftig das Monopol der Sprachwerbung nicht nur im Ausland erhalten würde, sondern auch jenes der Förderung und Pflege der deutschen Sprache im Reich. Hierzu dürfe die Akademie eine Flurbereinigung unter den anderen dafür zuständigen Einrichtungen durchführen. Um Deutsch zur führenden Sprache Europas zu machen, willigte Hitler ferner ein, daß das RMEWV trotz des Lehrermangels in Deutschland die nötigen Sprachlehrer für das Ausland zur Verfügung zu stellen habe. Hitler forderte abschließend Siebert auf, einen Entwurf für einen die Akademie betreffenden „Führererlaß" vorzulegen.[41]

Wie großzügig man im Auswärtigen Amt und in der Akademie die Werbung für die deutsche Sprache in Europa im Herbst 1940 zu gestalten dachte, zeigt eine kurz nach der Unterredung zwischen Hitler und Siebert im RMEWV entstandene Aufzeichnung. Sie nennt die Zahl von ungefähr 1000 Lehrern, die das Auswärtige Amt in naher Zukunft allein nach Rumänien und Frankreich als Lektoren der

---

[37] „Es ist eine nicht wegzuleugnende Tatsache, daß dieser Führererlaß ganz allein der Persönlichkeit und Tatkraft Ludwig Sieberts zu danken ist," hieß es bei Sieberts Beerdigung im November 1942. Vgl. Wüst, Gedenkrede für den verstorbenen Präsidenten, S. 362.

[38] Die Tagebücher von Joseph Goebbels. Teil I Aufzeichnungen 1923–1941, Bd. 4 (März–November 1937), hrsg. von Elke Fröhlich im Auftrag des Instituts für Zeitgeschichte, München 2000, S. 381.

[39] Werner Jochmann (Hrsg.), Adolf Hitler. Monologe im Führerhauptquartier 1941–1944. Die Aufzeichnungen Heinrich Heims, Hamburg 1980, Aufzeichnung vom 17. 12. 1941 (S. 154).

[40] Ein Beispiel hierfür in Kershaw, Hitler 1889–1936, S. 537 f.

[41] BAB R43/II/1230a, Schreiben Sieberts an Lammers, 2. 11. 1940.

Deutschen Akademie zur Verbreitung der deutschen Sprache zu entsenden gedenke. Dies wäre in den Augen des Ministeriums ein pädagogischer Aderlaß gewesen, den das deutsche Schulwesen, das ohnehin seit den dreißiger Jahren unter starkem Lehrermangel litt, unmöglich verkraften konnte. Abhilfe könne höchstens die Kreation des Berufes eines „staatlichen Sprachlehrers" schaffen.[42] Mitte Dezember 1940 hielt Siebert in Stuttgart im DAI eine Rede, in der er erneut öffentlich forderte, daß Deutsch zu der in der Welt geltenden Sprache gemacht werde. Im Mittelalter sei Latein Verständigungsmittel der Gebildeten gewesen, seit 1789 habe zunächst Französisch als die hinter der Idee der französischen Revolution stehende Sprache dominiert und schließlich im Zeitalter des liberalen Welthandels Englisch. Nun, im Zeitalter der nationalsozialistischen Revolution und der von ihr ausgehenden Triebkräfte zur Neuordnung Europas schlage die Stunde der deutschen Sprache.[43]

Die Planungen zur Umwandlung der Deutschen Akademie in eine Körperschaft des Öffentlichen Rechts seit Herbst 1940 waren Bestandteil eines sich Ende 1940 abzeichnenden Versuchs des NS-Regimes, in Hinblick auf die deutsche Sprache eine Politik zu formulieren, welche im Inland ihren Gebrauch vereinheitlichen und damit auch ihrer Erlernung und Verbreitung im Ausland förderlich sein würde. Eine weitere Initiative, die etwa zeitgleich erfolgte, war das Verbot des „Sprachpurismus" durch Hitler in einem „Führererlaß" vom 19. November 1940. Damit sollte der bislang vor allem vom 1885 gegründeten „Allgemeinen Deutschen Sprachverein" exzessiv betriebenen Jagd auf Fremdwörter im deutschen Wortschatz und ihre Ersetzung durch z. T. kuriose Neuschöpfungen rein „germanischen" Ursprungs wie etwa „Rauchrolle" an Stelle von „Zigarre" ein Riegel vorgeschoben werden. Der Sprachverein hatte es sich schon früh mit den führenden Vertretern des NS-Regimes, allen voran Goebbels, verdorben, da er es bis Mitte der dreißiger Jahre wagte, den Sprachgebrauch der neuen Elite zu kritisieren. Dieser sei noch von zu vielen Fremdwörtern durchsetzt, nicht zuletzt dem Doppelfremdwort „Nationalsozialismus", während doch in den Augen des Sprachvereins die neue politische Führung Vorbild für einen wahrhaft „deutschen" Sprachgebrauch sein sollte.[44] Zudem fügte sich in diese sprachpolitische Entwicklung das Frakturverbot Martin Bormanns vom 3. Januar 1941, das für Staats- wie Parteiinstitutionen den Gebrauch der Antiquaschrift verbindlich festlegte. Die gebrochenen Schriftzeichen hingegen, die in Deutschland bislang stets in Zeiten nationalchauvinistischer Hochstimmung wie etwa im Ersten Weltkrieg und während der „nationalen Revolution" von 1933 als die „wahrhaft deutsche Schrift" in

---

[42] Vermerk des RMEWV vom 7. 11. 1940, abgedruckt in: Otfried Dankelmann, Aus der Praxis auswärtiger Kulturpolitik des deutschen Imperialismus, in: Zeitschrift für Geschichtswissenschaft, 20 (1972), S. 719–737, hier S. 734 f.

[43] Hamburger Tageblatt, 15. 12. 1940.

[44] Vgl. Peter von Polenz, Sprachpurismus und Nationalsozialismus. Die Fremdwortfrage gestern und heute, in: Germanistik – eine deutsche Wissenschaft. Beiträge von Eberhard Lämmert, Walter Killy u. a., Frankfurt/M. 1967, S. 111–165; Tozo Hayakawa, Die Fremdwortfrage und der Deutsche Sprachverein in der NS-Zeit, in: Deutsch als Fremdsprache. An den Quellen eines Faches. Festschrift für Gerhard Helbig zum 65. Geburtstag, hrsg. von Heidrun Popp, München 1995, S. 429–436.

Druckerzeugnissen auf Kosten der lateinischen Lettern bevorzugt Verwendung fanden,[45] wurden nunmehr paradoxerweise als „Schwabacher Judenlettern" diffamiert. Dabei sollten zunächst die auf das Ausland abzielenden Presseerzeugnisse auf die nun als „Normalschrift" bezeichneten lateinischen Lettern umgestellt werden. Damit entschied das Regime die seit dem 18. Jahrhundert ausgetragene Diskussion, ob die lateinische oder die gotische Schrift die der deutschen Sprache angemessene sei, zumindest für den amtlichen Schriftverkehr im Sinne einer „ausländerfreundlichen" Regelung, welche die Durchsetzung von Deutsch als führende Sprache auf dem europäischen Kontinent erleichtern würde.[46] Auch wenn in den erhaltenen Akten kein Hinweis auf die Verknüpfung von den Bemühungen zur Erhebung der Deutschen Akademie zu einer Körperschaft des Öffentlichen Rechts mit dem in etwa zeitgleichen Verbot des Sprachpurismus und dem Gebot der Nutzung der Antiquaschrift zu finden ist, so lancierte zweifellos Siebert seine Initiative in einem günstigen Moment. Getragen vom Hochgefühl des Sieges über Frankreich und der in greifbare Nähe gerückten Dominanz über den Kontinent, standen die Zeichen im NS-Staat auf eine sprach- und schriftpolitische Flurbereinigung.

Der erste Satzungsentwurf für die Deutsche Akademie als Körperschaft des Öffentlichen Rechts zur Jahreswende 1940/41 sah noch die Dienstaufsicht des Auswärtigen Amts vor, da von Ribbentrop Siebert sein Interesse an der Deutschen Akademie bezeugte und ihm versicherte, das Auswärtige Amt habe noch große Pläne mit ihr.[47] Auch das Auswärtige Amt hatte also keine Vorbehalte mehr dagegen, daß der Verein sich in eine staatliche Körperschaft des Öffentlichen Rechts verwandeln sollte. Dies ist insofern aufschlußreich, als bis Ende der dreißiger Jahre vom Auswärtigen Amt immer wieder der Nutzen betont worden war, den die Kulturpolitik daraus ziehe, daß sie in wichtigen Bereichen von anscheinend unabhängigen und daher dem Ausland unverdächtigen privaten Vereinen betrieben werde. Im Zeichen der Siege der Wehrmacht glaubte man offenbar in Berlin ebenso wie in München einer solchen Tarnung der Kulturpolitik zukünftig nicht mehr zu bedürfen.

Der Anspruch des Auswärtigen Amts auf Dienstaufsicht über die zu schaffende neue Körperschaft brachte das Propagandaministerium auf den Plan, das nach wie vor die Führungsrolle der Wilhelmstraße in der Auslandspropaganda bestritt. Dabei war das Propagandaministerium offenbar nicht so sehr wie das Auswärtige Amt an der Verbreitung der deutschen Sprache im Ausland als Ziel an sich gemäß der Vorgabe „Weltsprache Deutsch" interessiert. Vielmehr sah es eine möglichst große Zahl von Deutsch sprechenden Menschen als unabdingbare Voraussetzung

---

[45] Am Vorabend des Ersten Weltkriegs wurden in Deutschland etwa 56% aller Schriften in Fraktur gedruckt, zwischen 1914 und 1918 hingegen etwa 66%. Bis 1932 fiel der Anteil der Fraktur auf knapp 45%, um bis 1934 wieder auf über 57% anzusteigen. Zahlen aus Franz Thierfelder, Deutsche Schriftfragen im Auslandsunterricht, in: Deutschunterricht im Ausland, Heft 4 (Dezember 1937), S. 5 f.

[46] Vgl. Peter Reich, Die Sprache der Schrift. Zur Geschichte des Frakturverbots von 1941, in: Homo scribens. Perspektiven der Schriftlichkeitsforschung, hrsg. von Jürgen Baumann u. a., Tübingen 1993, S. 231–272.

[47] BAB R55/177, Aufzeichnung für Goebbels von Ministerialrat Ziegler, 2. 1. 1941.

für eine erfolgreiche europaweite Propagandatätigkeit, die Deutsche Akademie also nur als ein hilfreiches Instrument zur Verbreitung politischer Botschaften. Nur deshalb setzte sich das Propagandaministerium beispielsweise auch für Deutschkurse unter den im Reich tätigen Zwangsarbeitern ein. Sie sollten nicht nur einen Beitrag zur Kriegswirtschaft leisten, sondern nach dem Krieg als Träger deutscher Propagandaparolen in ihre Heimatländer zurückgehen und dort aufgrund ihrer erworbenen Deutschkenntnisse leichter beeinflußbar bleiben.[48]

Auch das RMEWV schaltete sich ein. Es forderte die Dienstaufsicht für sich, da es sich bei der Akademie immer noch offiziell um eine wissenschaftliche Einrichtung handelte. Allerdings erwies sich sein Amtschef Rust, dessen Stellung im Machtgefüge des Dritten Reiches relativ schwach war,[49] in dieser Auseinandersetzung um die Aufsicht über die neue Körperschaft letztlich chancenlos. Schließlich meldete sich auch Alfred Rosenberg zur Jahreswende 1940/41 zu Wort. Er sah die Akademie als Konkurrenz zu der von ihm anvisierten „Hohen Schule", die eine Art NS-Wissenschaftskaderschmiede werden sollte, für die er von Hitler im Januar 1940 grünes Licht bekommen hatte. Rosenberg stieß sich vor allem an der weitgefaßten Formulierung des § 2 des Satzungsentwurfs, der die Aufgabe der Akademie recht allgemein mit der Erforschung und Pflege des deutschen Kulturgutes in Vergangenheit und Gegenwart umschrieb, wobei ihr insbesondere die Erforschung und Pflege der deutschen Sprache im Inland und Förderung und Verbreitung im Ausland obliege.[50] Zwar gelang es Rosenberg, neben Hitler offiziell der Chefideologe des Dritten Reiches, dessen tatsächliche Stellung im Machtgefüge des NS-Regimes aber nie seinem Anspruch auf eine geistige wie kulturelle Führerschaft entsprach,[51] nicht, Einfluß auf die Akademie zu gewinnen oder die „Hohe Schule" bis Kriegsende tatsächlich zu gründen. Aber sein Einspruch vom Januar 1941 war vermutlich dafür ausschlaggebend, daß in der Endversion des „Führererlasses" über die Deutsche Akademie der ursprünglich weit gefaßte Auftrag zur Erforschung und Pflege des deutschen Kulturgutes in Vergangenheit und Gegenwart wesentlich restriktiver formuliert war.

Wegen dieser Kompetenzstreitigkeiten hinter den Kulissen vor allem zwischen Auswärtigem Amt und Propagandaministerium zogen sich die Vorarbeiten für den endgültigen „Führererlaß" bis zum Herbst 1941 hin. Ein weiterer Grund für die Verzögerung war der Umstand, daß Siebert, der offenbar Gefallen an der Tätigkeit als Akademiepräsident gefunden hatte, hartnäckig an dem Anspruch festhielt, die neue Körperschaft solle unbedingt ihren Charakter als wissenschaftliche

---

[48] So jedenfalls die Ausführungen des im Propagandaministerium für die Deutsche Akademie zuständigen Referenten Ziegler auf der Tagung der Leiter der Reichspropagandaämter im Juli 1942 in Berlin, in: IfZ FA 511, Vortrag Prof. Ziegler, S. 25–29.

[49] Karl-Dietrich Bracher, Die deutsche Diktatur. Entstehung, Struktur, Folgen des Nationalsozialismus, Berlin 1997, S. 378 ff.

[50] IfZ MA 544, Satzungsentwurf für die Deutsche Akademie vom Januar 1941 mit handschriftlichem Vermerk, Rosenberg habe am 27. 1. 1941 gegen diesen bei Heß Einspruch erhoben (Bl. 462 f.) sowie Schreiben Rosenbergs vom 20. 3. 1941 an Bormann (Bl. 335–337).

[51] Hierzu grundlegend Reinhard Bollmus, Das Amt Rosenberg und seine Gegner. Studien zum Machtkampf im nationalsozialistischen Herrschaftssystem, Stuttgart 1970.

Akademie wahren. Dies war ein Aspekt ihrer bisherigen Tätigkeit, an dem weder die konkurrierenden Ministerien noch die Reichskanzlei interessiert waren. Siebert beklagte sich denn auch gegenüber dem Chef der Reichskanzlei, Hans Heinrich Lammers, im Juni 1941 über die geplante „Herabwürdigung der Deutschen Akademie zu einem Sprachinstitut". Frustriert darüber, daß seine Neuordnungspläne auf die lange Bank geschoben wurden, erklärte Siebert am 24. Juli 1941 schließlich seinen Rücktritt als Präsident der Akademie. Er nahm ihn aber wieder zurück, als Lammers ihn auf die Arbeitsüberlastung Hitlers wegen des Angriffs auf die Sowjetunion hinwies, dem der „Führer" derzeit seine ganze Energie widmen müsse.[52] Hierfür hatte der getreue Gefolgsmann natürlich vollstes Verständnis und ließ sich erneut vertrösten.

Im Oktober 1941 einigten sich schließlich Auswärtiges Amt und Propagandaministerium im Zuge des Versuchs der generellen Kompetenzabklärung auf dem Gebiet der Auslandspropaganda, der Ausdruck in einem entsprechenden Abkommen zwischen beiden Ministerien vom 22. Oktober 1941 fand, auf die gemeinsame Dienstaufsicht über die Deutsche Akademie, wobei das Auswärtige Amt zukünftig die Etatverhandlungen mit dem Reichsfinanzministerium führen solle.[53] Dieses Abkommen revidierte in gewisser Weise die Führungskompetenz in der Auslandspropaganda, die der Wilhelmstraße noch am 8. September 1939 von Hitler zugesprochen worden war. Mittlerweile war die Stellung des Außenministers im Vergleich zu der von Goebbels wesentlich geschwächt worden. Goebbels, dessen Ruf bei Hitler bei Kriegsausbruch vor allem durch seine Affäre mit der Schauspielerin Baarova lädiert gewesen war, während sich von Ribbentrop ganz im Erfolg des soeben von ihm unterzeichneten deutsch-sowjetischen Nichtangriffspakts sonnte, hatte inzwischen wieder Hitlers Wohlwollen erlangt. Umgekehrt war die Stellung des Auswärtigen Amts durch die Ausweitung des Krieges, vor allem seit dem Angriff auf die Sowjetunion, der von Ribbentrops außenpolitisches Alternativkonzept eines antibritischen Kontinentalblocks unter Einschluß der UdSSR endgültig obsolet gemacht hatte,[54] immer schwächer geworden: Die Zeichen standen nun überall auf militärischen Konfrontationen und nicht mehr auf diplomatischen Verhandlungen. Ein heftiger Zusammenstoß zwischen Ribbentrop und Hitler am 28. Juli 1941, der sich an einer Lappalie entzündete, ruinierte die Stellung des Außenministers bei Hitler endgültig.[55]

Siebert selbst zog spätestens seit Sommer 1941 ebenfalls die Dienstaufsicht des Propagandaministeriums vor, da sich bereits an der Auslandsarbeit, insbesondere im neuen Schwerpunktland Frankreich, zeigte, in welch eingeschränktem Maße die Deutsche Akademie unter der Aufsicht des Auswärtigen Amts würde arbeiten können. Zudem hatte das Auswärtige Amt noch deutlicher sein Desinteresse an

---

52 Harvolk, Eichenlaub und Hakenkreuz, S. 43.
53 Eine Kopie befindet sich in: PA Bd. R60607.
54 Vgl. hierzu Wolfgang Michalka, Ribbentrop und die deutsche Weltpolitik 1933–1940. Außenpolitische Konzeptionen und Entscheidungsprozesse im Dritten Reich, München 1980, S. 278 ff.
55 Vgl. Longerich, Propagandisten im Krieg, S. 142 ff. Zum Zusammenstoß zwischen Hitler und Ribbentrop am 28. 7. 1941 siehe Bloch, Ribbentrop, S. 338 f.

dem wissenschaftlichen Auftrag der Akademie geäußert als das Propagandaministerium.[56] Daß man in der Akademie zunehmend gereizter auf die Eingriffe des Auswärtigen Amts reagierte und schließlich beinahe die Dienstaufsicht des Propagandaministeriums herbeisehnte, zeigt eine Reihe von Briefen von Walter Kunze, dem Sekretär der wissenschaftlichen Abteilung, an den im Lazarett liegenden Fochler-Hauke zur Jahreswende 1941/42, in denen er diesen über die Vorgänge in der Akademie auf dem laufenden hielt. So schrieb er am 24. Oktober 1941, die in Berlin vor einigen Wochen zwischen Siebert, von Twardowski und von Weizsäcker geführten Gespräche hätten dazu geführt, daß dem Hineinreden des Auswärtigen Amts in die wissenschaftlichen Arbeiten der Akademie ein energisches „Halt" vorgebaut worden sei.[57]

Am 15. November 1941 unterzeichnete Hitler schließlich den „Führererlaß",[58] der hinsichtlich der Dienstaufsicht den Wünschen Sieberts folgte und damit auch vom Ansehensverlust Ribbentrops bei Hitler zeugte. Das Propagandaministerium erhielt laut § 6 die Dienstaufsicht, das Auswärtige Amt konnte allerdings Auflagen und Richtlinien hinsichtlich der Auslandsarbeit erteilen – eine scheinbar salomonische Lösung, die jedoch weitere Konflikte zwischen beiden Ministerien vorausahnen ließ. § 2 Absatz 1 verpflichtete die neue Körperschaft auf die Sprachpflege und Sprachforschung im Inland sowie ihre Förderung und Verbreitung im Ausland. Damit war nicht nur eine Zentralinstitution in Deutschland zur Förderung der deutschen Sprache im Ausland etabliert worden. Erstmals entstand zumindest auf dem Papier auch eine zentrale, staatlich geförderte Sprachnormierungsinstanz. Forderungen nach einer solchen waren seit dem frühen 17. Jahrhundert, als sich in Weimar die „Fruchtbringende Gesellschaft" konstituierte, in Deutschland wiederholt mit Blick auf das Vorbild der Académie Française erhoben worden. Sie waren aber bislang stets entweder am Widerstand der bereits etablierten Akademien, am Desinteresse staatlicher Institutionen oder am Unwillen der gebildeten Öffentlichkeit in Deutschland, die sich nicht einem zentralistischen Sprachdiktat nach französischem Muster unterwerfen wollte, gescheitert.[59] Die früheren Ambitionen, auch als wissenschaftliche Akademie in Erscheinung zu treten, welche die Kultur Deutschlands umfassend erforschen und dokumentieren sollte, wurden hingegen im Erlaß zurechtgestutzt. Im zweiten Absatz von § 2, der den Sinn und Zweck der Akademie definierte, hieß es nur noch: „Außerdem nimmt die Deutsche Akademie an der Erforschung und Pflege des deutschen Kulturgutes in Vergangenheit und Gegenwart teil." Dennoch schrieb Kunze an Fochler-Hauke, daß Präsident Siebert über den „Führererlaß" „sehr glücklich" sei,

---

56 BAB R43/II/1230a, Schreiben Sieberts an Lammers, 22. 7. 1941.

57 BAB R51/101134.

58 Reichsgesetzblatt 1941, Teil I, S. 717f.

59 Zu nennen wären u. a. Gottfried Wilhelm Leibniz' Anregungen am Ende des 17. Jahrhunderts, sodann die in diese Richtung zielenden Vorschläge von Karl Gustav Heräus 1721, Georg Litzel 1730, Gottfried Herder 1783, Ludwig Uhland 1817, die Überlegungen Leopold von Rankes zwischen 1859 und 1871, die wiederholten Vorschläge des Allgemeinen Deutschen Sprachvereins ab 1885, schließlich die Initiative des Kaufmanns Heinrich Krohn ab 1888, der bereit war, hierfür 500000 RM zu stiften und des Gießener Germanisten Otto Behagel 1901. Vgl. hierzu Flamm, Eine deutsche Sprachakademie?

„und die Formulierung für uns wider Erwarten günstig ist".[60] Der Erlaß ließ also entgegen andersartiger Befürchtungen im Vorfeld in München der Akademie ein Tor offen zu weiterer wissenschaftlicher Forschung.

3. Die Folgen des „Führererlasses"

Aus Anlaß der Umwandlung der Deutschen Akademie in eine Körperschaft des Öffentlichen Rechts steckte Siebert in einer Ansprache am 1. Dezember 1941 erneut öffentlich die sprachpolitischen Ziele der Deutschen Akademie ab:

> „Wir wollen der deutschen Sprache als einer Weltsprache den ihr gebührenden Platz erobern helfen. Wer mit dem großen Deutschland an einem Tisch sitzen will, der muß der deutschen Sprache bei Verhandlungen diplomatischer, wissenschaftlicher, kultureller und gesellschaftlicher Art mindestens die gleiche Bedeutung zugestehen wie seiner eigenen. Die Deutsche Akademie wird daher die deutsche Sprache mit aller Macht zu erforschen, zu pflegen, zu fördern und zu verbreiten bemüht sein."[61]

Diese Forderung deckte sich erneut mit den Überlegungen des Auswärtigen Amts, das z.B. im Sommer 1942 seine Missionen in Europa darauf verpflichtete, im Schriftverkehr mit den Behörden der jeweiligen Gastländer ausschließlich die deutsche Sprache zu verwenden.[62] Siebert konnte bei seinen sprachpolitischen Plänen zudem ganz auf Hitler setzen. Denn auch dieser sah im November 1941 Deutsch als die in hundert Jahren allgemein in Europa verbreitete Sprache an, welche alle Völker erlernen würden, um sich mit dem Reich verständigen zu können. Um ihre Erlernung zu erleichtern, verkündete er in einem seiner nächtlichen Monologe im „Führerhauptquartier", sei es ein vernünftiger Schritt gewesen, die gotische Schrift zu verbieten. Ein halbes Jahr später hielt er es zudem für angebracht, die Dialekte in Deutschland verkümmern zu lassen, um den Ausländern ein möglichst einheitliches Deutsch vermitteln zu können.[63]

Am 2. Dezember besprach Siebert mit Goebbels die weitere Ausgestaltung der Akademie. Letzterer notierte daraufhin in seinem Tagebuch:

> „Ich möchte aus der Deutschen Akademie ein wirkliches geistiges Führungspodium machen. Siebert hat große Pläne in diese Richtung. Wir wollen uns beim Aufbau der Deutschen Akademie nicht durch die Eifersüchteleien des Auswärtigen Amtes beirren lassen. Das Auswärtige Amt möchte trotz des letzten Führererlasses immer noch in die Sache hineinfuhrwerken; aber ich werde das zu verhindern wissen. Ministerialrat Ziegler soll demnächst zum Vizepräsident ernannt werden, und damit ist ja die Verbindung zum Promi sehr fest und unlösbar geknüpft."[64]

---

60 BAB R51/10134, Brief Kunzes and Fochler-Hauke, 25. 11. 1941.
61 Ansprache des Ministerpräsidenten Ludwig Siebert anläßlich der Neuordnung der Deutschen Akademie am 1. 12. 1941, in: Deutsche Kultur im Leben der Völker (MdDA), 16 (1941), S. 372–374, hier S. 373.
62 Scholten, Sprachverbreitungspolitik des nationalsozialistischen Deutschlands, S. 58.
63 Jochmann, Monologe im Führerhauptquartier, Aufzeichnungen vom 2. 11. 1941 (S. 124) und vom 21. 8. 1942 (S. 359L).
64 Die Tagebücher von Joseph Goebbels. Teil II Diktate 1941–1945, Bd. 2 (Oktober–Dezember 1941), hrsg. von Elke Fröhlich im Auftrag des Instituts für Zeitgeschichte, München 1996, S. 417.

Auch Kunze berichtete im Januar 1942 an Fochler-Hauke, daß trotz des „Führer-erlasses" das Hauen und Stechen um die Einflußnahme auf die Akademie im Hintergrund weitergehe, wobei nicht nur das Auswärtige Amt auf der fortgesetzten Kontrolle der Auslandsarbeit beharre, sondern auch das Amt Rosenberg sich wieder zu Wort gemeldet und einen Vorstoß gegen die wissenschaftliche Abteilung geführt habe, der aber leicht zurückgewiesen worden sei. Das RMEWV hingegen akzeptiere die Weichenstellung vom November 1941 und setze fortan auf Kooperation mit der neuen Körperschaft. So habe es bereits im Januar 1942 zwei hohe Beamte nach München entsandt, um zukünftig die Akademie bei der Auswahl der ins Ausland zu entsendenden Universitätslektoren zu beteiligen und sie stärker in den Deutschunterricht für ausländische Studenten an den Hochschulen des Reiches einzubinden.[65]

Tatsächlich änderte sich aber für die Deutsche Akademie nach dem „Führer-erlaß" in der Auslandsarbeit nicht viel. Der Etat für die Auslandsarbeit wurde weiterhin vom Auswärtigen Amt mit dem Reichsfinanzministerium ausgehandelt. Das Auswärtige Amt hatte nach wie vor das letzte Wort bei der Dislozierung der Lektorate und der über die reine Spracharbeit hinausgehenden Kulturwerbung in den Lektoraten. Ferner konnte das Auswärtige Amt Auflagen bezüglich der zu entsendenden Lektoren machen. Die gesamte Berichterstattung mußte wie zuvor über die Auslandsmissionen laufen. Dieser Kompromiß wurde schließlich in einem Arbeitsabkommen zwischen Propagandaministerium und Auswärtigem Amt über die Deutsche Akademie am 1. August 1942 auch schriftlich fixiert, das nunmehr eine detaillierte Zuständigkeitsabgrenzung, die durch den § 6 des „Führer-erlasses" notwendig geworden war, mit einiger Verzögerung versuchte.[66]

In finanzieller Hinsicht machte sich das Interesse der beiden Ministerien für die Deutsche Akademie im wahrsten Sinne des Wortes bezahlt. 1942 stieg der Haushalt der Deutschen Akademie auf 7 Millionen RM, davon kamen 5,5 Millionen RM vom Auswärtigen Amt und erstmalig 700 000 RM vom Propagandaministerium. Der Rest waren Spenden aus der Wirtschaft in Höhe von 400 000 RM und Eigeneinnahmen durch die Sprachkurse im Ausland. Im Jahre 1944 erreichte der Haushalt der Deutschen Akademie schließlich die Rekordhöhe von 9,05 Millionen RM. Davon wurden mehr als 7 Millionen RM vom Reich zur Verfügung gestellt. Das Personal in der Hauptstelle in München wurde angesichts dieses Geldsegens bis 1944 ausgebaut. Ende 1943 waren in der Abteilung Auslandslektorate unter Nitschke 11 Personen beschäftigt, im Goethe-Institut unter Derleth zehn und in der Zentralverwaltung neun Kräfte. Ferner gab es noch ein 1940 eingerichtetes Verbindungsbüro der Akademie in Berlin mit vier Angestellten.[67]

---

[65] BAB R51/101134, Brief Kunzes an Fochler-Hauke, 28. 1. 1942.
[66] BAB R55/17, Arbeitsabkommen über die Deutsche Akademie, 1. 8. 1942.
[67] Zahlen für Ende 1943 in: BAB R51/8, Bericht über den Stand der Deutschen Akademie, 31. 12. 1943.

4. Die Grenzen der Auslandsarbeit

Das Auswärtige Amt hielt unbeirrt vom Tauziehen um die Kontrolle der Akademie an dem Vorsatz fest, die Spracharbeit im Ausland großzügig auszubauen. Im Herbst 1942 erreichte die Zahl der von München entsandten Lehrkräfte den historischen Höchststand von 198 Personen in 100 Lektoraten. Unterstützt wurden sie von etwa 500 Hilfslehrkräften vor Ort, die weitere 158 sogenannte Zweigstellen der Lektorate in den kleineren Provinzstädten des verbündeten und besetzten Europas betrieben. Dies war natürlich nur ein schwacher Abglanz der großartigen Pläne, die man für die Auslandsspracharbeit im Sommer 1940 in München wie Berlin gehegt hatte. Der Rückgriff auf lokale Kräfte, oftmals Volksdeutsche oder im Ausland lebende Reichsdeutsche, z.T. auch Wehrmachtsangehörige, war eine Notlösung: Seit 1941 war das Hauptproblem der Akademie nicht mehr das Geld, sondern das Personal. Im Winter 1941 gab es bereits eine erste personelle Krise, ausgelöst durch die hohen Verluste der Wehrmacht seit Beginn des Angriffs auf die Sowjetunion, die in der sogenannten Winterkrise, also dem Steckenbleiben der deutschen Offensive vor Moskau und dem sowjetischen Gegenangriff ab Anfang Dezember kulminierte. Auf Drängen der Wehrmacht widerrief Hitler am 23. Dezember 1941 die bislang mit Rücksicht auf die Stimmung an der Heimatfront großzügig gehandhabte Unabkömmlichkeitsstellung weiter Kreise der männlichen wehrfähigen Bevölkerung,[68] die bislang u.a. für alle männlichen Lektoren gegolten hatte. Folglich wurden in München bereits Überlegungen angestellt, ob man nicht angesichts der zu erwartenden Einberufungen die Spracharbeit in einigen als weniger wichtig angesehenen Ländern wie der Slowakei notfalls einschränken solle, um sie an anderen, wichtigeren Plätzen wie Frankreich und im neutralen Ausland ungemindert fortführen zu können. Auch das RMEWV, ohnehin vom Lehrermangel geplagt, stellte so gut wie keine Lehrer mehr vom Schuldienst für den Auslandseinsatz frei, berichtete Kunze im Januar 1942 an Fochler-Hauke.[69]

Wenn es schließlich auch zu keiner Reduzierung der Auslandsarbeit durch die „Winterkrise" kam, so behinderte doch fortan der Personalbedarf der Wehrmacht die sprachpolitischen Pläne Münchens und Berlins. Fast 1,4 Millionen RM des für 1942 genehmigten Haushaltes der Akademie mußte München schließlich an das Reichsfinanzministerium zurücküberweisen, da aus Mangel an geeignetem Personal im Jahre 1942 der Ausbau des Lektoratsnetzes nicht in dem Maße möglich gewesen war wie ursprünglich projektiert.[70] Eine der „Notlösungen", welche die Akademie in dieser Situation ersann, war der vermehrte Rückgriff auf Lektorinnen, deren Anteil von etwa 5% unter den Auslandsmitarbeitern im Jahre 1939 auf

---

[68] Vgl. hierzu Bernhard R. Kroener, Die personellen Ressourcen des Dritten Reiches im Spannungsfeld zwischen Wehrmacht, Bürokratie und Kriegswirtschaft 1939–1942, in: Das Deutsche Reich und der Zweite Weltkrieg. Teilband 5/1 Kriegsverwaltung, Wirtschaft und personelle Ressourcen 1939–1941, hrsg. vom Militärgeschichtlichen Forschungsamt, Stuttgart 1988, S. 693–1017, hier S. 871 ff.

[69] BAB R51/101134, Brief Kunzes an Fochler-Hauke, 28. 1. 1942.

[70] BAB R2/4780.

schließlich etwa 30% im Sommer 1944 stieg. Allerdings standen ideologische Vorbehalte einer stärkeren Ausschöpfung des weiblichen Reservoirs entgegen. Obwohl der Leiter der Abteilung Auslandslektorate durchaus die Leistungen der weiblichen Lehrkräfte anerkannte, blieb es für ihn eine kriegsbedingte Abweichung von der Norm, die möglichst in Grenzen gehalten werden sollte. „Die Frau ist nur bedingt einsetzbar", verkündete Nitschke auf der Mittelstellenleitertagung im Februar 1944 in München.[71] So erlaubte man Frauen weder, die Leitung eines Lektorates zu übernehmen oder an Einzellektoraten zu arbeiten, noch war man willens, sie in alle Länder zu entsenden. Die Lektorinnen kamen vor allem in Frankreich zum Einsatz. Die gleiche Haltung nahm im übrigen auch der Generalsekretär gegenüber der im Verlaufe des Krieges wachsenden Anzahl weiblicher wissenschaftlicher Kräfte in München ein. Er erkannte ihre Leistungen zwar an, hielt aber ihre Ersetzung durch männliche Kräfte für wünschenswert, so bald es die Umstände erlauben würden.[72]

Seit Kriegsausbruch legte die Deutsche Akademie mehr Wert auf Parteikonformität ihrer neuen Lektoren als zuvor. Die NSDAP ihrerseits ließ der Auswahl und Aktivität der Lektoren mehr Aufmerksamkeit als bislang zukommen. Bereits für die Entsendung einer Lehrkraft ins Ausland mußte nach Kriegsausbruch ein positives politisches Gutachten der Auslandsorganisation der NSDAP vorliegen.[73] Die Deutsche Akademie mußte sich 1941 grundsätzlich bereit erklären, ihre Lektoren für eine aktive politische Arbeit im Ausland zur Verfügung zu stellen.[74] Doch konnten sich die Lektoren, wenn sie denn wollten, dieser Vereinnahmung z. T. unter dem Hinweis entziehen, eine offensichtliche Kooperation mit der Auslandsorganisation gefährde die Wirksamkeit ihres kulturpolitischen Auftrages im Gastland.[75] Der Einfluß der Auslandsorganisation der NSDAP auf die Auswahl neuer Lektoren beschränkte sich wohl vor allem darauf, dem Nationalsozialismus offensichtlich reserviert gegenüberstehende Kandidaten auszusieben. Allein schon der Mangel an geeigneten Kräften im Kriege zwang zu einer gewissen Nachsicht hinsichtlich der anzulegenden politischen Maßstäbe. Anders ist die Klage des Landesgruppenleiters der Auslandsorganisation in Frankreich, viele der Lektoren hätten eine zu starke kirchliche Bindung, nicht zu verstehen. Etwa die Hälfte der in Frankreich eingesetzten Lektoren stufte er in Hinblick auf einen Einsatz nach Kriegsende als ungeeignet ein.[76] Daß der Akademie ein Teil ihres Auslandspersonals nicht aktivistisch genug eingestellt war, man dies aber in Ermangelung anderer geeigneter Mitarbeiter hinnehmen mußte, zeigt auch eine Äußerung des Generalsekretärs im November 1944, die vermutlich mehr als reiner Zweckoptimismus war. Er bezeichnete bei einer Mitarbeiterbesprechung die seit

---

[71] BAB R51/26, Protokoll der Tagung der Mittelstellenleiter, 11.–16. 2. 1944.
[72] BAB R51/8, Bericht über den Stand der Deutschen Akademie für Vizepräsident Wüst von Generalsekretär Schmitz, 23. 12. 1943.
[73] BAB R51/5, Aufzeichnung Nitschkes für den Generalsekretär, 6. 8. 1941.
[74] BAB R51/59, Abkommen zwischen der Auslandsorganisation der NSDAP und der Deutschen Akademie, 4. 12. 1941.
[75] Scholten, Sprachverbreitungspolitik des nationalsozialistischen Deutschlands, S. 240 f., nennt ein Beispiel für Ungarn.
[76] Michels, Das Deutsche Institut, S. 193.

Sommer 1944 eingetretene Verringerung der Lektorenschaft durch Einberufungen zur Wehrmacht als „Reinigungsprozeß", denn „fest steht, daß noch eine Reihe von Mitarbeitern im Ausland tätig war, die sich nicht als Lektoren eignete".[77]

Trotz des Personalmangels stieg die Zahl der Sprachkursteilnehmer dank dem Ausbau des Zweigstellennetzes und dem Nutzen, den sich viele Europäer von der Erlernung der deutschen Sprache erhofften, so lange der Ausgang des Krieges noch nicht eindeutig zu sein schien. Im Herbst 1941 waren es etwa 49 000 Hörer. Im Herbst 1942 erreichte die Akademie mit 64 000 eingeschriebenen Hörern in drei neutralen (Portugal, Spanien, Schweden), sieben verbündeten (Italien, Bulgarien, Rumänien, Ungarn, Kroatien, Slowakei, Finnland) und fünf besetzten europäischen Staaten (Serbien, Frankreich, Griechenland, Belgien, Dänemark) sowie China und Argentinien als einzigen nach Kriegsausbruch verbliebenen überseeischen Posten die größte Breitenwirkung in ihrer Geschichte. Allein in Frankreich schrieben sich 1942 für die im Oktober beginnenden Kurse etwa 15 000 Hörer ein.

Der Anstieg der Hörerzahlen seit Kriegsausbruch war nicht nur auf das verbesserte Angebot zurückzuführen. Vielmehr bewirkte die vorübergehende deutsche Dominanz auf dem Kontinent, daß sich offenbar mehr Europäer denn je für die deutsche Sprache interessierten, und sei es nur, um mit der Besatzungsmacht Geschäfte machen zu können. Im besetzten Frankreich beispielsweise hatte man in den ersten zwei Jahren Mühe, den Ansturm der Franzosen auf die neueingerichteten Sprachkurse zu bewältigen. Das Gleiche galt für das besetzte Griechenland, wo im Herbst 1941 im Vergleich zum Vorjahr die Zahl der Interessenten in Saloniki derartig anstieg, daß viele Bewerber trotz großzügiger Auslegung der Kapazitäten des Lektorates abgewiesen werden mußten. Im Herbst 1942 verdoppelte sich die Hörerschaft im Vergleich zum Vorjahr dann nochmals auf 2400.[78]

Geographisch blieb die Arbeit der Deutschen Akademie auf einen Teil des vom Reich beherrschten Europas beschränkt. Dies war nicht nur Folge des Mangels an geeigneten Lehrkräften seit Ende 1941, sondern vielmehr eine bewußte politische Entscheidung. Die Tätigkeit der Deutschen Akademie, die im Selbstverständnis der Machthaber des Dritten Reiches ein Instrument der Auslandskulturpolitik war und bleiben sollte, endete dort, wo auch der Einfluß des Auswärtigen Amts bei der Formulierung der Reichspolitik gegenüber den jeweiligen unterworfenen Staaten seine Grenzen fand. Folglich gab es keine Lektorate im besetzten Polen, den eroberten Gebieten der Sowjetunion oder im „Protektorat Böhmen und Mähren". Das Schicksal der Teilgebiete des 1939 zerschlagenen tschechoslowakischen Staates liefert dafür ein bezeichnendes Beispiel: Im formal seit März 1939 selbständigen Rumpfstaat Slowakei wurde die Akademie ab 1940 aktiv. Im „Protektorat" hingegen, dessen Bevölkerung zum überwiegenden Teil „germanisiert",

---

[77] BAB R51/12, Protokoll der Mitarbeiterbesprechung in Salzburg, 10. 11. 1944.
[78] Vgl. Michels, Das Deutsche Institut, S. 188–218. Zu Griechenland siehe Hagen Fleischer, Europas Rückkehr nach Europa. Kulturpolitik der Großmächte in einem Staat der Peripherie, in: Die Griechen und Europa. Außen- und Innenansichten im Wandel der Zeit, hrsg. von Harald Heppner und Olga Katsiardi-Hering, Köln u.a. 1998, S. 125–191, hier S. 157–160.

während die als nicht „assimilierungsfähig" angesehenen Teile später vertrieben werden sollten, wurde ihr eine entsprechende Tätigkeit verwehrt unter dem Hinweis, eine Arbeit hier würde andernfalls zu einer staatsrechtlichen Aufwertung des Territoriums führen.[79] Die Deutsche Akademie sollte also nur in jenen Ländern tätig sein, deren Bevölkerung gemäß den rassischen Kriterien des Nationalsozialismus für Wert befunden worden war, an der deutschen Sprache und Kultur teilzuhaben und die ein Mindestmaß an Selbständigkeit in einem „neuen Europa" behalten würden. Zudem wäre es in der perversen Logik der Nationalsozialisten auch widersinnig gewesen, Kulturwerbung unter Völkern zu betreiben, deren Schicksal nach einem deutschen „Endsieg" vermutlich die rücksichtslose Vertreibung mit der bewußten Inkaufnahme millionenfachen Todes unter den Entwurzelten gewesen wäre, wie es z. B. seit 1941 in den Heinrich Himmler unterstehenden Dienststellen im „Generalplan Ost" vorgesehen wurde.[80]

Das Propagandaministerium, das die Propagandakompetenz von Rosenbergs im Sommer 1941 geschaffenen „Ostministerium" für die eroberten Gebiete der UdSSR bestritt, wollte im Juni 1942 Mittelstellen der Deutschen Akademie im Baltikum einrichten lassen. Bei den entsprechenden Gesprächen in Berlin wies der Vertreter der Deutschen Akademie nicht nur auf den seit längerer Zeit herrschenden Lektorenmangel hin, der die Errichtung von Außenstellen im Baltikum erschweren würde. Die anderen Behörden machten ferner darauf aufmerksam, daß das Baltikum „Inland" sei, und somit, wenn überhaupt, nur die „Deutsche Arbeitsfront" dort Sprachkurse veranstalten solle. Schließlich wurde auch auf Rosenbergs „Spracherlaß" vom 29. Juli 1941 verwiesen, der ein fein abgestuftes System vorsah, dem man entnehmen konnte, welche der „Ostvölker" in welchem Umfang Deutsch lernen sollten und durften: Bei den baltischen Völkern, die als weitgehend assimilierungsfähig angesehen wurden, seien weit verbreitete Deutschkenntnisse durchaus erwünscht, Weißrussen dürften immerhin Deutsch lernen, bei Ukrainern und Großrussen sei dies hingegen unerwünscht. Diese Regelung sei sinngemäß auch auf die „Fremdarbeiter" der jeweiligen Nationalitäten im Reich anzuwenden.[81]

Erst im Frühjahr 1944 schien es für einen Moment so, als würde sich auch im Osten ein Tätigkeitsfeld für die Spracharbeit der Akademie eröffnen. Im April kam es zu Verhandlungen in Krakau zwischen Nitschke und den Behörden des Generalgouvernements über die Einrichtungen von Lektoraten auf polnischem Boden. Doch ging es dabei weniger darum, den Polen Zugang zur deutschen Sprache zu ermöglichen, als um eine rein kosmetische Operation. Indem man die Aka-

---

[79] Scholten, Sprachverbreitungspolitik des nationalsozialistischen Deutschlands, S. 186 f.
[80] Zum Generalplan Ost vgl. Mechthild Rösler und Sabine Schleiermacher (Hrsg.), Der Generalplan Ost. Hauptlinien der nationalsozialistischen Planungs- und Vernichtungspolitik, Berlin 1993.
[81] BAB R51/34, Bericht über die Besprechungen in Berlin in der Frage der Spracharbeit in den besetzten Ostländern vom 8.–10. 6. 1942. Zu Rosenbergs Spracherlaß vgl. auch Alexander Dallin, Deutsche Herrschaft in Rußland 1941–1945. Eine Studie über Besatzungspolitik, Düsseldorf 1958, S. 480 f. Vgl. zum abgestuften System des Zugangs zur deutschen Sprache in den eroberten Gebieten der UdSSR jetzt auch Scholten, Sprachverbreitungspolitik des nationalsozialistischen Deutschlands, S. 247 ff.

demie ins Generalgouvernement holte, sollte der Eindruck einer nunmehr liberaleren Polenpolitik erweckt werden und das Generalgouvernement gleichsam von einem Kolonialgebiet zu einem mehr oder minder „normalen" Besatzungsland aufgewertet werden. Die Initiative war Bestandteil der schon seit längerem unternommenen Versuche von Generalgouverneur Hans Frank, eine zumindest nach außen hin humaner erscheinende Polenpolitik einzuführen, um die Verwaltung des Landes zu erleichtern und es für die deutschen Kriegsanstrengungen effektiver in den Dienst nehmen zu können.[82] Da aber alle ernsthaften Konzessionen an die Polen seit 1943 am Widerstand Heinrich Himmlers und Hitlers gescheitert waren, erhoffte man sich in Krakau wenigstens durch solch symbolische Akte eine Klimaverbesserung. Nitschke berichtete denn auch nach seiner Dienstreise nach Krakau:

„Die Regierung des Generalgouvernements will – so wurde unmißverständlich zum Ausdruck gebracht – eine neue Polenpolitik durchführen. Man will die Deutsche Akademie als Fassade verwenden und der Weltöffentlichkeit und den Polen gegenüber durch Gründung von Akademielektoraten zeigen, daß die Polen wie andere Völker behandelt werden sollen. Ein Kulturaustausch komme zunächst für das Generalgouvernement nicht in Frage."

Das Ganze sei laut Äußerungen seiner Gesprächspartner ein „taktisches Manöver, für das die Deutsche Akademie benötigt werde". Der Ausdruck „Fassade" sei in den Besprechungen mehrmals gefallen.[83] Die Versuche der Akademie, 1939 zunächst im „Protektorat Böhmen und Mähren", 1942 im Baltikum und 1944 schließlich im Generalgouvernement mit Lektoraten Fuß zu fassen, zeigen, daß man sich in München nicht unbedingt um die feinen Abstufungen der Souveränität oder kulturellen Selbstbestimmung kümmerte, die das NS-Regime den unterworfenen Völkern in Abhängigkeit von der ihnen zugeschriebenen „rassischen Wertigkeit" zudachte. Man akzeptierte sie zwar und war auch bereit, sich widerspruchslos als „Fassade" für eine sich „liberaler" gebende Besatzungspolitik mißbrauchen zu lassen. Doch scheint in München das vorrangige Ziel gewesen zu sein, an möglichst vielen Stellen Europas präsent zu sein, um den selbstgestellten Auftrag „Weltsprache Deutsch" zu erfüllen und damit den weiteren Ausbau der Akademie auch in Kriegszeiten sicherzustellen, ohne den rassistischen Kriterien zu viel Beachtung zu schenken.

Die Deutsche Akademie war auch nicht in den besetzten „germanischen" Ländern Norwegen und den Niederlanden aktiv, wo sie nur Büros als Verbindungsstellen besaß, aber praktisch keine Spracharbeit betrieb außer mit einem einzigen Lektor in Oslo. In diesen beiden Ländern glaubte man die deutsche Sprache im Zuge einer späteren Annexion, die sich bereits durch die Verwaltung dieser Länder durch zivile deutsche Reichskommissare abzeichnete,[84] mit anderen Mitteln

---

[82] Hans Umbreit, Die deutsche Herrschaft in den besetzten Gebieten 1942–1945, in: Das Deutsche Reich und der Zweite Weltkrieg. Bd. 5/2 Kriegsverwaltung, Wirtschaft und personelle Ressourcen 1942–1944/45, hrsg. vom Militärgeschichtlichen Forschungsamt, Stuttgart 1999, S. 3–274, hier S. 11 f. und 56 ff.

[83] BAB R51/34, Bericht über die Dienstreise des Abteilungsleiters Dr. Nitschke zu Dienstbesprechungen in Krakau, 19.–23. 4. 1944.

[84] Zur Frage, inwieweit die Form der Besatzungsherrschaft als Indiz für die weitergehenden Pläne des NS-Regimes für die betroffenen Länder dienen kann, vgl. Hans Umbreit, Die

durchsetzen zu können, vor allem durch frühen zwangsweisen Unterricht in den Schulen. In den beiden Reichskommissariaten war es daher in den Augen des NS-Regimes nicht angebracht, Deutsch als Fremdsprache in größerem Ausmaß durch eine Einrichtung der Auslandskulturpolitik zu lehren. Selbst als Ende 1943 mit Arthur Seyß-Inquart der Reichskommissar der besetzten Niederlande Präsident der Akademie wurde, kam es im Anschluß daran nicht zur Vergrößerung des Akademie-Büros in Den Haag, geschweige denn zur Aufnahme der Spracharbeit in Holland. Vermutlich wäre es nach einem Endsieg eher zu einer Zwangsgermanisierung gekommen, in der man Norwegisch und Niederländisch als germanische „Dialekte" zugunsten des Deutschen unterdrückt hätte. Dafür spricht die sprachpolitische Vorgehensweise in dem seit 1940 de facto annektierten, als „germanisch" angesehenen Luxemburg und in Elsaß-Lothringen. Hier war nicht etwa Zweisprachigkeit das Ziel, sondern die vollkommene Verdrängung des Französischen (im Falle Luxemburgs ab 1942 auch des dem Deutschen verwandten Letzeburgischen) durch das Deutsche mittels Verboten und Strafandrohung.[85]

Als weitere Beispiele, welche die Grundsätze verdeutlichen, auf denen die Dislozierungspolitik der Deutschen Akademie basierte, mögen Dänemark und Belgien dienen. Beides waren Länder mit „germanischer" Bevölkerung oder zumindest Bevölkerungsteilen, denen diese Eigenschaft zugeschrieben und die als „eindeutschungsfähig" erachtet wurden. Ihre Zukunft sollte aber wegen der Umstände ihrer Besetzung oder des vom weiteren Verlauf des Krieges abhängenden Schicksals noch nicht durch eine zu offenkundige, annexionsartige Form der Besatzungsherrschaft präjudiziert werden. In beiden Ländern war die Deutsche Akademie daher seit 1940 aktiv.[86] Dabei sollte sie im Falle Belgiens auf Wunsch Himmlers in seiner Eigenschaft als sogenannter Reichskommissar für die Festigung des deutschen Volkstums ihre Aktivitäten besonders in den ohnehin als „germanisch" angesehenen Gebieten Flanderns intensivieren, um hier eine Germanisierung ungeachtet späterer friedensvertraglicher Regelungen schon unter der Hand vorwegzunehmen. Auch dies scheiterte allerdings am Personalmangel.[87]

Im übrigen war die Verbreitung der deutschen Sprache im Ausland, wie sie die Deutsche Akademie betrieb, auch eine zweischneidige Sache, nimmt man die damals in Deutschland vorherrschende Auffassung von Sinn und Zweck des Fremdsprachenunterrichts für bare Münze. Seit Mitte der zwanziger Jahre hatte sich im Fremdsprachenunterricht und in der Philologie das Konzept der „neuen" Kulturkunde durchgesetzt, d. h. alle geistigen Äußerungen und materiellen Leistungen

---

deutschen Besatzungsverwaltungen: Konzept und Typisierung, in: Der Zweite Weltkrieg. Grundzüge, Analysen, Forschungsbilanz, hrsg. von Wolfgang Michalka, München 1989, S. 710–725.

[85] Polenz, Deutsche Sprachgeschichte, Bd. 3, S. 150 ff. Für Luxemburg jetzt auch Scholten, Sprachverbreitungspolitik des nationalsozialistischen Deutschlands, S. 119 ff.

[86] Das gleiche Muster der geographischen Verteilung läßt sich bei den Deutschen Wissenschaftlichen Instituten erkennen. Vgl. Eckard Michels, Die deutschen Kulturinstitute im besetzten Europa, in: Kultur – Propaganda – Öffentlichkeit, hrsg. von Wolfgang Benz u. a., Berlin 1998, S. 11–33.

[87] Einige Schriftstücke hierzu befinden sich in: BAB R51/34.

eines Volkes wurden nun im Sinne einer einheitlichen Deutung des fremden Volkscharakters zusammengefaßt. Die so pauschalisierte fremde Kultur sollte wiederum als Folie dienen, um die eigene Sprache und Kultur um so besser erkennen zu können.[88] Diese Deutung vom Sinn kultureller Begegnung, beim DAAD seit Anfang der dreißiger Jahre sogar zum Leitmotiv der Auslandsarbeit erhoben, blieb auch im Dritten Reich dominierend. So bestimmte das RMEWV in einem 1938 verabschiedeten neuen Lehrplan, daß das Ziel des Fremdsprachenunterrichts nicht nur die Erlernung des praktischen Gebrauchs einer Fremdsprache sowie die formale geistige Bildung sei. Vielmehr hieß es in diesem Lehrplan auch, „durch Vergleich der Fremdsprache mit der Muttersprache, des fremden Wesens mit dem deutschen Wesen trägt der neusprachliche Unterricht dazu bei, daß sich der Schüler der Eigenart und des Wertes des eigenen Volkes und seiner arteigenen Kultur stärker bewußt wird".[89] Auf das Ausland angewendet, implizierte diese Auffassung vom Sinn und Zweck der Erlernung von Fremdsprachen und der Begegnung mit einer fremden Kultur, daß der Hörer eines Deutschkurses der Deutschen Akademie in Frankreich, Bulgarien oder Portugal nicht nur die deutsche Sprache und Kultur vermittelt bekäme, sondern letztlich der Unterricht ihn zu einem noch (selbst-)bewußteren Franzosen, Bulgaren oder Portugiesen formte. Auch unter diesem Gesichtspunkt machte die Beschränkung der Spracharbeit der Deutschen Akademie auf Länder Sinn, die für die Germanisierung als ungeeignet galten, denen aber ein Mindestmaß von Unabhängigkeit und kultureller Selbstbehauptung auch im „neuen Europa" zugedacht war. In den erhaltenen Dokumenten und Publikationen der Deutschen Akademie ist dieses zumindest theoretische Dilemma zwischen dem Anspruch der Arbeit der Akademie einerseits, also Deutschland als führende kulturelle Macht auf dem Kontinent zu präsentieren, und der möglichen Wirkung bei den unterworfenen Völkern im Sinne einer durch die Begegnung mit der deutschen Sprache erfolgenden Sensibilisierung für ihre eigenen kulturellen Wurzeln andererseits, allerdings nie thematisiert worden. Es sei dahingestellt, inwieweit diese Auffassung auch dazu beigetragen hat, bestimmte Länder im Osten Europas oder die „germanischen" Brudernationen Norwegen und die Niederlande nicht mit Lektoraten zu versehen, um nicht unbeabsichtigt dazu beizutragen, ihnen ihre kulturellen Wurzeln um so bewußter zu machen.

Abgesehen davon, daß die Rassedoktrin der Nationalsozialisten an sich schon eine Germanisierung der meisten unterworfenen Völker in Form einer Oktroyierung der deutschen Sprache wegen ihrer angenommenen genetischen Andersartigkeit ausschloß, da es laut Hitlers „Mein Kampf" nur eine „Germanisierung des Bodens", nicht des Menschen geben könne,[90] war die Dominanz der „neuen Kul-

---

[88] Gerhard Bott, Deutsche Frankreichkunde 1900–1933. Bd. 1, Rheinfelden 1982, S. 93 ff.

[89] Zitiert nach Magda Gerken, Aufgaben des neusprachlichen Unterrichts. Gedanken zu dem neuen deutschen Lehrplan für höhere Schulen, in: Deutschunterricht im Ausland, Heft 1 (1941), S. 1–4, hier S. 1.

[90] So wandte sich Hitler schon in den zwanziger Jahren gegen die seiner Auffassung nach fälschliche, aber selbst in alldeutschen Kreisen vertretene Ansicht, daß durch Sprachverbreitung eine Germanisierung des Slawentums in der Habsburgermonarchie möglich gewesen wäre. „Da das Volkstum, besser die Rasse, eben nicht in der Sprache liegt, sondern im Blute, würde man von einer Germanisation erst dann sprechen dürfen, wenn es ge-

turkunde" im Fremdsprachenunterricht des Dritten Reiches jedenfalls ein weiterer Grund dafür, daß die Auslandsarbeit der Deutschen Akademie von ihrem Selbstverständnis her niemals in eine Germanisierungsmission ausufern konnte. Gerade weil die Deutsche Akademie bis 1945 ein Instrument blieb, das nur in Ländern tätig war, die nach dem Willen der Führung des Reichs trotz deutscher Hegemoniepolitik als mehr oder weniger selbständige Staaten weiterbestehen sollten, degenerierte sie nicht zu einem Instrument einer zwangsweisen Germanisierung, wie sie z. B. vom NS-Regime rücksichtslos in Luxemburg, Elsaß-Lothringen oder den annektierten Teilen Polens verfolgt wurde. Sie betrieb auch keinen Kulturimperialismus in dem Sinne, daß sie die Kultur der Gastvölker durch die deutsche verdrängen wollte; allenfalls dahingehend, daß sie kulturelle Einflüsse von Drittstaaten zurückzudrängen versuchte. So erklärte ihr Präsident denn auch intern auf der Mittelstellenleitertagung 1944: „Wir gehen nicht hinaus, um Gastvölkern unser Wissen aufzuzwingen, wir müssen Völker so nehmen wie sie sind, Fragen stellen: Was wollen die Völker von uns, was können wir ihnen aus unserem Kulturgut geben."[91]

5. Von Siebert zu Seyß-Inquart

Am 1. November 1942 starb Siebert achtundsechzigjährig. Einige Wochen später ereilte das gleiche Schicksal den zweiten Vizepräsidenten von Stauß, der sich bei Sieberts Beerdigung eine schwere Erkältung zugezogen hatte. Bevor es zur Ernennung des Nachfolgers für Siebert kam – von Stauß' Funktion war rein repräsentativ gewesen und wurde daher nicht mehr neu besetzt –, schickte das Propagandaministerium im Februar 1943 einen neuen Generalsekretär, den Oberregierungsrat Matthias Schmitz. Der Posten des Generalsekretärs war seit Fochler-Haukes endgültigem Entschluß im Mai 1941, die militärische Karriere vorerst der wissenschaftlichen vorzuziehen, vakant, obwohl er in der Gehaltsliste der Akademie bis Anfang 1943 weiter als Generalsekretär geführt wurde. Offenbar war Siebert sehr an diesem Mitarbeiter gelegen. Als sich im Frühjahr 1941 abzeichnete, daß Fochler-Hauke erneut zur Wehrmacht einrücken wollte, erwog Siebert sogar kurzzeitig, für diese Aufgabe Thierfelder zu reaktivieren, der zu Fragen der Auslandskulturpolitik weiterhin publizistisch sehr aktiv war.[92] Die Initiative scheiterte aber vor allem am Einspruch von Wüst. Den Posten bekleidete folglich zunächst kommissarisch Sieberts Sohn Fritz, ein bayerischer Beamter, und, nachdem dieser im Januar 1942 nach Krakau in die Verwaltung des Generalgouvernements versetzt

---

länge, durch einen solchen Prozeß das Blut der Unterlegenen umzuwandeln. Das aber ist unmöglich." In: Hitler, Mein Kampf, S. 428. In einem seiner nächtlichen Monologe verstieg sich Hitler sogar dazu zu behaupten, die Eßgewohnheiten seien ein wichtigeres Kennzeichen für die Zusammengehörigkeit eines Volkes als die Sprache. Jochmann, Monologe im Führerhauptquartier, 11./12. 7. 1941 (S. 41).

[91] BAB R51/26, Protokoll der Tagung der Mittelstellenleiter, 11.–16. 2. 1944.

[92] Einige Schriftstücke hierzu befinden sich in: BAB R51/10144.

worden war, der im März 1942 neu eingestellte Verwaltungsdirektor Joseph Heitzer. Der neue Generalsekretär Schmitz sollte offenbar das Terrain für den von Hitler laut § 3 des „Führererlasses" zu ernennenden zukünftigen Präsidenten sondieren. Der 1899 in Duisburg geborene Schmitz hatte Germanistik, Geschichte und Pädagogik studiert. Er war 1926 in die USA gegangen, um in Harvard zu promovieren. Seit 1936 in der NSDAP, leitete er bis kurz vor dem Kriegseintritt der USA die dem Propagandaministerium unterstehende „Deutsche Informationsbibliothek" in New York. Seit 1941 arbeitete er in der Auslandsabteilung des Goebbels-Ministeriums. Seit seinem Dienstantritt in München schmückte er sich mit einem Professorentitel, ohne aber jemals habilitiert oder einen Lehrstuhl bekleidet zu haben. Er blieb bis Kriegsende Generalsekretär.[93] Mit der Entsendung von Schmitz wollte das Propagandaministerium zugleich unterstreichen, daß es nicht gewillt war, dem Auswärtigen Amt Einfluß in der Geschäftsstelle der Akademie in München einzuräumen. Denn die Frage des vakanten Präsidentenpostens brachte erneut die Wilhelmstraße auf den Plan. Bei der Suche nach einem Nachfolger für Siebert bemühte sich das Auswärtige Amt, einen nach außen hin politisch neutral erscheinenden Kandidaten ins Rennen zu schicken. In der Wilhelmstraße dachte man entweder an einen Wissenschaftler, der für die wissenschaftliche Seriosität des Unternehmens bürgen konnte, oder an einen Schriftsteller als führenden Vertreter der deutschen Sprache. Damit wollte man nicht nur die angeblich unpolitische Seite der deutschen Kulturwerbung im Ausland herausstreichen, eine aus der Weimarer Republik ererbte Tradition, die zu diesem Zeitpunkt im Auswärtigen Amt noch durch von Weizsäcker und von Twardowski, dem Leiter der Kulturpolitischen Abteilung, schwach fortlebte.[94] Dies war aber wohl eher ein in den Erwägungen des Auswärtigen Amts nachgeordnetes Motiv, das allerdings als vorgeschobenes Argument diente. Der Anspruch einer „unpolitischen" Kulturwerbung zum Ausland durch anscheinend staatsferne Institutionen war im Falle der Münchener Einrichtung spätestens seit der auch von der Wilhelmstraße unterstützten Ernennung Sieberts und der Erhebung der Akademie zu einer Körperschaft des Öffentlichen Rechts mit einem von Hitler zu ernennenden Präsidenten unglaubwürdig. Entscheidender war wohl eher der Wunsch der Wilhelmstraße, dadurch zu verhindern, daß das Propagandaministerium einen seiner eigenen Beamten an die Spitze der Akademie stellen würde. Goebbels erwog, entweder Ministerialdirektor Heinrich Hunke oder Staatssekretär Leopold Gutterer Hitler als Nachfolger vorzuschlagen, was das Auswärtige Amt noch weiter aus den Geschicken der Akademie herausgedrängt hätte. Allerdings blieb das Auswärtige Amt chancenlos mit seinen Vorschlägen. Die starke Abneigung Hitlers gegen das Auswärtige Amt

---

[93] Angaben zu Schmitz in seinen Personalunterlagen im Berlin Document Center des Bundesarchivs sowie in: BAB R51/10143.

[94] BAB R/II/1232a, Schreiben von Weizsäckers an Lammers, 31. 12. 1942. Beide verloren im März 1943 im Zuge eines personalpolitischen Revirements im Auswärtigen Amt ihre Posten. Die Leitung der Kulturpolitischen Abteilung übernahm der SS-Führer, Dekan der Auslandswissenschaftlichen Fakultät der Berliner Universität und diplomatische Seiteneinsteiger Franz Alfred Six.

– schon in den dreißiger Jahren hatte er die Diplomaten als „Weihnachtsmänner in der Wilhelmstraße" tituliert[95], geht deutlich aus einem Vermerk Lammers' hervor. Als dieser Hitler Vortrag über die von den beiden Ministerien ins Spiel gebrachten Anwärter auf das Präsidentenamt hielt und dabei auch die vom Auswärtigen Amt favorisierten Kandidaten, den Historiker und Präsidenten der Bayerischen Akademie der Wissenschaften Karl Alexander von Müller und den Schriftsteller und Präsidenten der Reichsschrifttumskammer Hanns Johst, erwähnte, scheint Hitler geradezu gereizt reagiert zu haben, denn Lammers notierte: „Der Führer erklärte mir hierzu, daß das Auswärtige Amt an der Frage der Besetzung der Präsidentenstelle überhaupt nicht zu beteiligen sei und hierbei nicht im geringsten mitzuwirken habe; die Besetzung der Präsidentenstelle gehe das Auswärtige Amt gar nichts an. Er wünscht, daß es in dieser Angelegenheit völlig ausgeschaltet werde."[96]

Nun war es also ganz an Goebbels, einen geeigneten Kandidaten zu bestimmen. Die gesuchte Person sollte ein gewisses internationales Renommee haben, was letztlich gegen einen Staatssekretär aus dem eigenen Hause sprach, gleichzeitig aber nicht zu unabhängig agieren, sondern den Vorstellungen des Propagandaministeriums folgen.[97] Goebbels' Vorschlag, einen seiner Staatssekretäre zum Präsidenten zu küren, scheiterte zudem am Widerstand der Parteikanzlei, die ebenfalls negative Rückwirkungen auf das Ausland fürchtete und Goebbels auch nicht mehr Einfluß als nötig zugestehen wollte. Daraufhin brachte Goebbels bei Hitler im März 1943 verschiedene Kandidaten ins Spiel: Den Bildhauer Arno Breker, den Leiter der „Kanzlei des Führers" Philipp Bouhler, Ex-Außenminister von Neurath und die Industriellen Alfried Krupp von Bohlen und Halbach und Albert Vögler. Im März 1943 schien die Wahl zunächst auf den von Goebbels favorisierten und wohl auch Hitler genehmen Breker zu fallen.[98] Doch offenbar winkte dieser ab, denn Anfang Mai 1943 stimmte Hitler laut Goebbels' Tagebuch doch dem Vorschlag des Propagandaministeriums zu, Vögler zu ernennen, der in den dreißiger Jahren zwischenzeitlich als Vertreter des Wirtschaftrates im Kleinen Rat der Akademie gesessen hatte.[99] Allerdings schlug auch dieser – er stand seit 1940 bereits der Kaiser-Wilhelm-Gesellschaft der Wissenschaften vor –, das Angebot nach einigen Monaten der Überlegung aus. Im Herbst 1943 brachte Goebbels schließlich Arthur Seyß-Inquart, den Reichskommissar der besetzten Niederlande und seit 1939 zugleich Reichsminister ohne Geschäftsbereich, als Nachfolger Sieberts ins Spiel. „Sehr einverstanden ist der Führer mit meinem Vorschlag, Reichsminister Seyß-Inquart zum Präsidenten der Deutschen Akademie zu machen. Ich glaube, es wäre die beste Lösung. Der Posten muß besetzt werden, und

---

[95] Vgl. Döscher, Das Auswärtige Amt im Dritten Reich, S. 85 ff.

[96] BAB R43/II/1232a, Vermerk betr. Ernennung eines neuen Präsidenten der Deutschen Akademie, 26. 1. 1943.

[97] Vgl. die vom Propagandaministerium unmittelbar nach Sieberts Tod ventilierten Vorschläge, in: BAB R55/177, Vorschläge für die Präsidentschaft der Deutschen Akademie, Aufzeichnung vom 4. 11. 1942.

[98] Die Tagebücher von Joseph Goebbels Teil 2, Bd. 7, S. 509 (Eintragung vom 9. 3. 1943).

[99] Die Tagebücher von Joseph Goebbels Teil 2, Bd. 8, S. 263 (Eintragung vom 10. 5. 1943).

Seyß-Inquart ist immerhin ein Mann von internationalem Ruf und großem Format", notierte Goebbels am 27. Oktober in seinem Tagebuch.[100]

Goebbels' Wahl wirkt auf den ersten Blick erstaunlich und war sicherlich zu einem guten Teil eine Verlegenheitslösung in einer Frage, die ihm angesichts der katastrophalen Meldungen von der Ostfront, aus Nordafrika und Italien, die zwischen Frühjahr und Herbst 1943 in Berlin eintrafen und entsprechende Rückwirkungen auf die Stimmung im Reich hatten, nicht sonderlich dringlich erschien. Zwar war der gebürtige Österreicher Seyß-Inquart seit 1938 Ehrenmitglied der Deutschen Akademie, hatte aber ansonsten keine engen Bindungen zu der Münchener Institution aufgebaut oder besonderes Interesse für ihre Arbeit bewiesen. Er besaß weder den Stallgeruch des Propagandaministeriums, noch hatte er sich einen Namen als Wissenschaftler oder Literat gemacht. Allerdings verfügte der promovierte Jurist zweifellos über ein größeres intellektuelles Format als die meisten anderen hohen NS-Funktionäre. Er hielt sich selbst für einen „kultivierten Menschen" und Förderer der Künste, was sich u.a. darin niederschlug, daß er deutsche Orchester in die besetzten Niederlande einlud, dort „Wiener Kunstwochen" veranstalten ließ und sich Anfang 1942 persönlich bei Goebbels dafür einsetzte, in Den Haag ein deutsches Theater eröffnen zu dürfen.[101]

Die Kür eines führenden deutschen Besatzungspolitikers und Reichsministers war eine Art Affront gegen das Auswärtige Amt, das ja vergeblich versucht hatte, einen zumindest nach außen hin von den Schalthebeln der Macht entfernten Kandidaten zum Präsidenten der Akademie zu berufen. Folgt man Goebbels' Tagebucheinträgen, so „entdeckte" er Seyß-Inquart im Frühjahr 1943 zunächst als potentiellen Verbündeten in seinem Kampf für eine Intensivierung der deutschen Kriegsanstrengungen, die er in seiner berühmten Sportpalastrede im Februar 1943 angekündigt hatte. So notierte der am 6. März 1943 in seinem Tagebuch: „Ich habe eine sehr ausgedehnte Aussprache mit Seyß-Inquart über den totalen Krieg [...] Ich stelle hier eine absolute Übereinstimmung unserer Ansichten fest. Seyß-Inquart ist ein kluger politischer Kopf, der in der österreichischen Schule großgeworden ist." Am 8. September 1943 heißt es schließlich hinsichtlich Seyß-Inquarts Politik in den besetzten Niederlanden: „Seyß-Inquart versteht es meisterhaft, mit Zuckerbrot und Peitsche abzuwechseln und harte Maßnahmen mit einer großen Elastizität durchzuführen. Man merkt ihm die gute Habsburger Schule an [...] Dabei haben sie (die Österreicher, E.M.) sich eine große Übung in der Behandlung von Völkern auch in kritischen Situationen erworben."[102] Elastizität und Härte schienen Eigenschaften zu sein, die auch bei der Führung der vor allem auf das Ausland zielenden Deutschen Akademie gefragt waren. Ausschlaggebend aber war für Goebbels' Personalentscheidung vermutlich der Faktor, daß Seyß-Inquart als Österreicher und praktizierender Katholik weder in der Partei eine starke Hausmacht hatte,[103] noch enge Bindungen zum Auswärtigen Amt besaß. Er stand vielmehr als direkt Hitler unterstehender Reichskommissar eines besetzten Lan-

---

100 Die Tagebücher von Joseph Goebbels Teil 2, Bd. 10, S. 190.
101 Hendricus Johannes Neuman, Arthur Seyß-Inquart, Wien u.a. 1970, S. 257ff.
102 Die Tagebücher von Joseph Goebbels Teil 2, Bd. 9, S. 447.
103 Neumann, Seyß-Inquart, S. 168–170.

des in einer gewissen Konkurrenz zur Wilhelmstraße. Zugleich konnte Goebbels auf Hitlers Zustimmung rechnen, denn Seyß-Inquart genoß bei seinem Landsmann wegen seiner angeblich geschickten Amtsführung in den Niederlanden hohes Ansehen. Dieses fand schließlich 1945 seinen deutlichsten Ausdruck darin, daß Hitler Seyß-Inquart in seinem Testament zum Außenminister ernannte. Mithin hatte Goebbels also in ihm einen Kandidaten gefunden, der nach außen hin ein gewisses Renommee und als Österreicher und Reichskommissar der besetzten Niederlande einen gewissen, wenn auch fraglichen internationalen Hintergrund hatte. Er war für Hitler wie für die Parteikanzlei akzeptabel – auf das Auswärtige Amt brauchte zu diesem Zeitpunkt ohnehin keine Rücksicht mehr genommen zu werden –, und war zugleich auf enge Zusammenarbeit mit dem Propagandaministerium angewiesen, dem er hinsichtlich einer Intensivierung der Kriegsanstrengungen ohnehin grundsätzlich zustimmte.

Anfang Dezember 1943 akzeptierte Seyß-Inquart den ihm angetragenen Posten. Das Propagandaministerium steckte mit Seyß-Inquart vor der offiziellen Amtseinführung den zukünftigen Kurs für die Deutsche Akademie ab. Die Geltung der Akademie im Inland sollte durch Wiederbelebung der Forschung verstärkt werden, allerdings dahingehend, daß man eher bestehende Forschungsergebnisse komprimiert und repräsentativ der Öffentlichkeit zugänglich machen wollte, als eigene zu betreiben, da letzteres nur Konflikte mit bestehenden Institutionen heraufbeschwören würde. Die im „Führererlaß" postulierte Aufgabe der Sprachpflege im Inland sollte nun endlich in München begonnen werden, wozu die Akademie ein eigenes „Sprachamt" erhalten würde. Die Auslandsarbeit müsse stärker als bisher um „kulturelle Aufklärungstätigkeit" ergänzt werden, sonst würden die Lektorate zu bloßen Sprachschulen herabsinken. Seyß-Inquart und der für die Akademie zuständige Referent des Propagandaministeriums, Ministerialrat Wilhelm Ziegler, kamen überein, daß die Deutsche Akademie langfristig Träger der wissenschaftlichen Beziehungen zum Ausland werden und damit die Deutschen Wissenschaftlichen Institute ersetzen solle.[104] Anscheinend köderte man Seyß-Inquart nicht nur mit einer zukünftig über die Sprachförderung hinausgehenden Aufgabenstellung der Akademie, sondern auch mit einem nochmals erweiterten Haushalt, denn dieser sah für 1944 eine Verstärkung der Zahl der Inlandsmitarbeiter vor: Die wissenschaftliche Abteilung sollte von fünf auf 31 Mitarbeiter aufgestockt werden, das Goethe-Institut von neun auf 24 Mitarbeiter anwachsen, und der Abteilung Auslandslektorate unter Nitschke würden statt bislang elf zukünftig 21 Stellen zustehen, davon neun Referenten. Selbst für das Verbindungsbüro der Akademie in Berlin war eine Verdoppelung der Mitarbeiterzahl von vier auf acht beabsichtigt. Für den Mitarbeiterstab im Inland waren nun insgesamt 129 Planstellen vorgesehen.[105] Die Gesamtzahl der Mitarbeiter der Deutschen Akademie, inklusive der etwa 180 entsandten Lektoren und der Ortskräfte im Ausland, belief sich damit im Frühjahr 1944 auf rund 1000 Personen.

---

[104] BAB R55/177, Aufzeichnung Zieglers für Goebbels über sein Gespräch mit Seyß-Inquart in Den Haag, 7. 1. 1944.
[105] BAB R2/4780, Haushaltsvoranschlag der Deutschen Akademie 1944.

Am 10. Februar 1944 führte Goebbels schließlich in einer Feierstunde in der Aula der Münchener Universität Seyß-Inquart in sein neues Amt ein. Es sollte die erste und zugleich letzte aufwendige, öffentliche Ernennungszeremonie für einen Präsidenten der Deutschen Akademie sein. Goebbels legte der Deutschen Akademie in einer kurzen Ansprache die Pflege und Verbreitung der deutschen Sprache ans Herz, vor allem in Zeiten des Krieges. Er bezeichnete die Sprache „als scharf geschliffenes Schwert zur geistigen Verteidigung einer Nation". Schon an der Niederringung Napoleons hätten wenige so viel Anteil gehabt wie der „General der deutschen Sprache" Johann Gottlieb Fichte. Seyß-Inquart war in seiner Rede präziser hinsichtlich des zukünftigen Kurses der Deutschen Akademie. Seine Ausführungen deckten sich mit den im vorhinein mit dem Propagandaministerium abgesprochenen Direktiven: Die wissenschaftliche Abteilung solle eher bestehende Ergebnisse zusammenfassen und bei ihren Publikationen stets die kulturellen Einflüsse Deutschlands auf das Ausland im Auge behalten. In der Sprachwerbung werde es künftig mehr Spezialkurse für Ärzte, Juristen und Techniker geben und insgesamt der Nachdruck stärker auf Kurse für Fortgeschrittene gelegt werden, denen man auch mehr deutsche Kultur vermitteln könne. Die Vermittlung von Grundkenntnissen in der deutschen Sprache für die breite Masse könne nicht Aufgabe der Deutschen Akademie sein und solle daher speziellen Sprachschulen überlassen oder stärker als bisher den Schulen der fremden Länder zur Aufgabe gemacht werden. Die Lektorate der Deutschen Akademie sollten sich hingegen zukünftig mehr dem Deutschen als einer zu vermittelnden „Kultur-", nicht „Verkehrssprache" widmen. Dafür müsse auch das Kulturprogramm der Lektorate verstärkt werden, etwa durch vermehrte Vorträge. Ferner müßten die zukünftigen Lektoren besser als bisher in einem speziellen sechsmonatigen Vorbereitungsseminar für ihre kulturpolitische Aufgabe im Ausland geschult werden.[106] Kurzum, Seyß-Inquart plädierte mit Rückendeckung des Propagandaministers für eine Aufwertung der Deutschen Akademie von einem bloßen Instrument der Sprachförderung auf allen Niveaus zu einer Zentralorganisation auswärtiger Kulturpolitik mit ausgebildetem Fachpersonal, die sich nicht an die Massen, sondern die Eliten des Auslandes wenden sollte. Goebbels zeigte sich in seinem Tagebuch denn auch zufrieden mit der guten Statur, die sein Protegé bei der Amtseinführung gemacht habe.[107]

Mit einem Reichsminister, der das Vertrauen Hitlers besaß, an ihrer Spitze, der Unterstützung des Propagandaministeriums und üppig bezuschußt aus dem Reichshaushalt, schien seit Anfang 1944 die Deutsche Akademie erstmals dem von ihren Gründern 20 Jahre zuvor erhobenen Anspruch nahezukommen, Zentralstelle für die deutsche auswärtige Kulturpolitik zu werden. Die Vorstellungen des neuen Präsidenten stießen in der Akademie selbst auf positive Resonanz, deren Mitarbeiter sich erhofften, unter der neuen Führung die Bevormundung in der Auslandsarbeit seitens der DWI eines Tages abstreifen zu können. So erklärte Generalsekretär Schmitz, der sich dem Propagandaministerium seit seiner Ent-

---

[106] Beide Redemanuskripte befinden sich als Sonderdruck in: BAB R51/7.
[107] Die Tagebücher von Joseph Goebbels Teil 2, Bd. 11, S. 278.

sendung nach München offenbar zunehmend entfremdete,[108] auf der Tagung der Mittelstellenleiter im Februar 1944, er habe seit der Ernennung Seyß-Inquarts den Eindruck, erstmals stehe hinter der Deutschen Akademie eine wirkliche Macht. Seyß-Inquart wolle die Deutsche Akademie so groß machen, daß ihr eines Tages die Betreuung der DWI zufallen werde. Vorerst jedoch sollten die Mittelstellen der Akademie im Ausland alle Vorfälle dokumentieren, die auf eine Einschränkung der Arbeit der Lektorate durch das Auswärtige Amt und seine Kulturinstitute schließen ließen.[109]

Der neue Präsident stürzte sich mit großem Eifer in seine Aufgabe, die er nicht nur als bloßen Repräsentationsposten betrachtete und die ihm anscheinend mehr Befriedigung verschaffte als die zunehmend schwierigere Herrschaft über die so gar nicht in das „Großdeutsche Reich" integrationswilligen Niederländer. So schrieb er in einem Neujahrsgruß im Januar 1945 an seinen Vertreter Wüst in München, die Beschäftigung mit der Deutschen Akademie sei für ihn eine der schönsten und befriedigendsten Erinnerungen an das vergangene Jahr.[110] Er war auch nicht gewillt, sich vom Propagandaministerium gängeln zu lassen. Als im Frühjahr 1944 das Propagandaministerium Beamte nach München schicken wollte zwecks Überprüfung der Arbeit der Akademie, wies Seyß-Inquart von Den Haag aus Wüst und Schmitz an, diesen den Zugang zu den Akten zu verwehren. Er erinnerte Goebbels in einem Brief im Juni 1944 daran, daß das Propagandaministerium ihm vor Übernahme des Präsidentenamtes zugesagt habe, es werde sich nicht direkt in die Angelegenheiten der Akademie einmischen.[111] „Einige Schwierigkeiten habe ich mit Seyß-Inquart bezüglich der Führung der Deutschen Akademie. Er scheint mir etwas rebellisch zu werden", lautete denn auch eine Tagebucheintragung Goebbels' vom 22. Juni 1944.[112]

6. Verstärkung der wissenschaftlichen Arbeit

Die Gefahr, daß die Akademie vor allem durch das Desinteresse der federführenden Reichsressorts zu einem „bloßen Sprachinstitut" herabgewürdigt werde, die noch Siebert und seine Vorgänger umgetrieben hatte, schien unter dem neuen, energischen und einflußreichen Präsidenten endgültig gebannt zu sein. Bei einer Ende Januar 1944 stattfindenden Ressortbesprechung in München zwischen Seyß-Inquart, Schmitz, Heitzer sowie Vertretern des Auswärtigen Amts, des Propagandaministeriums und des RMEWV konstatierte man übereinstimmend, daß

---

[108] So überlegte man im Propagandaministerium 1944, man könne Schmitz eventuell dadurch zu Fall bringen, daß er sich in München mit einem Professorentitel schmückte, der ihm eigentlich gar nicht zustehe. Einige Schriftstücke dazu in: BAB R55/177.

[109] BAB R51/26, Protokoll der Tagung der Mittelstellenleiter, 11.–16. 2. 1944, ähnliche Hinweise finden sich in: BAB R21/537, Bericht über die Ressortbesprechung bei der Deutschen Akademie in München, 30. 1. 1944; BAB R51/8, Aufzeichnung über die Tätigkeit der Auslandslektorate, 21. 12. 1943.

[110] BAB R51/12, Schreiben Seyß-Inquart an Wüst, 13. 1. 1945.

[111] BAB R55/177, Schreiben Seyß-Inquart an Goebbels, 5. 6. 1944.

[112] Die Tagebücher von Joseph Goebbels Teil 2, Bd. 13, S. 512.

die wissenschaftliche Tätigkeit der Münchener Einrichtung bisher auf Einzeluntersuchungen gerichtet und vom Zufall geleitet gewesen sei. Die bisherigen
Veröffentlichungen seien zusammenhanglos und ohne innere Beziehung zu ihrer
eigentlichen Aufgabe. Nunmehr werde die wissenschaftliche Abteilung großzügig
ausgebaut durch Schaffung eines festen Mitarbeiterstabes. Vor allem die systematische Erforschung der deutschen Sprache und Kultur in ihren Beziehungen zum
Ausland solle jetzt begonnen werden. Die Lektorate müßten stärker „wissenschaftlich unterbaut" werden und das Goethe-Institut die ausreisenden Lektoren
zukünftig besser auf ihren Auslandseinsatz vorbereiten.[113]
    Eine Initiative Seyß-Inquarts unmittelbar nach seinem Amtsantritt war die
Umbenennung der Abteilungen der Deutschen Akademie in Anlehnung an das
Gliederungsmuster der anderen wissenschaftlichen Akademien in eine „Klasse
Forschung und Wissenschaft", welche die Sektionen der vormaligen wissenschaftlichen Abteilung umfaßte, und eine „Klasse Kulturaustausch", welche sich aus
den Abteilungen Auslandslektorate, Goethe-Institut, Länderausschüsse[114] und
Vortragsaustausch (mit dem Ausland) zusammensetzte. Seyß-Inquart, dabei sicherlich unterstützt, wenn nicht sogar angetrieben von Wüst, wollte die wissenschaftlichen Aktivitäten der Deutschen Akademie mit Nachdruck wiederbeleben,
denn seiner Auffassung nach konnte sie sich vor der Welt nur durch eigenständige
Forschungen legitimieren. Nur diese würden der gleichzeitigen Kulturwerbung
der Akademie im Ausland den nötigen Nachdruck verleihen. Um den neuaufge-
stellten Anspruch, eben auch eine wissenschaftliche Akademie zu sein, zu untermauern, veranlaßte er vor allem die Umbenennung der früheren Abteilungen in
„Klassen".[115] Goebbels schien dieser Neuerungseifer etwas zu weit zu gehen.
Schon etwas mehr als zwei Monate nach der feierlichen Amtseinführung Seyß-Inquarts notierte er in seinem Tagebuch, die Deutsche Akademie habe sich unter der
Führung Seyß-Inquarts etwas zu stark auf die wissenschaftliche Forschung ver-
steift und ihre eigentliche Aufgabe, die Verbreitung der deutschen Sprache und
deutscher Kultur im Ausland, darüber vernachlässigt.[116]
    Finanziell brachen für die wissenschaftliche Abteilung bzw. die Klasse „For-
schung und Wissenschaft" im Zeichen der staatlichen Subventionierung und des
starken Interesses Seyß-Inquarts an allen Aspekten der Akademiearbeit kurzfristig goldene Zeiten an. Bis 1941 hatte die Deutsche Akademie sich eher an bereits
bestehenden Forschungsvorhaben beteiligt und diese im Rahmen ihrer bescheide-

---

113 BAB R21/537, Bericht über die Ressortbesprechung bei der Deutschen Akademie am
    22. 1. 1944, Aufzeichnung vom 30. 1. 1944.
114 Die Tätigkeit der Länderausschüsse ruhte seit Kriegsausbruch mehr oder weniger. Selbst
    in dem üppig bemessenen Etat der Deutschen Akademie für 1944 waren nur ganze
    10 000 RM für sie reserviert. Zudem gab es seit 1942 auch eine Doppelung dahingehend,
    daß es nunmehr eine Abteilung für deutsch-balkanische Beziehungen in der Klasse „For-
    schung und Wissenschaft" gab, aber auch weiterhin einen zumindest formal bestehenden
    Süd-Ost-Ausschuß, beide im übrigen unter der Leitung des Prof. Franz Dölger. Vgl. das
    Organigramm der Deutschen Akademie vom Frühjahr 1944 in: BAB R2/4780.
115 Seine Motive legte Seyß-Inquart in einem Brief an Reichsinnenminister Himmler vom
    28. 3. 1944 dar, in: BAB R1501/127176.
116 Die Tagebücher von Joseph Goebbels Teil 2, Bd. 12, Eintragung vom 19. 4. 1944 (S. 148).

nen finanziellen Möglichkeiten unterstützt, nunmehr sollte sie Publikationsvorhaben nicht nur selbst initiieren, sondern durch einen eigenen Mitarbeiterstab vollständig betreuen und finanzieren.[117] Die Sektionen wurden bereits Ende 1941 in kleinere Abteilungen aufgesplittet, ja es entstanden sogar noch neue: Zu den aus den vormaligen Sektionen hervorgegangenen, nun „Abteilungen" genannten Untergliederungen für Volkskunde, Sprache, Schrifttum, Altertumskunde, Geschichte, bildende Kunst, Musik, Staats- und Wirtschaftskunde traten nun noch die Abteilungen für deutsch-romanische, deutsch-balkanische und deutsche Ostbeziehungen. Im Haushalt für das Jahr 1944 waren für die wissenschaftliche Abteilung 520000 RM vorgesehen. Ihr standen jetzt 31 Planstellen zu, davon 13 wissenschaftliche Referenten. Sie verfügte damit zwar nur über einen Bruchteil des Geldes, das in jenem Jahr für die Auslandsarbeit der Abteilungen Auslandslektorate (7,23 Millionen RM) und Goethe-Institut (720000 RM) vorgesehen war, aber auch ihr Etat hatte sich im Vergleich zu den dreißiger Jahren mehr als verzehnfacht. Ihr Budget für 1944 entsprach ungefähr dem Gesamtetat der Preußischen Akademie der Wissenschaften, der bis dahin größten und renommiertesten der wissenschaftlichen Akademien in Deutschland, die im Jahre 1944 insgesamt über 552000 RM verfügte. Der Forschungsetat der Deutschen Akademie war damit mehr als doppelt so hoch wie jener der Bayerischen Akademie der Wissenschaften, die in den letzten Kriegsjahren über etwa 200000 RM jährlich verfügte.[118]

In jenen drei neuen Abteilungen, die sich mit spezifischen geographischen Großräumen befaßten, waren u. a. die Leiter der DWI auf dem Balkan und in den romanischen Ländern vertreten.[119] Die Abteilung für deutsch-balkanische Beziehungen arbeitete seit ihrer Gründung an einem „Balkan-Lexikon", einer Art Ratgeber für deutsche Diplomaten, Wissenschaftler und Wirtschaftsführer, die Abteilung für Ostbeziehungen an einem entsprechenden „Ost-Lexikon". Alle Abteilungen sollten sich nun vor allem der Erforschung des kulturellen Einflusses Deutschlands auf das Ausland widmen.[120] Diese Forschungen waren dazu gedacht, anderen Völkern die zentrale Rolle der deutschen Kultur in Europa vor Augen zu führen. Zugleich wollte man das kulturelle Sendungsbewußtsein der Deutschen selbst stärken, indem man ihnen verdeutlichte, wie sehr Deutschland in Vergangenheit und Gegenwart andere Länder kulturell beeinflußte und dadurch auch einen kulturellen Führungsanspruch des Reichs in Europa begründete, der auch die Annexion angeblich bereits seit langem kulturell weitgehend „germanisierter" Gebiete einschließen konnte. Die Abteilung für bildende Kunst

---

[117] So der Sekretär der wissenschaftlichen Abteilung Kunze im Februar 1944, in: BAB R51/26, Protokoll der Mittelstellenleitertagung, 11.–16. 2. 1944.

[118] Zahlen für die Deutsche Akademie in BAB R2/4780, für die Preußische Akademie in Fischer (Hrsg.), Die Preußische Akademie der Wissenschaften, S. 533. Der Etat der Bayerischen Akademie der Wissenschaften betrug für das Haushaltsjahr 1945/46 197 550 RM, in: BAK Z45F 5/297–3/26.

[119] Für die deutsch-romanische Abteilung, die am 1. 1. 1942 ihre Arbeit aufnahm, vgl. Frank Hausmann, „Vom Strudel der Ereignisse verschlungen", S. 434f.

[120] Hinsichtlich der Aufgaben der neuen Abteilung für deutsche Ostbeziehungen vgl. Münchener Neueste Nachrichten vom 10. 9. 1942.

organisierte beispielsweise im Jahr 1942/43 eine Wanderausstellung durch mehrere deutsche Großstädte, die dem Einfluß der deutschen Kunst auf Ost- und Südosteuropa gewidmet war.[121]

Auftrieb innerhalb der Akademie erhielt durch den „Führererlaß" von 1941 insbesondere die Abteilung für deutsche Sprache, die während des Krieges zunächst der in München lehrende Erich Gierach leitete, und, nachdem dieser im Dezember 1943 verstarb, von dem in Leipzig lehrenden Theodor Frings übernommen wurde. Sie sollte als einzige Abteilung der Klasse „Forschung und Wissenschaft" dezidiert eigenständige Forschungen betreiben, da die Deutsche Akademie ja seit 1941 praktisch das Zentralinstitut für alle die deutsche Sprache betreffenden Fragen geworden war. Im Zentrum ihrer Forschungen stand eine großangelegte „Geschichte der deutschen Sprache", wobei man zunächst das bereits Anfang der dreißiger Jahre begonnene althochdeutsche Wörterbuch abschließen wollte. Im Frühjahr 1944 war man bis zum Buchstaben „R" vorgedrungen und es wurde die baldige Arbeitsaufnahme für ein frühmittelhochdeutsches Wörterbuch anvisiert.[122] Ferner gab es in der Abteilung seit Anfang 1942 eine Stelle für deutsche Namensforschung, ein Handschriftenarchiv sowie eine Sammelstelle für historische Wörterbücher. Außerdem arbeitete man an der geplanten Reihe „Das deutsche Wort in fremden Sprachen", einem sudetendeutschen Mundartenwörterbuch, Sonderwörterbüchern zu deutschen Autoren des Mittelalters und einem süddeutschen Sprachatlas. Die anderen Abteilungen hingegen sollten eher bestehende Forschungen in repräsentativen oder handbuchartigen Veröffentlichungen zusammentragen und somit der in- wie ausländischen Öffentlichkeit zugänglich machen. Das Großprojekt der Abteilung für deutsches Schrifttum unter dem in Göttingen lehrenden Hermann Pongs war eine achtbändige Geschichte der deutschen Literatur, deren erster Band 1943 erschien.[123] Geplant waren ferner Werksausgaben bedeutender Schriftsteller wie Schiller, Hebbel, Mörike und Klopstock und kostengünstige „Volksausgaben" herausragender Einzelwerke dieser Dichter. Die Abteilung deutsche Geschichte unter Karl Alexander von Müller arbeitete an der Herausgabe eines „Handbuchs der deutschen Geschichte". Die Abteilung Musik unter Ludwig Schiedermair erforschte nunmehr den Einfluß der deutschen Musik auf das Ausland.

---

[121] BAB R2/4780, Tätigkeitsbericht der Deutschen Akademie, Februar 1944.

[122] So Frings in einem kurzen Arbeitsbericht anläßlich der Tagung der Mittelstellenleiter, in: BAB R51/26, Protokoll der Tagung der Mittelstellenleiter, 11.–16. 2. 1944. Tatsächlich wurde es erst in den Jahren 1952–1958 in Leipzig, wo Frings auch nach 1945 weiter lehrte, veröffentlicht.

[123] Hermann Schneider, Heldendichtung – Geistlichdichtung – Ritterdichtung, Heidelberg 1943.

7. Auftrag Sprachpflege

Der Amtsantritt Seyß-Inquarts Anfang 1944 führte schließlich dazu, daß innerhalb der Akademie das „Sprachamt" seine Tätigkeit aufnahm. Da die Deutsche Akademie seit November 1941 u. a. mit der Pflege der deutschen Sprache in Deutschland betraut war, war dieses offiziell bereits am 30. Oktober 1941, als die Unterzeichnung des „Führererlasses" nur noch eine Frage der Zeit war, gegründet worden. Laut Goebbels, der bei seiner Ansprache anläßlich der Amtseinführung Seyß-Inquarts auch kurz zu Fragen der Sprachpflege Stellung nahm, sollte die Akademie sowohl eine übertriebene Deutschtümelei verhindern, die danach trachtete, die Sprache von längst eingebürgerten Fremdwörtern zu reinigen, als auch eine Überschwemmung des Wortschatzes mit überflüssigen und unbrauchbaren Begriffen nichtdeutschen Ursprungs. Eine weitere Gefahr, auf welche die Akademie ihr Augenmerk richten müsse, sah Goebbels darin, daß, wie schon im Ersten Weltkrieg, die Sprache einer Flut von Abkürzungen und „Stummelwörtern" ausgesetzt sei. Diese berge in sich die Gefahr, daß die Sprache womöglich in einzelne Fachdialekte zerfalle und für die Gesamtheit des Volkes eines Tages nicht mehr verständlich sei.[124]

Initiativen, die Deutsche Akademie mit Aufgaben der Sprachpflege zu betrauen, hatte es schon, wie bereits erwähnt, seit ihrer Gründung gegeben. Dabei war auch ein „Sprachamt" unter Beteiligung der Deutschen Akademie bereits im Frühjahr 1933 im Gespräch gewesen. Im Jahre 1935 war es anläßlich des 50. Geburtstags des Allgemeinen Deutschen Sprachvereins mit Unterstützung des Reichsinnenministeriums, das innerhalb der Reichsressorts für Sprachfragen zuständig war, immerhin zur Gründung eines „Sprachpflegeamtes" in Berlin gekommen, auf das die Deutsche Akademie aber keinen Einfluß hatte. Wie schon der Name verriet, konnte es jedoch lediglich beratend, nicht regulierend tätig werden und blieb praktisch eine Geschäftsstelle des Sprachvereins, der, ebenso wie die Kulturabteilung des Reichsinnenministeriums, in den dreißiger Jahren von Rudolf Buttmann geleitet wurde. Die Zeitschrift „Muttersprache" des Sprachvereins diente folglich auch dem Sprachpflegeamt als Organ für seine Verlautbarungen. Das Sprachpflegeamt erlangte wegen der Ablehnung aus den Reihen des Amtes Rosenberg, dem das Unternehmen nicht NS-konform genug erschien, sowie der Abneigung Goebbels' aber keine dauerhafte Unterstützung des Regimes. Goebbels wandte sich am 1. Mai 1937 erstmals öffentlich und mit bedrohlichem Unterton („Worte lassen sich nicht ein- oder absetzen wie Studienräte") gegen jede Art von Sprachpurismus, wie er vom Allgemeinen Deutschen Sprachverein betrieben wurde. Zwar stellte das Sprachpflegeamt wegen dieses Angriffes nicht, wie in der Literatur behauptet, 1937 seine Arbeit ein, sondern existierte, vom Innenministerium weiterhin bescheiden subventioniert, bis 1944 fort.[125] Doch führte es in Berlin mit einem staatlichen Zuschuß von jährlich etwa 14 000 RM ein ziemliches

---

[124] BAB R51/7.
[125] So Simon, Sprachpflege im Dritten Reich, S. 68 ff. und ihm folgend Flamm, Eine deutsche Sprachakademie, S. 320–326. Vom Gegenteil zeugen zwei Aktenbände im Bestand des Reichsinnenministeriums (BAB R1501/127185–127186).

Schattendasein, gerade weil es zu sehr in der sprachpuristischen Tradition des Allgemeinen Deutschen Sprachvereins stand. Es beriet Unternehmen und Einzelpersonen in Fragen des richtigen Sprachgebrauchs, versuchte Einfluß auf die Wortwahl und Orthographie bei der Reichsgesetzgebung zu nehmen – so setzte es sich dafür ein, daß im Reichsjagdgesetz das Wort „Weidwerk" auch tatsächlich mit „ei" geschrieben wurde – und hob Wortneuschöpfungen von Schriftstellern, Firmen und öffentlichen Institutionen hervor, die sich durch ihre „germanischen" Wurzeln auszeichneten. 1938 lobte es beispielsweise den NS-Paradedichter Friedrich Blunck dafür, daß er die deutsche Sprache um Wörter wie „Aufbracht" für „Produktion" und „Intwesen" für „Charakter" bereichert habe. Dennoch, trotz des Sprachpflegeamtes war bis 1941 in der Frage einer zentralen, staatlich geförderten Sprachnormierungsinstanz in Deutschland noch nicht viel geschehen.

Die Errichtung eines förmlichen „Sprachamtes" innerhalb der Deutschen Akademie scheint im Herbst 1940 durch eine ursprünglich an Heß gerichtete Denkschrift des Germanisten Schmidt-Rohr angestoßen worden zu sein, welche Heß an die Deutsche Akademie überwies.[126] Schmidt-Rohrs Auffassung, daß nicht die Rasse der ausschlaggebende Faktor bei der Entwicklung und Ausprägung der Sprache sei, und letztlich die Sprache entscheide, wer zu einem Volke gehöre, war einer Karriere als Germanist im Dritten Reich nicht gerade förderlich gewesen. So war ein Habilitationsversuch in München gescheitert. Er hatte sich bis Ende der dreißiger Jahre immerhin soweit der Rassedoktrin des NS-Regimes angenähert, daß er nun behauptete, die Herkunft bestimme, wer potentiell Deutscher sein könne, die Sprache aber letztlich, wer tatsächlich zum deutschen Volk zu zählen sei.[127] Dennoch wurde Schmidt-Rohr in einer Denkschrift aus dem Umfeld des „Stellvertreters des Führers" über die Lage auf dem Gebiet der Germanistik im Reich noch im März 1941 als „sehr gefährlicher Mann" bezeichnet. Sein einflußreiches Buch „Muttersprache" vertrete die irrige Auffassung, die Sprache und nicht die Rasse sei für die Volkszugehörigkeit ausschlaggebend.[128]

Schmidt-Rohr versuchte jedenfalls in der in martialischen Tönen verfaßten Denkschrift die Einrichtung eines Sprachamtes vor allem in Hinblick auf die sprachliche Auseinandersetzung mit anderen Völkern zu rechtfertigen: Den Selbstbehauptungswillen von Niederländern, Elsässern und Tschechen, so befand er, könne man durch Zerstörung ihrer Sprachen und Dialekte unterminieren, um sie sodann durch sprachpolitische Mittel zu Deutschen umzuformen. In der Deutschen Akademie wurde die Forderung nach Errichtung einer zentralen Sprachpflegeeinrichtung u.a. vom Leiter des Goethe-Instituts, Derleth, befürwortet. Allerdings sah dieser die Aufgaben eines Sprachamtes innerhalb der Aka-

---

126 Die Denkschrift ist abgedruckt bei Gerd Simon, Materialien über den Widerstand in der deutschen Sprachwissenschaft des Dritten Reiches. Der Fall Georg Schmidt-Rohr, in: Simon (Hrsg.), Sprachwissenschaft und politisches Engagement, S. 153–206, hier S. 166–170.

127 Hutton, Linguistics in the Third Reich, S. 290 ff.; Simon, Wissenschaft und Wende 1933, passim.

128 IfZ MA 544, Schreiben des Stellvertreters des Führers an den Beauftragten des Führers für die Überwachung der gesamten weltanschaulichen Schulung und Erziehung der NSDAP, 26. 3. 1941.

demie eher darin, Normen für die Verbreitung eines hinsichtlich der Wortwahl und Orthographie möglichst vereinheitlichten Deutsch im Ausland zu erarbeiten. Den „sprachzersetzenden" Aufgaben im Ausland, die Schmidt-Rohr bei seinen Vorschlägen für ein Sprachamt in den Vordergrund gestellt hatte, erteilte er eine eindeutige Absage, da kein Volk sich seine Muttersprache nehmen lasse.[129] Aufgegriffen und wesentlich gefördert wurde die Initiative Schmidt-Rohrs für ein Sprachamt vor allem von Gierach, der schon als Aktivist im Allgemeinen Deutschen Sprachverein um die Jahrhundertwende für eine solche Institution eingetreten war und auch Hilfestellung bei der Gründung des Sprachpflegeamts in Berlin geleistet hatte.[130] Fochler-Hauke, Wüst als Präsident der wissenschaftlichen Abteilung und schließlich Siebert, die ohnehin die Sprachpflege zukünftig bei der Akademie verankern wollten, stimmten der Idee eines förmlichen Sprachamtes innerhalb der Akademie zur Jahreswende 1940/41 zu.

Daß das Sprachamt erst mit mehr als zweijähriger Verzögerung unter der Ägide Seyß-Inquarts aktiv wurde, lag vor allem an personellen Problemen: Der von Gierach ursprünglich vorgeschlagene Leiter, der in Erlangen lehrende Professor für Rhetorik Ewald Geißler, den Gierach mit der Aufforderung „Werden Sie Sprachpapst!" zu ködern versuchte, lehnte nach zweijähriger Bedenkzeit die ihm angetragene Stelle schließlich ab, während Gierach selbst im Dezember 1943 verstarb. Daraufhin übernahm der promovierte Germanist und frisch ernannte Lehrbeauftragte an der Münchener Universität, Otto Basler, den Posten. Basler hatte bereits 1935 bis 1937 das Sprachpflegeamt in Berlin geleitet, bevor er, da hauptberuflich als Bibliothekar im Dienste der Wehrmacht tätig, 1937 in München Direktor der Bayerischen Armeebibliothek wurde.[131] Im Haushaltsplan für 1944 waren für das Sprachamt in München drei wissenschaftliche Planstellen vorgesehen, während die Subventionen des Reichsinnenministeriums für das Sprachpflegeamt in Berlin eingestellt wurden. Daß das Sprachamt der Deutschen Akademie 1944 das Erbe des Berliner Sprachpflegeamtes antrat, wird auch daran deutlich, daß der zweite Band des zunächst vom Sprachpflegeamt betreuten „Jahrbuchs der deutschen Sprache", dessen erster Band 1941 erschienen war, 1944 unter Schirmherrschaft der Deutschen Akademie erschien.

Die Arbeitsaufnahme des Sprachamtes führte nicht zu einer Flurbereinigung in der sprachpflegerischen Landschaft des Dritten Reiches. Der Allgemeine Deutsche Sprachverein existierte weiter, obwohl § 4 des „Führererlasses" den Präsidenten der Akademie dazu ermächtigt hatte, auf sprachpolitischem Gebiet konkurrierende, privatrechtlich verfaßte Einrichtungen aufzulösen. In München versuchte man vielmehr mit ausdrücklicher Rückendeckung von Goebbels,[132] die Mitglieder des Deutschen Sprachvereins gleichsam in die Arbeit des Münchener

---

129 Stellungnahme Derleths vom 19. 12. 1940, abgedruckt in: Simon, Materialien über den Widerstand, S. 170–176.
130 So schrieb Kunze in seinem Brief an Fochler-Hauke vom 28. 1. 1942, Gierach habe auf die Errichtung des Sprachamtes gedrängt, in: BAB R51/10134. Vgl. auch Simon, Sprachpflege im Dritten Reich, S. 73 ff.
131 Ebenda. Zu Basler vgl. Kerstin Steiger, Otto Basler, in: Internationales Germanistenlexikon, Bd. 1, S. 93–95.
132 Die Tagebücher von Joseph Goebbels Teil 2, Bd. 12, Eintragung vom 14. 4. 1944 (S. 104).

Sprachamtes einzuspannen, „um dadurch die etwa 40 000 beflissenen, um nicht zu sagen fanatischen Anhänger eines korrekten Sprechens zu gewinnen und diese andererseits vor Übertreibungen zu bewahren", wie es in einem Brief Seyß-Inquarts an Reichsinnenminister Himmler hieß.[133] Das Reichsinnenministerium hatte nichts gegen die Verschmelzung von Sprachamt und Sprachverein einzuwenden und war bereit, dieses als zukünftige Beratungsstelle der Reichsbehörden in Fragen des richtigen und verständlichen Sprachgebrauchs anzuerkennen.[134] Allerdings verhinderte das Kriegsende die Realisierung der Pläne.

„Sprachzersetzend" im Sinne der ursprünglichen Intention Schmidt-Rohrs, der im übrigen seit 1943 in der geheimen sprachpolitischen Forschungsstelle des „Ahnenerbes" untergekommen war, wurde das Sprachamt nicht tätig, eher sprachnormierend im Sinne Derleths, für den ein genormtes und auf logischen Regeln basierendes Deutsch nicht zuletzt Voraussetzung für eine erfolgreiche Verbreitung der Sprache Goethes im Ausland war. Das Sprachamt der Deutschen Akademie befaßte sich mit der Erforschung und Dokumentation der Gegenwartssprache, also Aspekten der Rechtschreibung, des Aufkommens neuer Wörter und einmal mehr der Frage, ob Antiqua oder Fraktur die geeignete Normschrift sei. Es sollte in Abstimmung mit dem Reichserziehungs-, Propaganda- und Innenministerium einheitliche Richtlinien auf dem Gebiet der Rechtschreibung und Zeichensetzung ausarbeiten.[135] Es plante, sprachwissenschaftliche Untersuchungen anzuregen und Preise für besonders verdiente Forschungen auf diesem Gebiet zu vergeben. Gedacht war z. B. an Untersuchungen zur Sprache in den Großstädten, aber auch zur aktuellen Soldatensprache und zur Frage, inwieweit das Aufeinandertreffen verschiedener Bevölkerungsgruppen durch kriegsbedingte Erscheinungen wie Evakuierungen aus den von Bomben bedrohten Großstädten in ländliche Gebiete die Sprache veränderten. Aus der Sicht des Sprachamtes war der Krieg also vornehmlich ein linguistischer Großversuch. Daneben sollte das Sprachamt durch allgemeinverständliche Publikationen das Bewußtsein der Deutschen für ihre Sprache und deren Wandel schärfen. Dazu sollte vor allem das bereits erwähnte „Jahrbuch der Deutschen Sprache" dienen. Allerdings war seine Auflage mit 700 Stück zu gering bemessen, um wirklich spracherzieherisch auf weitere Kreise der Öffentlichkeit zu wirken. Ferner arbeitete es Ende 1944/ Anfang 1945 an einem Fremdwörterbuch, einer deutschen Grammatik und einem neuen „Siebs", also dem 1898 erstmals aufgelegten und seitdem mehrmals überarbeiteten Standardwerk der deutschen Bühnensprache, das die Maßstäbe für die richtige Aussprache des Deutschen setzte.[136] Nach den Vorstellungen des Sprachamtes sollte es jetzt ein einheitlicher Aussracheratgeber für Bühnen, Rundfunk

---

133 BAB R1501/127176, Schreiben von Seyß-Inquart an Himmler, 28. 3. 1944. Darauf hatten sich bei einer Sitzung des Kleinen Rates der Akademie, Auswärtiges Amt, Propagandaministerium und RMEWV geeinigt, wie aus einer Aufzeichnung des Reichserziehungsministeriums vom 13. 4. 1944 hervorgeht, in: BAB R21/537.
134 BAB R1501/127176, Stellungnahme des Reichsinnenministeriums zum Schreiben Seyß-Inquarts, 30. 6. 1944.
135 BAB R21/537, Aufzeichnung des RMEWV, 13. 4. 1944.
136 Theodor Siebs, Deutsche Bühnensprache. Hochsprache, Auflage Köln [15]1930.

und Film werden, da die neuen Medien zunehmend die für die Aussprache nor-
mende Funktion übernommen hatten, welche früher den Theaterbühnen zuge-
kommen war.[137]

8. Zwischen Sprachförderung und Propaganda

Neben dem Ausbau der Klasse „Forschung und Wissenschaft" und der Arbeitsaufnahme des Sprachamtes wirkte sich der Amtsantritt Seyß-Inquarts auch auf die
Auslandsarbeit der Akademie aus. Da Propagandaministerium und Seyß-Inquart
im vorhinein übereingekommen waren, daß sich die Deutsche Akademie über den
Rahmen einer bloßen Sprachförderungseinrichtung hinausentwickeln sollte,
glaubte man, zukünftig ein stärkeres Augenmerk auf das zu entsendende Personal
und seine Tätigkeit im Ausland richten zu müssen. Das Goethe-Institut sollte sich
folglich auch zu einer Art kulturpolitischem Vorbereitungsseminar für ausreisende Lektoren entwickeln, in dem die zukünftigen Auslandskräfte nicht mehr
nur wie bislang in die Methodik des Deutschunterrichts für Ausländer eingewie-
sen wurden. Aus diesen Überlegungen resultierte die im Haushalt für 1944 vorgesehene Verdopplung des Mitarbeiterstammes im Goethe-Institut. Es war auch
beabsichtigt, dem Goethe-Institut mit dem Literaturwissenschaftler Günther
Weydt, einem auslandserfahrenen Lektor, der u. a. Mittelstellenleiter in Brüssel
gewesen war und nun Professor an der Universität Bonn, einen neuen Direktor zu
geben, der den seit 1935 amtierenden Sprachdidaktiker Derleth ablösen sollte.[138]
Zugleich wünschte sich Seyß-Inquart das Goethe-Institut als eine „sprachpolitische Forschungsstelle", die striktere Richtlinien für die Auslandsarbeit der Akademie ausarbeiten sollte. Hierbei wollte man vor allem aus den Aktivitäten und
Erfahrungen der anderen Nationen auf sprachpolitischem Gebiet lernen. Dazu
bat man das Auswärtige Amt, der Akademie erbeutete Akten gegnerischer Kulturinstitutionen künftig zur Auswertung zur Verfügung zu stellen. Ferner waren
die Auslandslektorate nun angehalten, in den neutralen Ländern ein stärkeres Augenmerk auf die Tätigkeit von Einrichtungen wie dem British Council und der
Alliance Française zu richten, denen man offenbar große Durchschlagskraft zu-
maß. So forderte Nitschke im Februar 1944 die Mittelstellenleiter unter Hinweis
auf die beabsichtigte sprachpolitische Forschungsstelle auf, sich bei der Berichterstattung nicht auf eine reine Erfassung der Sprachschüler in den einzelnen ausländischen Kulturinstituten des Gastlandes zu beschränken: „Dabei interessiert uns
nicht nur das Statistische, sondern wir müssen einige Stufen tiefer dringen und sehen: Wie tun sie es? Wir sollten einen vertrauenswürdigen Ausländer in die Insti-

---

[137] Vgl. Hüter unserer Sprache. Zur Arbeit der Deutschen Akademie, in: Das Reich, 3. 12.
1944. Siehe auch BAB R51/17, Das Deutsche Sprachamt, Denkschrift Baslers vom August 1945.
[138] Weydt trat sein Amt nicht mehr vor Kriegsende an. Er wurde in den fünfziger Jahren in
den Pädagogischen Beirat des neuen Goethe-Instituts berufen und 1961 in den wissenschaftlichen Beirat. Vgl. Peter Gossens, Günther Weydt, in: Internationales Germanistenlexikon, Bd. 3, S. 2022–2024.

tute hineinschicken und uns berichten lassen."[139] In Schweden, so Nitschke, sei es bereits gelungen, Englischkurse zu infiltrieren.

Daneben führte das Goethe-Institut im Kriege seine traditionelle Arbeit fort. Im Sommer 1943 waren 373 Ausländer aus 17 Staaten zu den Fortbildungskursen nach München gekommen. Die letzten überhaupt abgehaltenen Sommerkurse mußten allerdings im Jahre 1944 wegen der Luftangriffe auf München in Salzburg stattfinden. Auch die Arbeit an Unterrichtsmaterialien für den Deutschunterricht ging weiter, wobei man zunehmend Sonderwünsche des Regimes berücksichtigte. Das Autorenteam Klee/Gerken arbeitete an „Lebendiges Deutsch", dem Nachfolgeband von „Gesprochenes Deutsch" für fortgeschrittene Sprachschüler. 1943 legte das Goethe-Institut ein spezielles Deutschlehrbuch für Volksdeutsche unter dem Titel „Deutsch lernen leicht gemacht" vor. Ferner war eine „Deutsche Sprachfibel" für die Volksdeutschen in der Wehrmacht und die ausländischen Freiwilligen der Waffen-SS in Vorbereitung, die speziell auf das militärische Vokabular abgestellt sein sollte. Der Anhang, so informierte sein Autor die Akademiekollegen, werde „das Deutschlandlied, das Horst-Wessel-Lied, den Fahneneid, die Pflichten des deutschen Soldaten, die wichtigsten Ereignisse aus der großdeutschen Geschichte und Kultur, deutsche Städte, Flüsse, Berge, eine Übersicht über die Laute und Buchstaben und endlich die starken und unregelmäßigen Verben" enthalten. Die Ausgabe für die Waffen-SS unterscheide sich in den ersten 18 Lektionen nur hinsichtlich der Dienstgrade und einiger Meldungen, sei aber in Zusammenarbeit mit der SS um zwei Lehrstücke zu „Familie" und „Ehre" erweitert worden.[140] In Arbeit waren ferner Anfang 1944 auch spezielle Deutschlehrbücher für ausländische Kaufleute und Mediziner.

Die anvisierte sprachpolitische Forschungsstelle war, ebenso wie die im Februar 1944 angekündigte, aber nicht mehr realisierte Errichtung eines Ausbildungsseminars für künftige Auslandsdozenten der Akademie, ein deutlicher Hinweis dafür, daß Seyß-Inquart beabsichtigte, die Akademie zu einer zentralen Forschungs- und Ausbildungsstätte auf dem Gebiet der auswärtigen Kulturpolitik auszubauen. Diese sollte der Kulturpolitischen Abteilung des Auswärtigen Amts und ihren DWI eines Tages den Rang ablaufen. Die Besprechungen zwischen Seyß-Inquart und dem Propagandaministerium vor Übernahme seines Präsidentenpostens sowie seine ersten Initiativen deuten darauf hin, daß die bisherige Auslandtätigkeit der Deutschen Akademie auf beiden Seiten als noch zu wenig zentral gesteuert und politisiert erschien, und der Auftrag der Verbreitung der deutschen Sprache nun eher als Nebensache angesehen wurde. Nitschke sprach denn auch auf der Tagung der Mittelstellenleiter im Februar 1944 ganz im Sinne des neuen Präsidenten von zu erarbeitenden Richtlinien, „die unserer Arbeit eine klare Ausrichtung und eindeutige Zielsetzung geben und sie aus dem Stadium der Improvisation in ein Stadium größter Konzentration führen sollen".[141]

Kritik an der Spracharbeit der Akademie war schon vorher laut geworden. Auf einer Arbeitstagung der Deutschen Akademie über „Hilfsmittel im Deutschun-

---

[139] BAB R51/26, Protokoll der Tagung der Mittelstellenleiter, 11.–16. 2. 1944.
[140] Ebenda.
[141] Ebenda.

terricht für Ausländer" in München im Mai 1942 hob Gerken beispielsweise für
das Goethe-Institut hervor, daß die Gefahr bestehe, häufig zu anspruchsvolle
Texte im Deutschunterricht zu verwenden. Für die Sprachkurse der Unter- und
Mittelstufe würden sich, so die bisherige Erfahrung des Goethe-Instituts und der
Auslandslektorate, besonders Anekdoten, Kurzgeschichten, Fabeln, Märchen
und Schilderungen des Alltagslebens in gepflegter Umgangssprache eignen. Bei
der Literaturlektüre in den Oberkursen hätten sich am besten die großen Novel-
listen des 19. Jahrhunderts bewährt. Auf Gerkens Vortrag hin entwickelte sich
eine lebhafte Diskussion, inwieweit die im Unterricht verwendeten Texte zukünftig auch die unmittelbare Gegenwart des nationalsozialistischen Deutschlands
reflektieren sollten. Der Vertreter des Propagandaministeriums hielt es für uner-
läßlich, zukünftig im Deutschunterricht nicht nur die Kunst und Literatur des
NS-Regimes einzubeziehen sowie die Probleme des „neuen" Deutschlands zu be-
handeln, sondern auch politisches Schrifttum von Hitler und Goebbels zu verwenden. Auch Vertreter anderer Institutionen, selbst jener des Auswärtigen
Amts, fielen in diesen Chor ein und forderten, daß das nationalsozialistische
Deutschland im Sprachunterricht stärker berücksichtigt werden solle. Der Ausländer habe ein Recht darauf, über Themen wie „Arbeitsdienst", „Fallschirmjä-
ger" (!) und den „Bauer in der Erzeugerschlacht" mehr zu erfahren.[142] Angesichts
dieser Forderungen der Ministerien war es kein Wunder, daß das methodisch zwar
innovative, ja wegweisende Lehrbuch „Gesprochenes Deutsch", das auf national-
sozialistisches Gedankengut oder Bezüge zum Alltag im Dritten Reich weitgehend verzichtete,[143] in Berlin nicht sonderlich populär war.[144]

Der Anspruch, die Auslandsarbeit der Deutschen Akademie zumindest theoretisch nicht allzu offen in den Geruch politischer Propaganda geraten zu lassen und
auf die Einschätzung der kulturpolitischen Vertreter vor Ort zu vertrauen, wurde
in der Akademiearbeit wie auch bei anderen kulturellen Aktivitäten des Dritten
Reiches im Ausland, sofern sie unter der Aufsicht des Auswärtigen Amts standen,
zumindest bis etwa 1942 beibehalten. Bis dahin wurde die Wilhelmstraße an entscheidender Stelle von Diplomaten geprägt, die wie von Twardowski und von
Weizsäcker ihre berufliche Prägung hinsichtlich auswärtiger Kulturpolitik in der
Weimarer Republik erhalten hatten und daher in der Tradition der Trennung zwischen langfristig wirkender „unpolitischer" Kulturpolitik und politischer, auf
unmittelbare Effekte abzielender Propaganda standen. So erläuterte von Twar-

---

[142] BAB R51/35, Bericht über die Arbeitstagung „Hilfsmittel des Deutschunterrichts für
Ausländer", 4./5. 5. 1942.
[143] Die 12. Auflage von 1942 weist nur an vier Stellen Bezüge zum Dritten Reich auf: In einer
der frühen Lektionen wird das „Petri heil" eines Anglers mit einem „Sieg heil" einer anderen Person beantwortet (S. 99), in Lektion 32 wird amerikanischen Touristen für ihre
Hochzeitsreise der Besuch Münchens als „Hauptstadt der Bewegung" und „Stadt der
deutschen Kunst" empfohlen, in Lektion 34 hält ein Bauer den Reichsarbeitsdienst für
eine nützliche Einrichtung, da er ihm bei der Ernte geholfen habe, und in Lektion 35 wird
eine Fabrik vorgestellt, die als „Musterbetrieb" der „Deutschen Arbeitsfront" ausge-
zeichnet worden ist.
[144] Vgl. auch Kapitel IV.

dowski auf einer Tagung der Kulturreferenten der Botschaften im August 1942 in Berlin den Zuhörern:

„Unter Propaganda verstehe ich den Versuch der Beeinflussung der öffentlichen Meinung eines Landes in bezug auf eine akute politische oder wirtschaftliche oder militärische Situation. Propaganda arbeitet also auf absehbare Zeit [...] Demgegenüber heißt Kulturpolitik treiben, einen geistigen Führungsanspruch aufstellen und durchsetzen, heißt geistige Zusammenarbeit zwischen den Nationen organisieren, heißt vor allem die einflußreiche, auserwählte geistige Führerschicht in anderen Ländern dauernd geistig beeinflussen und vom deutschen Geiste abhängig zu machen. Erfolgreiche Kulturpolitik setzt also voraus: höchste kulturelle Leistung des eigenen Landes, einen weitvorausschauenden Plan für die Intensivierung der kulturellen Beziehungen zum Ausland, viel Zeit, damit die Dinge reifen können, sehr viel Geld und einen vorzüglichen Mitarbeiterstab."

An späterer Stelle des Vortrages äußerte sich von Twardowski systemkritisch, indem er gerade die Gewaltpolitik des Dritten Reiches und die Militarisierung der politischen Kultur in Deutschland als Gründe dafür heranzog, an den aus Zeiten der Weimarer Republik überkommenen Grundsätzen der auswärtigen Kulturpolitik festzuhalten, d. h. dem Verzicht auf Zwang und politische Aufdringlichkeit bei gleichzeitiger Respektierung des Grundsatzes der Gegenseitigkeit: Der deutsche Kulturexport, so von Twardowski, leide daran, daß die Deutschen im Ausland zwar geachtet, aber nicht beliebt seien und das deutsche Lebensideal – laut von Twardowski „Disziplin, Leistung, ständige Opferbereitschaft, die Arbeit als Inbegriff des Lebens, kurz die soldatische Haltung"- übe wenig Anziehungskraft auf die Führungsschichten anderer Völker aus.

„Gegenüber der allgemein nicht sehr begeisterten Einstellung der Ausländer zur deutschen Kultur und ihren Idealen können wir nur wirken, wenn wir uns als Richtschnur strikt an folgende Prinzipien auch gegenüber den kleinsten und schwächsten und kulturärmsten Staaten halten: völlige Freiwilligkeit, also kein politischer und wirtschaftlicher Zwang für irgendwelche Kulturarbeit, Gleichberechtigung und Gegenseitigkeit, also nicht Gewalt, sondern Überredung, möglichst Kulturaustausch, nicht einseitige Leistung, kurz unsere Kulturpolitik muß mit Samthandschuhen, unter strikter Schonung der großen Empfindlichkeiten gerade der kleinen Völker durchgeführt werden."

Er ermunterte auch die Kulturreferenten, Eigeninitiative zu entwickeln, da sie am besten den Geschmack des Publikums vor Ort einschätzen könnten: „Ich habe mitunter den Eindruck, daß manche von Ihnen zu schüchtern sind und Anfragen als Anweisungen sehen."[145] Auf der Mittelstellenleitertagung der Deutschen Akademie im Februar 1944 erklärte der Karrierediplomat Ernst Achenbach, seit Frühjahr 1943 Referent im Auswärtigen Amt für die Belange der DWI und der Deutschen Akademie, noch ganz in diesem Geiste: „Die Kulturpolitik soll nicht politisch sein. Sie soll rein positiv und aufbauend sein. Sie hat die große Aufgabe, eine Atmosphäre der Sympathie zu schaffen, aus der bestimmte politische Forderungen leichter verstanden werden können, als es sonst der Fall ist."[146] In einer „Aufzeichnung über die Kulturpolitische Abteilung" von Twardowskis vom 10. April 1943, die wohl als eine Art Orientierung für seinen Nachfolger Franz Alfred Six und den neuen Staatssekretär Gustav Adolf Steengracht von Moyland gedacht

---

[145] PA Bd. R60608, Vortrag von Twardowskis am 13. 8. 1942.
[146] BAB R51/26, Protokoll der Tagung der Mittelstellenleiter, 11.–16. 2. 1944.

war, hieß es denn auch: „Die Ansprüche des Propagandaministeriums auf die Deutsche Akademie haben sich bisher auf die eigentliche Auslandsarbeit noch nicht hemmend ausgewirkt."[147]

Mit dem zunehmenden Einfluß des Propagandaministeriums auf Kosten des Auswärtigen Amts, der sich spätestens mit der Entsendung eines neuen Generalsekretärs im Frühjahr 1943 andeutete, wuchs jedoch die Versuchung, die Auslandsposten der Akademie stärker als bisher propagandistisch in den Dienst zu nehmen. Sie war nunmehr allein deshalb stärker, weil der Kriegsverlauf ab 1943 sich nicht mehr zu Deutschlands Gunsten entwickelte, mithin also nicht mehr die Waffenerfolge der Wehrmacht für sich sprachen, während sich zugleich in den besetzten Ländern der Widerstand formierte, und man daher in Berlin glaubte, mehr denn je auf andere Kanäle der Beeinflussung des Auslands angewiesen zu sein. Offenbar gab es schon im Mai 1943 eine Weisung des Propagandaministeriums (oder des neuen, vom Propagandaministerium entsandten Generalsekretärs Schmitz), daß die Auslandsvertreter der Deutschen Akademie in ihrer Tätigkeit zukünftig einer stärkeren Kontrolle unterworfen werden sollten.[148] Auch das Auswärtige Amt hatte schließlich nichts mehr dagegen einzuwenden, leitete doch die Kulturpolitische Abteilung seit Anfang 1943 der Seiteneinsteiger in den diplomatischen Dienst und aktivistische SS-Führer Six, der im Propagandaministerium als durchaus kooperativ angesehen wurde.[149] Six selbst gab im Mai 1944 auf einer Tagung der Kulturreferenten der Botschaften in Paris die Anweisung, die Lektorate sollten zukünftig mehr in die „Informationsarbeit" einbezogen werden, damit sie aus dem Rahmen reiner Sprachschulen herauswuchsen. Dazu sollten sie künftig die aktuellen Tagesparolen der sogenannten Mund- und Flüsterpropaganda erhalten.[150] In einem Rundbrief an die bereits zur Wehrmacht eingezogenen Lektoren vom Mai 1944 hieß es denn auch:

> „Die Propagandastaffeln der Wehrmacht in den besetzten Gebieten unterstützen die Lektorate in tatkräftiger Weise und versorgen sie mit Film-, Bücher- und Ausstellungsmaterial. Besonders glücklich ist in den besetzten Gebieten die Einrichtung von ‚Deutschen Abenden', in denen Hörer des Gastlandes mit aufgeschlossenen Vertretern der Wehrmacht zusammentreffen zu Konversation und Gesellschaftsspielen. So bereichert der Hörer nicht nur seine Sprachkenntnisse, er lernt gleichzeitig auch den deutschen Menschen im Waffenrock kennen, womit für das gegenseitige Verständnis im zukünftigen Europa ungemein viel gewonnen ist."[151]

Thierfelder und Zwiedineck-Südenhorst kamen in ihrer Evaluation der Auslandsarbeit der Akademie im Sommer 1945, als sie kommissarisch die Leitung der Aka-

---

147 PA Bd. R60804.
148 So bewertete Ziegler die Mittelstellenleitertagung der Deutschen Akademie vom Februar 1944 nicht zuletzt deshalb als Erfolg, weil die Anweisungen vom Mai 1943, die Auslandsvertreter der Akademie sich nicht mehr selbst zu überlassen, Wirkung gezeigt hätten. BAB R55/177, Bericht Zieglers an Goebbels über die Mittelstellenleitertagung vom 11.–16. 2. 1944 in München.
149 BAB R55/177, Aufzeichnung Zieglers für Goebbels, 7. 1. 1944.
150 BAB R51/533, Rundschreiben des Deutschen Instituts Paris an die Provinzlektorate, 24. 5. 1944.
151 BAB R51/24, „Die Runde", 3. Rundbrief Mai 1944.

demie übernahmen, denn auch zu dem Schluß: „Im Großen und Ganzen aber waren 1944 die Lektorate zweifellos wichtige Stützpunkte der Parteiideologie im Ausland geworden." Sie hätten Propaganda in „gröberer oder feinerer Form" betrieben, auch wenn viele Lektoren unter diesem Auftrag geradezu gelitten hätten, der für sie im Widerspruch zur selbstgestellten Aufgabe der kulturellen Verständigungsarbeit gestanden habe.[152]

Allerdings sollte man das Jahr 1943 nicht als Zäsur überbewerten, als eine Art Scheidelinie, in der die Auslandsarbeit der Deutschen Akademie unter dem „unheilvollen" Einfluß des Propagandaministeriums und dem parallelen Wechsel an der Spitze der Kulturpolitischen Abteilung des Auswärtigen Amts endgültig von „unpolitischer" Sprachwerbung in eine auf die tagespolitischen Erfordernisse abstellende propagandistische Betätigung umkippte. Ansätze hierzu gab es ja, wie gezeigt wurde, schon im Jahre 1940, als die Lektorate auf dem Balkan Propagandaschriften verbreiteten. Die Interpretation einer weitgehend „unpolitischen Kulturarbeit" selbst im Kriege machten sich jene Karrierediplomaten des Auswärtigen Amts zu eigen, die auch nach 1945 wieder im neuen Amt tätig wurden, allen voran von Twardowski in seiner stark autobiographisch geprägten und entsprechend unkritischen, 1970 erschienenen Schrift „Anfänge deutscher Kulturpolitik zum Ausland". Ein weiteres Beispiel für die Behauptung, daß die Kulturabteilung bis gegen Ende des Krieges im wesentlichen „sauber" geblieben sei, ist eine Denkschrift vom Frühjahr 1950 des vormaligen Mitarbeiters im Referat „W" (Wissenschaft) der Kulturpolitischen Abteilung, Paul Roth. Sie sollte der wiedererstehenden Kulturabteilung des neuen Amts durch Verweis auf eine angeblich unbefleckte Tradition offenbar den Rücken stärken. So lobte Roth, der bis 1945 auf seinem Referat ausgeharrt hatte, die alte Kulturabteilung, „die übrigens, wie im einzelnen gelegentlich nachgewiesen wird, sowohl ein Eindringen nationalsozialistischen Geistes wie einen Mißbrauch im Sinne der NS-Tendenzen von sich weisen konnte". Selbst ab 1943, als unter Six Kultur- und Informationsabteilung verschmolzen worden waren, sei es der Partei nicht gelungen, „die Tätigkeit der wirklich kulturellen Referate zu demoralisieren oder zu desorganisieren". Von Twardowski bezeichnete denn auch in einigen ergänzenden Anmerkungen einige Monate später die Aufzeichnung Roths als „ganz vorzüglich".[153]

Das Urteil darüber, inwieweit die Lektorate der Deutschen Akademie zu Zellen expliziter NS-Propaganda im Ausland wurden und wann dies geschah, kann nicht eindeutig gefällt werden: Auf der einen Seite blieb der Zugriff der NS-Propaganda auf die Deutschkurse im Ausland allein schon dadurch begrenzt, daß mangelnde Sprachkenntnisse der Teilnehmer eine politische Vereinnahmung erschwerten und umgekehrt ein politischer Unterricht dem Hauptziel, der effektiven Vermittlung deutscher Sprachkenntnisse im Wege stand, wie es u. a. die Diskussion um das Lehrbuch „Gesprochenes Deutsch" zeigte. Allein deshalb schon wollten das Propagandaministerium und Seyß-Inquart die Tätigkeit ab 1944 nach Möglichkeit auf den gehobenen Sprachunterricht verlagern. Ein Studium der Tätigkeitsberichte

---

152 BAB R51/8, Die politische Tätigkeit der Deutschen Akademie, Denkschrift Thierfelders und Zwiedineck-Südenhorsts vom 21. 8. 1945.
153 Beide Dokumente befinden sich in: PA B90/1.

der Auslandslektorate im besetzten Frankreich zeigt z.B., daß der Grad der politischen Indoktrination, dem die Hörer in den Sprachkursen ausgesetzt waren, bis
Sommer 1944 viel mehr vom Temperament und der politischen Gesinnung des
einzelnen Dozenten als von Vorgaben aus der Zentrale abhing.[154] Es gab bis zum
Schluß offenbar keine festen Lehrpläne oder Literaturlisten, um den Unterricht in
den Lektoraten einheitlich zu gestalten, auch wenn dies spätestens unter der
Ägide von Seyß-Inquart angestrebt wurde. Außer der Benutzung des Lehrbuches
von Klee/Gerken, so der 1943/44 in Paris tätige Lektor Arthur Henkel, „gab es
keine weiteren Direktiven, auch keine Weichenstellungen etwa propagandisti-
scher Art. In der Gestaltung des Unterrichts war ich (jedenfalls) frei, auch in der
Einbeziehung von Musik (Singen) und von Texten aus der deutschen Literaturge-
schichte, die in der Oberstufe der Kurse zu lesen waren."[155]
    Auf der anderen Seite zeugte das Vortragsprogramm in den Lektoraten schon
vor dem Personalwechsel an der Spitze der Kulturpolitischen Abteilung, dem
wachsenden Einfluß des Propagandaministeriums in München und schließlich der
Ernennung Seyß-Inquarts von einer deutlichen Vereinnahmung der Auslandsarbeit der Akademie für die Kriegspolitik des Dritten Reiches. Da die DWI und die
Auslandsmissionen den in den Lektoraten auftretenden Referenten zustimmen
mußten, war es ein Programm, das der vollen Unterstützung des Auswärtigen
Amts bedurfte. Es zeigte letztlich, daß in Zeiten des Krieges die Unterscheidung
zwischen „Propaganda" und „unpolitischer" Kulturpolitik eine künstliche war,
eine Einsicht, der man sich ja auch im British Council schon bei Kriegsbeginn
nicht verschlossen hatte. Dabei mag das Vortragsprogramm in den Lektoraten den
Organisatoren nicht einmal unbedingt als „Propaganda" vorgekommen sein, sondern schlicht als ein Versuch, dem Ausland ein Abbild Deutschlands und seiner
Interessen im Kriege zu vermitteln, zu dem man sich allein schon aus Loyalität
zum im Kriege befindlichen Vaterland verpflichtet fühlte, selbst wenn man womöglich nicht alle Aspekte der Politik des NS-Regimes befürwortete. Harmlose
Themen wie „Der Rhein und seine Nebentäler", „Die Musikerfamilie Bach",
„Humor im Alpenvorland", „Einführung in das Werk Hölderlins", „Hans Hol-
bein", „Robert Koch", „Das Pergamonmuseum in Berlin" und „Italien im Erleb-
nis großer Deutscher" fanden sich ebenso im Programm wie Vorträge mit Kriegs-
bezug wie „Was ein Arzt in Rußland sah", „Die Leistungen der deutschen Wissenschaften im Kriege", „Deutschlands Kampf im Osten", „Für Europa kämpft
Deutschland gegen England", „Expansionsbestrebungen der amerikanischen Außenpolitik seit Roosevelt" oder lediglich wissenschaftlich kaschierte, da scheinbar
historisch fundierte Rechtfertigungen für die Aggressionspolitik des Reiches, von
denen Vorträge über „Deutschlands geschichtliche Stellung in Europa" und „Der
geistige Kampf um den Rhein" zeugten.[156] Auch Thierfelder, der 1945 mit der
Kriegsvergangenheit der Deutschen Akademie hart ins Gericht ging und sie des
Verrats an ihren ursprünglichen Idealen bezichtigte, hatte sich im übrigen nach

---

[154] Michels, Das Deutsche Institut in Paris, S. 213.
[155] Brief Henkels vom 8. 3. 1991 an den Autor.
[156] BAB R51/576, Bericht über die Vortragsveranstaltungen der Deutschen Akademie 1942/
     43, Aufzeichnung vom 10. 7. 1944.

Kriegsausbruch diesem patriotischen Reflex bzw. der zumindest partiellen Identifizierung mit den Kriegszielen des Dritten Reiches nicht verschlossen und sein Fachwissen in den Dienst der publizistischen Rechtfertigung der Kriegspolitik des Dritten Reiches gestellt: Er verfaßte 1940 für die der Informationsabteilung des Auswärtigen Amts unterstehende „Deutsche Informationsstelle" zwei gegen Großbritannien gerichtete Propagandaschriften.[157] Eine direkte Einbeziehung in die politisch-militärische Arbeit blieb den Auslandslektoraten hingegen bis zuletzt erspart. Die im Kleinen Rat versammelten Vertreter der Deutschen Akademie und der zuständigen Ministerien (Auswärtiges Amt, Propagandaministerium und RMEWV) kamen bei einem Treffen Mitte Februar 1944 überein, das man auch künftig davon absehen solle, die Auslandslektorate für die politische Berichterstattung heranzuziehen oder ihnen Sonderaufträge der Wehrmacht und SS aufzubürden, um nicht die Auslandsarbeit der Deutschen Akademie von vornherein zu diskreditieren und damit unwirksam zu machen.[158] Sowohl Wehrmacht wie auch der Sicherheitsdienst der SS hatten zuvor verschiedentlich Interesse an der Einbeziehung der Auslandslektorate in ihre Arbeit geäußert.[159]

9. Kulturpolitik im Schatten der sich abzeichnenden Niederlage

Die ehrgeizigen Pläne Seyß-Inquarts für die Akademie ließen sich wegen des Kriegsverlaufes nicht mehr realisieren. Weder nahm das Ausbildungsseminar für zukünftige Lektoren seine Arbeit auf, noch die „sprachpolitische Forschungsstelle". Es gelang auch nicht, in dem verbleibenden Jahr die DWI unter die Kontrolle der Deutschen Akademie zu bringen. Ebensowenig brachte die Klasse „Forschung und Wissenschaft" eines der wissenschaftlichen Großprojekte zu Ende. Allerdings wurden ihre Mitarbeiter – im Januar 1945 arbeiteten dort noch zehn Wissenschaftler – seit Herbst 1944 von Seyß-Inquart und Wüst gedrängt, die Öffentlichkeit durch Rundfunkbeiträge über ihre Forschungen auf die Arbeit der Akademie aufmerksam zu machen.

---

157 Franz Thierfelder, Das Freiheitsringen der Inder, Berlin 1940 sowie ders., Englischer Kulturimperialismus. Der British Council als Werkzeug der geistigen Einkreisung Deutschlands, Berlin 1940. Beide Schriften erschienen in der Reihe „Das Britische Reich in der Weltpolitik", zu der auch Publikationen mit Titeln wie „Die soziale Rückständigkeit Großbritanniens", „Das perverse England", „England, Hinterland des Judentums", „England als Wucherbankier" gehörten.
158 BAB R55/177, Bericht Zieglers an Goebbels über die Mittelstellenleitertagung in München und eine Sitzung des Kleinen Rates, Februar 1944.
159 Schon im April 1939 hatte die Abwehr Interesse an der Deutschen Akademie gezeigt und diese zwecks Einbeziehung in ihre Auslandsaufklärungsarbeit kontaktiert. Die Abwehr war aber vom Auswärtigen Amt gebremst worden. Vgl. Schlicker, Die Deutsche Akademie, S. 62. BAB R51/10149, Aktennotiz Nitschkes über eine Besprechung mit einem Vertreter des SD, 22. 9. 1943; zu Kontaktversuchen des SD zu den Lektoraten im besetzten Frankreich siehe Michels, Das Deutsche Institut, S. 195.

Immerhin gelang es aber der Akademie, bis Sommer 1944 die Zahl der Lektoren in etwa auf dem Niveau von 1942, als das Dritte Reich im Zenit seiner militärischen Macht stand, zu halten, wenn auch um den Preis einer immer größeren personellen Fluktuation. Die durch den Vormarsch der Alliierten in Italien bedingte Schließung von Lektoraten im Süden der Halbinsel wurde beispielsweise durch Eröffnung neuer Lektorate im Norden des Landes ausgeglichen. Ende 1943 unterstanden der Abteilung Auslandslektorate 105 Lektorate mit 180 Lektoren sowie 170 Zweigstellen mit 560 Hilfslehrkräften und 104 in den Lektoraten tätigen Bürokräften. Die Zahl der Sprachkursteilnehmer war allerdings in beinahe allen Ländern seit Anfang 1943 im Sinken begriffen trotz des unverminderten Angebotes, wobei die größten Rückschläge in Frankreich (von etwa 15 000 Hörern im Herbst 1942 auf etwa 10 000 im Herbst 1943), Belgien (von 2600 auf 1700), Bulgarien (von etwa 3300 auf 2200), Dänemark (von 277 auf 132), Serbien (von 2570 auf 1750) und der Slowakei (von 2740 auf 2193) zu verzeichnen waren.[160] Die Gesamtbilanz der Sprachkursteilnehmer – 64 000 im Herbst 1942, etwa 60 000 im Herbst 1943 – fiel hauptsächlich deshalb noch relativ gut aus, weil man allein 1943 in Europa 45 neue Zweigstellen eingerichtet hatte.

Im besetzten Frankreich und Griechenland beispielsweise wurden die Sprachkursbesucher mancherorts nunmehr von ihren Landsleuten als „kulturelle Kollaborateure" gebrandmarkt. Vor allem in den Lektoraten kleinerer Orte, die weniger Anonymität boten, fiel die Zahl der Hörer. Der 1943/44 einsetzende Versuch, die Lektorate stärker in die direkte Propaganda für die deutschen Kriegsanstrengungen einzubeziehen und dabei enger mit der Wehrmacht zu kooperieren, dürfte bei den Adressaten insbesondere in den besetzten Ländern die Hemmungen, sich für Sprachkurse einzuschreiben, noch verstärkt haben. Dennoch wies die Spracharbeit der Deutschen Akademie selbst Ende 1943 eine im Vergleich zur Nachkriegszeit erstaunliche Bilanz auf: Im Herbst 1943 hatte beispielsweise das Lektorat Paris immerhin noch etwa 5000 eingeschriebene Hörer, während die Sprachkurse des Pariser Goethe-Instituts, das erst 1965 seine Arbeit in vollem Umfang aufnahm, in der zweiten Hälfte der sechziger Jahre im Schnitt lediglich 2000 bis 3000 Hörer verzeichneten.[161] Dies ist sicherlich, trotz aller Probleme der Vergleichbarkeit der Zahlen, ein deutliches Anzeichen für den stetigen Bedeutungsverlust der deutschen Sprache in Europa im 20. Jahrhundert, ungeachtet der jeweiligen politischen Großwetterlage.

Man ließ sich aber weder in Berlin noch München durch die Niederlagen an allen Fronten seit 1943 und dem damit einhergehenden Hörerschwund entmutigen, im Gegenteil: Eine Aufzeichnung des Auswärtigen Amts vom Januar 1944 sah die erstmalige Errichtung von zwei oder drei Lektoraten in Albanien und einer gleichen Anzahl im Baltikum („Ostland") und den Niederlanden vor. In Belgien, Finnland, Rumänien, Serbien, Spanien sollte jeweils ein Lektorat neu eröffnet

---

160 BAB R51/476, Vergleichszahlen der Kursteilnehmer 1942/43.
161 Zahlen in Michels, Das Deutsche Institut in Paris, S. 208 sowie in den Jahrbüchern des Goethe-Instituts 1965–1970, München 1966–1971.

werden, in Ungarn zwei, in Schweden drei, in Frankreich sogar sechs.[162] Die Akademie arbeite, so Nitschke einen Monat später gegenüber seinen Kollegen, derzeit an einer vertraulichen Denkschrift, welche von von Ribbentrop, Goebbels und Seyß-Inquart unterschrieben werden solle, um 50 bis 60 erfahrene Lektoren aus dem Heeresdienst wieder frei zu bekommen.[163] Eine Aufstellung vom 4. August 1944 zeigt zwar, daß diese Pläne nicht mehr realisiert wurden, verzeichnet aber immer noch 184 Lektoren an 97 Orten in zwanzig Ländern, die sich wie folgt verteilten: 46 Lektoren waren in Frankreich tätig, jeweils 14 Lektoren in Italien bzw. Belgien, 13 in Rumänien, jeweils zwölf in Bulgarien, der Slowakei, Spanien und Ungarn, neun in Kroatien, sieben in Schweden, jeweils sechs in Portugal bzw. Griechenland, jeweils vier in Dänemark, Serbien und Finnland. Drei arbeiteten in China, jeweils zwei in Argentinien bzw. Norwegen. Schließlich gab es noch einen Lektor in Mandschuko und einen Mittelstellenleiter in Den Haag.[164]

Diese unverminderte Präsenz der Akademie im Ausland trotz der Rückschläge des Reiches seit Herbst 1942 an allen Fronten bestand nicht zuletzt deshalb fort, weil das Auswärtige Amt im Zeichen der sich häufenden Niederlagen erklärte, daß Kulturpolitik im „totalen Krieg" im Ausland als ein Ausdruck für die ungeschmälerte Siegeszuversicht des Reiches gewertet würde.[165] Dies war eine Behauptung, die nicht zuletzt dazu diente, die Tätigkeit der im Kriege erheblich aufgeblähten Kulturpolitischen Abteilung zu rechtfertigen, die im Sommer 1944 insgesamt 197 Beamte des höheren und gehobenen Dienstes sowie sogenannte wissenschaftliche Hilfsarbeiter umfaßte, also etwa fünfmal so viele Mitarbeiter wie zehn Jahre zuvor.[166] Diese Auffassung wurde naturgemäß von der Deutschen Akademie geteilt, deren Mitarbeiter ein ureigenes Interesse daran hatten, ungeachtet der Situation an den Fronten weiter für die deutsche Sprache zu werben. Die Wehrmacht oder – im Falle der Lektorinnen – ein Einsatz in der Kriegswirtschaft war im Vergleich zu ihrer Lehrtätigkeit nicht gerade eine verlockende Alternative. So verkündete Nitschke auf der Tagung der Mittelstellenleiter im Februar 1944: „Auch im fünften Kriegsjahr hat Sprachwerbung entgegen der Absicht militärischer Stellen einen Sinn: Der Lektor kann durch sein bloßes Dasein und seine Haltung aller Gerüchtemacherei den Boden entziehen und den Ausländern eine Vorstellung vom deutschen Behauptungs- und Siegeswillen geben."[167]

---

162 PA Bd. R63950a, Überblick über die Lektoratsarbeit der Deutschen Akademie im Ausland und Pläne für 1944, Januar 1944.
163 BAB R51/26, Protokoll der Tagung der Mittelstellenleiter, 11.–16. 2. 1944.
164 PA Bd. R64287.
165 Michels, Das Deutsche Institut in Paris, S. 175 ff.
166 Die Zahl für Mitte 1944 findet sich bei Hachtmeister, Der Gegnerforscher, S. 268. Für 1934 gibt Twardowski, Anfänge der deutschen Kulturpolitik zum Ausland, S. 37 f., die Zahl der Mitarbeiter der Kulturabteilung des Auswärtigen Amts mit 12 Beamten des höheren Dienstes, 22 Beamten des gehobenen Dienstes und zwei wissenschaftlichen Hilfsarbeitern an. Die Mitarbeiterzahl für 1944 ist allerdings u. a. so extrem hoch, da im Frühjahr 1943 die bei Kriegsausbruch gänzlich neu geschaffene „Informationsabteilung" nach dem Sturz ihres Leiters, Unterstaatssekretär Martin Luther, der Kulturabteilung unter dem neuen Leiter Six einverleibt worden war.
167 BAB R51/26, Protokoll der Tagung der Mittelstellenleiter, 11.–16. 2. 1944.

Mit dem Vormarsch der Alliierten in Italien und der Räumung Frankreichs, Rumäniens, Bulgariens, Albaniens, Griechenlands und Teilen Jugoslawiens durch die Wehrmacht im Sommer und Herbst 1944 mußten allerdings just jene Länder aufgegeben werden, in denen die Akademie sich am stärksten engagiert hatte. Zur Unterbringung der aus dem Ausland evakuierten Lektoren und ihrer Familien errichtete die Akademie daher im Juni 1944 in Untergrainau bei Garmisch-Partenkirchen ein „Rückwandererheim", in dem die Evakuierten vorübergehend Unterkunft finden sollten. Ursprünglich nur als Notbehelf gedacht, wohnte ein Teil der Lektoren mit ihren Familien jedoch noch 1946 in diesem Heim. Im Spätsommer 1944 wurde die Klasse „Kulturaustausch" unter Schmitz wegen der zunehmenden Luftangriffe auf München in die Nähe von Salzburg evakuiert, wo sie bis Mai 1945 blieb. Die Klasse „Forschung und Wissenschaft" unter Vizepräsident Wüst und die Zentralverwaltung unter Heitzer hingegen arbeiteten bis Kriegsende im Maximilianeum weiter.

Selbst die Räumung von zuvor unter deutscher Kontrolle stehenden Ländern bedeutete nicht, daß Kultureinrichtungen, die in diesen Ländern tätig gewesen waren, nun gänzlich aufgelöst wurden. Denn die Kulturpolitische Abteilung des Auswärtigen Amts versuchte trotz des Rückzugs an allen Fronten und dem seit Sommer 1944 rasch schrumpfenden deutschen Machtbereich relativ erfolgreich, ihre Einrichtungen, d.h. vor allem die DWI, unter dem Hinweis zu erhalten, gerade kulturpolitische Einrichtungen seien dazu geeignet, „vorübergehende" Phasen machtpolitischer Schwäche einer Nation aufzufangen. Dies war eine Reaktion auf eine Forderung des Erzrivalen Goebbels, der seit 25. Juli 1944 „Reichsbevollmächtigter für den totalen Kriegseinsatz" war. Er nutzte seinen neuen Posten nicht zuletzt zu dem Versuch, das Auswärtige Amt endgültig aus dem Feld der propagandistischen Beeinflussung des Auslandes herauszudrängen, indem er – letztlich vergeblich – die Auflösung der Kultur-, Rundfunk- und Presseabteilung der Wilhelmstraße forderte. Zwar sollten auf Weisung des Reichsaußenministers alle auslandskulturpolitischen Einrichtungen nach entbehrlichem Personal „schärfstens durchkämmt" werden, die Einrichtungen an sich jedoch erhalten bleiben.[168] Die evakuierten Institute arbeiteten in verringertem Umfang im Reich selbst weiter und betreuten dabei u.a. die geflohenen Kollaborateure aus den besetzten oder verbündeten Ländern.[169]

Ende August 1944 vereinbarten Auswärtiges Amt, Propagandaministerium und Seyß-Inquart in einer Besprechung in Berlin einen ersten Personalabbau bei der Deutschen Akademie, um Soldaten für die Front freizumachen. Zunächst sollten 45 zurückgekehrte Auslandslektoren und neun Mitarbeiter der Geschäftsstelle zur Wehrmacht eingezogen werden.[170] An ein Ende der Auslands- wie Forschungsarbeit der Akademie dachten jedoch weder Propagandaministerium noch Auswärtiges Amt. So hieß es Mitte Oktober 1944 in einem Rundbrief der Abtei-

---

[168] PA Bd. 63950a, Aufzeichnung der Kulturpolitischen Abteilung betr. den Personalabbau in der Deutschen Akademie, 26. 8. 1944.
[169] Michels, Die deutschen Kulturinstitute im besetzten Europa, S. 31 f.
[170] PA Bd. 63950a, Aufzeichnung der Kulturpolitischen Abteilung betr. den Personalabbau in der Deutschen Akademie, 26. 8. 1944.

lung Auslandslektorate an die bereits zur Wehrmacht eingezogenen Lektoren: „Die Weiterarbeit der Deutschen Akademie – wenn auch in eingeschränktem Umfang – ist von höchster Stelle nicht nur gestattet, sondern ausdrücklich angeordnet worden."[171] Man hoffte zudem, den kriegsbedingt immer enger werdenden geographischen Aktionsrahmen der Auslandsarbeit durch vermehrte Sprachwerbung über den Rundfunk auszugleichen.[172]

Wie im Falle der DWI wurde die Arbeit einiger Lektorate aus den nun nicht mehr im deutschen Machtbereich liegenden Ländern seit Herbst 1944 in begrenztem Maße im Reich weitergeführt, eine Idee, die zuerst im Zusammenhang mit der Räumung Frankreichs entstanden war. Die insgesamt sieben „Inlandslektorate" waren auserkoren, den mit der abziehenden Wehrmacht aus ihren Heimatländern geflohenen Kollaborateuren und ihren Familienangehörigen in erster Linie politische Schulungen zu erteilen und in zweiter Line auch Deutsch zu vermitteln. Denn Seyß-Inquart erläuterte auf einer Sitzung des Kleinen Rates in Berlin Ende November 1944, „daß die Akademie es sich zur Aufgabe machen wolle, bei den Vertretern der Intelligenz-Schicht der Nachbarländer, die z. T. durchaus nicht ohne weiteres als Kenner oder gar Freunde deutschen Gedankengutes gelten dürften, in einer ihrem Bildungsstand angemessenen Form Einfluß auf ihre Denkart zu gewinnen. In einem gewissen Umfang soll auch guter Sprachunterricht durch die einzurichtenden Stellen angeboten werden."[173] Dem Zweckoptimismus einer NS-Propaganda entsprechend, der es gelang, jeder Niederlage noch eine positive Seite abzugewinnen, hieß es in einem Artikel in der Zeitschrift „Das Reich" vom 3. Dezember 1944 über die Arbeit der Deutschen Akademie: „Wenn jetzt durch den Gang der militärischen Ereignisse ein Teil dieser Betätigungsfelder aufgegeben werden mußte, so fand sich die Deutsche Akademie damit nicht in Form eines passiven Verzichts ab. Ist doch ein Teil gerade der für uns wichtigsten und wertvollsten Ausländer jetzt nach Deutschland gekommen, um die Zusammenarbeit mit uns fortzusetzen. Ihnen gilt die verstärkte Betreuungsarbeit." Weiter hieß es, dieser kleine, aber anspruchsvolle Kreis von Hörern bewirke eine beträchtliche Niveauerhöhung der Arbeit, die sich nicht auf bloße Sprachvermittlung beschränke. Kurse wurden schließlich in Halle und Dresden für Ungarn, in Heidelberg und Sigmaringen für Franzosen, in Kitzbühl und Langendorf für Serben und in Zürs für Italiener eingerichtet. Allerdings berichteten die Inlandslektorate überwiegend vom Desinteresse ihrer Schüler, mangelndem Verständnis der deutschen Bevölkerung und fehlender Kooperationsbereitschaft der örtlichen Behörden,[174] die am Sinn dieser „vorübergehend" im Reich selbst stattfindenden auswärtigen Kulturpolitik zu Recht zweifelten.

In den noch nicht befreiten oder neutralen Ländern ging die Sprachwerbung und Propagandaarbeit buchstäblich bis zur Kapitulation des Reiches weiter. Eine Aufstellung der Abteilung Auslandslektorate vom 15. März 1945 wies immer noch einen Lektor in Mandschuko, jeweils zwei Lektoren in Argentinien, China,

[171] BAB R51/24, 4. Rundbrief „Die Runde", 15. 10. 1944.
[172] Hüter der Sprache. Zur Arbeit der Deutschen Akademie, in: Das Reich, 3. 12. 1944.
[173] BAB R21537, Vermerk über die Sitzung des Kleinen Rates in Berlin, 27. 11. 1944.
[174] Einige Details hierzu in: BAB R51/21 und R51/68.

Norwegen, der Slowakei und Ungarn, drei Lektoren in Dänemark, vier in Kroatien, fünf in Portugal, sieben in Schweden und neun in Spanien auf. In Italien waren im März 1945 sogar 15 Lektoren tätig,[175] die durch ihre Spracharbeit von der unverminderten „Siegeszuversicht" des Reiches zu zeugen hatten. Dort arbeitete also sogar eine Kraft mehr als im Sommer 1944, obwohl inzwischen der deutsche Machtbereich auf der Halbinsel weiter zusammengeschmolzen war. Für Oberitalien forderte Generalsekretär Schmitz im übrigen Anfang März 1945 noch dringend neue Lehrkräfte.[176] Allerdings hatte er einige Monate zuvor bereits angeordnet, daß die Klasse „Kulturaustausch" eine Sammlung von positiven ausländischen Berichten über die Arbeit der Akademie anlegen solle[177] – vermutlich als eine Art Rückversicherung für den Fall, daß der „Endsieg" doch nicht den deutschen Waffen beschieden sein sollte. Das Lektorat im spanischen Cartagena ignorierte schließlich sogar die Kapitulation des Reiches und die Auflösung der Akademie und unterrichtete noch einige Jahre weiter. Sein Leiter, Kurt Graf von Posadowsky, wechselte dann 1953 fast nahtlos über in die erste Auslandsdozentur des wiedergegründeten Goethe-Instituts in Athen.

---

[175] BAB R51/101160, Verzeichnis der Mittelstellenleiter, Lektoratsleiter und Lektoren, Stand 15. 3. 1945.
[176] PA Bd. R64302, Schreiben Schmitz' an das Auswärtige Amt, 7. 3. 1945.
[177] BAB R51/12.

VII. Von der Deutschen Akademie zum Goethe-Institut (1945–1960)

Mit einem vor allem wegen seiner Rolle beim „Anschluß" Österreichs gesuchten Hauptkriegsverbrecher als Präsidenten, einem SS-Obergruppenführer als Leiter der wissenschaftlichen Abteilung und einer erst im Windschatten der Siege der Wehrmacht erfolgenden vollen Entfaltung ihrer Auslandsarbeit waren die Chancen der Deutschen Akademie nicht sehr hoch, den Zusammenbruch des Dritten Reiches zu überleben. Seit Anfang 1944 wurden vor allem auf britischer und amerikanischer Seite Überlegungen zur „Entnazifizierung" Deutschlands und zur „Umerziehung" seiner Bewohner nach der Niederlage des NS-Regimes angestellt.[1] Schon bei diesen ersten Planungen tauchte die Deutsche Akademie als eine Institution auf, die es im Zuge einer Entnazifizierung aufzulösen galt, und deren Personal von einer Weiterbeschäftigung im öffentlichen Dienst ausgeschlossen werden sollte. So sahen britische Überlegungen vom Mai 1944 für den Fall eines Waffenstillstandes eine Klausel zur Auflösung von NS-Organisationen vor: Unter der Kategorie I waren alle zentralen Parteieinrichtungen wie die Parteikanzlei, die Auslandsorganisation, das oberste Parteigericht, die Parteiamtliche Prüfungskommission, der Reichsorganisationsleiter, aber auch berufsständische NS-Einrichtungen wie die NS-Ärzteschaft und die Reichskulturkammer genannt. Diese insgesamt 43 Organisationen einschließlich aller regionalen und lokalen Gliederungen sollten sofort aufgelöst werden. Noch in der gleichen Rubrik hieß es am Ende: „There are a number of pseudo-scientific academies and institutions of a Nazi character. Many of those form part of a university and are covered by the directives on education. The following are independent, and their dissolution should therefore be provided for under this directive." Das Dokument nannte sodann die Deutsche Akademie in München, das Institut zur Erforschung der Judenfrage in Frankfurt, das DAI in Stuttgart sowie die Staatsakademie für Rassen- und Gesundheitspflege in Dresden.[2] Eine Direktive für das Supreme Headquarters Allied Expeditionary Forces unter General Dwight D. Eisenhower vom 23. Februar 1945 zählte erneut die Deutsche Akademie, diesmal in Gesellschaft der Deutschen Jägerschaft, dem Reichsausschuß zum Schutz des Deutschen Blutes, der Reichskulturkammer, dem Institut zur Erforschung der Judenfrage, dem iberoamerikanischen Institut, dem Deutschen Fichte-Bund, dem DAI und der

---

1 Vgl. aus der Fülle der Literatur Clemens Vollnhals (Hrsg.), Entnazifizierung. Politische Säuberung und Rehabilitierung in den vier Besatzungszonen 1945–1949, München 1991; Günter Pakschies, Umerziehung in der britischen Zone 1945–1949, Weinheim 1979; Lutz Niethammer, Entnazifizierung in Bayern. Säuberung und Rehabilitierung unter amerikanischer Besatzung, Frankfurt/M. 1972 und James F. Tent, Mission on the Rhine. Reeducation and Denazification in American-Occupied Germany, Chicago u. a. 1982.
2 PRO FO 371/39141, War Cabinet Official Commitee on Armistice Terms and Civil Administration: Article 54 of the Draft British armistice with Germany, Mai 1944.

Staatsakademie für Rassen- und Gesundheitspflege unter „other nazified organizations" auf, die zu verbieten waren und deren Personal von einer Wiederverwendung ausgeschlossen werden sollte.[3] Die Akademie fiel offenbar auch unter die Kategorie jener „institutes and special bureaus devoting themselves to racial, political, militaristic or similiar research and propaganda", deren Schriftgut laut der berühmten Weisung JCS 1067 vom April 1945 für die in Deutschland zu etablierende US-Militärregierung von den einrückenden Truppen sicherzustellen sei.[4] Denn als die Amerikaner im August 1945 in Schloß Höch bei Salzburg auf die Akten der Abteilung Auslandslektorate stießen, die sich in der Obhut von drei Lektoren befanden, beschlagnahmten sie diese und verschifften sie schließlich 1947 in die USA. Die Lektoren wurden verhaftet und über ihre Tätigkeit für die Akademie im Ausland befragt.[5] Die seit Juli 1945 in der US-Zone ausgeteilten berühmten „Fragebögen" zur Entnazifizierung, in denen jeder erwachsene Deutsche Auskunft über seine Aktivitäten während der NS-Zeit und Mitgliedschaften in angeblichen oder tatsächlich regimenahen Einrichtungen des Dritten Reichs zu geben hatte, führte denn auch die Deutsche Akademie explizit in Punkt 79 als eine von 54 namentlich genannten Organisationen auf.

Was genau die Alliierten bewog, die Deutsche Akademie auf diese Liste sofort aufzulösender NS-Institutionen zu setzten, ist nicht mehr feststellbar. Auch andere Institutionen hatten schließlich prominente Nationalsozialisten an ihrer Spitze, ohne daß sie automatisch dafür abgewickelt werden sollten. Zudem reichte die Geschichte der Akademie weit in die Weimarer Republik zurück, und bei ihrer Gründung waren Nationalsozialisten nicht beteiligt gewesen. Zwar hatte es, wie erwähnt, spätestens seit 1937 in der ausländischen Presse vereinzelte Artikel gegeben, welche die Akademie als NS-Propagandainstitution bezeichneten. Auf der anderen Seite war dies keineswegs der alleinige Eindruck, den die Akademie vor Kriegsausbruch bei ausländischen Beobachtern hinterließ. Der britische Konsul in München berichtete beispielsweise im Mai 1939 über die Deutsche Akademie in nüchternem, ganz auf die wissenschaftliche und auslandskulturpolitische Tätigkeit der Münchener Einrichtung abgestellten Ton,[6] so daß sie dem Leser des Berichts wie das deutsche Pendant zum British Council, nicht aber wie eine parteipolitische Propagandainstitution erscheinen mußte. Die starke europaweite Präsenz der Akademie blieb bis Kriegsende im wesentlichen eine sprachpolitische, wenn auch vor allem in den letzten Kriegsjahren eine propagandistisch angehauchte. Ob sie sich jedoch dabei so sehr von den Aktivitäten beispielsweise des British Council in den Kriegsjahren unterschied, erscheint fraglich. Immerhin wurde zu keinem Zeitpunkt auf Ausländer Zwang ausgeübt, den Kursen der Akademie oder ihren sonstigen kulturpolitischen Aktivitäten beizuwohnen. Die Deutsche Akademie hatte auch nie irgendwelche exekutiven Befugnisse in den be-

---

3 PRO FO 371/46799, Retention in Office of Nazis and German Militarists, 23. 2. 1945.
4 Foreign Relations of the United States 1945. Bd. 3, S. 484–503, hier S. 488 f.
5 Helms Hardcastle, The Deutsche Akademie Munich, S. 569 ff.
6 PRO FO 371/23008, Bericht des britischen Konsuls über die Festversammlung der Deutschen Akademie mit beigefügtem Memorandum „Deutsche Akademie: Aims and Activities", 23. 5. 1939.

setzten Ländern besessen. Gerechtfertigt mag die anvisierte Auflösung nicht so
sehr aufgrund der konkreten Arbeit der Akademie selbst in den Kriegsjahren gewesen sein, sondern vor allem deswegen, weil sie wie alle öffentlichen und privaten Einrichtungen im Dritten Reich ein Instrument geworden war, das durch seine
Weiterarbeit nach 1933 bzw. 1939 letztlich einem verbrecherischen Regime diente.
Die Deutsche Akademie hatte dabei geholfen, dem Regime eine Fassade der angeblichen kulturellen Legitimation der Hegemonial- und Aggressionspolitik aufrechtzuerhalten.

Möglicherweise hat man aber auf alliierter Seite die Akademie mit einem geopolitischen „Think-Tank" Haushofers mit Ablegern in beinahe allen europäischen Staaten gleichgesetzt.[7] Haushofer war seit Kriegsausbruch in der britischen
wie amerikanischen Presse gelegentlich zu dem Mann hochstilisiert worden, der
Hitler die Ideen für seine expansionistische Außen- und Kriegspolitik gegeben
habe, am prominentesten sicherlich in einem Artikel des Londoner „Daily Ex-
press" vom Dezember 1939 unter der Überschrift „The Man behind Hitler's
Ideas", in dem Haushofer im übrigen auch nach wie vor als Präsident der Akademie tituliert wurde.[8] Dabei wurde im Kriege auch gelegentlich von einem großen
„geopolitischen Institut" Haushofers in München mit mehreren hundert Mitarbeitern phantasiert, selbst innerhalb der britischen militärischen Aufklärung.[9]
Diese Überschätzung des Einflusses Haushofers und die fälschliche, holzschnitt-
artige Gleichsetzung seiner außenpolitischen Ideen mit jenen Hitlers blieb zwar
ab 1942 auf alliierter Seite nicht unwidersprochen. Sie zeitigte aber noch bei
Kriegsende insoweit Nachwirkungen, als daß man auf amerikanischer Seite im
Sommer 1945 überlegte, ob man Haushofer auf die Liste der Hauptkriegsverbrecher setzen solle.[10] Auf alliierter Seite hielt sich auch der Glaube an die Existenz
eines großen geopolitischen Instituts in München bis zum Kriegsende. So befrag-
ten amerikanische und britische Offiziere Haushofer über die Existenz und Aufgaben dieser angeblichen Einrichtung noch im Mai 1945.[11] Es ist nicht ausgeschlossen, daß man auf westalliierter Seite der Deutschen Akademie Eigenschaften dieses vermeintlichen „geopolitischen Instituts" zur Politikberatung der NS-
Führung und zur Informationsbeschaffung im und über das Ausland zugeschrieben hat.

Diese Fehlperzeption der Aufgaben und Tätigkeit der Akademie war unter den
in München die kulturpolitische Regie übernehmenden US-Offizieren der für
Schulen, Universitäten und Forschungseinrichtungen zuständigen „Education
and Religious Affairs Section" der Militärregierung offenbar verbreitet. Denn
Thierfelder und Zwiedineck-Südenhorst glaubten in ihrer im August 1945 für die
Amerikaner verfaßten Denkschrift „Die politische Tätigkeit der Deutschen Aka-

---

[7] Norton, Karl Haushofer and the German Academy, S. 97f.
[8] Jacobsen, Haushofer, Bd. 1, S. 409ff.
[9] PRO WO 208/4467, Note on German Geopolitics, 9. 5. 1942. In dieser Aufzeichnung wird
vor einer Überschätzung des Einflusses Haushofers auf die NS-Außenpolitik und Kriegführung gewarnt, zugleich hieß es: „We know little about the Geopolitical Institute at
Munich. An aura of „Old Moore" mystery is cultivated around this institute."
[10] Jacobsen, Haushofer, Bd. 2, Dokument 301 (S. 568f.).
[11] PRO FO 1078/34, Interrogation of Dr. Karl Haushofer, 4. und 16. 5. 1945.

demie" dazu Stellung nehmen zu müssen. Das Dokument geht zwar mit der NS-Vergangenheit der Institution hart ins Gericht, nahm sie aber insoweit in Schutz, als „die Methoden der D. A. in diesen Jahren freilich nicht so gewesen [sind], wie das häufig in den nichtdeutschen Kreisen vermutet worden ist. Die D. A. war keine Spionage-Zentrale, die politische Agenten ins Ausland schickte, um dort unterirdisch gegen fremde Mächte zu konspirieren".[12]

Auch wenn die Deutsche Akademie bei den Siegern auf der Liste der aufzulösenden Institutionen stand, bedeutete dies noch nicht definitiv ihr Ende. Vielmehr war im Frühjahr/Sommer 1945 ein gewisser Verhandlungsspielraum für ihr weiteres Schicksal gegeben; zum einen, weil sie naturgemäß nur eine untergeordnete Rolle in den Überlegungen der Amerikaner zur Entnazifizierung spielte; zum anderen, weil die Sieger sich wohl erst vor Ort ein tatsächliches Bild über den Grad der Verquickung der Akademie mit dem untergegangenen Regime machen wollten. Das Beispiel des DAI in Stuttgart, das seit 1944 ebenfalls auf der Liste der zu verbietenden wissenschaftlichen oder propagandistischen NS-Organisationen stand, tatsächlich aber nie von der Besatzungsmacht aufgelöst wurde, zeigt, daß eine bloße Erwähnung in den alliierten Planungen zur Entnazifizierung noch nicht automatisch das Ende bedeuten mußte. Zwar waren die Überlebenschancen der Akademie durch die prominenteren Nationalsozialisten an ihrer Spitze, die direkte Unterstellung unter das Propagandaministerium und die öffentlich sichtbare Auslandtätigkeit im Kriege schlechter als jene der Stuttgarter Einrichtung, die in den Kriegsjahren ein insgesamt unauffälligeres Dasein geführt hatte und der es gelang, sich den Amerikanern 1945/46 als rein wissenschaftliche Institution zu präsentieren.[13] Allerdings gingen die im Krieg getätigten Studien des Stuttgarter Auslandsinstituts zur Rück- und Umsiedlung der auf dem Gebiet der UdSSR, in Südtirol und in Lateinamerika lebenden Deutschen[14] Hand in Hand mit Überlegungen zur Entrechtung, Vertreibung oder gar Vernichtung der nichtdeutschen Bevölkerung vor allem auf dem Gebiet des besetzten Polens, die diesen Rückkehrern Platz zu machen hatte. Sie waren daher wesentlich enger mit den verbrecherischen Aspekten der NS-Politik verwoben als die zwar sichtbareren, aber letztlich harmloseren Sprach- und Propagandaaktivitäten der Deutschen Akademie, die sich auf das ohnehin als nicht „germanisierbar" angesehene Ausland beschränkten.

1. Vergebliche Rettungsversuche

Zunächst einmal begann unmittelbar, nachdem die Amerikaner München am 30. April 1945 besetzt hatten, ein Wettlauf um ihre Gunst von verschiedenen in München weilenden Personen, die der Akademie mehr oder weniger verbunden waren. Der erste, der bei den Amerikanern vorstellig wurde, war Mitte Mai 1945

---

[12] BAB R51/8, Die politische Tätigkeit der Deutschen Akademie, Denkschrift Thierfelders und Zwiedineck-Südenhorsts vom 21. 8. 1945.
[13] Ritter, Das Deutsche Auslandsinstitut in Stuttgart, S. 149.
[14] Ebenda, S. 136 ff.

Generalsekretär Schmitz. Er brachte gegenüber den US-Offizieren seine Zeit als Doktorand in Harvard und weitere Amerikaerfahrungen aus der Vorkriegszeit ins Spiel in der Hoffnung, die Akademie und damit sich selbst in die neue Zeit hinüber zu retten. Als Beamter des Propagandaministeriums war er naturgemäß nicht sonderlich geeignet, die neuen Herren in München von der Harmlosigkeit der Deutschen Akademie zu überzeugen. Aussichtsreicher als Mittler schien deshalb zunächst eine andere Gruppe innerhalb der Akademie. Während Seyß-Inquart die letzten Kriegstage in den Niederlanden und in Flensburg beim Hitler-Nachfolger Großadmiral Karl Dönitz verbrachte und andere Sorgen als das Schicksal der Deutschen Akademie hatte, übergab Vizepräsident Wüst in München die Amtsgeschäfte der Akademie mit Einmarsch der Amerikaner an Basler, den Leiter des Sprachamtes. Als Nichtparteigenosse, so Wüsts Hoffnung, würde dieser bessere Chancen haben, die Interessen der Deutschen Akademie gegenüber den Siegern zu vertreten. Basler wiederum zog zwei in München weilende und der Abteilung „Deutsche Sprache" der Klasse „Wissenschaft und Forschung „ angehörende Ordinarien hinzu, die Germanisten Hans Heinrich Borcherdt, der u. a. in den USA gelehrt hatte, und Eduard Hartl. Dieses Triumvirat versuchte mit den Amerikanern Verhandlungen aufzunehmen und sich gleichzeitig eine gewisse Legitimation durch die Einberufung einer Versammlung der in und um München erreichbaren Mitglieder des Senats zu geben.[15]

Die drei Germanisten verfaßten Mitte Mai eine Denkschrift an die Militärregierung, in der sie für den Erhalt der Deutschen Akademie plädierten. Lediglich die praktische Abteilung, so der Grundtenor, habe seit 1933 den ursprünglichen Gedanken der Gründer der Akademie, eine streng wissenschaftliche und parteipolitisch neutrale Institution aufzubauen, durch Anlehnung an das Propagandaministerium pervertiert, „während die wissenschaftliche Abteilung in ihrer objektiven Grundhaltung und voraussetzungslosen Arbeitsweise im wesentlichen unangetastet blieb". Es sei folglich bedauerlich, wenn wegen der politischen Belastung der praktischen Abteilung die großen und bedeutsamen Forschungsarbeiten der Deutschen Akademie abgebrochen werden müßten. Dies war natürlich in erster Linie ein Plädoyer für die Erhaltung der Abteilung Deutsche Sprache und des Sprachamtes, denn als bedeutende bisherige Forschungsleistungen der Akademie wurden in der Denkschrift lediglich Arbeiten aus diesem Bereich aufgeführt, so die bisher erschienenen zwei Bände der „Geschichte der deutschen Sprache", das althochdeutsche Wörterbuch, sowie die im Kriege vom Sprachamt begonnene karteimäßige Erfassung der Gegenwartssprache durch Analyse der Presse.[16] Die Amerikaner schienen zunächst gewillt, die Dreiergruppe als Sprachrohr der Deutschen Akademie anzuerkennen, denn am 25. Mai 1945 kam es zu einem Gespräch zwischen dem in der Education and Religious Affairs Section tätigen Hauptmann William Landeen und Borcherdt. Letzterer faßte die Unterredung so auf, als sei

---

15 BHStA MK 40446, Die Verhandlungen über die Deutsche Akademie, Aufzeichnung Borcherdts vom Sommer 1945.
16 Ebenda, Denkschrift über die Deutsche Akademie in München von Prof. Hartl, Prof. Borcherdt und Prof. Basler, ca. Mai 1945.

ihm durch diese die Vertretung der Angelegenheiten der Deutschen Akademie zugesprochen worden.[17]

Parallel reklamierten jedoch mit Thierfelder und Zwiedineck-Südenhorst Anfang Juni auch zwei Akademie-Veteranen gegenüber dem neuen bayerischen Kultusminister Otto Hipp und seinem Staatsrat Hans Meinzolt, denen die Kontrolle über die vormaligen reichsunmittelbaren kulturellen Einrichtungen auf bayerischem Boden zugefallen war, für sich die Vertretung der Belange der Deutschen Akademie. Während Zwiedineck-Südenhorst nach seinem Ausscheiden aus der Akademie im Frühjahr 1937 weiterhin seinen Lehrstuhl für Volkswirtschaft und Staatswissenschaft an der Münchener Universität bekleidete, waren für Thierfelder die vorangegangenen acht Jahre schwieriger gewesen.[18] Nach einem kurzen Zwischenspiel bei einem Berliner Verlag war er in den Jahren 1939 bis 1942, als er schließlich die Leitung der Volksbildungsstätte in München übernahm, freier Publizist. Dabei wurde er vom steten Mißtrauen der Partei verfolgt.[19] Allerdings war er keineswegs persona non grata bei den Reichsbehörden, nicht einmal bei der Deutschen Akademie, wie Sieberts Überlegungen vom Frühjahr 1941 gezeigt hatten, ihn kommissarisch zum Generalsekretär zu berufen. Thierfelder galt auch nach 1937 als unbestrittene Autorität in Fragen der auswärtigen Kulturpolitik und der Sprachförderung, auf dessen Expertise das Regime ungern verzichten wollte. Vor allem im Auswärtigen Amt scheint man seine Dienste nach dem Ausscheiden aus der Akademie weiter geschätzt zu haben. Im Gegensatz zu seinen Selbststilisierungen nach Kriegsende – so behauptete er in dem Fragebogen der Amerikaner im Juli 1945, er sei auf Initiative von Heß von 1938 bis 1943 mit einem Verbot von Auslandsreisen belegt worden[20] – bedeutete das Ausscheiden aus der Akademie keineswegs die pure materielle Not für ihn und seine Familie. Er schrieb beispielsweise im September 1940 an Senator Gerland:

„Meine Aufgabengebiete sind im Moment Konjunktur und ich kann mich kaum noch vor Arbeit retten. Nächste Woche halte ich vor SA-Führern in Magdeburg einen zweistündigen Vortrag über Indien. Am 28.10. habe ich eine Gastvorlesung über den Rundfunk als Mittel der zwischenstaatlichen Kulturwerbung an der Universität Freiburg […] Zudem zeichnet sich eine neue Balkanfahrt, diesmal bezahlt, ab. Sie verfolgt ein Ziel, das die Eifersucht der Deutschen Akademie wecken könnte […] Ich habe das und mehr verdient im letzten Jahr,

---

[17] Ebenda, Die Verhandlungen über die Deutsche Akademie, Aufzeichnung Borcherdts vom Sommer 1945.

[18] Vgl. Helms Hardcastle, Franz Thierfelder, S. 73 ff. Hardcastle übertreibt allerdings die „Märtyrerrolle" Thierfelders in den Jahren 1938–1945, indem sie unkritisch seinen Selbststilisierungen nach 1945 folgt, auf eine Analyse seiner damaligen Schriften und ihrer Auftraggeber hingegen gänzlich verzichtet.

[19] Vgl. die in Thierfelders Personalakte im Berlin Document Center des BAB befindlichen, mehrfachen Anfragen der Gauleitung der NSDAP (4. 11. 1938, 21. 11. 1942, 28. 1. 1943, 26. 6. 1944) bei der Ortsgruppe in Gräfelfing, dem Wohnort Thierfelders, bezüglich seiner politischen Einstellung und seines Verhaltens. Allerdings konnte die Ortsgruppe keinen Grund zur Beanstandung finden und berichtete lediglich, daß sich Thierfelder politisch vollkommen zurückhielt.

[20] BAB R51/10116. Tatsächlich war er allein zwischen Herbst 1939 und Frühjahr 1940 mehrere Monate auf Balkanreise, wie aus der Korrespondenz mit Gerland hervorgeht, in: BAK N1010/38. Im Jahre 1942 war er sogar für die Deutsche Akademie in Bulgarien auf Vortragsreise.

was mir die Deutsche Akademie zahlte, aber es war mühsam und aufregend, und krank darf ich einfach nicht werden."[21]

Er verfaßte zwischen 1938 und 1943 allein 13 Monographien, von denen sieben dem Balkan gewidmet waren und u. a. der Verteidigung des deutschen Führungsanspruchs in diesem Großraum dienten. Unter den Monographien befanden sich, wie erwähnt, auch zwei gegen Großbritannien gerichtete Auftragsarbeiten für die Informationsabteilung des Auswärtigen Amts. Erst im Frühjahr 1943 wurde seine Situation im Dritten Reich anscheinend schwieriger, da er gut mit Professor Kurt Huber von der Münchener Universität befreundet gewesen war. Dessen Beteiligung an den Aktivitäten der „Weißen Rose" scheint das ohnehin vorhandene Mißtrauen der NSDAP gegen Thierfelder wesentlich verstärkt zu haben.[22]

In einer Denkschrift vom 18. Juni 1945[23] zeichneten Zwiedineck-Südenhorst und Thierfelder jedenfalls ein etwas anderes Bild von der Akademie als das Dreigestirn Basler-Borcherdt-Hartl, von deren Bemühungen sie offenbar wußten. Der ehemalige Generalsekretär und der Ex-Vizepräsident stellten die Akademie als eine Organisation dar, die mitsamt der wissenschaftlichen Abteilung seit 1938 in den Dienst des Nationalsozialismus gestellt worden sei. Sie plädierten folglich für eine Umgestaltung der Deutschen Akademie, denn wegen der engen Anlehnung an den Nationalsozialismus wie auch wegen der nunmehr nicht mehr möglichen Auslandstätigkeit sei die überkommene Organisation obsolet geworden. Doch brauche eine Kulturnation wie die deutsche eine zentrale Institution, welche gegenüber dem eigenen Volk wie dem Ausland trotz aller materiellen Verelendung Zeugnis vom Willen zur Pflege der geistigen Werte ablege. Das Wirken der aus den Trümmern der Deutschen Akademie zu schaffenden neuen Organisation sollte laut Thierfelder und Südenhorst-Zwiedineck aber vornehmlich auf das deutsche Volk selbst abzielen, ganz im Sinne der von den Alliierten beabsichtigten Re-education der Deutschen. Die Deutschen müßten geläutert und geordnet in den Kreis der Kulturnationen zurückgeführt werden, indem man ihnen klarmache, daß Deutschland unauslösbarer Bestandteil des abendländischen Kulturkreises sei, der wiederum eine Schöpfung aller westlichen Nationen darstelle. Ferner müßten die Deutschen zum Umgang mit anderen Völkern erzogen werden, denn das mangelnde Verständnis für andere Völker habe die jetzige Katastrophe heraufbeschworen. Schließlich müsse die deutsche Sprache als derzeit einziges Binde-

---

[21] BAK N1010/38, Brief Thierfelders an Gerland, 27. 9. 1940.

[22] So die Tochter Thierfelders, Hannelore Wilke, in einem Leserbrief in der Süddeutschen Zeitung vom 11. 10. 1991, in dem sie ihren Vater als engagierten Gegner des NS-Regimes bezeichnete. Der Brief war eine Antwort auf einen Artikel vom 10./11. 8. 1991 in der Süddeutschen Zeitung von Bernhard Witteck, in dem der Gründung des Goethe-Instituts 40 Jahre zuvor unter der Überschrift „Große Vision eines kleinen Mitläufers" gedacht worden war. Allerdings kann, wie in dem Leserbrief behauptet, von einem „Untertauchen" als Folge der Kontakte zu Huber und der Gefahr der Verhaftung schwerlich die Rede sein. Denn wenn die NSDAP-Kreisleitung noch im Juni 1944 aufgefordert wurde, über Thierfelders politische Haltung zu berichten und nichts Neues gegenüber den vorangegangenen Einstellungen und Verhaltensweisen des Beobachtungsobjektes melden konnte, darf wohl eher von einer unauffälligen als von einer Untergrundexistenz Thierfelders gesprochen werden.

[23] BHStA MK 40446, Denkschrift über die Deutsche Akademie, 18. 6. 1945.

glied der Deutschen in ihrer Gestalt und ihrem Wesen erforscht und erhalten werden. Dies war ein Vorschlag, der möglicherweise als Konzession an die Bestrebungen der Gruppe um Borcherdt gedacht war, um diese für eine Umgestaltung zu gewinnen. Die an die Stelle der Deutschen Akademie tretende Einrichtung solle den Namen „Institut für Kulturforschung und Volkskunde" tragen. In Anlehnung an die Vorgängerinstitution sollte sie eine wissenschaftliche Abteilung besitzen, die Forschungen auf dem Gebiet der Kulturgeschichte, der Völkerpsychologie, der Linguistik und Auslandskunde betreiben, und eine praktische Abteilung, die sich um die Vermittlung ihrer Erkenntnisse in der deutschen Öffentlichkeit bemühen würde. Sollte hingegen die Besatzungsmacht sich dafür entscheiden, eine Neugründung aus den Resten der Deutschen Akademie abzulehnen, so hielten die Autoren der Denkschrift es für die beste Lösung, die wissenschaftlichen Arbeiten der Deutschen Akademie von der Bayerischen Akademie der Wissenschaften fortführen zu lassen und das Vermögen und den Sachbesitz der Deutschen Akademie der Stadt München und dem Land Bayern zu übertragen.

Die Gruppe um Borcherdt wiederum wußte seit Mitte Juni, daß Thierfelder und Zwiedineck-Südenhorst eine neue Einrichtung ansteuerten, sprachen ihnen aber das Recht zu einem solchen Schritt ab unter dem Hinweis, hierzu müßten die über ganz Deutschland verstreuten Mitglieder der wissenschaftlichen Abteilung der Deutschen Akademie zuvor gehört werden. Eine Auflösung mit anschließender Neugründung hielt Borcherdt angesichts der wirtschaftlichen Verhältnisse für unverantwortlich, ebenso eine Vertretung der Interessen der Deutschen Akademie durch den „Nichtwissenschaftler" Thierfelder.[24] Allerdings standen die Chancen der Gruppe um Borcherdt schlecht, sich gegen den Führungsanspruch des ehemaligen Generalsekretärs und des ehemaligen Vizepräsidenten in Fragen der zukünftigen Gestaltung der Akademie durchzusetzen. Dies vor allem, weil beide als Nichtparteimitglieder durch ihr Ausscheiden aus der Akademie im Jahre 1937, das sie natürlich mit ihrem hartnäckigem, aber letztlich vergeblichen Widerstand gegen die Nazifizierung der Akademie begründeten, eine politisch einigermaßen saubere Weste vorzuweisen versuchten, ja fast als Widerstandskämpfer erschienen. „Der Grund des Ausscheidens für Dr. Thierfelder war die Wahrnehmung, daß die Deutsche Akademie ab 1937 in rein politischem Fahrwasser segelte, und sich dadurch von ihren ursprünglichen Zielen entfernte", hieß es entsprechend im Protokoll einer Unterredung, die Thierfelder am 22. Juni 1945 mit Staatsrat Meinzolt über die Zukunft der Deutschen Akademie hatte.[25] Thierfelder konnte sich in diesem Gespräch als kompetenter und verantwortungsbewußter Vertreter der Interessen der Akademie durch eine Reihe weiterer Vorschläge empfehlen: Er bezeichnete als vordringliche Aufgabe den Abbau des in den letzten Kriegsjahren aufgeblähten personellen Apparates der Akademie. Dies war ein für den bayerischen Staat sinnvoller Vorschlag, da dieser unmöglich die Summen aufbringen konnte, die in den Kriegsjahren aus den Kassen des Reiches in die Akademie geflossen waren. Sodann wies Thierfelder auf die Notwendigkeit der Betreu-

---

[24] Ebenda, Schreiben Borcherdts an den bayerischen Staatsminister für Unterricht und Kultus, 16. 6. 1945.
[25] Ebenda, Protokoll des Gesprächs zwischen Meinzolt und Thierfelder vom 22. 6. 1945.

ung der im „Rückwandererheim" in Untergrainau versammelten, aus dem Ausland zurückgekehrten Lektoren und Lektorinnen und ihrer Familien hin.[26] Schließlich glaubte er durch die zukünftige Ausrichtung der Akademie auf die Erforschung der abendländischen Kultur und die Umerziehung der Deutschen auch die Besatzungsmacht für eine Ersatzinstitution an Stelle der Deutschen Akademie gewinnen zu können. Ihren Namen hielt er im übrigen für im Ausland zu belastet, um ihn weiter zu benutzen. Letztlich fehlte auch nicht der Hinweis, daß Borcherdt niemals eine führende Rolle in der Akademie innegehabt habe, wohingegen Thierfelders Verbündeter Zwiedineck-Südenhorst angeblich der letzte rechtmäßige Präsident der Deutschen Akademie gewesen sei. „Dr. Thierfelder macht mir persönlich sowohl nach der sachverständigen, wie auch nach der charakterlichen Seite hin einen ausgezeichneten Eindruck", resümierte Meinzolt das Gespräch.[27] Vier Tage später ernannte das Kultusministerium Zwiedineck-Südenhorst zum kommissarischen Präsidenten und Thierfelder zum kommissarischen Generalsekretär der Deutschen Akademie. Am folgenden Tag informierte Kultusminister Hipp die Militärregierung. Er bat nicht nur um deren Zustimmung zur personalpolitischen Entscheidung, sondern auch um die Freigabe von 100 000 RM aus dem von der Besatzungsmacht gesperrten Guthaben der Akademie, damit die Rückführung der durch die Kriegsfolgen über Bayern und das Salzburger Land verstreuten Besitztümer der Akademie und gegebenenfalls ihre Abwicklung beginnen könne.[28]

Eine endgültige Entscheidung über Abwicklung oder Weiterführung der Akademie mit veränderter Aufgabenstellung und neuem Namen war mit der Ernennung Thierfelders und Zwiedineck-Südenhorsts also noch nicht gefallen. Die kommissarischen Leiter mußten aber bald erkennen, daß es schwer sein würde, die Besatzungsmacht davon zu überzeugen, die Deutsche Akademie selbst in einer veränderten Struktur und Aufgabenstellung zu erhalten. Zu tief saß anscheinend auf amerikanischer Seite das Mißtrauen gegen diese. Denn Ende Juli schlug Zwiedineck-Südenhorst dem bayerischen Kultusministerium plötzlich vor, aus der Konkursmasse der Deutschen Akademie nicht mehr ein „Institut für Kulturforschung und Volkskunde" zu schaffen, sondern ein „Institut zur Erforschung des Nationalsozialismus" zu errichten, welches das Schrifttum des Nationalsozialismus sammeln und auswerten sollte.[29] Die Aufgabe der Nachfolgeorganisation sollte offenbar stärker eingegrenzt, klarer wissenschaftlich ausgerichtet und noch besser in ein mögliches Re-educationprogramm der Besatzungsmacht einfügt werden, um das Mißtrauen der Militärregierung zu zerstreuen. Das Ministerium

---

[26] Mitte Juli 1945 lebten hier 40 Lektoren, der Verbleib von 52 weiteren noch im Ausland weilenden Lektoren war zu diesem Zeitpunkt ungewiß. In: Ebenda, Haushaltsvoranschlag für die Abwicklung der Deutschen Akademie, Aufzeichnung Thierfelders vom 14. 7. 1945.
[27] Ebenda, Protokoll des Gesprächs Meinzolt und Thierfelder vom 22. 6. 1945.
[28] BAB R51/9, Schreiben Hipps an die Militärregierung in München, 27. 6. 1945.
[29] BHStA MK 40446, Schreiben Zwiedineck-Südenhorsts an das bayerische Kultusministerium, 25. 7. 1945.

unterstützte diesen Vorschlag gegenüber den Amerikanern unter Hinweis auf die politische Unbelastetheit Zwiedineck-Südenhorsts und Thierfelders.[30]

Am 6. August 1945 hatten die beiden eine Unterredung mit dem Leiter der Education and Religious Affairs Section, Major Edward F. d'Arms. Dieser gab ihnen allerdings zu verstehen, daß die Besatzungsmacht nicht am Weiterbestehen der Deutschen Akademie interessiert sei, auch nicht in der veränderten Form eines Instituts zur Erforschung des Nationalsozialismus. Die Abneigung der Amerikaner gegen die Deutsche Akademie oder eine wie auch immer geartete Nachfolgeorganisation gründete sich darauf, daß sie diese nach wie vor als eine Institution ansahen, die vornehmlich im Ausland Spionage betrieben habe.[31] Major d'Arms forderte die beiden dennoch nach der Unterredung auf, eine Denkschrift über die politische Vergangenheit der Deutschen Akademie und einen Bericht über den Stand der wissenschaftlichen Arbeit zu verfassen,[32] was offenbar bei den Adressaten als Chance begriffen wurde, doch noch aus den Resten der Akademie etwas Neues gründen zu können. So hatte Zwiedineck-Südenhorst den Eindruck, daß man die Amerikaner gewinnen könne, wenn man sich nur klar genug vom Namen der Deutschen Akademie und ihrer Tätigkeit bis 1945 distanziere und etwas konkretes Neues an ihre Stelle setze. Thierfelder ventilierte daraufhin die Idee einer „Goethe-Akademie für wissenschaftliche Kulturbesinnung und geistige Zusammenarbeit", die in ihrer Aufgabenstellung ganz eng an den Vorschlag für ein „Institut für Kulturforschung und Volkskunde" vom Juni 1945 angelehnt war.[33]

Thierfelder entließ derweil die Angestellten und Lektoren der Akademie stufenweise ab dem 30. Juni. Zugleich kümmerte er sich um die Erfassung des verstreuten Besitzes und seine Rückführung nach München. Parallel machten die kommissarischen Leiter sich, wie von der Besatzungsmacht gewünscht, Mitte August an die Aufarbeitung der politischen Vergangenheit der Akademie, zumindest so, wie sie ihnen für ihre weiteren Pläne opportun erschien. Dies geschah in Form einer Denkschrift, die mit „Die politische Aktivität der Deutschen Akademie" betitelt war und die, auf Englisch wie Deutsch verfaßt, vom 21. August 1945 datierte.[34] Tenor dieser Denkschrift war die Behauptung, daß die Akademie ursprünglich und bis in das Jahr 1937 hinein ein rein kulturelles, überparteiliches, von staatlicher Einflußnahme freies, demokratisch verfaßtes und auch unter ausländischen Gelehrten anerkanntes Unternehmen gewesen sei, das sich zudem jeder Einmischung in ausländische Angelegenheiten enthalten habe. Folglich, so die Autoren, galt die Deutsche Akademie bei der Machtübernahme der Nationalsozialisten „als eine unzeitgemäße, politisch unzuverlässige Organisation des Weimarer Systems, die der Umgestaltung bedurfte oder beseitigt werden müßte". Die Akademie sei dann ab 1933 schleichend – vor allem unter dem unheilvollen Einfluß Haushofers und gegen den Widerstand der Verfasser – im NS-Sinne pervertiert worden. Mit dem Weggang Thierfelders und Zwiedineck-Südenhorsts im

---

[30] Ebenda, Schreiben des Kultusministeriums an die Militärregierung, 28. 7. 1945.
[31] Harvolk, Eichenlaub und Hakenkreuz, S. 48.
[32] BHStA MK 40446, Schreiben Thierfelders an Meinzolt, 16. 8. 1945.
[33] Harvolk, Eichenlaub und Hakenkreuz, S. 48 f.
[34] Deutsches und englisches Original in: BAB R51/8.

Jahre 1937 seien schließlich alle Schranken des Anstandes gefallen. Verschwendung öffentlicher Gelder und Bestechung habe Einzug gehalten, die demokratische Verfassung sei endgültig dem Führerprinzip gewichen, charakterlich unzulängliche und fachlich nicht qualifizierte Parteigenossen hätten alle führenden Positionen besetzt und die Deutsche Akademie in eine politische Propagandainstitution verwandelt, was einem „Verrat an den Grundsätzen der freien wissenschaftlichen Forschung" und dem „Mißbrauch kultureller Wirksamkeit zu außenpolitischen Zwecken" gleichgekommen sei. Der politischen Vereinnahmung hätten sich schließlich auch die Auslandslektorate nicht entziehen können. Sie hätten im Krieg auf Geheiß der Zentrale politische Propaganda betreiben müssen, obwohl die große Mehrheit der Lektoren einwandfreie Persönlichkeiten gewesen seien. In ihrer Mehrzahl habe sie der ehrliche Willen beseelt, den fremden Schülern „deutsche Wesensart" beizubringen, und ihr Gastland sei ihnen meist zur zweiten Heimat geworden. Viele hätten geradezu physisch darunter gelitten, ihre Tätigkeit der Kulturwerbung mit Propagandaaufgaben koppeln zu müssen. Die angeblich für die Politisierung der Akademie Verantwortlichen wurden in dunkelsten Tönen geschildert, allein schon, um sie dauerhaft von einem Mitspracherecht in den Geschicken der Akademie oder jeglicher Nachfolgeorganisation auszuschließen: Haushofer war angeblich wissenschaftlich bedeutungslos, krankhaft geltungsbedürftig und vermutlich homosexuell; sein Zögling Fochler-Hauke, der die konsequente Nazifizierung der Geschäftsstelle und der wissenschaftlichen Abteilung zu verantworten habe, wurde als begabt, aber skrupellos und ehrgeizig hingestellt, Kölbl als unbedeutend und kriminell, von der Leyen als schwach und charakterlos. Wüst machte in der Darstellung der beiden Verfasser seinem Namen alle Ehre, indem sie ihn als von maßlosem Ehrgeiz beseelt, von Minderwertigkeitskomplexen erfüllt, gewissenlos und hemmungslos auf den eigenen Vorteil bedacht schilderten. Schmitz schließlich habe seine Tätigkeit als Generalsekretär zur persönlichen Bereicherung genutzt. Die Autoren sahen die Hauptschuld der Deutschen Akademie darin, daß sie den Vereinnahmungsversuchen von Staat und Partei nicht mehr Widerstand entgegengesetzt habe. Sie empfahlen ferner eine genaue Überprüfung des Personals der Geschäftsstelle und der Lektoren, unter denen es auch vereinzelte schwarze Schafe gegeben habe. Die Autoren gaben sich aber überzeugt, daß „die Deutsche Akademie nach ihrer Reinigung die Arbeit im Geiste von einst wieder aufnehmen könnte".

Thierfelder und Zwiedineck-Südenhorst schossen jedoch über ihr Ziel hinaus, durch klare Distanzierung von der Vergangenheit der Deutschen Akademie aus ihren Überresten eine irgendwie geartete zentrale deutsche kulturelle Nachfolgeinstitution erstehen zu lassen. Vermutlich erzeugten sie trotz des Hinweises auf die ursprünglich guten Wurzeln der Deutschen Akademie bei den Adressaten in der Militärregierung eine eher gegenteilige Wirkung, fiel doch die Bilanz der vergangenen acht Jahre in der Schilderung Thierfelders und Zwiedineck-Südenhorsts, die wohl auch von persönlichen Rachegefühlen mitgeprägt war, vor allem wegen der vollständigen Diskreditierung des nach 1937 führenden Personals derartig düster aus. Zugleich klangen ihre mehrfach geänderten Vorschläge für eine Nachfolgeorganisation nicht sehr überzeugend, sondern zeugten eher von einer opportunistischen Anpassungsfähigkeit der Autoren, gespeist aus dem Wunsch, die Hinterlassenschaft der Akademie, immerhin ein Barvermögen von fast 1,6 Millionen RM,[35] zum eigenen Vorteil zu nutzen. Daß dies sicherlich eines der Motive war, das vor allem Thierfelder antrieb, für den Erhalt der Deutschen Akademie bzw. die Umformung in eine veränderte Nachfolgeorganisation zu kämpfen, wird u. a. an einer Aufstellung Thierfelders vom Juli 1945 über Entschädigungen für ehemalige Angehörige der Deutschen Akademie deutlich. Hier führte er Mitarbeiter der Akademie auf, die aufgrund politischer oder rassischer Gründe entlassen und folglich nicht in den Genuß fristgerechter Kündigungstermine oder der gesetzlich vorgesehenen Weiterzahlung der Bezüge gekommen waren. Neben drei Personen, die 150, 1736 und 2210 RM für rechtswidrige Entlassungen wegen jüdischer Abstammung, defaitistischer Äußerungen und verschwiegener politischer Betätigung erhalten sollten, forderte Thierfelder für sich selbst eine Nachzahlung von 13 500 RM für entgangene Versicherungszuschüsse der Deutschen Akademie unter dem Hinweis, er sei aus politischen Gründen entlassen worden. Dabei verschwieg er allerdings, daß er im Oktober 1936 selbst gekündigt hatte, die Zuschüsse allerdings laut Arbeitsvertrag nur für den Fall einer Kündigung durch die Akademie fortgezahlt werden sollten.[36] Außerdem hatte er in Absprache mit dem Schatzmeister Kisskalt im Jahre 1938 eine einmalige Abschlagsumme erhalten und dafür auf seine Versicherungszuschüsse verzichtet.

Anfang September 1945 wurde Thierfelder von der Militärregierung mitgeteilt, daß die Deutsche Akademie voraussichtlich aufgelöst werde.[37] Dabei mag die Militärregierung in ihrem Entschluß, nun, nach einigen Monaten der Überlegung der Deutschen Akademie tatsächlich den Garaus zu machen, durch den im Spätsommer aufkommenden sogenannten Bavarian Scandal bestärkt worden sein. Eine Reihe von Artikeln in der US-Presse über die zu laxe Entnazifizierungspraxis in Bayern hatte im Sommer 1945 die Militärregierung in Bayern unter Druck geraten lassen. Sie wurde von Eisenhower aufgefordert, zukünftig strengere Maßstäbe bei der Begutachtung von zu verwendendem deutschen Personal anzulegen. Sichtbarste Folge dieser Kritik war die Entlassung des ersten bayerischen Ministerpräsidenten Fritz Schäffer Ende September 1945, dessen Entnazifizierungspraxis als zu „lau" angesehen wurde.[38] In dieser Situation, als aus Washington wie Heidelberg härteres Vorgehen gefordert wurde, erschien die Auflösung der ohnehin verdächtigen Akademie aus Sicht der Education and Religious Affairs Section das Gebot der Stunde.

Die erhaltenen Akten[39] vermitteln nicht den Eindruck, als hätten Thierfelder

---

35 Der Vermögensstand der Deutschen Akademie zum 1. 8. 1945 wurde mit 1,567 Millionen RM beziffert, davon 1,060 Millionen RM des Wirtschaftsrates, 207 000 RM Barschaft in der Kasse, 175 000 RM Stiftungsvermögen und 124 000 RM als Spezialfonds des Präsidenten, in: BAB R51/8.

36 BHStA MK 40446, Aufstellung von Fällen der Wiedergutmachung für Angestellte, die aus politischen oder rassischen Gesichtspunkten entlassen wurden, Juli 1945.

37 Ebenda, Schreiben des Kultusministeriums an die Militärregierung, 8. 9. 1945.

38 Niethammer, Entnazifizierung in Bayern, S. 232 ff.

39 Neben dem Band BHStA MK 40446 gibt es zwei Aktenbände zur Abwicklung der Deutschen Akademie im Archiv der Bayerischen Akademie der Wissenschaften (AdBAdW) in München.

und Zwiedineck-Südenhorst nach diesem Zeitpunkt noch verzweifelt um den Aufbau einer Nachfolgeorganisation aus den Trümmern der Deutschen Akademie gekämpft. Dies mag auch daran gelegen haben, daß sich der kommissarische Generalsekretär und der kommissarische Präsident irgendwann im Herbst 1945 entzweiten.[40] Am 14. Dezember bat Zwiedineck-Südenhorst das Kultusministerium, bei der Militärregierung zum Jahresende die Auflösung der Akademie zu beantragen und ihn vom Amt des Präsidenten zu entbinden.[41] Thierfelder hatte parallel zu seiner Tätigkeit als kommissarischer Generalsekretär der Deutschen Akademie am 20. Oktober 1945 das Amt des Syndikus der Münchener Universität und der Bayerischen Akademie der Wissenschaften übernommen,[42] so daß er zumindest in materieller Hinsicht nicht mehr auf ein Weiterbestehen der Deutschen Akademie zu dringen brauchte. Am 26. Dezember ordnete die Militärregierung schließlich an, daß die Akademie zum 31. Dezember die Tätigkeit einzustellen habe und alle Angestellten zu entlassen seien.

Das restliche Vermögen von 1,463 Millionen RM wurde von der Militärregierung eingezogen und im Jahre 1948 dem Bayerischen Landesvermögensamt übergeben. Die Bayerische Akademie der Wissenschaften erbte das Haus in der Maria-Josepha-Straße, in dem sich das Goethe-Institut seit 1941 befunden hatte. Mobiliar, Bücher und technische Geräte gingen ebenfalls zum Teil an sie, zum Teil an die Bayerische Staatsbibliothek und diverse Bildungseinrichtungen der Stadt München. Die Bayerische Akademie der Wissenschaften führte einen Teil der Forschungen der Deutschen Akademie weiter, vor allem die Sprachforschung, die Ortsnamensforschung und die seit den zwanziger Jahren zusammen mit der Deutschen Akademie betriebene Arbeit an der Neuen Deutschen Biographie. Durch die Fortführung der wissenschaftlichen Arbeit der aufgelösten Organisation erhoffte sie, eines Tages auch das finanzielle Erbe der Deutschen Akademie antreten zu können.[43] Dieses entsprach immerhin etwa dem Siebenfachen des Jahresbudgets der Bayerischen Akademie der Wissenschaften im Jahre 1946/47.

Ein kleiner Abwicklungsstab ohne Thierfelder, der sein Amt ebenfalls am 31. Dezember 1945 niederlegte, arbeitete noch bis Frühjahr 1947 an der Rückführung der Besitztümer der aufgelösten Einrichtung nach München, ihrem Verkauf oder der Übertragung an geeignete Erben, der Begleichung noch ausstehender Rechnungen und der Ausstellung von Dienstzeugnissen und sonstigen Nachweisen für das ehemalige Personal der Deutschen Akademie. Das Kapitel Deutsche Akademie schien endgültig abgeschlossen zu sein. Abgesehen von den Zeitumständen, die vorerst ohnehin nicht an eine Wiederauflage zentral gesteuerter deut-

---

40 So Zwiedineck-Südenhorst 1951, in: AdBAW Deutsche Akademie Bd. 2, Protokoll über die Besprechung betreffend die ehemalige Deutsche Akademie, 22. 3. 1951.
41 BHStA MK 40446, Schreiben Zwiedineck-Südenhorsts an das Kultusministerium, 14. 12. 1945. Am selben Tag schrieb Thierfelder an einen Bekannten, die Entscheidung über die Schlußliquidation der Deutschen Akademie sei immer noch nicht getroffen, aber sie stehe unmittelbar bevor, in: AdBAdW Deutsche Akademie Bd. 2, Thierfelder an Prof. Anton Kippenberg, 14. 12. 1945.
42 Helms Hardcastle, Franz Thierfelder, S. 91.
43 AdBAdW Deutsche Akademie Bd. 1, Schreiben des Präsidenten der Bayerischen Akademie der Wissenschaften an das bayerische Kultusministerium, 29. 9. 1949.

scher Kulturwerbung im Ausland denken ließen, gab es mit der Bayerischen Akademie der Wissenschaften auch eine deutsche Institution, die allein schon aus finanziellen Gründen kein Interesse an einem Wiederaufleben der Deutschen Akademie hatte und folglich nicht müde wurde, auf die unselige politische Vergangenheit der ehemaligen Körperschaft des Öffentlichen Rechts hinzuweisen.

2. Der Wiesbadener Arbeitskreis

Ende 1948 setzte bei Thierfelder eine Rückbesinnung auf die Deutsche Akademie ein, die den Zeit- wie persönlichen Umständen geschuldet war. Im Januar 1948 hatte er dem Leiter des deutschen Volksliedarchivs in Freiburg, dem Volkskundler und ehemaligen Mitglied der wissenschaftlichen Abteilung der Deutschen Akademie, John Meier, noch mitgeteilt, daß bei der Liquidation der Deutschen Akademie etwa 1,4 Millionen RM übriggeblieben seien, die der bayerische Staat verwalte. Meier solle versuchen, einen Teil des Geldes für das Volksliedarchiv zu erhalten.[44] Diese Äußerung ist ein Indiz dafür, daß Thierfelder zu diesem Zeitpunkt noch nicht an die Wiedererstehung der Deutschen Akademie dachte, sondern an eine möglichst sinnvolle Verwendung ihres Geldes zur Dokumentation des deutschen kulturellen Erbes. Ende November 1948 hingegen versandte Thierfelder ein Rundschreiben „An die Mitglieder der ehemaligen Deutschen Akademie", das an 13 ehemalige Senatoren, 13 Mitglieder der wissenschaftlichen Abteilung, sieben der praktischen Abteilung und sieben aus dem Kreis der Freunde der Akademie ging. Unter den Adressaten befanden sich unter anderem Konrad Adenauer, Rudolf Pechel, Christian Eckert und Kurt Magnus als ehemalige Senatoren der Akademie sowie Zwiedineck-Südenhorst, Meier und Fehn. Durch den sich verschärfenden Kalten Krieg zeichnete sich zu diesem Zeitpunkt die Gründung eines westdeutschen Teilstaats ab. Spätestens mit der Aufnahme der Arbeit des Parlamentarischen Rats ab September 1948 in Bonn wurde dies auch der deutschen Öffentlichkeit deutlich. Diese Entwicklung hat vermutlich zu Thierfelders Gesinnungswandel in bezug auf die Deutsche Akademie geführt. Anders als noch zu Beginn des Jahres 1948 erschienen im Herbst 1948 die Chancen, im Zuge der Entstehung eines deutschen Teilstaates auch eine zentrale deutsche kulturpolitische Organisation aus der Taufe heben zu können, nun wesentlich aussichtsreicher, aber auch die Gefahr einer Spaltung der Nation wurde immer realer. Thierfelder ventilierte in seinem Schreiben folglich die Idee einer neuen, der Deutschen Akademie geistesverwandten, gesamtdeutschen Kulturorganisation, deren Gründung nun noch dringender als nach dem Ersten Weltkrieg sei: Damals habe lediglich die Existenz der zerrütteten Nation auf dem Spiel gestanden, „heute steht nicht mehr nur unsere nationale Existenz, sondern das gesamte Dasein der abendländischen Kultur in Frage".[45] Zugleich sollte die neue Organisation, die er nicht als Rechtsnachfolgerin der Deutschen Akademie sah, aber als sinnvolle Fortentwicklung

---

[44] Harvolk, Eichenlaub und Hakenkreuz, S. 49.
[45] Abschrift in: BHStA MK Registratur-Spalte V/1278.

ihrer Ideen, auch zur Zusammengehörigkeit der Deutschen über alle vier Besatzungszonen hinweg beitragen. Sie werde ein „großzügiger Versuch" sein, „über Parteien und Konfessionen hinweg neue Formen des geistigen Daseins zu schaffen". In Anlehnung an die Deutsche Akademie waren zwei Abteilungen vorgesehen, eine für die Erforschung der abendländischen Kultur, eine zweite, sogenannte Erziehungsabteilung sollte die Deutschen im Umgang mit anderen Völkern schulen, internationalen Austausch organisieren und Sprachpflege betreiben. Thierfelder schlug vor, die neue Einrichtung in München anzusiedeln und die offizielle Gründung für August 1949 anläßlich des 200. Geburtstags Goethes anzuvisieren.

Die Einrichtung einer neuen Kulturorganisation erschien für Thierfelder auch dadurch geboten, daß er in beruflicher Hinsicht seit Kriegsende noch nicht wieder seinen Fähigkeiten und Erfahrungen entsprechend hatte Fuß fassen können. Ende September 1946 war er von seinem Posten als Syndikus der Bayerischen Akademie der Wissenschaften und der Münchener Universität zurückgetreten. Hintergrund war eine seit Mai 1946 in der „Süddeutschen Zeitung" erschienene Artikelserie gewesen, die sich unter dem Titel „Theorie und Praxis" kritisch mit dem Verlauf der Entnazifizierung in Bayern auseinandersetzte. Die Enthüllungen wiederum reflektierten die erneut seit Frühjahr 1946 in der US-Presse aufgekommene Kritik an den politischen Verhältnissen in Bayern. Dabei richtete man auf amerikanischer Seite diesmal den Fokus auf die mangelnde Überprüfung der Professoren der im April 1946 wiedereröffneten Universität, die angeblich sogar wieder Kurse über Rassetheorien abhielt, sowie auf die angeblich unter den Studenten grassierenden nationalistischen Auffassungen.[46] In der Ausgabe vom 24. August 1946 griff die „Süddeutsche Zeitung" den „Fall Thierfelder" unter Hinweis auf einen Artikel Thierfelders vom 11. Oktober 1936 in den „Münchener Neuesten Nachrichten" über „Deutsche Kulturwerbung im Ausland" und einige inkriminierende Passagen in seinem Buch „Deutsch als Weltsprache" auf, die, isoliert betrachtet, Thierfelder tatsächlich als Propagandist des NS-Regimes erscheinen ließen.[47]

Mit diesen Enthüllungen zerschlugen sich auch Thierfelders Ambitionen auf eine politische Karriere: Er war immerhin 1946 für die CSU, in welcher er sich vor allem für Jugendfragen engagierte, in die bayerische Verfassunggebende Landesversammlung gewählt worden, nun aber nominierten ihn seine Parteigenossen nicht mehr für die anstehenden Landtagswahlen. Kultusminister Alois Hundhammer beschied ihm, das jegliche Einstellung im Kultusministerium oder den ihm unterstehenden Institutionen ausgeschlossen sei, solange Thierfelders Entnazifizierungsverfahren nicht abgeschlossen sei. Dies empörte Thierfelder um so mehr, als der letzte Generalsekretär der Akademie, Schmitz, mittlerweile als Journalist bei einer amerikanischen Zeitung untergekommen war, während er als an-

---

[46] Tent, Mission on the Rhine, S. 80ff.
[47] So hatte Thierfelder in den Münchener Neuesten Nachrichten beispielsweise geschrieben, man müsse Ausländern klarmachen, „daß der Nationalsozialismus nicht eine Erfindung, sondern Durchbruch eines deutschen Urwesens ist – ein elementarer Vorgang von unabänderlichem Zwang."

geblicher Nationalsozialist geächtet wurde.[48] Mit ihm hatte die „Süddeutsche Zeitung" einen Zeitgenossen anvisiert, der ein nicht sehr prominentes und krasses Beispiel für das Überleben der NS-Eliten in der neuen Zeit abgab, sondern eher als ein typischer „Mitläufer" anzusehen war. Thierfelder hatte zwar ursprünglich die Machtübernahme der Nationalsozialisten willkommen geheißen, da sie das Ende der ungeliebten Weimarer Republik bedeutete, und sich nicht zuletzt in der Hoffnung angepaßt und mit dem Regime kollaboriert, dadurch die Deutsche Akademie ausbauen zu können. Er hatte sich jedoch stets nur partiell mit den Zielen des Regimes und seiner Ideologie identifiziert und nie versucht, der NSDAP oder anderen NS-Formationen beizutreten.[49] Dennoch verfolgte der Schatten der NS-Zeit Thierfelder für zweieinhalb Jahre und blockierte seine Aussichten auf dauerhafte Anstellung im Staatsdienst. So verhinderte das in München anhängige Verfahren und der Wirbel um seine Person im Jahre 1949 zunächst auch seine geplante und vom hessischen Kultusminister befürwortete Einstellung als Leiter der Hochschulabteilung im Wiesbadener Kultusministerium.[50] Thierfelder mußte bis Februar 1949 warten, bis ein Münchener Spruchkammerverfahren ihn in zweiter Instanz, welche das Urteil der ersten Instanz vom November 1948 bestätigte, als gänzlich unbelastet einstufte, ja ihn sogar nun nach Thierfelders eigenen Worten „als Mann echten Widerstands" bezeichnete.[51] Folglich schlug Thierfelder sich in den Jahren 1946–1949 wieder als Publizist durch[52] und konnte seine Energien auf die Wiedererrichtung einer kulturpolitischen Zentraleinrichtung konzentrieren.

Ermutigt durch das Echo auf sein Rundschreiben vom 30. November 1948 an die Ehemaligen der Deutschen Akademie, das, wie er in seinem zweiten Rundschreiben vom Februar 1949 bemerkte, größtenteils positiv gewesen sei, versuchte Thierfelder ab Februar 1949, die Nachfolgeorganisation konkret vorzubereiten. Die neue Organisation sollte, so Thierfelder in seinem zweiten Rundschreiben, den geistigen Zusammenhang in Deutschland stärken und die Beziehungen zu nichtdeutschen Völkern fördern, wobei sich Wiesbaden als Sitz der neuen Institution wegen seiner zentralen Lage anbiete.[53] Daß sich das Zentrum von Thierfelders Aktivitäten von München nach Wiesbaden verschob, war aber weniger der angeblich zentraleren Lage der hessischen Hauptstadt geschuldet. Entscheidender war vielmehr, daß Thierfelder mit seinem ersten Rundschreiben auch Magnus an-

---

[48] Einige Dokumente hierzu befinden sich in Thierfelders Personalakte, in: BHStA MK 44433.

[49] Vgl. Kapitel V. Seine Personalakte im Berlin Document Center des Bundesarchivs Berlin weist ihn nur seit 1933 als Mitglied der Reichsschrifttumskammer aus. Die Mitgliedschaft zu dieser war notwendig, um als Publizist im Dritten Reich arbeiten zu können.

[50] Schriftliche Auskunft des Hessischen Hauptstaatsarchivs in Wiesbaden an den Autor vom 10. 8. 2000.

[51] BHStA MK44433, Schreiben Thierfelders and Hundhammer, 13. 11. 1948; BAK B307/ 118, Schreiben Thierfelders an Magnus, 3. 6. 1949.

[52] Vgl. Franz Thierfelder, Volk, Nation, Staat, Aachen 1947; ders., Die deutschen Universitäten heute und morgen. Ein kritischer Beitrag zur Frage der Trennung von Forschung und Lehre sowie anderen akademischen Gegenwarts- und Zukunftsaufgaben, Aachen 1947; ders., Die Grenzen Europas. Begriff und Wesen Europas und der abendländischen Kultur, Köln 1948.

[53] BAK B307/118, Rundschreiben Nr. 2 Thierfelders, Februar 1949.

gesprochen hatte, den letzten Direktor der Reichsrundfunkgesellschaft in der Weimarer Republik, der in dieser Eigenschaft auch außerordentlicher Senator der Deutschen Akademie gewesen war, allerdings 1933 aus beiden Positionen entfernt worden war. Nach neunzehnmonatiger Inhaftierung durch die neuen nationalsozialistischen Machthaber, die einen Schauprozeß gegen die Verantwortlichen des Weimarer Rundfunks unter dem Vorwand der Veruntreuung öffentlicher Gelder angestrengt hatten, der schließlich im Juni 1935 wegen der Haltlosigkeit der Vorwürfe mit einem Freispruch endete,[54] verbrachte Magnus die restlichen Jahre des Dritten Reiches als Kaufmann in Wiesbaden. Die Amerikaner holten ihn 1945 zunächst in die Bezirksregierung in Wiesbaden, im darauffolgenden Jahr wurde er Ministerialdirektor im hessischen Wirtschaftsministerium.[55] Magnus und Thierfelder waren nicht nur durch die gemeinsame Akademievergangenheit verbunden, sondern auch durch ein gemeinsames Interesse am Rundfunk. Während Magnus seit 1948 Vorsitzender des Hessischen Rundfunkrates war und damit an seine Tätigkeit in der Weimarer Republik anknüpfte, hatte Thierfelder bereits in den dreißiger Jahren eine engere Zusammenarbeit mit der Reichsrundfunkgesellschaft angestrebt, da er den Rundfunk als das zeitgemäße Mittel zur Sprachpflege ansah.[56] Magnus war jedenfalls ein einflußreicher Mann in der hessischen Regierung mit guten Kontakten zur Wirtschaft und einer politisch weißen Weste. Er verwendete sich nicht nur bei Kultusminister Stein für die Einstellung Thierfelders als Referent für Hochschulfragen,[57] sondern fand auch Gefallen an Thierfelders Idee einer zentralen deutschen Kulturorganisation. Zusammen initiierten sie im Februar 1949 als ersten Schritt den „Wiesbadener Arbeitskreis", dessen Gründungsversammlung am 13. Februar 1949 in der hessischen Landeshauptstadt stattfand. Unter den 14 anwesenden Personen befanden sich neben Thierfelder, Fehn, Magnus, Eckert und Meier noch der Germanist Wolfgang Stammler sowie Heinz Kloss, ein ehemaliger Mitarbeiter des DAI sowie der Historiker Paul Wentzcke, der ebenso wie Kloss in der Weimarer Republik und im Dritten Reich zu Forschungen über das Grenz- und Auslandsdeutschtum hervorgetreten war. Dabei war Thierfelder der drängendere Part, der Magnus wegen seines Renommees und seiner Beziehungen offenbar stärker in die kulturpolitischen Tätigkeiten einzubinden versuchte, als diesem lieb war. Denn Mitte Juni 1949 beschwerte sich Magnus bei Thierfelder darüber, daß ihm der Vorsitz im Wiesbadener Arbeitskreis angetragen worden sei, obwohl er im vorhinein erklärt habe, wegen seiner anderweitigen großen Arbeitsbelastung nicht interessiert zu sein.[58]

---

54 Vgl. hierzu Ansgar Diller, Rundfunkpolitik im Dritten Reich, München 1980, S. 128 ff.
55 Zu Magnus vgl. Hessischer Rundfunk (Hrsg.), Kurt Magnus. 19 Beiträge zu seinem Lebenswerk, Frankfurt/M. 1957.
56 Vgl. Franz Thierfelder, Sprachpolitik und Rundfunk, Berlin 1941.
57 In einem Schreiben vom 3. 6. 1949 an Magnus führte Thierfelder Beispiele für seine antinazistische Gesinnung als Grundlage für Magnus' anstehende Besprechung mit seinen Kollegen über die Einstellung Thierfelders im hessischen Kultusministerium auf. In: BAK B307/118. Tatsächlich erhielt Thierfelder aber nur einen Werkvertrag für den Zeitraum vom 15. 3. bis 15. 11. 1949. Brief des Hessischen Hauptstaatsarchivs an den Autor, 10. 8. 2000.
58 BAK B307/118, Brief von Magnus an Thierfelder, 22. 6. 1949.

zu vermitteln als Voraussetzung für ein selbstbewußteres Auftreten nach außen. Jetzt hingegen war das angestrebte Erziehungsziel eine eher „abendländische" denn rein deutsche Gesinnung mit stärkeren selbstkritischen Tönen. An die Stelle der Idee des vormals verabsolutierten Nationalstaats trat nach 1945 für etwa eine Dekade bei vielen konservativen Denkern die Vision der angeblichen christlich-westeuropäischen Schicksalsgemeinschaft der Völker. Der Abendlanddiskurs war im übrigen durchaus populär unter den ehemaligen Anhängern und Propagandisten der Konservativen Revolution, wie die publizistischen Aktivitäten von Hans Zehrer und Giselher Wirsing nach 1945 zeigten. In ihm konnten sich die Deutschen in scharfer Abgrenzung zum „orientalischen" Sowjetkommunismus (wie auch dem angeblich krassen, kulturlosen Materialismus der USA) wiederfinden, ohne des Rückfalls in nationalistischen Größenwahn verdächtigt zu werden. Diese „abendländische" Wendung war eine Konzession an die Zeitumstände, ihr lag aber auch ein gewisser Lernprozeß zugrunde. Solange es noch keinen deutschen Nationalstaat gab und eine solche Perspektive Unbehagen, ja Furcht bei Deutschlands Nachbarn auslösen würde, war eine „abendländische" Gesinnung sozusagen die Auffangidentität.[61]

Der Gedanke, die Deutschen seien unerfahren im Umgang mit anderen Völkern, da sie zwischen der Negation ihrer eigenen kulturellen Leistungen gegenüber dem Ausland einerseits und auftrumpfendem, unsensiblen Auftreten andererseits schwankten, und müßten daher entsprechend erzogen werden, war im übrigen ein Leitmotiv Thierfelders seit den zwanziger Jahren. Schon 1931 schrieb er über das Verhältnis der Deutschen zum Ausland: „Blindes Überschätzen eigener Kultur stand unwürdigem Preisgeben des Volkstums zugunsten eines als besser, vornehmer empfundenen Volkstums gegenüber, einzigartiges Einfühlungsvermögen kennzeichnete den Charakter ebenso wie unduldsame Kritik und Schulmeisterei."[62] 1943 fungierte Thierfelder sogar als Herausgeber einer Schriftenreihe mit dem Titel „Umgang mit Völkern", zu der er die Bände über „Deutsche" und „Balkanier" beisteuerte. Seine Skepsis hinsichtlich der Fähigkeit der Deutschen, mit anderen Völkern ein auskömmliches Verhältnis aufzubauen, war natürlich durch die Erfahrungen der NS-Diktatur noch verstärkt worden. So kam er auf dieses Thema bereits im Februar 1946 zurück, als er vor Studenten der Münchener Universität einen Vortrag über die Deutschen und ihren Umgang mit anderen Völkern hielt.[63] In diesem behauptete er, ohne auf die vorangegangenen Jahre der

---

61 Vgl. Axel Schildt, Zwischen Abendland und Amerika. Studien zur westdeutschen Ideenlandschaft der 50er Jahre, München 1999, S. 21 ff.
62 Thierfelder, Geistige Grundlagen kultureller Auslandsarbeit, S. 228. In seinem Bericht über seine Polenreise vom November 1936 schrieb er z. B.: „Freilich, dem deutsch-polnischen Ausgleich stehen nicht nur politische, sondern auch psychologische Hemmnisse entgegen. Gewisse Minderwertigkeitskomplexe bei den Polen, gewisse auf völliger Unkenntnis der polnischen Leistungsfähigkeit beruhende Überwertigkeitskomplexe beim Deutschen sind vielleicht noch hemmender als die politischen Schwierigkeiten. Beides ist durch psychologische Aufklärungsarbeit hier wie dort zu überwinden und ich glaube, daß hier Deutschland mehr versäumt hat als Polen." In: IfZ ED 98, Bericht über meine Vortragsreise in Polen 2. 11.–14. 11. 1936.
63 Süddeutsche Zeitung, 22. 2. 1946.

NS-Diktatur explizit Bezug zu nehmen, daß nur die planmäßige Erziehung zur Selbsterkenntnis und Selbstkritik sowie das systematische Studium der „fremden Volksseelen", denen man eine „gewisse Liebe" entgegen bringen müsse, ohne in die „Verliebtheit in das Fremde" zu verfallen, es ermöglichen werde, Deutschland einen Platz in Europa zu sichern. Das gestörte Verhältnis der Deutschen zu ihren Nachbarn resultierte für ihn aus der Sprunghaftigkeit des deutschen Charakters, der Unfähigkeit zum Kompromiß und einem Mangel an Höflichkeit. Dies waren Untugenden, welche laut Thierfelder die negativen Ausprägungen von typisch deutschen Eigenschaften wie Gerechtigkeitssinn, Hingabe und Wahrheitsliebe waren.

Ein zweites Treffen des Arbeitskreises fand Ende März 1949 in Wiesbaden statt. Nun ergriff Magnus das Wort und dankte zunächst Thierfelder für seine Gründungsinitiative und gestand ein, zunächst skeptisch gewesen zu sein.[64] Die Zielsetzung des Vereins, die nun von Magnus skizziert wurde, entsprach jener Thierfelders auf der Gründungsversammlung, also einem drohenden Zerfall der Nation kulturpolitisch entgegenzuwirken. Die zu gründende Organisation sollte nun „Deutsche Gesellschaft für geistige Zusammenarbeit" heißen und Gelehrte wie Kräfte der Wirtschaft zusammenführen. Doch werde man zunächst mit der praktischen Arbeit beginnen und erst wenn konkrete Arbeitsergebnisse erzielt seien, die offizielle Gründung in aller Öffentlichkeit vornehmen. Eine Vorgehensweise, die möglicherweise in Erinnerung an die Erfahrungen der Gründungsphase der Deutschen Akademie vereinbart worden war, hatte diese sich doch der Öffentlichkeit präsentiert, ohne ein klares Arbeitsfeld vorweisen zu können. Erst wenn man einige Leistungen erbracht habe, so Magnus, sei es auch möglich, die Wirtschaft für eine Finanzierung zu gewinnen, denn deren Spendenwilligkeit sei momentan durch eine wahre Gründungsflut wissenschaftlicher Einrichtungen wie der Max-Planck-Gesellschaft, der Notgemeinschaft der Deutschen Wissenschaft und der Fraunhofer-Gesellschaft ausgereizt. Der Wiesbadener Arbeitskreis wolle zunächst vor allem den Kontakt zur Gesellschaft für Deutsche Sprache in Lüneburg, der 1947 gegründeten Nachfolgeorganisation des Allgemeinen Deutschen Sprachvereins, intensivieren, da er an der Sprachpflege im engeren Sinne interessiert sei. Die Sprache sah man in Wiesbaden unter dem Einfluß Thierfelders als das nach wie vor stärkste Band und letztlich wesentliches Merkmal, das die Deutschen über Partei- und Zonengrenzen hinweg verband und ihnen erst die Eigenschaften eines spezifischen Volkes zuschrieb.[65] Die Sprache konnte aber ihre einigende Funktion in den Augen des Wiesbadener Arbeitskreises nur ausüben, wenn sie auch weiterhin auf einem einheitlichen Vokabular und allgemein anerkannten Regeln ihrer Anwendung basieren würde.

---

[64] B307/118, Ansprache Magnus' vom 28. 3. 1949, in: Wiesbadener Arbeitskreis, Monatsberichte Nr. 1.
[65] Ausführungen über die Sprache als wichtigstes Merkmal zur Bestimmung eines Volkes im Sinne Schmidt-Rohrs, aber auch über angebliche Auflösungserscheinungen des Sprachkonsenses in Deutschland als Folge des Zweiten Weltkrieges finden sich beispielsweise bei Thierfelder, Volk – Nation – Staat, S. 10 f.

Am 25. Mai wurde der Wiesbadener Arbeitskreis ins Vereinsregister beim Amtsgericht Wiesbaden eingetragen. Als erster Vorsitzender fungierte Magnus, als zweiter Kurt Beyer, Hauptgeschäftsführer der Frankfurter Industrie- und Handelskammer, zum dritten Vorsitzenden wurde Wentzcke gewählt, der ein früherer Senator der Deutschen Akademie war. Seit Juni 1949 gab der Wiesbadener Arbeitskreis sogenannte „Nachrichten und Betrachtungen" heraus, die bis 1950 in sechs hektographierten Ausgaben an die Mitglieder verschickt wurden. Sie enthielten Zusammenfassungen der insgesamt fünf Tagungen des Arbeitskreises, Informationen über andere kulturpolitische Einrichtungen und Berichte über kulturelle Kontakte Deutschlands zum Ausland. Diese wurden ebenso wie die Treffen des Arbeitskreises durch Spenden der hessischen Wirtschaft und Unterstützung des hessischen Wirtschaftsministeriums ermöglicht. So stellte Magnus Thierfelder, der seit Gründung des Arbeitskreises als dessen Generalsekretär fungierte, zwei Sekretärinnen seines Ministeriums zur Verfügung. Mitte 1949 besaß der Arbeitskreis nach eigenen Angaben 180 Mitglieder, unter ihnen 25 Ausländer[66] und ca. zwei Dutzend ehemalige Angehörige der Deutschen Akademie[67], wie etwa Ex-Hauptgeschäftsführer Fehn, der im Krieg bis zum Oberst avanciert war, Dora Schulz, Eckert, Meier und der Germanist Borcherdt. Allerdings beschränkte sich die Mitgliedschaft bei den meisten auf eine bloße Erklärung, die Ziele des Vereins fördern zu wollen. Die große Mehrzahl der Mitglieder war der Öffentlichkeit unbekannt, da es sich um Lehrer, kleinere Unternehmer wie den Verleger Otto Luken, ehemalige Kulturfunktionäre wie Karl Epting, einzelne Beamte aus hessischen Ministerien und Rechtsanwälte handelte. Zu den wenigen bekannteren Persönlichkeiten des Arbeitskreises zählten der Soziologe Hans Freyer, in der Weimarer Republik einer der Vordenker der Konservativen Revolution, der nach 1945 mit zivilisationskritischen Schriften hervortrat und nach Verlust seines Leipziger Lehrstuhls in Wiesbaden für die Brockhaus-Redaktion arbeitete, und Kultusminister Stein.

Im Verlaufe des Jahres 1949 expandierten die Aktivitäten und Interessengebiete des Wiesbadener Arbeitskreises. Doch handelte es sich hierbei eher um ein Abtasten zukünftiger kulturpolitischer Tätigkeitsfelder und den Versuch, sich in der entstehenden kulturpolitischen Landschaft der Bundesrepublik irgendwie zu positionieren, als um ein klar definiertes Programm. Die Anfänge dieser zunächst großzügig gedachten, aber auf unsicherem Fundament gegründeten Organisation erinnerten also fatal an die ersten Jahre der ebenfalls mit großem Anspruch gegründeten Deutschen Akademie. Der Tätigkeitsbericht des Wiesbadener Arbeitskreises vom Juli 1950[68] führte schließlich sieben Arbeitsfelder auf, die jedoch zumeist nicht über das Planungsstadium auf dem Papier hinausgekommen waren und relativ unkoordiniert nebeneinanderstanden. Er erweckte den Eindruck, als hätten die Gründer Signale in alle Richtungen ausgesendet und jede ausgestreckte Hand willig ergriffen, um ja ein weites kulturpolitisches Spektrum vorweisen zu

---

[66] Tatsächlich handelte es sich zumeist um Auslandsdeutsche.
[67] BAK B307/118, Arbeitsbericht des Wiesbadener Arbeitskreises e.V. für die Zeit vom Februar 1949 bis Juni 1950, 25. 7. 1950.
[68] Ebenda.

können: Die anvisierte „Zentralstelle für Sprachkultur" wies als einzig greifbares Ergebnis die Herausgabe von Thierfelders Ratgeber „Wege zum besseren Stil" auf, während sich eine Zusammenarbeit mit der Gesellschaft für Deutsche Sprache und der 1949 gegründeten Akademie für Sprache und Dichtung in Darmstadt noch nicht ergeben hatte. Die „Arbeitsstelle für praktische Völkerpsychologie" bot vergeblich der Frankfurter Handelskammer Vorbereitungskurse für ins Ausland reisende Vertreter der deutschen Wirtschaft an. Auf diesem Gebiet konnte man einzig eine Neuauflage von Thierfelders Schriftenreihe „Umgang mit Völkern" aus dem Jahre 1943 vorweisen, ursprünglich vermutlich eine Auftragsarbeit für die Parteikanzlei,[69] die nun im Nürnberger Verlag Luken & Luken erschien. Die ersten Bände boten Nationalporträts von Briten, Brasilianern, Arabern, Chinesen, Niederländern und Italienern. Die „Arbeitsstelle für abendländische Kulturforschung" kam über einen „Generalplan für Forschungsarbeiten" nicht hinaus. Die „Arbeitsstelle für Methodik des fremdsprachlichen Unterrichts und geistigen Austausch", vom späteren ersten Geschäftsführer des neuen Goethe-Instituts, Helmuth Brückmann, geleitet, organisierte immerhin im Oktober 1949 eine Tagung von 130 Neuphilologen in Nürnberg, auf der Methoden und Probleme des fremdsprachigen Unterrichts in Deutschland erörtert wurden. „Die Arbeitsstelle zur Erforschung des europäischen Volksliedes" war eine Totgeburt, da eine Zusammenarbeit mit dem Deutschen Volksliedarchiv in Freiburg letztlich nicht zustande kam. In München kam es immerhin zur Wiedergründung des vormaligen „India Institute" der Deutschen Akademie durch den Wiesbadener Arbeitskreis, das den akademischen Austausch zwischen Westdeutschland und Indien in sehr bescheidenem Umfang wieder aufnahm. Schließlich führte der Arbeitsbericht noch eine Abteilung für Theater und Musik auf, die allerdings nie aktiv wurde.

Auf dem vierten Treffen des Arbeitskreises Mitte November 1949 wurde eine Kursänderung beschlossen. Im Frühjahr 1949 hatte man sich noch dafür ausgesprochen, erst Leistungen vorweisen zu wollen, um dann an die Öffentlichkeit zu gehen. Nunmehr glaubten Magnus und Thierfelder jedoch, daß man die Wirtschaft und die öffentliche Hand – die Hoffnungen ruhten hier auf der 1948 eingerichteten ständigen Kultusministerkonferenz der Länder –, nur zur Finanzierung gewinnen könne, wenn die anvisierte Kulturorganisation schon auf „eindrucksvolle Weise" gegründet worden sei. Die Gründung dieser „Allgemeinen Deutschen Kulturgesellschaft" sollte daher beim nächsten Treffen des Arbeitskreises in Angriff genommen werden.[70] Die Ziele dieser Gesellschaft, für die man einen Jahresetat von zunächst 150 000 DM für nötig erachtete, blieben recht unscharf, erinnerten aber nach wie vor an die Intentionen, mit denen die Deutsche Akademie

---

[69] In seinem Lebenslauf vom Juli 1945 behauptete Thierfelder, ihm sei 1944 von der Parteikanzlei der Aufbau und die Leitung einer großen Organisation zur besseren völkerpsychologischen Erziehung der Deutschen angeboten worden. Er habe die Übernahme des Projektes aber abgelehnt. Möglicherweise war die von ihm herausgegebene 15bändige Schriftenreihe „Umgang mit Völkern" von 1943 (die er im Lebenslauf unterschlug) eine Art Vorarbeit für dieses Projekt. In: BAB R51/10116.

[70] BAK B307/118, Stichworte für Dr. Magnus für den 15. 11. 1949.

gestartet war: Durch Heranführung der Nation an ihr reichhaltiges kulturelle Erbe könne man den Deutschen wieder einen gewissen Stolz, einen Daseinszweck und Zusammenhalt vermitteln. Dieser würde sie nicht nur über die schwierigen materiellen Lebensbedingungen hinwegtrösten, sondern sie zugleich gegen erneute, aus der Frustration über die wenig erbauliche Gegenwart resultierende nationalistische Versuchungen imprägnieren. Zugleich sei die deutsche Kultur das einzige Gut, mit dem Deutschland sich auch international wieder Ansehen verschaffen könne.[71]

Thierfelder arbeitete parallel zu seinen Aktivitäten im „Wiesbadener Arbeitskreis" im Rahmen eines Werkvertrages für Kultusminister Stein zwischen März und November 1949 an einer Denkschrift über die Koordination der Kulturpolitik der Länder im Rahmen der Kultusministerkonferenz.[72] Diese Tätigkeit war ein wichtiges Standbein für seine Bemühungen um eine zentrale deutsche Kulturorganisation. Im November 1949 reichte die hessische Regierung schließlich bei der Kultusministerkonferenz eine Denkschrift zur Errichtung einer „Deutschen Gesellschaft für geistige Zusammenarbeit" ein, die vermutlich ganz wesentlich Thierfelders Handschrift trug. Thierfelder begleitete den hessischen Kultusminister zum Treffen der Kultusminister in Düsseldorf Anfang Dezember 1949, auf der das Projekt diskutiert werden sollte. Den Hintergrund bildeten Spannungen zwischen den Ländern und der soeben konstituierten ersten Bundesregierung. Die Länder hatten schon auf der vorangegangenen Kultusministerkonferenz in Bernkastel Mitte Oktober 1949 gefordert, die neue westdeutsche Regierung müsse die Kulturhoheit der Länder respektieren.[73] Die Bundesregierung wiederum wollte außer dem Bundesrat keine staatsrechtlichen Organe dulden, die durch Zusammenschluß mehrerer Bundesländer entstehen und gleichsam eine dritte Ebene zwischen Gliedstaaten und Zentralregierung bilden konnten.[74] Wie aus dem Protokoll der Düsseldorfer Konferenz hervorgeht, sahen die Länder offenbar ihre Kulturhoheit durch das neu entstandene Bundesinnenministerium gefährdet und suchten durch eine eigene Initiative diese Gefahr für den Bereich der auswärtigen Kulturbeziehungen zu bannen, indem sie argumentierten, diese könnten besser von einer nichtstaatlichen Organisation gelenkt werden.[75] Allerdings wurde die Diskussion vertagt, und Anfang 1950 zog die hessische Regierung ihren Vorschlag gänzlich zurück.[76] Ursache hierfür war vermutlich der Umstand, daß sich die Befürchtungen, das Bundesinnenministerium oder andere Bundesres-

---

71 Ebenda, Allgemeine Deutsche Kulturgesellschaft: Aufgabe und Verwirklichung, Juni 1950.
72 Brief des Hessischen Hauptstaatsarchivs an den Autor, 10. 8. 2000.
73 Vgl. Winfried Müller, Die Gründung der Ständigen Konferenz der Kultusminister der Bundesrepublik Deutschland, in: Historisches Jahrbuch, 114 (1994), S. 76–106.
74 Die Kabinettsprotokolle der Bundesregierung. Bd. 1: 1949, hrsg. vom Bundesarchiv, Boppard 1982, S. 155 (Kabinettssitzung vom 25. 10. 1949).
75 In diesem Sinne äußerten sich jedenfalls die nordrhein-westfälische Kultusministerin Teusch und Stein auf der Konferenz, in: BHStA MK 65977, Niederschrift der Tagung der Kultusministerkonferenz in Düsseldorf am 2./3. 12. 1949.
76 Vgl. die Protokolle der Kultusministerkonferenz in: BHStA MK 65977.

sorts könnten die Länder kulturpolitisch bevormunden, rasch als unbegründet erwiesen.

Das nächste Treffen des Wiesbadener Arbeitskreises Ende Januar 1950, als Sitzung des Vorbereitungsausschusses zur Gründung der Allgemeinen Deutschen Kulturgesellschaft deklariert, fand folglich unter nicht gerade günstigen Umständen statt, die zu dem ambitionierten Vorhaben, das in Angriff genommen werden sollte, stark kontrastierten. Der Versuch, die Kultusministerkonferenz für die zu gründende Organisation einzuspannen, war fehlgeschlagen. Magnus berichtete zudem, daß mit Spenden aus der Wirtschaft vorerst auch nicht zu rechnen sei. Man beschloß daher, zwei weitere Pfade zu verfolgen. Fehn schlug vor, die Deutsche Akademie e.V. wiederzugründen, um damit an das immer noch vom bayerischen Staat verwaltete Vermögen der 1945 aufgelösten Institution als Startkapital für die neue Organisation heranzukommen. Magnus wollte außerdem hinsichtlich finanzieller Unterstützung die Bundesregierung kontaktieren.[77]

Als sich das Bundesinnenministerium unter Hinweis auf die Kulturhoheit der Länder Anfang Februar ebenfalls desinteressiert zeigte,[78] wurde die Option der Wiedergründung der Deutschen Akademie zur einzigen Chance überhaupt, der geplanten Allgemeinen Deutschen Kulturgesellschaft finanziell in den Sattel zu helfen. Zugleich müßte diese, so Thierfelder an Magnus, ihr Tätigkeitsfeld vermutlich vor allem auf Fragen der Sprachpflege und Sprachförderung eingrenzen, um nicht mit der Kulturhoheit der Länder zu kollidieren, da die Pflege der Sprache eine gesamtdeutsche Angelegenheit sei, gegen welche die Länder schlecht etwas einwenden könnten.[79] Eine Aufzeichnung Thierfelders und Magnus' über die „Allgemeine Deutsche Kulturgesellschaft – Aufgabe und Verwirklichung"[80] vom Juni 1950 sah neben einem fünfköpfigen Vorstand, einem Kuratorium und einem 100köpfigen Senat aus 70 Westdeutschen und 30 noch zu bestimmenden Ostdeutschen zwei Abteilungen vor. Die eine sollte eine „Zentralstelle für Sprachkultur" in Wiesbaden sein, die sich mit Fragen der Rechtschreibung, Stilkunde, Aspekten von Rundfunk und Sprache, internationaler Sprachstatistik und der Methodik des Sprachunterrichts befassen würde. Die andere war als „Arbeitsstelle für internationalen Austausch" in München gedacht und würde sich mit der Veranstaltung von Kulturdarbietungen im Ausland und Fragen der Völkerpsychologie befassen und die Arbeit des India Institutes weiterführen.

Drei Entwicklungen zeichneten sich also seit Anfang des Jahres 1950 ab, die sowohl der prekären finanziellen Situation der Wiesbadener Initiative geschuldet waren wie auch dem sich rasch zugunsten der jungen Bundesrepublik veränderndem außenpolitischen Spielraum. Diese Tendenzen waren eng miteinander verwoben und bedingten sich gegenseitig: Eine langsame, aber sichere Hinwendung der geplanten Organisation zum Ausland an Stelle der ursprünglich anvisierten

---

[77] BAK B307/118, Niederschrift über die Sitzung des Vorbereitungsausschusses zur Gründung der Allgemeinen Deutschen Kulturgesellschaft 27. 1. 1950, Protokoll vom 30. 1. 1950.
[78] Ebenda, Brief von Magnus an Thierfelder, 3. 2. 1950.
[79] Ebenda, Brief von Thierfelder an Magnus, 8. 2. 1950.
[80] Ebenda.

Erziehung der Deutschen. Damit einher ging, sozusagen als gesamtdeutsche Aufgabe jenseits des Föderalismus, eine Konzentration der zukünftigen Kulturgesellschaft auf Aspekte der Sprachförderung. Dies führte, nicht zuletzt aus finanziellen Gründen, automatisch auch zu einer noch stärkeren Identifizierung mit der Vorgängerorganisation Deutsche Akademie.

Seit Ende 1949 begannen die Konturen einer bundesrepublikanischen Außenpolitik langsam Gestalt anzunehmen: Mit dem Petersberger Abkommen vom November 1949 gestatteten die Westalliierten der Bundesrepublik die Eröffnung von Konsulaten im Ausland, im März 1950 wurde die Bundesrepublik eingeladen, assoziiertes Mitglied des Europarates zu werden, im Juni 1950 entstand die Dienststelle für Auswärtige Angelegenheiten im Bundeskanzleramt als Kern eines künftigen Außenministeriums, mit der Revision des Besatzungsstatuts im März 1951 schließlich nahm das Auswärtige Amt offiziell wieder seine Arbeit auf.[81] Damit erschien es den Initiatoren der Allgemeinen Deutschen Kulturgesellschaft zunehmend opportuner, ihre geplante Gründung mehr auf die Kulturpolitik zum Ausland zu verpflichten. Während der Föderalismus des neugegründeten westdeutschen Staates ein bundesweites Agieren auf kulturpolitischer Ebene unmöglich machte, konnte man in Wiesbaden erwarten, daß die kulturelle Vertretung nach außen wie zu Zeiten der Weimarer Republik die Angelegenheit länderübergreifender Einrichtungen sein würde. So schrieb Thierfelder im September 1950 an Magnus, „da nun das Auswärtige Amt ernstlich in Angriff genommen werden soll, müssen wir sehen, daß wir rechtzeitig ins Gespräch kommen."[82] Die Gestaltung der auswärtigen Kulturpolitik privatrechtlich organisierten Einrichtungen zu überlassen wie etwa einer „Allgemeinen Deutschen Kulturgesellschaft" entsprach im übrigen Thierfelders seit den zwanziger Jahren geäußerten und auch im Dritten Reich hochgehaltenen Auffassung,[83] daß kulturelle Begegnung und kultureller Austausch gerade auf nichtstaatlicher Ebene erfolgen solle. Laut Thierfelder verhindere eine privatrechtliche Organisation kultureller Initiativen Bürokratisierung und ermögliche einen flexibleren Einsatz der Mittel, da diese nicht so streng etatmäßig gebunden sein müßten. Zudem sei dadurch eine direkte Vereinnahmung für politische Ziele erschwert.[84] Noch deutlicher wurde Thierfelder in

---

[81] Vgl. hierzu z.B. Ludolf Herbst, Option für den Westen. Vom Marschall-Plan zum deutsch-französischen Vertrag, München 1989, S. 63 ff. Für Aufbau und Entwicklung des Auswärtigen Amtes Hans-Jürgen Döscher, Verschworene Gesellschaft. Das Auswärtige Amt unter Adenauer zwischen Neubeginn und Kontinuität, Berlin 1995, S. 77 ff.; Charles M. Müller, Relaunching German Diplomacy. The Auswärtiges Amt in the 1950s, Münster 1996, passim.

[82] BAK B307/118, Brief Thierfelders an Magnus, 10. 9. 1950.

[83] So schrieb er beispielsweise in seinem Artikel vom 11. 10. 1936 in den Münchener Neuesten Nachrichten, „Kulturwerbung kann nicht weit genug von der Sphäre des Staats- und Machtpolitischen entfernt liegen [...] Geistige Werbung und geistiger Austausch entziehen sich vielfach ‚amtlicher' Behandlung und gedeihen nur im Kreise des Privaten."

[84] Franz Thierfelder, Auswärtige Kulturpolitik, in: Nachrichten und Betrachtungen. Mitteilungsblatt des Wiesbadener Arbeitskreises e.V., September 1949, S. 1–6, in: BAK B307/118.

einem Aufsatz, an dem er im Sommer 1950 schrieb, und den er, wie er Magnus mitteilte, für die „Deutsche-Akademie-Angelegenheit" zu nutzen gedachte.[85]

Der Aufsatz[86] offenbarte sicherlich zum Teil auch den Lernprozeß, den Thierfelder seit den dreißiger Jahren durchgemacht hatte. Die Kulturarbeit der Deutschen Akademie, die seit den zwanziger Jahren letztlich der Verwirklichung außenpolitischer Ziele des Reiches vor allem auf dem Balkan gedient hatte, und die Thierfelder nicht nur gefördert, sondern sogar ganz wesentlich mitinitiiert hatte, war letztlich in eine bloße propagandistische Abschirmung einer unverhüllten Aggressionspolitik entartet. Daher wollte Thierfelder nun nur noch eine „Kulturpolitik im neuen Stil" gelten lassen, die ganz auf den Austausch im Sinne einer geistigen Horizonterweiterung von Entsender wie Empfänger abgestellt war. Er plädierte folglich für die Ersetzung des Begriffs „Kulturpolitik" durch „Kulturarbeit", da man davon abkommen solle, den Kulturexport einer Nation ins Ausland nur als mehr oder weniger verdeckte Hilfestellung zum Erzielen wirtschaftlicher oder politischer Vorteile gegenüber den Adressaten zu sehen. Dieses Plädoyer für eine neue, angeblich von politischem Zweckdenken losgelöste Kulturpolitik war natürlich auch ein einleuchtendes Argument dafür, daß ein alsbald wieder arbeitendes Außenministerium eine nichtstaatliche Einrichtung mit der Kulturarbeit betrauen solle, oder – warum nicht gleich – Hilfestellung dabei leisten müsse, die Deutsche Akademie wieder aufleben zu lassen. Diese war laut Thierfelder dem Ideal einer nichtstaatlichen, „unpolitischen" und auch noch kostengünstigen Kulturarbeit zumindest bis 1938 schon sehr nahe gekommen, sei aber zu Unrecht nach 1945 diffamiert worden.[87]

Die Verschiebung des anvisierten Tätigkeitsfeldes der geplanten Allgemeinen Deutschen Kulturgesellschaft hin zum Ausland wie auch die nach wie vor ungesicherten finanziellen Grundlagen jeglicher künftiger kultureller Aktivität führten also dazu, daß sich ab 1950 die Aktivitäten des Wiesbadener Kreises mehr oder weniger auf eine Wiedererrichtung der Deutschen Akademie reduzierten. Im letzten, zusammenfassenden Tätigkeitsbericht des Mitte 1951 sang- und klanglos eingeschlafenen „Wiesbadener Arbeitskreises" hieß es denn auch im Gegensatz zu den vorher ventilierten großartigen Plänen, Ziel seiner Bemühungen sei die Gründung einer Nachfolgeorganisation der Deutschen Akademie gewesen, wobei man sich seit 1950 vor allem auf die Rückgewinnung des finanziellen Erbes der 1945 aufgelösten Einrichtung konzentriert habe.[88] Überspitzt formuliert kann man den Wiesbadener Arbeitskreis also als eine Arbeitsbeschaffungsmaßnahme Thierfelders in eigener Sache bezeichnen, die obsolet wurde, als die Perspektive der Wiedergründung einer Sprachförderungsinstitution nach Muster der Deutschen Akademie sich als die realistischere Option erwies.

---

85 Ebenda, Brief Thierfelders an Magnus, 10. 9. 1950.

86 Franz Thierfelder, Kulturpolitik im neuen Stil, in: Außenpolitik, 2 (1951), S. 217–222.

87 Ebenda, S. 219.

88 BAK B307/115, Bericht über die Tätigkeit des Wiesbadener Arbeitskreises 1949–1951, ca. Frühjahr 1951.

3. Thierfelders Vergangenheitspolitik

Zunächst verschob sich der Schwerpunkt der Aktivitäten Thierfelders im Frühjahr 1950 von Wiesbaden zurück nach München. Am 12. April 1950 wurde im Münchener Vereinsregister eine „Akademie zur Wissenschaftlichen Erforschung und zur Pflege des Deutschtums/Deutsche Akademie" eingetragen. Als Präsident fungierte Magnus, als Vizepräsident der ehemalige Senator Eckert, als Generalsekretär Thierfelder und als Hauptgeschäftsführer Fehn.[89] Parallel forschten Thierfelder und Fehn seit Anfang 1950 in München nach der Hinterlassenschaft ihres einstigen Arbeitgebers. Dabei bezichtigten sie die Bayerische Akademie der Wissenschaften fälschlicherweise, in einem Akt von Nachlässigkeit die Akten der Deutschen Akademie dem Altpapier überantwortet zu haben,[90] angeblich nicht zuletzt deshalb, um die Wiedergründung einer Nachfolgeorganisation zu erschweren, die Anspruch auf das finanzielle Erbe geltend machen könnte. Sie versuchten, das Bundeskanzleramt auf diesen angeblichen Skandal aufmerksam zu machen und drohten, einen Prozeß gegen den bayerischen Staat anzustrengen, der sich unrechtmäßig das Geld des ursprünglich privaten Vereins „Deutsche Akademie" angeeignet habe.[91]

Tätigkeitsprofil und Geschichte der alten Deutschen Akademie wie auch die angeblichen Intentionen ihres letzten Generalsekretärs wurden den Bedürfnissen des Jahres 1950/51 angepaßt: Thierfelder brachte eine stark zurechtgebogene Version der Vergangenheit der 1945 aufgelösten Einrichtung in Umlauf, die nicht so leicht zu wiederlegen war, da die Akten der Akademie zu einem Großteil bei Kriegsende verloren gegangen waren oder sich, zu einem kleineren Teil, noch in den USA befanden, von wo sie erst 1958 zurückkehrten. Hilfreich war dabei der Umstand, daß Thierfelder als unbelastet galt und sich am besten mit der Vergangenheit der Akademie auskannte. Die Akademie sollte nur in der Form wiedererstehen, in der Thierfelder sie in seiner Eigenschaft als Generalsekretär der Münchener Einrichtung in den Jahren 1928 bis 1937 befürwortet und gefördert hatte, d. h. also als eine Einrichtung, die sich ganz der kulturellen Auslandsarbeit und der Erforschung der dafür notwendigen methodischen Grundlagen widmete. Daß die Deutsche Akademie von ihrem Anspruch her sowohl vor wie nach 1937 stets auch eine Forschungseinrichtung gewesen war, die zumindest versucht hatte, in den Sektionen ihrer wissenschaftlichen Abteilung ein weites Feld wissenschaftlicher Disziplinen abzudecken, wurde hingegen stillschweigend unterschlagen. Dies wäre Wasser auf die Mühlen der Bayerischen Akademie der Wissenschaften gewesen, die sich ebenfalls Hoffnung auf die nach wie vor vom bayerischen Staat seit 1945 verwalteten 1,4 Millionen Reichsmark machte. Im Jahre 1949 hatten die

---

[89] ABAdW Deutsche Akademie Bd. 1, Auszug aus dem Vereinsregister des Amtsgerichts München vom 22. 2. 1951.

[90] BAK B307/118, Aufzeichnung über die Besprechung zwischen Fehn, Thierfelder und dem Präsidenten und Syndikus der Bayerischen Akademie der Wissenschaften, 20. 4. 1950.

[91] PA B90/165 (KA), Schreiben von Rechtsanwalt Otto Leibrecht an das Bundeskanzleramt betr. Deutsche Akademie e.V. gegen das Land Bayern, 7. 10. 1950.

Westalliierten schließlich die eingefrorenen Reichsguthaben freigegeben. Die Übertragung des Vermögens auf die Bayerische Akademie der Wissenschaften schien unmittelbar bevorzustehen – das bayerische Finanzministerium hatte sich am 7. Februar 1950 entsprechend positiv geäußert –, als der Wiesbadener Arbeitskreis in München mit den Nachforschungen nach dem Erbe der Deutschen Akademie begann.[92]

Zwecks Wiederbelebung der Deutschen Akademie, die ja immerhin 1945 von den Amerikanern als NS-Organisation verboten worden war, bedurfte es auch einer positiven Umwertung ihrer Geschichte, die erneut, wie schon im Sommer 1945, in eine gute Ära „Thierfelder" bis Ende 1937 und eine anschließende Perversion des Unternehmens durch die unwürdigen Nachfolger geschieden wurde.

„Durch ihr entschiedenes Festhalten an den Traditionen von vor 1933 hat die Deutsche Akademie e.V. als letztes freies Kulturinstitut die demokratischen Grundsätze bis tief in die nationalsozialistische Zeit hinein aufrecht erhalten. Dies in einem geradezu vorbildlichen Kampfe gegen die bald nach der Machtergreifung einsetzenden Politisierungsversuche des Propagandaministeriums und der Volksdeutschen Mittelstelle. Bis 1938 konnten so die jüdischen und viele politisch verdächtige Mitglieder gehalten werden. Unter Ignorierung des Führerprinzips konnte die Arbeit in untadeliger, auch vom Auslande immer wieder anerkannter Weise fortgeführt werden,"

hieß es im Schreiben von Rechtsanwalt Otto Leibrecht an das Bundeskanzleramt, der den neuen Verein „Deutsche Akademie" vertrat.[93] Zudem mußte der Anschein erweckt werden, als habe Thierfelder seit 1945 an nichts anderes gedacht, als eines Tages, wenn die Umstände günstig sein würden, die Deutsche Akademie als Instrument der Auslandskulturpolitik wieder aufleben zu lassen. Seine Versuche, sie zusammen mit Zwiedineck-Südenhorst im Sommer 1945 von einer Auslandskulturorganisation zu einer wissenschaftlichen, rein innerhalb Deutschlands wirkenden Einrichtung umzuformen, überging er daher ebenso wie seine damalige Skepsis über den politisch belasteten Namen und sein schließliches Desinteresse ab Herbst 1945, überhaupt für ihrem Erhalt weiter zu kämpfen. Sein damaliger Mitstreiter Zwiedineck-Südenhorst gab hingegen gegenüber der Bayerischen Akademie der Wissenschaften an, daß sie beide 1945 ein Wiederaufleben der mehr als suspekt gewordenen Einrichtung für undenkbar gehalten hätten.[94]

Nun ging es jedoch darum, eine möglichst überzeugende personelle wie inhaltliche Kontinuität zwischen der 1945 untergegangenen Institution und dem neugegründeten Verein „Deutsche Akademie" zu konstruieren. Folglich lud Thierfelder im Februar 1951 ehemalige Lektoren der Akademie zum ersten Nachkriegstreffen in München ein. Etwa 70 frühere Lektoren erschienen tatsächlich am 17./18. März 1951 zum Treffen in der bayerischen Landeshauptstadt. Ganz im Gegensatz zu seiner kritischen Einstellung gegenüber der Deutschen Akademie und ihrer Auslandsarbeit sowie den Chancen zukünftiger kulturpolitischer Betätigung im Ausland, die Thierfelder als kommissarischer Generalsekretär und Abwick-

---

[92] Vgl. hierzu die Schriftstücke aus den Jahren 1948 bis 1950 in: AdBAdW Deutsche Akademie Bd. 1.

[93] PA B90/165 (KA), Schreiben vom 7. 10. 1950.

[94] AdBAdW Deutsche Akademie Bd. 2, Besprechung betreffend die ehemalige Deutsche Akademie in der Bayerischen Akademie der Wissenschaften, 22. 3. 1951.

lungsbeauftragter 1945 an den Tag gelegt hatte, hieß es nun im Einladungsschreiben an die Lektoren vom 14. Februar 1951:

„Seit dem 31. 12. 1937, da ich meine Arbeit aus Gründen politischer Überzeugung und praktischer Erfahrung als Generalsekretär niederlegte, habe ich an die Stunde gedacht, in der ich sie wieder aufnehmen würde. 1945, als ich zur kommissarischen Abwicklung der Deutschen Akademie zurückgerufen wurde, schien sie gekommen zu sein, aber ich erkannte sehr bald, daß das eine Täuschung war. Deutsche, die den Glauben an sich selbst verloren hatten, taten das Ihre, um eine Organisation völlig zu zerstören, deren Vorhandensein sie an schwache Stunden im eigenen Leben erinnerte. Fünfeinhalb Jahre liegen nun zurück, in denen es nicht leicht war, an den Überzeugungen festzuhalten. Aber es gehörte nicht viel geschichtliche Einsicht dazu, die Wandlung vorauszusehen, die jetzt eingetreten ist: wer gesund blieb und die nötige Ausdauer besaß, mußte sie erleben. […] Es gilt, für eine Sache öffentlich Zeugnis abzulegen, die zu Unrecht verunglimpft worden ist und es sollen Wege bedacht werden, auf denen die neue Arbeit vorwärtsschreiten wird."[95]

Wollte man die ehemaligen Lektoren der Akademie zur Unterstützung einer Wiedererrichtung der untergegangenen Einrichtung gewinnen, so erschien es geraten, ihnen nicht das Gefühl zu geben, sie hätten bis 1945 einer tief mit dem NS-System und seiner Politik verstrickten Institution gedient. Die Tatsache, daß sich Abschriften des Einladungsschreibens in den Akten der Bayerischen Akademie der Wissenschaften und des bayerischen Kultusministeriums finden, zeigt, daß dieses Treffen von Thierfelder nicht nur als geselliges Beisammensein von Ehemaligen geplant war. Es war durchaus als Manifestation gedacht, um den bayerischen Einrichtungen die ungebrochene inhaltliche wie personelle Kontinuität zwischen altem und neuen Verein wie auch das seit 1945 angeblich unermüdliche Streben für seine Wiedererstehung deutlich zu machen.

Zugleich setzte Thierfelder einmal mehr seine bewährten, allerdings methodisch fragwürdigen sprachstatistischen Fähigkeiten ein, um den Nachweis zu führen, daß die deutsche Sprache keineswegs international so stark an Boden verloren habe, wie man es angesichts der Folgen von Nationalsozialismus und Weltkrieg vermuten konnte. Im Frühjahr 1950 arbeitete er an einer sprachstatistisch wie auch politisch aktualisierten Fassung seines Buches „Deutsch als Weltsprache", die als Beitrag für die in Vorbereitung befindliche „Deutsche Philologie im Aufriß" gedacht war. Thierfelder gelang es in seinem Beitrag[96], Argumente zu finden, die der deutschen Sprache gerade wegen der Folgen des Zweiten Weltkrieges eine rosige Zukunft hinsichtlich ihrer internationalen Stellung prophezeiten. Sie kulminierten in der Behauptung, 1950 sei ihre Stellung in der Welt vermutlich stärker als 1938, und dieser Aufwärtstrend werde noch 10 bis 15 Jahre anhalten.[97] Dabei handelte es sich hier eher um Spekulationen, denn statistisch abgesicherte Einschätzungen fehlten, wie Thierfelder zugeben mußte.[98] Einige Jahre später, als er eine aktualisierte und erweiterte Ausgabe dieser Forschungen als zweibändiges Werk mit dem Titel „Die deutsche Sprache im Ausland" herausgab, schob er eine

---

[95] Abgedruckt in: Harvolk, Eichenlaub und Hakenkreuz, S. 143–145.
[96] Thierfelder, Deutsche Sprache im Ausland, in: Deutsche Philologie im Aufriß, Bd. 1, S. 499–581.
[97] Ebenda, S. 543.
[98] Ebenda.

Begründung für seinen sprachpolitischen Optimismus nach. Diese stand nach wie vor in der Tradition anti-westlichen, gegen den angeblichen Materialismus der angelsächsischen Welt gerichteten Denkens der zwanziger Jahre. Zwar mußte man nun die USA als zivilisatorisch und politisch führend anerkennen, verweigerte ihr aber nach wie vor den Ritterschlag zur gleichberechtigten oder zukünftig wegweisenden Kulturnation.[99] Erneut hieß es bei Thierfelder, die deutsche Sprache habe nicht nur die kriegsbedingten Verluste wettgemacht, sondern trete in vielen Teilen der Welt erstmals als Wettbewerber zumeist mit dem Englischen um die Dominanz auf. Denn nur oberflächlich betrachtet könne man unbestritten von der Weltstellung der englischen Sprache sprechen, nämlich indem man wirtschaftliche und geistesgeschichtliche Zusammenhänge außer acht lasse. Die Dominanz der englischen Sprache rufe zum einen Gegnerschaft hervor, zum anderen habe das Englische „manches Volk überwältigt, aber nicht gewonnen." Die englische Sprachstellung sei geistig nicht stark genug unterbaut:

„Millionen, die zum westlichen Lager gehören und den anglo-amerikanischen Völkern durchaus nicht ablehnend gegenüberstehen, fragen sich heute, ob namentlich die Vereinigten Staaten in der Lage sind, im Kleid ihrer Sprache den europäischen und asiatischen Nationen das zu bringen, wonach es diese im Zeitalter der Furcht und Lebensbedrohung so leidenschaftlich verlangt. So mögen viele das Englische als ‚world language in being', nicht aber als eine Sprache der Zukunft betrachten und ganz gewiß nicht als Sprache epochaler Erfüllung, was ja eigentlich jede Weltsprache sein sollte."[100]

Die Ergebnisse seiner Analyse, die er Magnus im Juni 1950 übermittelte, verfehlten zumindest auf diesen nicht den von Thierfelder wohl intendierten Eindruck: Die Förderung der deutschen Sprache sei wieder ein lohnenswertes Tätigkeitsfeld, da die Voraussetzungen, an die man anknüpfen könnte, sich wider Erwarten als ausgesprochen günstig erwiesen. So schrieb Magnus nach Lektüre des Manuskriptes an den Autor: „Jeder, der Ihre Arbeit liest, wird -meine ich – zunächst erstaunt sein, welch großen Umfang die deutsche Sprache heute noch hat. Das ist eine Tatsache von so großer Wichtigkeit, daß eine in geeigneter Form erfolgende Bekanntgabe des Materials mir unbedingt geboten erscheint."[101]

Die Erfolge, die Werner Günther erzielte, ein ehemaliger Lektor der Deutschen Akademie in Athen, der auf eigene Initiative schon 1951 wieder in der griechischen Hauptstadt Deutschsprachkurse einrichtete, waren zumindest ein ermutigendes Signal dafür, daß die Förderung der deutschen Sprache auch im Schatten der NS-Vergangenheit und selbst in einem Land, das Opfer der deutschen Aggressionspolitik geworden war, kein aussichtsloses Unterfangen sei. Die Idee hingegen, sich auch um die Sprachpflege innerhalb Deutschlands zu bemühen, beim Wiesbadener Arbeitskreis bis zur Jahreswende 1949/50 noch prominent vertreten,

---

[99] Axel Schildt, Moderne Zeiten. Freizeit, Massenmedien und „Zeitgeist" der Bundesrepublik der 50er Jahre, Hamburg 1995, S. 404 f.

[100] Thierfelder, Die deutsche Sprache im Ausland, Bd. 1, S. 56 f. Zur Kontinuität in Thierfelders Semantik und Denken zwischen den dreißiger und fünfziger Jahren vgl. jetzt auch Matthias Krell, Franz Thierfelder: „Deutsch als Weltsprache" oder ein Leben für die Völkerverständigung?, in: Semantischer Umbau der Geisteswissenschaften nach 1933 und 1945, hrsg. von Georg Bollenbeck und Clemens Knobloch, Heidelberg 2001, S. 198–221.

[101] BAK B307/118, Brief von Magnus an Thierfelder, 7. 6. 1950.

wurde im Laufe des Jahres 1950 mit seinen sich eröffnenden außenpolitischen Perspektiven stillschweigend fallengelassen. Dagegen äußerte Thierfelder gegenüber dem Auswärtigen Amt, daß seiner Überzeugung nach Spracharbeit im Ausland „nach wie vor die Grundlage der Auslandsarbeit auf geistigem wie wirtschaftlichem Gebiet überhaupt" sei.[102]

4. Die Haltung des Auswärtigen Amts

Die Initiative des Wiesbadener Arbeitskreises zur Gründung einer zentralen, nichtstaatlichen Einrichtung für den Kulturaustausch konnte in der sich konstituierenden Kulturabteilung des Auswärtigen Amts unter Rudolf Salat, der bereits zuvor im Kanzleramt das Referat „Deutsche Kulturbeziehungen zum Ausland" geleitet hatte, grundsätzlich mit Wohlwollen rechnen. In der offiziell im Mai 1951 wiedererrichteten Kulturabteilung befürwortete man, unterstützt von Diplomaten wie Fritz von Twardowski und Paul Roth,[103] die im Dritten Reich in der Kulturpolitischen Abteilung gearbeitet hatten, von Anfang an die aus der Weimarer Zeit ererbte Tradition, die Durchführung der Kulturarbeit im Ausland privaten Organisationen zu überlassen. Ja, es wurde bei der Neugründung des Auswärtigen Amts geradezu zum Dogma, daß ein möglichst großer Teil der Kulturbeziehungen zum Ausland über privatrechtlich verfaßte Organisationen abgewickelt werden sollte, um bloß nicht in den Geruch zu kommen, erneut eine staatlich gesteuerte, auftrumpfend auftretende „Propagandapolitik" wie im Dritten Reich zu betreiben.[104] Die anfängliche betonte Zurückhaltung des Auswärtigen Amts bei der Initiierung, Koordinierung und auch Finanzierung der auswärtigen Kulturpolitik wurde in einer Antwort der Bundesregierung im Februar 1959 auf eine kleine Anfrage der FDP-Fraktion im Bundestag vom Januar des Jahres 1959 deutlich, in der es hieß:

Die Bundesregierung hat angesichts des Mißbrauchs, der unter dem nationalsozialistischen Regime mit dem verfälschten Begriff einer deutschen Kulturpolitik betrieben worden ist, in

---

[102] PA B90/165 (KA), Schreiben Thierfelders an das Auswärtige Amt, 7. 4. 1951.

[103] So verfaßte Paul Roth, der von 1936 bis 1945 in der Kulturpolitischen Abteilung Vortragender Legationsrat gewesen war, im März 1950 eine Denkschrift für die Dienststelle für auswärtige Angelegenheiten im Bundeskanzleramt, also den Kern des späteren „neuen" Auswärtigen Amts, über „Die frühere Kulturabteilung des Auswärtigen Amts". In dieser Denkschrift empfahl er eine insgesamt zurückhaltende Vorgehensweise bei der Wiederaufnahme von Kulturbeziehungen zum Ausland, welche unter anderem dadurch erzielt werden könne, daß man diese im wesentlichen privaten Trägern überlasse. Fritz von Twardowski, der letzte Karrierediplomat an der Spitze der Kulturabteilung des „alten" Amtes, schloß sich in einem Brief vom Mai 1950 dieser Auffassung an. Beide Dokumente befinden sich in: PA B 90/1.

[104] In diesem Sinne äußerte sich beispielsweise Salat in einer Aufzeichnung für den Staatssekretär vom 2. 8. 1951, in: PA B90/125 (KA). Im März 1953 wiederholte er diese Gedankengänge gegenüber dem Auswärtigen Ausschuß des Deutschen Bundestages. Vgl. Der Auswärtige Ausschuß des Deutschen Bundestages. Sitzungsprotokolle 1949–1953, bearbeitet von Wolfgang Hölscher, Düsseldorf 1998, 120. Sitzung vom 4. 3. 1953 (Dokument 119), S. 1487–1495, hier S. 1493 f.

den ersten Jahren ihrer Tätigkeit Zurückhaltung in ihren Bemühungen um die Pflege kultureller Beziehungen mit dem Ausland geübt und abgewartet, ob vom Ausland her Wünsche
nach Wiederaufnahme und Verstärkung kultureller Kontakte an sie herangetragen wurden.
So ist z. B. die Initiative zum Abschluß der schon genannten Kulturabkommen durchweg
von den Partnerstaaten ausgegangen. Die Bundesregierung glaubt, daß auch in Zukunft die
Pflege der Kulturbeziehungen zum Ausland dann am erfolgreichsten sein wird, wenn sie
nicht von deutschen Absichten gelenkt wird, sondern den Wünschen und Bedürfnissen der
Partnerländer entspricht."[105]

Salat war einer der wenigen Diplomaten des neuen Amtes, der nicht schon in der
Wilhelmstraße gearbeitet hatte. Er stand daher vermutlich Neuerungen in der auswärtigen Kulturpolitik aufgeschlossener gegenüber, da er von Traditionen weniger belastet war. Er befürwortete bereits im Mai 1951 grundsätzlich die vom Wiesbadener Arbeitskreis ventilierte Idee einer zentralen, nichtstaatlichen Kulturorganisation. Diese erschien Salat zu diesem Zeitpunkt durchaus realisierbar: Thierfelder, der auf Salat einen sehr guten Eindruck gemacht hatte, war nicht nur spiritus
rector des Wiesbadener Arbeitskreises und der Bemühungen um die Wiedergründung der Deutschen Akademie, sondern im Frühjahr 1951 zugleich aussichts-
reichster Kandidat für die Stelle des Generalsekretärs des nunmehr in „Institut für
Auslandsbeziehungen" umbenannten DAI in Stuttgart.[106] Das Stuttgarter Institut
entschied sich schließlich im Juni 1951 u. a. deshalb für Thierfelder, weil es die beabsichtigte Abkehr von der Förderung des Auslandsdeutschtums, die bis Kriegsende Arbeitsschwerpunkt des Instituts gewesen war, deutlich machen wollte. Die
beiden anderen aussichtsreichsten Bewerber um den Posten des Generalsekretärs
hingegen waren bislang vor allem in der Deutschtumsarbeit zum Ausland hervorgetreten.[107] Die Wahl eines Kandidaten, der sich als Generalsekretär der Deutschen Akademie hauptsächlich einen Namen im Kulturaustausch zum Ausland
im eigentlichen Sinne gemacht hatte, sollte auch ein Statement gegenüber der amerikanischen Besatzungsmacht sein. Diese hatte zwar das Institut 1945 nicht aufgelöst, blieb aber skeptisch, ob die Einrichtung sich nicht doch wieder der Förderung der deutschen Minderheiten verschreiben würde, die in der NS-Zeit vor
allem durch die Auslandsorganisation der NSDAP als fünfte Kolonne des Reichs
jenseits der Reichsgrenzen instrumentalisiert worden waren.[108]

Thierfelder selbst gab sich vor seinem Dienstantritt in Stuttgart ebenfalls der
Hoffnung hin, das IfA mit der wiederzugründenden Deutschen Akademie fusio-

---

[105] Verhandlungen des Deutschen Bundestages. 3. Wahlperiode, Bundestagsdrucksache 798:
Kleine Anfrage der FDP betreffend Pflege der kulturellen Beziehungen der Bundesrepublik zum Ausland vom 20. 1. 1959; Verhandlungen des Deutschen Bundestages. 3. Wahlperiode, Bundestagsdrucksache 875: Antwort des Auswärtigen Amts vom 12. 2. 1959
(Zitat S. 5).

[106] PA B90/165 (KA), Aufzeichnung Salats über das IfA für Staatssekretär Hallstein, 29. 5.
1951, sowie PA B90/125 (KA), Aufzeichnung betreffend IfA und Koordinierung der
Auslandsinstitute, 2. 8. 1951.

[107] Stadtarchiv Stuttgart Hauptgruppe 6 3007–15, Protokoll der Sitzung des Verwaltungsrates des IfA, 16. 6. 1951.

[108] Ebenda, Das Deutsche Auslandsinstitut seit 1945, Aufzeichnung Dr. Isberts vom Januar
1949; Aktennotiz Thierfelders über eine Besprechung mit zwei amerikanischen Beamten,
25. 9. 1951.

nieren zu können.[109] Die Idee einer zentralen, nichtstaatlichen Einrichtung zur Organisation des Kulturaustausches mit dem Ausland, auf die Salat im übrigen 1957, inzwischen zum Vatikan versetzt, erneut zurückkam,[110] ließ sich jedoch nicht realisieren, was Salat sehr bedauerte.[111] Der Grund lag darin, daß sich die Institutionen auswärtiger Kulturpolitik in der jungen Bundesrepublik dezentral, in den Traditionen ihrer jeweiligen Vorgängerinstitutionen, die in die Weimarer Zeit zurückreichten, wieder konstituierten und, einmal errichtet, auf ihre Unabhängigkeit pochten. So war der DAAD schon im August 1950 wiedergegründet worden.[112] Bereits nach wenigen Wochen der Tätigkeit in Stuttgart mußte Thierfelder einsehen, daß eine Verschmelzung der geplanten „Allgemeinen deutschen Kulturgesellschaft/Deutsche Akademie" mit dem IfA nicht möglich sein würde. Die Kräfte in Stuttgart, die für eine unabhängige Fortexistenz des Instituts plädierten, waren zu stark. Den alten Mitarbeitern um den bereits in der Weimarer Republik amtierenden und Ende der vierziger Jahre nochmals aktiv werdenden Vorstandsvorsitzenden und ursprünglichen Begründer des Deutschen Auslandsinstituts, Theodor Wanner, fiel es ohnehin schwer, sich 1950/51 mit der Verlagerung der Institutsarbeit von der Betreuung deutscher Minderheiten im Ausland auf das neue Arbeitsfeld der Kulturbeziehungen zu Ausländern im eigentlichen Sinn abzufinden.[113] Schon in seinem ersten Arbeitsbericht nach einem halben Jahr Tätigkeit in Stuttgart sprach Thierfelder von einer „Bürde der Tradition" in Stuttgart, auch wenn er leugnete, daß diese Bürde ihn bei seiner neuen Arbeit drücke.[114] Etwas deutlicher spielte er in seinem Rechenschaftsbericht über die Tätigkeit des IfA 1951–1956 auf die anfänglichen Schwierigkeiten in Stuttgart an, indem er darauf hinwies, daß die gewandelte Zielsetzung des Instituts auch eine Gesinnungsänderung jener, die im Institut tätig waren, erfordert habe, wobei hier und da „ein Zipfel Volkstumsromantik" wieder an die Oberfläche gekommen sei.[115] Vor diesem Hintergrund war es unmöglich, in Stuttgart das Aufgehen des traditionsreichen Instituts in einer neuen Organisation durchsetzen. Auch der neue Vorstandsvorsitzende des Stuttgarter Instituts, Walter Erbe, der zugleich Rektor der Tübinger

---

[109] PA B90/165 (KA), Aufzeichnung über den Besuch Thierfelders im Auswärtigen Amt, 14. 2. 1951.

[110] PA B90/155, Ausarbeitung von Botschaftsrat Dr. Salat über die Schaffung einer selbständigen Körperschaft für die deutsche kulturelle Auslandsarbeit, 29. 7. 1957.

[111] So schrieb Salat beispielsweise noch am 24. 6. 1952 an Thierfelder, er hätte sich gewünscht, daß das IfA und das Goethe-Institut zusammengelegt worden wären, in: PA B90/165 (KA).

[112] Vgl. hierzu Peter Alter, Der DAAD seit seiner Wiedergründung 1950, in: Der DAAD in der Zeit. Bd. 1: Der Deutsche Akademische Austauschdienst 1925–2000, hrsg. von Peter Alter, Köln 2000, S. 50–105.

[113] So verwies Salat in seiner Aufzeichnung für Hallstein vom 2. 8. 1951 (PA B90/125 (KA)) auf die Vorschläge Wanners über die zukünftige Arbeit des IfA von 1950. Diese hätten im Gegensatz zu den Bonner Vorstellungen in der Tradition des DAI gestanden, da sie auf die Betreuung deutscher Minderheiten im Ausland und die Auswandererberatung abstellten.

[114] Arbeitsbericht von Dr. Dr. Franz Thierfelder, in: Mitteilungen. Institut für Auslandsbeziehungen, 1 (1951/52), S. 9–11, hier S. 9.

[115] IfA Stuttgart, Tätigkeitsbericht des IfA 1951–1956.

Universität war, bestand im übrigen auf einer Trennung der kulturpolitischen Aktivitäten in zwei Organisationen, die wie in der Weimarer Republik in München und Stuttgart angesiedelt sein, allerdings eng zusammenarbeiten sollten.[116]

Widerstände gegen eine Fusion gab es aber nicht nur in Stuttgart: Es bestand offenbar nur eine Chance, an das vom bayerischen Staat verwaltete Geld der Deutschen Akademie heranzukommen, wenn eine gesonderte Organisation in München ihre Arbeit aufnehmen würde.[117] Insofern erwies sich die Tradition der Deutschen Akademie, die von Thierfelder seit 1950 verstärkt beschworen worden war, zwar als in begrenztem Maße finanziell lukrativ, aber im Hinblick auf eine anvisierte organisatorische Neuordnung der deutschen auswärtigen Kulturpolitik als nachteilig. Thierfelder erhoffte sich durch seine Tätigkeit als Generalsekretär in Stuttgart mit gleichzeitigem Sitz im Vorstand des Goethe-Instituts zumindest gewisse Synergieeffekte, schrieb er doch im Februar 1952 an Fehn, der ebenfalls im Vorstand des neu gegründeten Goethe-Instituts saß: „Wir wollen gemeinsam dahin streben, beide Institutionen, bei völliger Unabhängigkeit ihrer Leistung, doch personell so eng wie möglich zu verknüpfen und damit einen Zustand herbeiführen, für den wir ja in der Vergangenheit so viel gearbeitet haben. Es war immer ein Übelstand, daß das Auslandsinstitut und die Deutsche Akademie nie zu wirklich fruchtbarer Zusammenarbeit gekommen sind."[118] Er tat sein möglichstes, um von Stuttgart aus den Start des Goethe-Instituts in München als Miniaturausgabe der einstmals ambitionierten Pläne einer „Allgemeinen Deutschen Kulturgesellschaft" zu unterstützen. So gab er durch die Stuttgarter Fonds Hilfestellung bei der Lancierung der ersten Ausgaben der von ihm und Dora Schulz betreuten Zeitschrift „Deutschunterricht für Ausländer" als Nachfolgeorgan von „Deutschunterricht im Ausland" der Deutschen Akademie, öffnete die neuaufgelegten „Mitteilungen" des Stuttgarter Instituts zur Berichterstattung über die Arbeitsaufnahme in München und griff dem Goethe-Institut bei der Ausrichtung der ersten Ausländersprachkurse in Bayern im Jahre 1953 finanziell unter die Arme.

5. Die Gründung des Goethe-Instituts 1951/52

Parallel zu Thierfelders Bewerbung auf den Stuttgarter Posten und den Überlegungen im Auswärtigen Amt über die Vorteile einer Zentralorganisation für die zukünftige Kulturarbeit zum Ausland zeichnete sich in München jedoch vorerst eine wesentlich bescheidenere Lösung ab. Seit Anfang 1951 wurde deutlich, daß der bayerische Staat zunächst nur einen Teil des Geldes der Deutschen Akademie,

---

116 BHStA MK Registratur-Spalte II/586/1, Schreiben Erbes an Staatssekretär Brenner im bayerischen Kultusministerium, 6. 9. 1951.

117 So bedauerte Thierfelder ebenso wie das Auswärtige Amt die Tatsache, daß das IfA und das Goethe-Institut räumlich wie organisatorisch getrennt blieben, doch anders hätte man kein Geld vom bayerischen Staat aus dem Nachlaß der Deutschen Akademie erhalten können. In: PA B90/165 (KA), Thierfelder an das Auswärtige Amt, 27. 6. 1952.

118 BAK B307/39, Brief Thierfelders an Fehn, 7. 2. 1952.

nämlich 30000 DM, einer ähnlich gearteten Nachfolgeorganisation überlassen wollte, da dies offenbar auch in Bonn gewünscht war.[119] Auch die Bayerische Akademie der Wissenschaften hatte schließlich nichts mehr dagegen, das finanzielle Erbe der Deutschen Akademie mit der von Thierfelder anvisierten Einrichtung zu teilen, wenn diese sich auf die Aufgaben der früheren praktischen Abteilung beschränken und auf den Namen „Deutsche Akademie" verzichten würde. Salat hatte ebenfalls im Frühjahr 1951 Thierfelder deutlich gemacht, daß er zwar die Einrichtung einer Organisation, welche die Aufgaben der früheren Deutschen Akademie übernehmen würde, begrüße, diese aber nicht den Namen der 1945 aufgelösten Einrichtung tragen solle.[120]

„Da alle an der Arbeit Interessierten sich darüber klar zu werden beginnen, daß der Name ‚Deutsche Akademie' unnötige Schwierigkeiten heraufbeschwört, so sollte man vielleicht dadurch einen Schritt weiter kommen, daß offen erklärt wird, es solle nur ein ‚Goethe-Institut zur Fortbildung ausländischer Deutschlehrer' ins Leben gerufen werden. Damit verschwände der Name Deutsche Akademie, aber die Tradition des Goethe-Instituts in München bliebe erhalten. Wenn dadurch die Opposition gewisser Münchener Kreise beseitigt werden könnte, wüßte ich eigentlich nicht, was dann noch an Schwierigkeiten zu überwinden den wäre,"

schrieb Thierfelder im April 1951 nach einem Gespräch mit dem Syndikus der Bayerischen Akademie der Wissenschaften an das bayerische Kultusministerium.[121] Im Juli 1951 beruhigte Thierfelder auch Salat: „Ich betone noch einmal, daß dieser e.V. Deutsche Akademie lediglich eine Hilfskonstruktion sein sollte, der sich in dem Moment auflöst, da die Entscheidung über das Vermögen der Deutschen Akademie endgültig geworden ist. Der Name ‚Deutsche Akademie' wird keinesfalls wieder aufleben."[122]

Abgesehen von den Vorbehalten in Bonn wie München war der 1945 aufgelösten Organisation mit ihrer Bezeichnung als „Deutsche Akademie" ohnehin nie sehr gedient gewesen, da sie einen pompösen, eher auf wissenschaftliche Arbeit denn auslandskulturpolitische Aktivitäten hinweisenden Beiklang hatte. Zudem war der alte Name in gewisser Weise ja auch schon durch die 1949 in Frankfurt gegründete Deutsche Akademie für Sprache und Dichtung belegt. Die ganzen Bemühungen um die Wiedergründung der Deutschen Akademie seit Anfang 1950 waren also hauptsächlich ein Winkelzug gewesen, um den Staat Bayern zur Herausgabe des Geldes für ein letztlich wesentlich bescheideneres kulturpolitisches Unterfangen zu bewegen. Der wiedergegründete Verein „Deutsche Akademie", den Thierfelder, Fehn und Magnus im April 1950 in das Münchener Vereinsregi-

---

[119] „Die Bayerische Akademie der Wissenschaften ist ausgeschaltet, die Konten werden umgestellt und die Erklärung des Staatsrats Dr. Meinzolt liegt vor, daß mit dem Geld die Hauptstelle der Deutschen Akademie finanziert werden soll", schrieb Thierfelder am 8. 1. 1951 an die Sekretärin von Magnus, in: BAK B307/118. Im April 1951 wird erstmals der Zuschuß in Höhe von 30000 DM aus der Hinterlassenschaft der Deutschen Akademie in einem Schreiben Thierfelders an das Auswärtige Amt erwähnt, in: PA B90/165 (KA).

[120] BHStA MK Registratur-Spalte V/1275, Aufzeichnung über die Besprechung zwischen Staatsrat Meinzolt und Thierfelder, 5. 3. 1951.

[121] BHStA MK Registratur-Spalte II/586/I, Schreiben Thierfelders an Meinzolt, 20. 4. 1951.

[122] PA B90/125 (KA), Schreiben Thierfelders an Salat, 13. 7. 1951.

ster hatten eintragen lassen, führte folglich auch, wie Thierfelder Salat zugesagt hatte, nur ein Schattendasein auf dem Papier, bis er im September 1962 erneut und diesmal endgültig aus dem Vereinsregister gelöscht wurde.

Die seit Frühjahr 1951 sich abzeichnende Gründung eines Kulturinstituts in München war eine Art Balanceakt: Einerseits sollte eine Organisation gegründet werden, die zumindest Teile der Tätigkeit der 1945 aufgelösten Vorgängerorganisation weiterführen würde, welche auf dem Feld der auswärtigen Kulturpolitik seit 1945 brachlagen und die nicht zuletzt bearbeitet werden sollten, um an das vom bayerischen Staat verwaltete Geld heranzukommen. Andererseits durften im In- wie Ausland keine Vorbehalte wegen der Wiederbelebung der historisch vorbelasteten Vorgängerinstitution hervorgerufen werden. Ein klar umrissenes, wesentlich eingegrenzteres Tätigkeitsfeld als jenes der alten Akademie oder einer „Allgemeinen Deutschen Kulturgesellschaft" empfahl sich seit 1950 auch, um nicht an den kulturpolitischen Empfindlichkeiten und Kompetenzen der Bundesländer und der bereits bestehenden Einrichtungen wie dem IfA, dem DAAD oder der Bayerischen Akademie der Wissenschaften zu rühren. So bot sich der Name der 1932 gegründeten Abteilung „Goethe-Institut zur Förderung ausländischer Deutschlehrer" der vormaligen Akademie zunächst als Kompromiß an, mit dem alle leben konnten. „Unsere ursprünglichen umfangreichen Pläne sind auf ein bescheidenes Maß zurückgeführt worden. In diesem bescheidenen Maße sind sie aber ausführbar," schrieb denn auch Magnus am 2. August 1951 an den Rechtsanwalt Karl Ferdinand Reuss in München und bat ihn, eine Satzung für den zu gründenden Verein auszuarbeiten.[123] Eine Woche später, am 9. August 1951, kam es in einer unspektakulären Zusammenkunft in der Münchener Tengstraße im Hause des Verlegers Wolfgang Müller-Clemm zur Gründung des Vereins „Goethe-Institut zur Förderung ausländischer Deutschlehrer". Anwesend waren neben Müller-Clemm und Rechtsanwalt Reuss Thierfelder, Fehn, Magnus, sowie die Ex-Lektoren Dora Schulz und Hubert Strecker sowie das Ehepaar Rederer, beide ehemalige Akademiemitarbeiter in der Münchener Geschäftsstelle.[124]

Außer der Herausgabe der Zeitschrift „Deutschunterricht für Ausländer", deren Redaktion Thierfelder und Schulz seit Herbst 1951 übernahmen, erfolgte aber nach der Zusammenkunft vom 9. August beinahe ein Jahr lang nichts. Erst Ende April 1952 wurde der neue Verein in das Münchener Vereinsregister eingetragen, allerdings mit dem veränderten Zusatz „zur Pflege der deutschen Sprache im Ausland". Diese Namensänderung rührte daher, daß der Germanist Werner Richter, Professor an der Bonner Universität, der vom Auswärtigen Amt zu einer Besprechung über das Goethe-Institut hinzugezogen worden war, sich an der Namensbezeichnung des neuen Vereins stieß: Es sei Aufgabe der Universitäten, Lehrer aus- und fortzubilden.[125] Außerdem wurde im Frühjahr 1952 deutlich, daß man vom bayerischen Staat nur eine einmalige Zahlung von 30 000 DM sowie Mobiliar und die Bibliothek aus der Erbmasse der Deutschen Akademie erhalten würde. Die 30 000 DM waren also nicht, wie ursprünglich von den Vereinsgründern er-

---

[123] Goethe-Institut München, Stammakte.
[124] Ebenda, Niederschrift über die Gründungssitzung am 9. 8. 1951.
[125] PA B90/165 (KA), Protokoll der Besprechung im Auswärtigen Amt, 19. 10. 1951.

hofft,[126] nur eine Abschlagszahlung bis zur Übertragung des gesamten Restguthabens gewesen. Folglich brauchten die Gründer sich auch nicht mehr sklavisch an
den Namen der einstigen Unterabteilung der Deutschen Akademie zu halten, damit der neue Münchener Verein wie ein Rechtsnachfolger erschien. Schließlich
war der ursprüngliche Name ohnehin für die beabsichtigte Tätigkeit des neuen
Vereins zu restriktiv gewesen: Die Gründer wollten von Anfang an nicht nur ausländische Deutschlehrer in München fortbilden, sondern in der Tradition der
Deutschen Akademie auch Sprachkurse im Ausland abhalten.

   In einer Denkschrift Thierfelders über Aufgaben und Arbeitsprogramm des
Goethe-Instituts vom 20. August 1951 hieß es entsprechend der von ihm bereits
Ende der zwanziger Jahre entwickelten Argumentation:

> „Die Pflege und Förderung der deutschen Sprache im Ausland ist Kernstück deutscher Kul-
> tur- und Exportpolitik. Unsere geistige und wirtschaftliche Stellung in Europa hat in der Ver-
> gangenheit ganz wesentlich darauf beruht, daß Deutsch die meistgesprochene Sprache des
> Kontinents war. Die Entwicklung des Überseehandels folgte oder ging der Sprachausbrei-
> tung in anderen Erdteilen voraus [...] Deutschland in seiner politischen Machtlosigkeit und
> inneren Spaltung besitzt in der Sprache das stärkste Instrument zu einer allgemeinen Besse-
> rung seiner Lage in der Welt. Deshalb kann die Wiedererrichtung des Goethe-Instituts, das in
> den letzten 20 Jahren Wesentliches zur Festigung unserer Sprachgeltung im Ausland beige-
> tragen hat, zu einer neuen Wendung unserer Nachkriegsentwicklung beitragen."

Als erste Aufgabe nannte die Aufzeichnung die Einrichtung von Kursen zur Erlernung des Deutschen dort, wo ein natürliches Bedürfnis bestehe, erst die folgenden Punkte forderten als künftige Tätigkeit des Vereins auch die Ausbildung von
Deutschlehrern und die Erarbeitung von Unterrichtsmaterialien. Schließlich
sollte das neue Institut sich auch um die Förderung des fremdsprachlichen Unterrichts in Deutschland bemühen und eine Sprachstatistik über die Fremdsprachen
in der Welt führen.[127] Die Idee, der neue Verein solle sich auch der Förderung
fremder Sprachen in Deutschland verschreiben, die allerdings nie realisiert wurde,
war Ausdruck von Thierfelders bereits in den zwanziger Jahren in Ansätzen vorhandenen Überzeugung,[128] daß jede Kulturarbeit im Ausland auf Gegenseitigkeit
beruhen solle: So wie die Förderung der deutschen Sprache im Ausland nicht zuletzt zur Verständigung der Völker beitragen solle, müsse in diesem Sinne auch
den fremden Sprachen in Deutschland das Tor geöffnet werden. „Deutsche
Sprachpflege im Ausland, die nicht gleichzeitig ihr Augenmerk auf die Förderung
der Fremdsprachen im Inland richtet, erfüllt ihre Aufgabe nicht vollständig", hieß
es in einer weiteren Denkschrift Thierfelders über die Arbeit des Goethe-Instituts
vom Oktober 1951, die er für das Auswärtige Amt anfertigte.[129]

---

126 Ebenda, Brief Thierfelders an das Auswärtige Amt, 13. 7. 1951.
127 BAK B307/110, Das Goethe-Institut zur Förderung ausländischer Deutschlehrer: Aufgaben und Arbeitsprogramm, Aufzeichnung Thierfelders vom 20. 8. 1951.
128 Vgl. hierzu beispielsweise Thierfelders Vortrag auf der Hauptversammlung der Deutschen Akademie in Jena im Oktober 1929 über „Deutsche Spracharbeit im Ausland"
   (siehe Kapitel 3), in dem er allerdings das Prinzip der Gegenseitigkeit vor allem aus Gründen der Effizienz der eigenen Kulturwerbung befürwortete.
129 PA B90/165 (KA), Die Organisation der Arbeit des Goethe-Instituts, Denkschrift Thierfelders vom 19. 10. 1951.

Der Hinweis auf die enge Verbindung von Sprachverbreitung und Exportchancen war vor allem als Köder für potentielle Förderer aus der Wirtschaft gedacht. Die Gründer des neuen Goethe-Instituts erhofften sich ursprünglich, dieses nach einer Starthilfe vom bayerischen Staat und dem Auswärtigen Amt hauptsächlich aus Privatspenden finanzieren und damit weitgehend von staatlicher Einflußnahme freihalten zu können, so wie auch die Deutsche Akademie bis Kriegsausbruch einen Großteil ihres Budgets ebenfalls durch Spenden von privater Seite bestritten hatte.[130] Diese Erwartung war insofern erstaunlich, als gerade Thierfelder doch sehr wohl wußte, wie prekär die Finanzsituation der Deutschen Akademie in den zwanziger und dreißiger Jahren stets gewesen war, als sie sich zum Großteil auf Spenden hatte verlassen müssen. Doch vermutlich erschien ihm diese finanzielle Schwäche als geringeres Übel verglichen mit der Gefahr, daß der neue Verein womöglich eines Tages wegen seiner Abhängigkeit von öffentlichen Geldern von staatlicher Seite instrumentalisiert oder erpreßbar gemacht oder seine Arbeit dadurch im Ausland in Mißkredit gebracht werden könnte. Um deutsche Unternehmen als Sponsoren für die Sprachwerbung zu gewinnen, bemühte man erneut die Geschichte der Deutschen Akademie, wiederum in einer den Erfordernissen der Zeit angepaßten Version: In einem Rundbrief an deutsche Unternehmen vom Februar 1953 wurde auf die guten Beziehungen zwischen Goethe-Institut und deutscher Wirtschaft in den Jahren 1932 bis 1945 hingewiesen, die es dem Goethe-Institut ermöglicht hätten, vor dem Kriege rund 300 (!) Lektorate größtenteils aus Mitteln der Wirtschaft zu unterhalten.[131] Die Hoffnung auf ein großzügiges Sponsoring der Kulturarbeit durch die Wirtschaft erfüllte sich nicht, wie schon 1953/54 deutlich wurde:[132] Die Produkte der deutschen Unternehmen verkauften sich in den fünfziger Jahren im Ausland ungeachtet der Stellung der deutschen Sprache wegen der allgemein günstigen Konjunktur der Weltwirtschaft, dem Abbau von Handelshemmnissen, der relativ niedrigen Löhne in der Bundesrepublik und einer unterbewerteten Mark jenseits der Grenzen besser als jemals in der Zwischenkriegszeit. Im übrigen stellte sich heraus, daß die Nachfrage nach Deutschkursen nicht unbedingt dort am größten war, wo die stärksten Abnehmer deutscher Produkte saßen: Während das frühe Goethe-Institut anfangs vor allem Auslandsdozenturen im Nahen und Mittleren Osten einrichtete, wurde ein Großteil des Außenhandels der Bundesrepublik mit Westeuropa abgewickelt.[133]

---

[130] In diesem Sinne äußerte sich beispielsweise Magnus in einem Schreiben an das Auswärtige Amt vom 16. 2. 1952: Das Goethe-Institut brauche lediglich eine Anschubfinanzierung vom Auswärtigen Amt, danach bestehe die berechtigte Hoffnung, daß es sich wie einstmals die Deutsche Akademie durch die Wirtschaft finanzieren werde, in: PA B90/165 (KA).

[131] PA B 90/167 (KA), Vertrauliches Anschreiben „An die Wirtschaftsgruppe ...", 22. 2. 1953. Tatsächlich waren es ja nie mehr als 50 Lektorate vor Kriegsausbruch gewesen.

[132] Vgl. die entsprechenden Hinweise in den Vorstandssitzungen des Vereins 1953/54, in: BAK B307/25.

[133] Vgl. hierzu überblicksartig Gerd Hardach, Die Rückkehr zum Weltmarkt 1948–1958, in: Modernisierung im Wiederaufbau. Die westdeutsche Gesellschaft der 50er Jahre, hrsg. von Axel Schildt und Arnold Sywottek, Bonn ²1998, S. 80–104.

Am 30. Juni 1952 kam es zur ersten Vorstandssitzung des neuen Goethe-Instituts, auf welcher der Geist der Deutschen Akademie für den neuen Verein beschworen wurde, der den Namen der Vorgängerinstitution aus historischen Gründen nicht tragen sollte: Magnus als Vereinsvorsitzender erklärte, Grundlage für die aufzunehmende Arbeit sei die Deutsche Akademie, in der sich hervorragende Persönlichkeiten des geistigen Deutschlands getroffen hätten. Sie sei im Ansehen mit der Académie Française vergleichbar gewesen und die Zugehörigkeit zu ihr sei einem Ritterschlag gleichgekommen. „Die Tätigkeit des Goethe-Instituts soll sich in ihren Leistungen würdig an die Tradition der Deutschen Akademie anschließen, und sie nicht nur in Form und Brauchtum übernehmen." Thierfelder versprach, das Goethe-Institut werde politisch genauso neutral sein wie die Deutsche Akademie vor 1936. Ein verkappter Nationalismus habe im neuen Verein nichts zu suchen, vielmehr eröffne die Tätigkeit des Instituts der Stadt München die Gelegenheit, Weltläufigkeit zurückzugewinnen.[134]

6. Ausblick: Arbeitsaufnahme 1952–1959/60

Am 1. Juli 1952 nahm die Geschäftsstelle des Vereins die Arbeit in der Herzog-Rudolf-Straße 7 in München auf. Geleitet wurde sie von Helmuth Brückmann. Ihm assistierten zwei Halbtagssekretärinnen, die schon für die Deutsche Akademie aktiv gewesen waren. Brückmann, Major a.D. der Luftwaffe und als Sohn eines Engländers zweisprachig aufgewachsen, war studierter Germanist. Er hatte zeitweilig eine private Dolmetscherschule in München geleitet, die zuvor die Räume in der Herzog-Rudolf-Straße genutzt hatte. Obwohl ohne Akademie-Vergangenheit, war er ein Protegé Thierfelders. Brückmann hatte bereits im Wiesbadener Arbeitskreis die allerdings mehr auf dem Papier existente „Arbeitsstelle für Fremdsprachen und geistigen Austausch" geleitet und blieb bis 1958 Geschäftsführer, als ihn der Akademie-Veteran Richard Wolf ablöste, der zuletzt Mittelstellenleiter im besetzten Belgrad gewesen war. Thierfelder wollte Brückmann zu seinem Nachfolger aufbauen, der eines Tages die gleiche Rolle spielen sollte, die er selbst in der Deutschen Akademie eingenommen hatte.[135] Denn Thierfelder, dies war absehbar, mußte sich aufgrund seiner Verpflichtungen in Stuttgart mittelfristig aus den Geschäften des Münchener Vereins zurückziehen.[136] Dies geschah bis 1959 schrittweise, als er schließlich aus dem Pädagogischen Beirat des Goethe-Instituts ausschied, nachdem er schon 1956 seinen Sitz im Vorstand niedergelegt hatte.

Als erstes organisierte die Geschäftsstelle des neuen Goethe-Instituts im Oktober 1952 ein Auswahlseminar für künftig zu entsendende Auslandsdozenten in Seeshaupt am Starnberger See. Die Wiederaufnahme der Arbeit der Deutschen

---

[134] BAK B307/24, Niederschrift über die Vorstandssitzung des Goethe-Instituts, 30. 6. 1952.
[135] So Thierfelder in einem Schreiben an Salat vom 7. 4. 1952, in: PA B90/165 (KA).
[136] So schrieb er bereits im Februar 1952 an Fehn, er wolle sich, wenn das Goethe-Institut seine Tätigkeit einmal aufgenommen habe, vor allem auf die Arbeit in Stuttgart konzentrieren, in: BAK B307/39.

Akademie durch das Goethe-Institut in den fünfziger Jahren sollte nicht ausschließlich durch Verwendung des früheren Personals erfolgen. Abgesehen davon, daß die Mehrzahl der ehemaligen Akademiemitarbeiter Anfang der fünfziger Jahre schon an anderer Stelle wieder Verwendung gefunden hatte – im Falle der ehemaligen Lektoren zumeist im Schuldienst – und ein bloßes Wiedereinstellen früherer Kräfte rasch zu einer Überalterung des Mitarbeiterstabes geführt hätte, war dies auch eine politische Entscheidung. Zwar waren bewährte Kräfte der Vorläuferorganisation wie Schulz, Wolf, Günther und Graf von Posadowsky in Athen als Lektoren oder Sekretärinnen für die Arbeit in der Zentrale wie in den Außenstellen willkommen. Doch ebenso achtete vor allem Thierfelder, der die Entwicklung der Akademie seit 1937 als eine Art Verrat an seinen Idealen und Unterminierung der von ihm geleisteten Aufbauarbeit aufgefaßt hatte, darauf, daß nur solche Akademieveteranen Verwendung fanden, die sich im Dritten Reich nicht zu sehr exponiert hatten. Bereits in seiner Aufzeichnung vom August 1945 über die „Politische Tätigkeit der Deutschen Akademie" hatte er eine genaue Überprüfung des Akademiepersonals gefordert. Folglich fand keine der führenden Kräfte, die in der Geschäftsstelle der Akademie in München oder im alten Goethe-Institut vor und im Kriege gearbeitet hatte, in der Nachfolgeorganisation Anstellung, ebensowenig Lektoren, die der NSDAP angehört oder mit deren Auslandsorganisation zusammengearbeitet hatten.[137] Das frühe Goethe-Institut war also einerseits eine Institution, die starke inhaltliche wie personelle Kontinuitäten zur Arbeit der Vorgängerinstitution im Dritten Reich aufwies und sich durchaus in der Tradition der damals geleisteten Arbeit sah. Andererseits aber, was recht ungewöhnlich für damalige bundesdeutsche Einrichtungen war – man denke nur an das Auswärtige Amt, in dem zwei Drittel der führenden Positionen 1952 von ehemaligen Parteigenossen besetzt waren[138] –, blieb es frei von überzeugten früheren Nationalsozialisten und selbst nominellen Parteigenossen.

Auf dem ersten Auswahlseminar in Seeshaupt machte Thierfelder den Bewerbern in zwei Vorträgen über „Deutsche Sprache im Ausland" und „Umgang mit Völkern" die Grundsätze deutlich, die er schon seit den zwanziger Jahren zu Richtlinien auswärtiger Kulturpolitik erkoren hatte: Es dürfe keine Vermengung von Kulturarbeit und Politik geben, das Fundament der auswärtigen Kulturpolitik sei die Sprache, der Verzicht auf die Muttersprache hingegen bedeute den Verlust der Volkszugehörigkeit, ihre Pflege und Verbreitung sei „natürliche Pflicht und ein gesundes Bestreben", das die „Verminderung des Fremden" in der Welt

---

[137] So forderte Thierfelder in der Vorstandssitzung vom 10. 2. 1954, die ins Ausland zu entsendenden Dozenten seien darauf zu überprüfen, ob sie in der Auslandsarbeit der NSDAP hervorgetreten seien. Falls dies der Fall gewesen sei, müßten sie auf jeden Fall abgelehnt werden, in: BAK B307/24.

[138] Vgl. Döscher, Verschworene Gesellschaft, S. 311. Paradoxerweise war gerade die Kulturabteilung des wiedergegründeten Amtes in der Anfangsphase relativ frei von alten Parteigenossen und eine „katholische" Hochburg in einem ansonsten protestantisch geprägten Amt (S. 121). Dieser Umstand rührte wohl nicht zuletzt daher, daß die Diplomaten, die schon in der Wilhelmstraße gedient hatten, die Kulturabteilung ohnehin nie als karriereträchtiges Sprungbrett angesehen hatten und sie daher getrost Außenseitern wie Salat überlassen konnten.

zum Ziel habe. Verbreitung der eigenen Sprache und Erlernen fremder Sprachen seien kein Gegensatz, und keine Sprache sei so unbedeutend, daß sie es nicht Wert sei, erlernt oder verbreitet zu werden. Die deutsche Sprache habe, wenn auch „blutend", die Niederlage überstanden und rücke wieder in ihre alte Stellung ein, wobei Deutsch, Französisch und Englisch die wichtigsten Weltsprachen seien, da „es heute keine Sprache mit uneingeschränkter Weltgeltung mehr gibt". Deutsch, so behauptete Thierfelder ohne nähere Begründung, sei vielmehr „Nutznießer der gegenwärtigen Weltsituation". Auch ein weiteres Standardthema Thierfelders fehlte nicht: Der nötige Takt im Umgang mit fremden Völkern bei der Kulturarbeit, der gerade den Deutschen schwerfiele, da sie kompromißfeindlich, wahrheitsfanatisch, schulmeisterlich, arbeitswütig und von einer gewissen „Formlosigkeit" seien. Auch in anderer Hinsicht wurde an frühere Zeiten angeknüpft: Lehrer Lapper gab auf diesem Seminar eine Kostprobe seiner Methode des „singenden Lernens" und behauptete, mit dieser würden Ausländer innerhalb von sechs Wochen fließend deutsch sprechen und Universitätsvorlesungen folgen können.[139] So war es nicht erstaunlich, daß im Mai 1953 die erste Unterrichtsstätte für ausländische Sprachschüler des Goethe-Instituts in Bad Reichenhall eröffnete, denn Lapper, der in der Nähe wohnte, sollte die Kurse leiten.[140] Allerdings stellte sich schon nach einigen Tagen des Unterrichts in Bad Reichenhall nach der Methode Lappers heraus, daß der Vermittlung des Deutschen durch tägliches, stundenlanges Absingen der Melodie von „Morgen kommt der Weihnachtsmann" selbst bei variierendem Text und steigender grammatikalischer Komplexität der Verszeilen Grenzen gesetzt waren, ja die Methode durchaus Widerstand bei den Kursteilnehmern hervorrief. Lapper wurde nach ein paar Wochen von seiner Lehrtätigkeit entbunden,[141] was das Ende der seit den dreißiger Jahren bestehenden Kooperation zwischen ihm und dem Goethe-Institut bedeutete.

Es gab noch eine zweite, etwas länger anhaltende Kontinuität zwischen dem Deutschunterricht der Deutschen Akademie und jenem des frühen Goethe-Instituts: Zunächst nutzte man für den Unterricht eine politisch aktualisierte Auflage des Buches „Gesprochenes Deutsch". München als „Hauptstadt der Bewegung", Wien als „Hauptstadt der Ostmark", der Reichsarbeitsdienst und einige andere Hinweise, die auf die Entstehung der ursprünglichen Fassung im Dritten Reich hingewiesen hatten, waren aus der Neuauflage von 1953 getilgt worden. Das neue Goethe-Institut brachte allerdings 1955 ein eigenes Lehrwerk, von Dora Schulz und Heinz Griesbach erarbeitet, unter dem Titel „Deutsche Sprachlehre für Ausländer" heraus, das „Gesprochenes Deutsch" fortan ersetzte.

Die Unterrichtsstätten im Inland waren eine Neuerung im Vergleich zur alten Akademie, die sich auf die Fortbildung ausländischer Deutschlehrer in München beschränkte, hingegen im Inland keine Anfängerkurse angeboten hatte. Sie gingen auf eine Initiative Brückmanns zurück, der in ihnen eine Chance witterte, dem

---

[139] PA B90/166 (KA), Bericht über den ersten Vorbereitungskurs für zukünftige Lektoren und Sprachlehrer im Ausland, Aufzeichnung von Brückmann von Ende Oktober 1952.
[140] Helmuth Brückmann, Anfang und Aufbau. Die Jahre 1952 bis 1958, unveröffentlichtes Manuskript im Goethe-Institut München, S. 14.
[141] Vgl. hierzu Griesbach, Am Anfang war fast nichts, S. 73 f.

jungen Verein eine Einnahmequelle zu verschaffen.[142] Die Unterrichtstätten – auf Bad Reichenhall folgten 1954 Murnau und ein Jahr später Kochel und Burg – erwiesen sich tatsächlich als erfolgreiche Einrichtungen, die nicht nur sich selbst trugen, sondern sogar einen bescheidenen Gewinn abwarfen. Ihre Zahl vermehrte sich folglich bis Ende der fünfziger Jahre auf zwölf. Alle waren in Kleinstädten angesiedelt, denn hier waren die Unterbringungskosten geringer und die Sprachschüler konnten sich ganz auf das Lernen konzentrieren, da es wenig Ablenkung gab. Die Unterrichtsstätten zogen vor allem Sprachschüler aus dem Nahen und Mittleren Osten und Nordafrika an, in den ersten vier Jahren beinahe doppelt so viele wie aus dem europäischen Ausland. Die Sprachschüler aus den außereuropäischen Ländern nutzten die Intensivsprachkurse vor allem, um sich auf ein Studium in Deutschland vorzubereiten.[143]

Zudem übernahm der Verein 1953 die seit 1951 von dem ehemaligen Akademielektor Günther in Athen auf eigene Initiative organisierten Deutschsprachkurse als ersten Auslandsstützpunkt des Goethe-Instituts. Im Gegensatz zu den Unterrichtsstätten im Inland erwiesen sich die Auslandsdozenturen aber als so kostspielig, daß sie, wie sich bald herausstellte, nur durch staatliche Subventionen zu unterhalten waren. Sie waren u. a. so teuer, da man im Zeichen des Wirtschaftswunders der neuen Generation von Goethe-Dozenten im Ausland materiell mehr bieten mußte als den Akademielektoren der dreißiger und vierziger Jahre, wie sich Thierfelder in einer Vorstandssitzung des Vereins beklagte.[144] Trotzdem stieg die Zahl der Auslandsdozenturen bis zum Ende des Jahrzehnts auf 18 mit 62 entsandten Kräften, da das Auswärtige Amt dem Münchener Institut immer mehr Geld zuschoß: Aus dem ursprünglich anvisierten Zuschuß aus Bonn von etwa 70 000 DM, den Thierfelder und Magnus 1951/52 in ihrem Glauben, den neuen Verein vornehmlich aus privaten Spenden finanzieren zu können, zunächst für ausreichend gehalten hatten, waren Ende der fünfziger Jahre etwa 1,6 Millionen DM an jährlichen Subventionen des Auswärtigen Amts geworden, die ca. 60–70% des Gesamtbudgets des Goethe-Instituts ausmachten. Zwischenzeitlich, im Sommer 1955, war die finanzielle Situation des Vereins so kritisch gewesen, daß man eine Verlegung der Tätigkeit nach Stuttgart erwog, da die baden-württembergische Landeshauptstadt einen wesentlich höheren jährlichen Zuschuß als München sowie die Bereitstellung kostenloser Büroräume in Aussicht gestellt hatte. Wieder war es die Tradition der Deutschen Akademie, die Einfluß auf die Geschicke des Goethe-Instituts nahm: Thierfelder sprach sich unter Hinweis auf die seit den

---

142 Brückmann, Anfang und Ausbau, S. 14.
143 Bis zum 31. 3. 1957 stammten von den insgesamt 3625 Sprachschülern, die seit 1953 die Unterrichtsstätten im Inland besucht hatten, 1914 aus diesen Regionen, insbesondere aus Ägypten, Jordanien, Libanon, Syrien, Türkei, Iran, Irak und Indien. Lediglich 1110 stammten aus dem europäischen Ausland. Vgl. 5 Jahre Goethe-Institut München 1952–1957, hrsg. vom Goethe-Institut, München 1957, S. 10.
144 BAK B307/25, Protokoll der kombinierten Sitzung des Vorstands und Verwaltungsrats vom 21. 3. 1955.

dreißiger Jahren von München erfolgreich geleistete Spracharbeit gegen eine Übersiedlung nach Stuttgart aus.[145]

Die Gründung der Akademielektorate in den dreißiger Jahren war auf Anregung Thierfelders und in Absprache mit dem Auswärtigen Amt einem klaren Plan gefolgt: Sprachpolitisch wollte man in den Ländern Jugoslawien, Griechenland und Bulgarien einen Umschwung zugunsten des Deutschen herbeiführen als Beitrag zur Balkanstrategie des Reiches, das dort ein „informal empire" errichten und daher vor allem den französischen Einfluß in diesem Großraum zurückdrängen wollte. Die Einrichtung der Goethe-Dozenturen in den fünfziger Jahren hingegen basierte auf keinem Plan, der einer klaren außenpolitischen Intention folgte. Man projektierte und eröffnete Dozenturen einfach dort, wo der Münchener Verein ein allgemeines Interesse für deutsche Sprache und Kultur vermutete,[146] da man in München wie Bonn offenbar froh war, daß sich dieses nach den Ereignissen der Jahre 1933 bis 1945 überhaupt erhalten hatte. Zudem mußte der Verein, wollte er, so wie es sich die Gründer noch in der Anfangsphase erhofften, von staatlicher Zuwendung möglichst frei bleiben, vor allem nachfrageorientiert handeln. Auch das Auswärtige Amt schien keine eindeutigen Schwerpunkte in geographischer Hinsicht benennen zu wollen. Es wurde 1955 nur recht allgemein vereinbart, daß man sich bei der Eröffnung neuer Dozenturen auf den Nahen, Mittleren und Fernen Osten konzentrieren solle, da sich dort derzeit besonders gute Entwicklungsmöglichkeiten für die deutschen Interessen ergäben.[147] Entsprechend weit gestreut lagen die Dozenturen 1959: Drei befanden sich in Griechenland sowie jeweils eine in Spanien, Italien, Finnland, Frankreich, Türkei, Libanon, Syrien, Ägypten, Sudan, Liberia, Irak, Indien, Malaysia, Thailand und Japan.

Seit Sommer 1959 zeichnete sich ein neuer Abschnitt in der Geschichte des Münchner Vereins ab, der ihn aus dem Schatten der reinen Sprachförderung und damit auch aus jenem der Deutschen Akademie herausführen sollte. Der neue Leiter der Kulturabteilung des Auswärtigen Amts, Dieter Sattler[148], der im Juli 1959 sein Amt antrat, vereinbarte mit dem Münchener Verein, daß dieser ab 1960 schrittweise alle deutschen Kulturinstitute im Ausland übernehmen solle. Sattler war zuvor Kulturreferent an der Botschaft in Rom (Quirinal) gewesen und hatte hier u. a. Gelegenheit gehabt, mit Salat, der von 1954 bis 1957 als Referent an der Botschaft im Vatikan arbeitete, die strukturellen Probleme der deutschen auswärtigen Kulturpolitik seit der Wiedergründung des Auswärtigen Amts zu erörtern. Beide waren sich darin einig, daß diese einer stärkeren organisatorischen Zusammenfassung bedürfe, idealerweise durch Gründung einer Art „German Council" nach britischem Vorbild. Sattlers Berufung war eine Reaktion von Außenminister

[145] Ebenda, Protokoll der kombinierten Sitzung des Vorstands und Verwaltungsrats vom 1. 7. 1955.
[146] Diese Planlosigkeit wurde bereits in der Anfangsphase des Goethe-Instituts von einem Vertreter des Auswärtigen Amts, der im Herbst 1953 einer Vorstandssitzung des Goethe-Instituts beiwohnte, gegenüber der Kulturabteilung moniert. Vgl. PA B90/170 (KA), Bericht über die Sitzung des Verwaltungsrats und des Vorstands des Goethe-Instituts vom 26. 10. 1953, 31. 10. 1953.
[147] BAK B307/159, Protokoll der Besprechung im Auswärtigen Amt, 20. 6. 1955.
[148] Grundlegend hierzu Stoll, Kulturpolitik als Beruf.

Heinrich von Brentano auf die in der Öffentlichkeit aufgekommene Kritik an den Leistungen des Amts in der kulturellen Selbstdarstellung der Bundesrepublik im Ausland.

Bereits bei einem Treffen der Kulturreferenten der westdeutschen Botschaften Anfang 1956 in Bonn hatten diese übereinstimmend festgestellt, daß in allen Ländern eine verstärkte kulturpolitische Aktivität des Ostblocks zu verzeichnen sei, die keine zufällige Häufung von Einzelinitiativen sein könne.[149] Der Kampf der Systeme hatte sich also in den Augen der Kulturfunktionäre nach der 1955 abgeschlossenen Konsolidierung der Machtblöcke und dem politischen und militärischen Patt zwischen beiden Lagern auf die Ebene der Kulturpolitik verlagert. Dies war eine Interpretation, die nicht zuletzt geeignet war, mehr Geld für die auswärtige Kulturpolitik fordern zu können. Die öffentliche Debatte war 1957 angestoßen worden, als der nordrhein-westfälische Kultusminister Paul Luchtenberg die Errichtung eines „Senats für kulturelle Auslandsarbeit" gefordert hatte, und seitdem nicht mehr verstummt. Prominente Stimmen in dieser Diskussion waren u. a. Bundestagspräsident Eugen Gerstenmaier, der ehemalige Ministerpräsident Schleswig-Holsteins und Vorsitzende der deutschen UNESCO-Kommission und der Gesellschaft für Auswärtige Politik, Theodor Steltzer, sowie der Schriftsteller und Journalist Bruno E. Werner, der seit 1952 zugleich Kulturattaché an der Botschaft in Washington war.[150] Die geäußerte Kritik war auch Ausdruck wachsender Befürchtungen in der Bundesrepublik, daß es der DDR, der man große Mittel zur Durchführung ihrer auswärtigen Kulturpolitik zuschrieb,[151] im Rahmen der dem Osten unterstellten kulturpolitischen Offensive gelingen könnte, sozusagen als ersten Schritt einer späteren diplomatischen Anerkennung kulturpolitisch in den jungen Nationen des Nahen und Mittleren Ostens Fuß zu fassen. Um in den neuentstandenen Staaten (west-)deutsche Interessen wirkungsvoll zu vertreten, mußte sich Bonns auswärtige Kulturpolitik im Grunde genommen von einer bloßen Selbstdarstellung zu einer Art kultureller Entwicklungspolitik wandeln, die dem Gaststaat helfen würde, seine Kultur zu bewahren, zu entwickeln und über die eigenen Grenzen hinaus bekannt zu machen. Diese Überlegungen wurden ansatzweise schon 1958 von Gerstenmaier geäußert, fanden ihren Durchbruch aber erst ein Jahrzehnt später.[152] Die Diskussionen um die deutsche auswärtige Kulturpolitik gipfelten ganz im Sinne Salats und Sattlers in der Forderung, einen „Deut-

---

149 IfZ ED 145/45, Neue Offensive im Kalten Krieg, Aufzeichnung Sattlers vom 28. 2. 1956 über das Treffen der Kulturreferenten in Bonn.

150 Vgl. hierzu Manfred Regnery, Die Diskussion über die deutsche auswärtige Kulturpolitik zwischen 1957 bis 1963 unter besonderer Berücksichtigung der Deutschen Unesco-Kommission, Diss. phil. Freiburg i.Br. 1973.

151 „Die Zone arbeitet mit fast unbegrenzten Mitteln", schrieb Karl Korn am 25. 3. 1959 in der Frankfurter Allgemeinen Zeitung, in welcher er unter dem Titel „Kurswechsel in der deutschen Kulturpolitik zum Ausland" über die anstehende Ernennung Sattlers zum Leiter der Kulturabteilung und die damit zu erwartenden Neuerungen berichtete.

152 Vgl. Gerstenmaiers Ansprache über „Deutsche Kulturpolitik im Ausland" auf der Jahrestagung des IfA im November 1958, abgedruckt in: Mitteilungen. Institut für Auslandsbeziehungen, 8 (1958), S. 273–278.

schen Kulturrat" nach Muster des British Council als staatsferne zentrale Koordinationsstelle zu schaffen.

Die Kulturabteilung des Auswärtigen Amts, auch dies eine Tradition aus der Zeit vor 1945, führte seit ihrer Wiedergründung ein ziemliches Schattendasein innerhalb des Amtes, wie die Klagen Salats und seiner Nachfolger während der ganzen fünfziger Jahre über zu wenig Personal zeigten. Die traditionelle Geringschätzung auswärtiger Kulturpolitik als Mittel der Diplomatie auch im neuen Amt zeigte sich u. a. an den ersten Leitern der Kulturabteilung: Bezeichnenderweise blieb Salat von 1951 bis 1954 kommissarisch mit der Führung der Kulturabteilung betraut, ohne daß man sich entschloß, einen Abteilungsleiter zu ernennen. Noch signifikanter für den Status der Kulturabteilung in den fünfziger Jahren als Karriereabstellgleis und als Nebenaspekt der Diplomatie, dem nicht allzuviel Beachtung geschenkt wurde, war der Fall Heinz Trützschler von Falkensteins, der sie von 1955 bis 1959 leitete. Er hatte nicht nur im Kriege die „Weißbücher" des Auswärtigen Amts zur Rechtfertigung der NS-Aggressionspolitik mitverfaßt, was an sich schon nicht gerade die ideale Empfehlung war, um die Kulturabteilung des Außenministeriums eines demokratischen Staatswesens zu leiten. Der Untersuchungsausschuß Nr. 47 des Bundestages, der im Herbst 1951 gegründet worden war, um zu klären, in welchem Maße das neue Auswärtige Amt von alten Parteigenossen durchsetzt sei, hatte Trützschler 1952 als vorläufig nicht beförderungswürdig und für den Auslandsdienst ungeeignet eingestuft.[153] Erst die Ernennung Sattlers, eines gestandenen Kulturpolitikers, der bereits von 1947 bis 1950 Staatssekretär für die Schönen Künste in Bayern gewesen war, zum Leiter der Kulturabteilung schien Abhilfe zu schaffen. So wurde die Kulturabteilung nun allein schon dadurch äußerlich aufgewertet, daß ihr Leiter erstmals den Rang eines Ministerialdirektors erhielt. Trotz mehr Geld, mehr Personal und einer höheren Dotierung des Abteilungsleiterpostens erkannte Sattler freilich nach siebenjähriger Tätigkeit an der Spitze der Abteilung 6, daß die Kulturabteilung und damit die auswärtige Kulturpolitik selbst unter seiner Ägide nicht wesentlich mehr Gewicht innerhalb des Amts erhalten hatte als zuvor.[154]

Eine Neuerung Sattlers, die Ende 1960 realisiert wurde, war die Einrichtung eines das Amt in Fragen der auswärtigen Kulturpolitik beratenden Kulturbeirates. Er war sozusagen die „kleine Lösung", nachdem die „große Lösung" eines „Deutschen Kulturrates" nach dem Muster des British Council wegen der föderativen Ordnung der Bundesrepublik – die Kultusministerkonferenz hatte sich Anfang Februar 1959 gegen einen solchen ausgesprochen –, dem Beharrungsvermögen der bereits etablierten Mittlerorganisationen und der Angst, damit zunächst wieder nur eine weitere Bürokratie zu schaffen, nicht realisierbar gewesen war. Dies war bereits vor der Arbeitsaufnahme Sattlers in Bonn deutlich geworden.[155]

---

153 Döscher, Verschworene Gesellschaft, S. 231 f.

154 IfZ, ED 145/58, Bilanz 1959–1966: Sieben Jahre Kulturabteilung des Auswärtigen Amts, Aufzeichnung Sattlers vom 16. 4. 1966.

155 Schon die Frankfurter Allgemeine Zeitung berichtete am 25. 3. 1959, daß das Auswärtige Amt gegen einen „German Council" sei und statt dessen einen Kulturbeirat erhalten

Mit dem Vorschlag Sattlers, die Kulturinstitute unter einem einheitlichen Dach zu vereinen, für den er im vorhinein das Plazet von Brentanos erhalten hatte,[156] griff Sattler die zuvor geäußerte Kritik an der Zersplitterung der deutschen auswärtigen·Kulturpolitik in einem weiteren Aspekt konstruktiv auf, indem er zumindest in einem Teilbereich der auswärtigen Kulturpolitik eine Flurbereinigung durchführte, die ihm und Salat schon 1957 als notwendig erschienen war.[157]

Sattlers Initiative hinsichtlich der Kulturinstitute zielte auf einen besonders krassen Mißstand: Ende der fünfziger Jahre gab es nicht weniger als drei Formen der Trägerschaft für die deutschen Kulturstützpunkte im Ausland. Neben den 18 Auslandsdozenturen des Goethe-Instituts, die sich in Anlehnung an die früheren Lektorate der Akademie offiziell ausschließlich mit Sprachunterricht befaßten, gab es 1959 insgesamt 65 deutsche Kulturinstitute im Ausland, die von deutsch-ausländischen Kulturgesellschaften betrieben wurden. Diese waren meist schon Anfang der fünfziger Jahre aus lokalen Initiativen vor allem in den traditionell deutschfreundlichen Ländern Südamerikas hervorgegangen und folglich hier überproportional stark vertreten. Daneben gab es noch 35 bundeseigene Kulturinstitute, die direkt dem Auswärtigen Amt unterstanden, sich allerdings wiederum in drei Kategorien unterteilten: In den als besonders wichtig angesehenen Metropolen Madrid, Rom, Lissabon, London, Stockholm, Oslo, Helsinki, Ankara, Kairo, Neu Delhi und New York waren zwischen 1955 und 1959 sukzessive repräsentative Einrichtungen eröffnet worden mit vom Auswärtigen Amt selbst ausgewähltem und entsandtem Personal, in der Regel ein Direktor und ein bis zwei Bibliothekskräfte. In der überwiegenden Zahl der Fälle wurden die bundeseigenen Institute, die eher Informationsbibliotheken als Veranstaltungsorten glichen, allerdings nebenamtlich von den Goethe-Dozenten oder den DAAD-Lektoren vor Ort geleitet, oder sie reduzierten sich auf reine, nur zeitweilig geöffnete Leseräume, die von den deutschen Auslandsvertretungen mitbetreut wurden.

Die Tatsache, daß ausgerechnet der Bund selbst die Kulturinstitute in den wichtigsten Hauptstädten betrieb, vergleichbar mit den DWI im Kriege, die Einrichtungen des Auswärtigen Amts gewesen waren, mutete um so befremdlicher an, als die Diplomaten nach 1945 eigentlich den Eindruck einer staatlich straff gelenkten auswärtigen Kulturpolitik unbedingt vermeiden wollten. Daß das Betreiben von Kulturinstituten durch das Auswärtige Amt und dessen Personalpolitik manch seltsame Blüte trieb, zeigt das Beispiel der im Januar 1958 in London eröffneten Einrichtung, welches, im noblen South Kensington am Hyde Park gelegen, der bislang teuerste Stützpunkt war. So wandte sich der erste Leiter, Donald Hirsch, im März 1959 an den Bundesaußenminister persönlich, mit dem er offenbar befreundet war – die Anrede in seinem Brief lautete immerhin „Lieber Heini!" –, um Instruktionen für die Kulturarbeit zu erbitten, da er bislang keine klaren Weisun-

---

werde. Im Auswärtigen Amt selbst hatte sich u. a. der ehemalige Leiter der Kulturabteilung von Twardowski gegen einen „German Council" ausgesprochen.

156 IfZ ED 145/45, Protokoll der Unterredung zwischen Brentano und Sattler vom 21. 12. 1958.

157 Ebenda, Aufzeichnung über ein Gespräch Sattlers, Salats und Steltzers in Rom am 16. 2. 1957.

gen von anderer Seite habe erhalten können, weder von der Kulturabteilung der Zentrale, noch von der Botschaft in London.[158] Dieses Bemühen um Rückversicherung war verständlich, denn zwei Jahre zuvor hatte Staatssekretär Walter Hallstein im Bundestag kritisiert, daß das Bochumer Schauspielhaus in Paris ein Stück von Bertolt Brecht aufgeführt hatte. Brecht wie im übrigen auch Franz Wedekind, befand der höchste Beamte des Auswärtigen Amts damals, seien nicht geeignet, deutsche Kultur im Ausland zu repräsentieren.[159] Bundeseigene Kulturinstitute konnten nicht nur eine Art Beamtenmentalität schaffen, welche die Eigeninitiative erstickte. Sie machten die Institutsarbeit natürlich auch für Einmischungen aus der Zentrale anfällig. So wurde die Londoner Einrichtung in der Kulturabteilung dafür kritisiert, daß sie im ersten Jahr ihrer Existenz die Mehrzahl der Veranstaltungen auf Englisch abgehalten habe, während lebensnahe Vorträge auf Deutsch zur aktuellen Kultur der Bundesrepublik gefehlt hätten. Hierunter verstand der Referent u. a. Themen wie „Sitten und Bräuche der einzelnen Bundesländer" oder „Deutsche Märchen im Wandel der Zeiten".[160] Bei der ersten Bundestagsdebatte zur auswärtigen Kulturpolitik der Bundesrepublik überhaupt im Juni 1960 kritisierte denn auch der Redner der SPD, Georg Kahn-Ackermann, die bisherige Arbeit der bundeseigenen Kulturinstitute. Diese stehe, wie man auch jüngst in der Presse habe lesen können, mehr oder weniger unter dem Motto „edel, aber verstaubt", es herrsche eine „kulturelle Kaffeekränzchenatmosphäre". Ursache hierfür sei nicht zuletzt die Angst der Leiter der Institute vor Maßregelungen der Zentrale, die offenbar auch auf dem Gebiet der auswärtigen Kulturpolitik der Devise „Keine Experimente" folge. Nicht zuletzt deshalb konzentriere man sich in den Instituten auf die Verbreitung unverfänglicher „klassischer" deutscher Kultur, während Themen zur deutschen Kultur und Politik nach 1914 kaum anzutreffen seien: Der Leiter des Instituts in Rom beispielsweise habe seine ganze Energie darauf verwendet, eine Bach-Gesellschaft ins Leben zu rufen.[161]

Direkt dem Amt unterstehende Kulturinstitute erwiesen sich auch insofern als ungeeignet, als die Kulturabteilung in Bonn schlichtweg nicht das Personal hatte, die Institute in ihrer inhaltlichen Arbeit wie auch administrativ angemessen zu betreuen, ganz abgesehen davon, daß das traditionelle Rotationsprinzip im Auswärtigen Amt eine kontinuierliche inhaltliche Zusammenarbeit ohnehin unmöglich machte. Sattler wußte 1959, daß er zwar auf eine erhebliche Erhöhung der Kultur- und Schulfonds des Auswärtigen Amts in den nächsten Jahren hoffen konnte, eine entsprechende Aufstockung des Beamtenstabs der Kulturabteilung hingegen wegen der damit verbundenen langfristigen finanziellen und personalpolitischen Implikationen für das Amt nicht sehr aussichtreich sein würde.[162] Aus diesen Gründen wurde die sich 1959 abzeichnende Überantwortung der Kulturinstitute an das

---

158 PA B1/100, Brief Hirschs an von Brentano, 18. 3. 1959.
159 Verhandlungen des Deutschen Bundestages. 2. Wahlperiode, Sitzung vom 4. 4. 1957, S. 11391 f.
160 PA B96/569, Aufzeichnung betr. Tätigkeitsbericht des Kulturinstituts in London für 1958, 12. 5. 1959.
161 Verhandlungen des Deutschen Bundestages. 3. Wahlperiode, Sitzung vom 23. 6. 1960, S. 6872 f.
162 Stoll, Kulturpolitik als Beruf, S. 369.

Münchener Institut in der Kulturabteilung grundsätzlich befürwortet, vorausgesetzt, ihr werde eine Mitsprache bei wichtigen Entscheidungen eingeräumt, in erster Linie bei der Ernennung der Leiter der bedeutendsten Institute, dem Umfang der den einzelnen Instituten zustehenden Mittel und den auszuarbeitenden inhaltlichen Richtlinien.[163]

Für eine Zusammenfassung aller Institute ausgerechnet unter dem Dach des Münchener Vereins sprachen noch andere Gründe: Die Kulturinstitute, die nicht direkt vom Goethe-Institut gegründet worden waren, hielten teilweise auch Deutschkurse ab, für die nicht selten speziell dafür entsandte Goethe-Dozenten eingesetzt oder von der örtlichen Goethe-Dozentur abgestellt wurden. Dies hatte in München schon zu Unmut geführt, da der Name des Vereins, nach dessen Muster der Deutschunterricht auch in diesen Einrichtungen erfolgte, nach außen nicht in Erscheinung trat. Magnus hatte schließlich sogar mit dem Ende der Zusammenarbeit zwischen dem Goethe-Institut und den bundeseigenen Einrichtungen im Ausland gedroht.[164] In der Kulturabteilung wiederum hatte man schon 1957 mit Blick auf die besonders zugkräftige Goethe-Dozentur in Athen[165] erkannt, daß einige Auslandsstützpunkte des Münchner Vereins die Aufgabe eines Kulturinstituts durchaus erfüllten und daher vom Auswärtigen Amt finanziell besonders gefördert werden sollten, da sie die Errichtung eines bundeseigenen Kulturinstituts an gleicher Stelle überflüssig machten.[166] Schließlich war das Goethe-Institut am Ende des Jahrzehnts ohnehin zum überwiegenden Teil von Subventionen aus Bonn abhängig geworden, so daß eine einheitliche Zusammenfassung aller Kulturinstitute unter dem Dach der Münchener Einrichtung nur eine konsequente Fortentwicklung der bestehenden finanziellen Kooperation sein würde. Es waren aus Sicht des Auswärtigen Amts vor allem organisatorische Erwägungen, die eine Übertragung der Kulturinstitute auf den Münchener Verein geraten erschienen ließen, und nicht so sehr die Erwartung, daß somit auch eine thematisch zeitgemäßere Kulturwerbung im Ausland möglich sein würde. Für Sattler spielten noch zwei weitere Erwägungen eine Rolle, die gleichsam in einem negativen Auswahlverfahren letztlich nur das Goethe-Institut in München als organisatorisches Dach übrig ließen. Die zukünftig wichtigste Mittlerorganisation sollte auf jeden

---

163 PA B96/569, Aufzeichnung betr. die Übernahme der deutschen Kulturinstitute im Ausland durch das Goethe-Institut, 14. 10. 1959.

164 BAK B307/42, Protokoll der Sitzung des Vorstands, 27. 6. 1959; PA B96/569, Aufzeichnung betr. bundeseigene Kulturinstitute, an denen Dozenten des Goethe-Instituts tätig sind, 1. 7. 1959.

165 Die Athener Zweigstelle war und ist wegen des großen Werts, der in Griechenland traditionellerweise auf die Beherrschung von Fremdsprachen gelegt wird, seit ihrer Gründung das größte Goethe-Institut. Im Jahre 1999 wurden hier beispielsweise 27 507 Unterrichtseinheiten in DaF gegeben im Vergleich zu 14 604 in Paris, 11 431 in Moskau, 10 995 in Warschau, 8762 in London und 8718 in Rom. Mehr als die Hälfte aller Prüfungen in DaF in sämtlichen Goethe-Instituten der Welt wurden im Jahre 1999 in den Instituten in Athen und Thessaloniki abgelegt, nämlich 18 342 von weltweit 35 882. Vgl. Goethe-Institut (Hrsg.), Jahrbuch 1999/2000, München 2000, passim.

166 BAK B307/25, Aufzeichnung betr. die Tagung des Vorstandes und Verwaltungsrates des Goethe-Instituts vom 24. 5. 1957; Aufzeichnung des Leiters der Kulturabteilung von Trützschler vom 5. 6. 1957.

Fall in einer deutschen Stadt angesiedelt sein, die eine gewisse Ausstrahlungskraft auf das Ausland habe. Dies schloß in den Augen des Müncheners Sattler die in dem als zu provinziell erachteten Bonn angesiedelten Institutionen DAAD, Inter Nationes und Alexander-von-Humboldt-Stiftung aus, ebenso das IfA in Stuttgart. Zudem hatte Sattler gegen den dortigen Generalsekretär Thierfelder Vorbehalte: Dieser sei zu deutsch-national eingestellt und als Persönlichkeit ungeeignet, um ihm die Leitung einer derart wichtigen Einrichtung anzuvertrauen.[167] In München wurde Sattlers Initiative naturgemäß begrüßt, da sich aus ihr ganz neue Entwicklungsperspektiven für den Münchener Verein ergaben.

Dieser neue Abschnitt in der Geschichte des Goethe-Instituts wurde zunächst recht formlos besiegelt. Sattler bat Magnus, ein entsprechendes Memorandum zu verfassen. In diesem auf den 5. September 1959 datierten Schriftstück legte Magnus folglich die Vorteile der Vereinigung der Kulturinstitute unter einem organisatorischen Dach dar. Hauptargument war, daß sich Sprach- und Kulturarbeit ohnehin nicht trennen ließen. So wie jede Sprachschule zumindest ihren fortgeschrittenen Hörern ein gewisses Kulturprogramm bieten müsse, würden erst regelmäßige Sprachkurse einem Kulturinstitut auch einen ausreichend großen Stamm von Interessenten für dessen andere Aktivitäten garantieren. Es sei ferner ungerecht und politisch unklug, daß das Goethe-Institut den bundeseigenen Kulturinstituten bei der Spracharbeit unter die Arme greife, aber nicht namentlich genannt werde, obwohl in manchen Ländern gerade gegen staatlich organisierte Sprachkurse stärkere Vorbehalte beständen als gegen solche, die von einem privaten Verein ausgerichtet würden. Schließlich könne ein Verein wie das Goethe-Institut die Verwaltung der Institute effektiver und kostengünstiger als eine Behörde bewerkstelligen. Die Kulturabteilung gab Magnus' Vorschlägen durch ein Schreiben Sattlers vom 16. November 1959 an das Goethe-Institut ihr Plazet.[168]

Im Frühjahr 1960 gingen die ersten bundeseigenen Institute in Tunis, Alexandria, Madras, Saigon und Singapur in die Obhut des Münchener Vereins über. Nach außen hin deutlich wurde diese Erweiterung des Wirkungsbereichs 1961 durch die Umbenennung des Münchener Vereins in „Goethe-Institut e.V. zur Pflege der deutschen Sprache und Kultur im Ausland" und durch Gründung einer Programmabteilung zum 1. Januar 1962. Ein förmlicher, erster Vertrag zwischen Goethe-Institut und Auswärtigem Amt über die Modalitäten der künftigen Zusammenarbeit wurde allerdings erst am 3. Juli 1963 unterzeichnet. Dennoch, bereits seit Sommer 1959 waren die Weichen in Bonn und München dafür gestellt, daß fortan der Begriff „Goethe-Institut" Synonym für ein deutsches Kulturinstitut im Ausland sein würde.

---

[167] Stoll, Kulturpolitik als Beruf, S. 370.
[168] BAK B307/159.

Resümee: Das frühe Goethe-Institut und die Tradition der Deutschen Akademie

Im Selbstverständnis der Gründergeneration des neuen Goethe-Instituts war die 1951/52 ins Leben gerufene Einrichtung die Nachfolgerin der Deutschen Akademie. Die Kontinuität zwischen alter und neuer Einrichtung zeigte sich nicht nur beim Führungspersonal, das sich aus Franz Thierfelder, Richard Fehn, Kurt Magnus und Dora Schulz zusammensetzte, und in der Verwendung eines Teils des Restguthabens der Akademie für das neue Goethe-Institut, sondern auch an der Weiternutzung des methodischen Instrumentariums der Vorgängerorganisation. So griff man auf die bewährte „direkte Methode" in den Sprachkursen zurück, verkörpert anfangs durch Georg Lappers Methode des singenden Lernens, vor allem aber durch das Lehrbuch „Gesprochenes Deutsch". Schließlich kam es auch zu einer partiellen Übernahme von Lehrkräften aus der alten Akademie. Ihnen hatte Thierfelder schon im August 1945 größtenteils die Absolution erteilt, indem er behauptete, die große Mehrheit der Akademielektoren habe die Politisierung der Arbeit der Münchener Einrichtung ab 1938 nur mit Widerwillen hingenommen und zumeist als Verrat an den Idealen der kulturellen Verständigung zwischen Nationen aufgefaßt.

Die ursprünglichen Voraussetzungen, unter denen die Deutsche Akademie Mitte der zwanziger Jahre gestartet war, also auch als wissenschaftliche Forschungseinrichtung und Institution zur Förderung insbesondere des Auslandsdeutschtums zu wirken, wurden bei den Wiedergründungsbemühungen ab 1950, als es darum ging, einen Verein für die Kulturarbeit im Ausland zu gründen, gänzlich ausgeklammert. Die Geschichte der Deutschen Akademie reduzierte Thierfelder schlicht auf die Pionierrolle, die sie bei der Verbreitung der deutschen Sprache im Ausland eingenommen hatte. Tatsächlich vollzog sich diese Hinwendung zur Sprachförderung erst ab 1928/29 unter Thierfelders maßgeblichem Einfluß mit Unterstützung und in enger Zusammenarbeit mit dem Auswärtigen Amt. Die Diplomaten in der Kulturabteilung suchten eine Organisation für das bislang vernachlässigte Feld der Sprachförderung und legten daher die anfängliche Reserviertheit gegenüber der Münchener Einrichtung ab. Thierfelder wiederum, gefördert vom Vorsitzenden des Deutschen Schutzbundes Karl Christian von Loesch, ergriff die sich bietende Gelegenheit, um die Akademie durch eine neue Aufgabe vor dem drohenden Zusammenbruch zu retten. Mit der parallelen vollen Durchsetzung der „direkten Methode" in Deutschland als didaktischem Ansatz zur Vermittlung von Fremdsprachen war gleichzeitig erstmals die Basis gelegt, Deutsch im Ausland effektiv und lebendig zu lehren. Die Neo-Humboldtianer in der deutschen Sprachwissenschaft entwickelten zur gleichen Zeit die Argumente, warum gerade die Sprache jeder Nation eine spezifische Identität zuweise und ihr jeweiliges Denken forme, mithin also Essenz und Ausdruck schlechthin jedes Volkes sei. Thierfelders sprachstatistische Erhebungen ab 1928 schienen wiederum den Beweis zu erbringen, daß Deutsch im Ausland eine in vollem Aufschwung begriffene Sprache sei. Diese Interpretation resultierte nicht zuletzt aus der politischen Grundhaltung Thierfelders, die von Edgar Julius Jung und anderen Denkern der gegen die Weimarer Republik gerichteten sogenannten Konservativen Revolution beeinflußt war: Deutsch hatte für Thierfelder nicht zuletzt deshalb in Europa eine große Zukunft, weil sich im Reich seit Ende der zwanziger Jahre eine angeblich für ganz Europa wegweisende Abkehr vom westlichen Parlamentarismus und der industriellen Massengesellschaft vollzog. So wie die Verbreitung des Englischen und Französischen durch den Vormarsch des Liberalismus seit Ende des 18. Jahrhunderts wesentlich gefördert, ja überhaupt erst möglich geworden sei, so werde nun Deutsch als die hinter der Idee des „völkischen" Staates stehende Sprache einen ungeahnten Aufschwung nehmen. Es lohnte sich also in Thierfelders Lesart gerade jetzt, in die Sprachförderung zu investieren, um die angeblich für das Reich günstige sprachpolitische Konjunktur zu nutzen. Aus dieser würde sich eines Tages auch machtpolitisches Kapital schlagen lassen, so wie Frankreich es mit seiner Sprachverbreitungspolitik angeblich schon seit Jahrzehnten erfolgreich vorexerziert hatte. Dies war eine Interpretation, die von der innerhalb des Auswärtigen Amts marginalisierten Kulturabteilung gerne aufgegriffen wurde, unterstrich sie doch die vermeintliche Wichtigkeit der Kulturarbeit im Ausland.

Innerhalb der Akademie erfolgte die Neuausrichtung der Arbeit zunächst gegen zum Teil erhebliche Vorbehalte. Diese gingen neben dem zeitweiligen Vizepräsidenten Paul Rohrbach, der als Baltendeutscher gerne an der Förderung des Auslandsdeutschtums festgehalten hätte, vor allem auch von den Professoren in den wissenschaftlichen Sektionen aus. Sie sahen das hehre Unternehmen einer wissenschaftlichen Akademie in eine bloße „Sprachschule" abgleiten. Die Gründer hatten sich vielmehr eine Zentralorganisation für die deutsche auswärtige Kulturpolitik wie auch eine kulturpolitische Erziehungsanstalt für die innerlich zerrissene und nicht ausreichend vom einem kulturellen Sendungsbewußtsein durchdrungene Nation vorgestellt. Wenn auch die Sprachförderung seit den dreißiger Jahren die bei weitem wichtigste Aufgabe der Deutschen Akademie war, so blieb sie doch von ihrem Selbstverständnis her bis zum Ende zugleich auch eine wissenschaftliche Forschungseinrichtung. Allerdings war der Hinweis darauf für Thierfelder nicht opportun, als er ab 1950 versuchte, das Geld der alten Akademie für ein neue Organisation zur Sprachförderung zu erhalten, denn es galt, die Ansprüche der Bayerischen Akademie der Wissenschaften abzuwehren, die sich ebenfalls Hoffnungen auf die Hinterlassenschaft der 1945 aufgelösten Schwesterakademie machte.

Das Erbe der Akademie war für die Gründer von 1951/52 nicht etwa ein besser zu verschweigendes Kapitel, obwohl die Akademie ihre volle sprachpolitische Expansion erst im Dritten Reich erfuhr, zunächst Mitte der dreißiger Jahre unter der Ägide von Thierfelder und Karl Haushofer, vor allem aber ab 1940 unter dem nationalsozialistischen bayerischen Ministerpräsidenten Ludwig Siebert und im Windschatten der militärischen Siege der Wehrmacht, die durch vermehrte Anstrengungen an der „geistigen Front" abgestützt und legitimiert werden sollten. Die Vereinnahmung der positiv dargestellten Vergangenheit der Akademie war nicht nur notwendig, um an Geld und Mobiliar der 1945 aufgelösten Einrichtung als Starthilfe für den neuen Verein heranzukommen. Nein, man blickte stolz und weitgehend unkritisch auf die vor 1945 geleistete Arbeit zurück. Dies zeigte sich bei der ersten Vorstandssitzung des Goethe-Instituts Ende Juni 1952, als Thierfelder und Magnus den Geist der Akademie für den neuen Verein beschworen; es wurde aber auch deutlich bei einer Ansprache Thierfelders im August 1957. Dort gedachte Thierfelder der Gründung des ersten Goethe-Instituts 25 Jahre zuvor und rekapitulierte für die zum Teil neuen Mitarbeiter der Nachfolgeorganisation die wesentlichen Stationen des Aufbaus der Spracharbeit: „Die jungen Mitarbeiter des ‚Goethe-Instituts' müssen wissen, welcher Organisation sie sich anvertraut haben; sie sollen erfahren, daß sie Vorgänger gehabt haben, denen gewiß nichts Menschliches fremd geblieben ist, die aber eine Überzeugung vertreten haben, welche ihnen das Recht zu einem neuen Anfang gegeben hat," verkündete Thierfelder.[1]

Es gab zwei Bausteine in der Vergangenheitspolitik des neuen Goethe-Instituts, die eine partielle Identifikation mit einer Organisation, die 1945 als NS-Einrichtung von den Amerikanern aufgelöst worden war, zu rechtfertigen schienen. Zum einen war dies die Behauptung, daß man an der Peripherie praktisch bis Kriegsende relativ ungestört habe arbeiten können, d.h. daß dort die Vermittlung der deutschen Sprache stets im Vordergrund stand und man weitgehend unbehelligt von politischen Vereinnahmungsversuchen geblieben sei. Diese Auffassung vertrat beispielsweise Werner Ross, der letzte Generalsekretär des neuen Goethe-Instituts mit Akademievergangenheit, der bis Kriegsende in Italien als Lektor tätig gewesen war. So schrieb er 1974:

„Die Spitzen wurden ausgewechselt, aber die Grammatik überlebte. Die Lehrer ergänzten ihr deutschkundliches Programm um Meister Eckhart und den Bamberger Reiter und blieben weiterhin den starken und schwachen Verben treu. Es taten sich einige Eiferer für das Reich hervor, weit größer aber war die Zahl derer, die den Auslandsdienst als willkommene Möglichkeit wahrnahmen, dem Druck der Partei (und später der Einziehung zur Wehrmacht) zu entgehen."[2]

Wie die vorangegangenen Kapitel gezeigt haben, war diese mit dem Weichzeichner betriebene Deutung der Vergangenheit der Deutschen Akademie, die sich zur Traditionspflege eignete, nicht gänzlich falsch. Andernfalls hätten der neue Generalsekretär Matthias Schmitz und der neue Präsident Arthur Seyß-Inquart nicht seit 1943/44 versucht, in Abstimmung mit dem Propagandaministerium die Arbeit der Auslandslektorate einer strengeren Kontrolle zu unterwerfen, das ausreisende Personal künftig besser kulturpolitisch zu ‚schulen' und aus dem Schatten der bloßen Sprachförderung herauszutreten. Diese Vorsätze sind ein Indiz dafür, daß aus Sicht der Zentrale den Außenstellen bislang zu viel Freiraum belassen worden war und bei diesen nach wie vor zu viel Nachdruck auf den Deutschunterricht gelegt wurde. Ein solcher Freiraum erschien nicht zuletzt in einer Zeit, in der die militärische Lage an allen Fronten für das Reich immer schwieriger wurde, als unangemessener Luxus. Erst 1943/44 zeichnete sich also in der Akademie eine Abkehr von der durch Thierfelder geschaffenen Tradition ab, die Förderung der

---

1 Thierfelder, 25 Jahre deutsche Sprachpolitik im Ausland, S. 226.
2 Werner Ross, Notizen zur Geschichte des Goethe-Instituts, in: Jahrbuch 1974. Goethe-Institut München, S. 11–17, hier S. 11 f.

Sprache unter Berufung auf Georg Schmidt-Rohr zum Kern auswärtiger Kulturpolitik zu erheben, demzufolge der Ausländer schon durch die Erlernung der
Sprache deutsches Denken vermittelt bekam und daher Sprachunterricht letztlich
auf jedem Niveau zur Kulturvermittlung beitrug. Unter dem wachsenden Einfluß
des Propagandaministeriums wurde Sprache dagegen nur noch als ein notwen-
diges Kommunikationsmittel zur Verbreitung politischer Botschaften gesehen.
Die Verbreitung der deutschen Sprache als Ziel an sich trat demgegenüber in den
Hintergrund. Folglich wurde in München unter der neuen Führung ab 1944 eine
Abkehr vom Deutschunterricht für Anfänger anvisiert: Die effektive Vermittlung rudimentärer Deutschkenntnisse schien eine politische Indoktrinierung anscheinend mehr oder weniger auszuschließen, wie die Diskussionen um die vom
Goethe-Institut bis 1944 entwickelten und im Propagandaministerium letztlich
als zu „unpolitisch" eingeschätzten Hilfsmittel für den Deutschunterricht zeigten.

Daß aber ausgerechnet die Akademielektoren auf ihren Außenposten besonders immun gegenüber den Versuchungen des Nationalsozialismus gewesen seien,
ist hingegen wenig wahrscheinlich. Da es vor allem ab der „Winterkrise" von
1941/42 geradezu ein Privileg war, als Lektor im Ausland arbeiten zu können,
statt in der Wehrmacht zu dienen, konnte dies nur durch eine zumindest äußere
Anpassung an das Regime erkauft werden. Ohnehin war die Akademie ja schon
seit ihrer Gründung eine nationalkonservative Einrichtung gewesen, die sich zwar
offiziell parteipolitisch neutral gab, tatsächlich aber in innerer Opposition zur
Weimarer Republik stand. Sie zog sicherlich nicht gerade potentielle Gegner des
Nationalsozialismus, sondern vor allem Mitarbeiter an, die 1933 und danach dazu
neigten, die Machtübernahme der Nationalsozialisten eher zu begrüßen als abzulehnen. Schließlich blieben den Mitarbeitern der Akademie im Ausland auch größere Belastungsproben und Gewissenskonflikte dadurch erspart, daß sie im
Kriege ohnehin nur in Ländern tätig wurden, denen gemäß den rassischen Kategorien des Nationalsozialismus oder aus politischen wie militärischen Opportuni-
tätsgründen heraus vorerst ein Mindestmaß an Eigenständigkeit und kultureller
Selbstbehauptung belassen werden sollte. Ob sie bei einem kulturpolitischen Einsatz beispielsweise in Polen oder der UdSSR gegen eine „Herrenmenschenatti-
tüde" gefeit gewesen wären, sei dahingestellt.

Der zweite und noch entscheidendere Baustein in der Vergangenheitspolitik
des jungen Goethe-Instituts war jene vermeintliche Zäsur in der Entwicklung der
Akademie, welche das Ausscheiden Thierfelders und Fehns 1936/37 angeblich
darstellte: Erst danach sei die Geschäftsstelle der Akademie der Politisierung an-
heimgefallen, die Nachfolger hätten politisch oder rassisch mißliebiges Personal
entlassen und die ursprünglichen Ideale der Akademie seien für eine nazistische
Propagandapolitik pervertiert worden. So hieß es in Thierfelders Gedenkrede von
1957:

„Denn bis 1935 etwa gab es keinen Lektor, der sich offen zur NSDAP bekannte, und auch
auf der Münchener Hauptstelle war es nicht anders. Der Hauptgeschäftsführer Oberst Fehn
und ich waren entschlossen, eher aus unseren Ämtern auszuscheiden, als uns unter die März-
gefallenen einzureihen, und wenn es auch richtig ist, daß einer der Gründer der Deutschen
Akademie, Professor Dr. Karl Haushofer, zu jener Zeit auf Rudolf Heß, seinen vorgeblichen
Schüler, im Sinne einer gemäßigten Ausnahmebehandlung eingewirkt hat, so hat sich auch

unsere unbekümmerte Ablehnung gelohnt: knappe vier Jahre blieb die Deutsche Akademie, was sie gewesen war: eine überparteiliche, überkonfessionelle, rassisch unabhängige Kulturorganisation, wie es die Satzung von 1925 vorschrieb, fern von jeglichem Nationalismus und ehrlich um geistigen Austausch zwischen den Völkern bemüht. Da auch das Arierprinzip nicht durchgeführt wurde und bei Anstellung in jenen Jahren niemand gefragt wurde, ob er der NSDAP angehöre, da schließlich sogar Lektoren hinausgingen, die ernste Konflikte mit der Partei gehabt hatten, und da endlich die Arbeit im Ausland jede Berührung mit der Partei mied, ist schließlich die Lektorenschar des ,Goethe-Instituts' die einzige gewesen, die mit gutem Gewissen vor der Welt mehrere Jahre hindurch eine echte Unabhängigkeit bekennen konnte."[3]

Der Fall Thierfelder/Fehn und die vermeintliche Zäsur von 1937 in der Geschichte der Akademie muß ebenfalls differenziert betrachtet werden. Es stimmt, daß Thierfelder sich auch nach 1933 als Generalsekretär der Akademie eindeutig gegen eine offensichtliche Politisierung der Kulturarbeit aussprach. Ferner sollte für ihn Kulturarbeit im Ausland vor wie nach 1933 stets auf der Basis der Gleichberechtigung der Kulturen ohne ein Über- oder Unterordnungsverhältnis zwischen den Völkern stattfinden. Aus Thierfelders Sicht neigten gerade die Deutschen zu einem unberechtigten Hochmut im Umgang mit anderen Völkern, den es zu zügeln galt. Der Lektor sollte nicht nur einseitiger Verbreiter deutscher Kultur sein, sondern bis zu einem gewissen Grad auch Mittler, sofern dies in den Grenzen der damals in Deutschland vorherrschenden Auffassung von Sinn und Zweck der kulturellen Begegnung überhaupt möglich erschien, ging man doch von einer letztlich durch die „völkische" Eigenart bedingten Unübertragbarkeit der Kulturen aus. Hinsichtlich dieser auch nach 1933 aufrechterhaltenen Grundsätze der Auslandsarbeit waren über kurz oder lang Konflikte mit dem NS-Regime vorgezeichnet. Die Gefahr für die Grundsätze der Arbeit der Akademie ging dabei weniger von der Kulturabteilung des Auswärtigen Amts aus, die bis in den Krieg hinein von Diplomaten, die noch aus der Weimarer Zeit geprägt waren, geleitet wurde, als von den Parteiinstitutionen und dem Propagandaministerium. Es gab jedoch mindestens ebenso viele Berührungspunkte Thierfelders mit dem neuen Regime wie potentielle Bruchlinien, sei es aus außenpolitischen, ideologischen oder rein pragmatischen Erwägungen, so daß weder er noch die Akademie als Ganzes sich seit dem 30. Januar 1933 automatisch in einem schweren Abwehrkampf befanden, um die angeblich vom Nationalsozialismus bedrohten Ideale zu verteidigen. Thierfelder sah zum einen die Förderung der deutschen Sprache in den zwanziger und dreißiger Jahren nicht als Wert an sich, als bloßen Beitrag zu Völkerverständigung, sondern stets auch als Instrument, das der Mehrung des politischen und wirtschaftlichen Einflusses des Deutschen Reiches zu dienen hatte mit dem Ziel, es zur führenden europäischen Großmacht auszubauen. Ausdehnung des deutschen Einflusses bedeutete im Selbstverständnis Thierfelders (wie auch der Kulturabteilung des Auswärtigen Amts) zugleich die Zurückdrängung des Einflusses anderer Großmächte, insbesondere Frankreichs, Italiens und Großbritanniens, und damit auch ihrer Sprachen, die auf dem Balkan der Errichtung eines deutschen „informal empire" im Wege standen. Hier gab es eine Kontinuität im Denken und Handeln über das Jahr 1933 hinaus, die sich durchaus in

---

[3] Thierfelder, 25 Jahre deutsche Sprachpolitik im Ausland, S. 226.

die Intentionen der neuen Machthaber einfügte, die ihrerseits die Südosteuropapolitik der Präsidialkabinette der Weimarer Republik übernahmen. Diese Denk-
weise wurde von Thierfelder erst nach 1945 aufgegeben, als er eine „Kulturpolitik
neuen Stils" forderte, die nicht mehr in erster Linie als Hilfestellung zur Erlangung politischer oder außenwirtschaftlicher Positionsgewinne in Konkurrenz
oder auf Kosten anderer Großmächte dienen sollte. Dieser Verzicht war allerdings
auch um so leichter zu leisten, als es durch den „Eisernen Vorhang" nun keinen
„Hinterhof" Deutschlands mehr gab, in dem historische Bande, geographische
Nähe, wirtschaftliche Abhängigkeit, ethnische Zersplitterung und die Existenz
deutscher Minderheiten einen vergleichbar günstigen Ansatzpunkt für die
Sprachpolitik boten wie der Balkanraum in den zwanziger und dreißiger Jahren.
Die Dislozierung der Dozenturen des Goethe-Instituts in den fünfziger Jahren
zeugte in gewisser Weise von der durch die weltpolitischen Wandlungen seit 1945
eingetretenen geographischen Orientierungslosigkeit in der deutschen Sprachför-
derungspolitik. Sie hat erst durch die seit 1989/90 veränderte Situation in Europa,
die kurzzeitig zu einer regelrechten Euphorie über die sich nun anscheinend eröffnenden Chancen für den Ausbau der internationalen Stellung der deutschen Sprache führte, mit Osteuropa ihren eindeutigen geographischen Schwerpunkt wieder
gefunden.[4]

Es gab noch einen weiteren Berührungspunkt Thierfelders bzw. der Akademie
mit dem Nationalsozialismus, der zumindest für einige Zeit eine ungestörte Weiterarbeit auch nach dem 30. Januar 1933 garantierte: Thierfelder hat wie andere
Führungskräfte in der Akademie, zumindest in seinen öffentlichen Äußerungen,
die Machtübernahme der Nationalsozialisten anfänglich durchaus begrüßt. Sie
war für ihn und seine Kollegen nur ein Vollzug der schon lange erhofften Abkehr
Deutschlands von der westlichen Zivilisation, die er in Anlehnung an die Vordenker der sogenannten Konservativen Revolution in Deutschland mit angeblich
„undeutschen" Erscheinungen wie Rationalismus, Materialismus, Parlamentarismus, Internationalismus, Vermassung, Egoismus und ungesunder Industrialisie-
rung gleichsetzte.

Schließlich wurde die Heranführung der chronisch defizitären Akademie an das
neue Regime, von dem Thierfelder und seine Kollegen sich eine stärkere Unterstützung für die Kulturarbeit im Ausland erhofften, aus finanziellen Erwägungen
seit 1933 tatkräftig unterstützt. Sprachförderung im Ausland war letztlich, wie
sich auch nach 1945 erneut erweisen sollte, nicht ohne staatliche Zuschüsse zu bewerkstelligen und damit stets anfällig für staatliche Einflußnahme. Für das von
Thierfelder postulierte Ziel, die deutsche Sprache mit Hilfe staatlicher Förderung
zur Weltsprache zu machen (und damit zugleich seinen eigenen Arbeitsplatz zu
sichern), war er ebenso wie die anderen Führungskräfte in der Akademie zu weit-
reichenden Zugeständnissen bereit. Thierfelder trug die Anpassung des Kleinen
Rates an die neuen Verhältnisse im Frühjahr 1933, vor allem aber auch die „Säuberung" des Senates von plötzlich mißliebig gewordenen Personen wie Konrad

---

[4] Vgl. Hellmut Hoffmann, Die Politik der Bundesrepublik Deutschland zur Förderung der
deutschen Sprache im Ausland, in: Sprachförderung. Schlüssel auswärtiger Kulturpolitik,
hrsg. von Ulrich Ammon, Frankfurt/M. 2000, S. 61–71.

Adenauer, Thomas Mann und Max Liebermann im Sommer 1933 mit. Er und Fehn waren maßgeblich daran beteiligt, Friedrich von Müller als Präsidenten durch Haushofer zu ersetzen, in der Hoffnung, dadurch in Zukunft mehr Geld aus Berlin zu erhalten; ja, er scheute 1935/36 nicht einmal die Kontaktaufnahme zum Propagandaministerium.

Zum Konflikt kam es erst, als Thierfelder seine eigene Macht in der Akademie durch Haushofers Reorganisationspläne von 1936 gefährdet sah. Man kann sich des Eindrucks nicht erwehren, daß es letztlich eher die verletzte persönliche Eitelkeit, das Gefühl des widerfahrenen Undanks war, die Thierfelder 1936 zur Kündigung trieben als die Wahrnehmung, daß die Akademie zunehmend in ein unkontrollierbares Fahrwasser geriet, was allmählich zum Verrat an den ursprünglichen Idealen führen mußte. Ihn als wesentlichen Mitgestalter, ja Retter der Akademie seit Ende der zwanziger Jahre, so Thierfelders Überzeugung 1936, konnte und durfte man nicht einfach so entmachten. Möglicherweise sah er seine Kündigung nur als Mittel zu einer Kraftprobe mit dem ohnehin schon angeschlagenen Haushofer an, zuversichtlich, daß die Akademie seine Arbeitskraft, seine Erfahrungen und Kontakte im Grunde nicht entbehren könne. Für dieses Gefühl der persönlichen Enttäuschung und Demütigung als ausschlaggebendes Motiv für den Rücktritt 1936/37 spricht auch die überaus boshafte Abrechnung Thierfelders in seiner Denkschrift vom August 1945 über die „Politische Tätigkeit der Deutschen Akademie". In dieser ging es nicht nur um die Offenlegung der politischen Machenschaften des führenden Personals der Akademie ab 1937. Dieses wurde letztlich als menschlich, moralisch und fachlich diskreditiert eingestuft und als unwürdig angesehen, die Nachfolge anzutreten. Dieser beinahe persönliche Rachefeldzug gegen das nach 1937 noch in der Geschäftsstelle tätige Personal hatte aber auch zur Folge, daß das neue Goethe-Institut, im Gegensatz zu vielen anderen bundesdeutschen Einrichtungen in den fünfziger Jahren, unter den kritischen Augen von Thierfelder von Personen frei blieb, die sich zu sehr im Dritten Reich kompromittiert hatten.

Wäre es nicht 1936 mit dem ohnehin reizbaren und ambitionierten Haushofer zum Konflikt gekommen, hätte Thierfelder vermutlich die Akademie noch einige Jahre länger geführt. Er hatte ja selbst im Frühjahr 1937 durchaus noch Hoffnungen, daß Haushofer selbst das Handtuch werfen und er wieder seine alte Position in der Akademie wahrnehmen könnte. Seine beiden anti-britischen Auftragsschriften für die dem Auswärtigen Amt unterstehende Deutsche Informationsstelle von 1940 zeigen, daß sein Kooperationswille mit dem Regime nach 1937 durchaus noch nicht erschöpft war. Der Konflikt mit Haushofer 1936/37 erwies sich aber für Thierfelder (wie auch für die anvisierte und 1951 erfolgte Neugründung des Goethe-Instituts) langfristig als Glücksfall. So konnte Thierfelder sich ab 1945 als Widerständler innerhalb der Akademie präsentieren, der zwar maßgeblich am Aufbau der Spracharbeit im Ausland mitgewirkt, den Ausstieg aber gewählt hatte, bevor es zu spät war.

Tatsächlich hatte das Ausscheiden Fehns und Thierfelders aus der Akademie 1936/37 vorerst keine gravierenden Folgen für die Fortsetzung der von ihnen initiierten Auslandsarbeit, da die personellen Kontinuitäten in der Geschäftsstelle zunächst überwogen: Das Goethe-Institut wurde bis 1944 von Magda Gerken und Kurt Derleth maßgeblich bestimmt, die Thierfelder 1934/35 eingestellt hatte. Die Leitung der Abteilung Auslandslektorate ging ebenfalls auf zwei Personen über, die zur allerersten, von Thierfelder eingestellten Generation der Auslandslektoren gehört hatten: 1938 zunächst an Joachim Schulz, der 1932 Lektor geworden war, von 1939 bis 1944 dann an Heinz Nitschke, der 1933 als Lektor angefangen hatte. Der neue Generalsekretär Gustav Fochler-Hauke hingegen war ohnehin im Gegensatz zu Thierfelder eher an den wissenschaftlichen Aktivitäten der Akademie denn an der Förderung der deutschen Sprache interessiert, was den Gestaltungsspielraum des von Thierfelder noch eingestellten Personals für die Spracharbeit vergrößerte. Die wissenschaftliche Abteilung blieb im übrigen nach dem Rücktritt Otto von Zwiedineck-Südenhorsts im Frühjahr 1937 mit Friedrich von der Leyen bis Februar 1939 weiterhin in den Händen eines Nichtparteimitglieds. Eine Zäsur in der Entwicklung der Akademie ist wohl eher im Jahre 1939/ 40 anzusetzen: Zum einen, weil in Folge des unvorhersehbaren Sturzes des Präsidenten Leopold Kölbl wegen seiner Homosexualität nun mit Siebert und Walther Wüst zwei exponierte Nationalsozialisten als Präsident bzw. Vizepräsident an die Spitze der Akademie traten; zum zweiten, weil der Kriegsausbruch die Versuchung größer werden ließ, die Auslandslektorate als Sprachrohre der deutschen Expansionspolitik zu mißbrauchen.

Abkürzungsverzeichnis

AdBAW	Archiv der Bayerischen Akademie der Wissenschaften München
AStA	Allgemeiner Studentenausschuß
BAB	Bundesarchiv Berlin
BAK	Bundesarchiv Koblenz
BHStA	Bayerisches Hauptstaatsarchiv München
CSU	Christlich-Soziale Union
DAAD	Deutscher Akademischer Austauschdienst
DaF	Deutsch als Fremdsprache
DAI	Deutsches Auslandsinstitut Stuttgart
DDR	Deutsche Demokratische Republik
DFG	Deutsche Forschungsgemeinschaft
DM	Deutsche Mark
DNVP	Deutschnationale Volkspartei
DVP	Deutsche Volkspartei
DWI	Deutsche Wissenschaftliche Institute
FDP	Freie Demokratische Partei
IfA	Institut für Auslandsbeziehungen Stuttgart
IfZ	Institut für Zeitgeschichte München
MdDA	Mitteilungen der Deutschen Akademie
NSDAP	Nationalsozialistische Deutsche Arbeiterpartei
NSDStB	Nationalsozialistischer Deutscher Studentenbund
NStAOl	Niedersächsisches Staatsarchiv Oldenburg
PA	Politisches Archiv des Auswärtigen Amts Berlin
PRO	Public Record Office Kew
RM	Reichsmark
RMEWV	Reichsministerium für Erziehung, Wissenschaft und Volksbildung
SA	Sturmabteilung
SPD	Sozialdemokratische Partei Deutschlands
SS	Schutzstaffel
USA	United States of America
VDA	Verein für das Deutschtum im Ausland

Quellen und Literatur

I. Unveröffentlichte Quellen

Bundesarchiv Berlin (BAB)

R2   Reichsfinanzministerium
R21   Reichsministerium für Erziehung, Wissenschaft und Volksbildung
R43   Reichskanzlei
R51   Deutsche Akademie
R55   Reichsministerium für Volksaufklärung und Propaganda
R1501   Reichsinnenministerium
R8043   Deutsche Stiftung
Berlin Document Center im Bundesarchiv Berlin: Personalunterlagen zu Gustav Fochler-Hauke, Leopold Kölbl, Matthias Schmitz, Ludwig Siebert, Franz Thierfelder, Walther Wüst

Bundesarchiv Koblenz (BAK)

B307   Goethe-Institut
Z45F   Office of the Military Government of the United States
N1010   Nachlaß Heinrich Gerland
N1122   Nachlaß Karl Haushofer
N1160   Nachlaß Rudolf Pechel
N1408   Nachlaß Paul Rohrbach
Kleine Erwerbungen 606

Politisches Archiv des Auswärtigen Amts Berlin (PA)

Kulturabteilung bis 1945 (R-Signaturen)
Neues Amt:
B1   Ministerbüro
B90   Kulturabteilung Referat 600 KA (Mikrofiches)
B90   Kulturabteilung Referat 600 (unverfilmt)
B96   Kulturabteilung Referat 606

Bayerisches Hauptstaatsarchiv München (BHStA)

Staatskanzlei (StK)
Staatsministerium des Äußeren (MA)
Kultusministerium (MK)
Reichsstatthalter
Bayerische Gesandtschaft Paris
Nachlaß Heinrich Held
Office of the Military Government for Bavaria.

Archiv der Bayerischen Akademie der Wissenschaften München (AdBAdW)

Ordner „Deutsche Akademie Bd. 1 und 2"

Institut für Zeitgeschichte München (IfZ)

MA 544   Rosenberg-Akten (verfilmt)
MA 619   Nachlaß Karl Haushofer (verfilmt)
FA 511   Tagung der Vertreter der Reichspropagandaämter 1942 (verfilmt)
ED 98   Nachlaß Otto von Zwiedineck-Südenhorst
ED 145   Nachlaß Dieter Sattler
Befragung von Fritz von Twardowski und Franz Alfred Six durch die US-Behörden 1945/46
(Film 1300/3)

Universitätsarchiv der Ludwig-Maximilians-Universität München

Senatsakten
Rektoratsakten (Personalakte Franz Thierfelder)

Goethe-Institut München

„Stammakte" (1951/52)
Helmuth Brückmann, Anfang und Aufbau 1952–1957 (unveröffentlichtes Manuskript)

Niedersächsisches Staatsarchiv Oldenburg (NStAOl)

Best. 271–14 Nachlaß Hermann Oncken

Institut für Auslandsbeziehungen Stuttgart (IfA)

Tätigkeitsberichte des Instituts aus den Jahren 1951–1956

Stadtarchiv Stuttgart

3. Hauptabteilung: Unterlagen des Instituts für Auslandsbeziehungen

Public Record Office Kew (PRO)

Foreign Office   FO 371
Foreign Office   FO 1078
War Office   WO 208

Schriftliche Auskünfte

Prof. Dr. Gerhard Funke vom 17. 7. 1991
Prof. Dr. Arthur Henkel vom 8. 3. 1991
Prof. Dr. Stefan Thierfelder vom 5. 10. 2000
Hessisches Staatsarchiv Wiesbaden vom 10. 8. 2000

II. Darstellungen und veröffentlichte Quellen

Abelein, Manfred: Die Kulturpolitik des Deutschen Reiches und der Bundesrepublik Deutschland. Ihre verfassungsrechtliche Entwicklung und ihre verfassungsrechtlichen Probleme, Köln 1968.

Akten der Reichskanzlei. Regierung Hitler 1933–1945. Bd. 2/1 (1934–35), hrsg. vom Bundesarchiv, München 1999.

Alter, Peter (Hrsg.): Der DAAD in der Zeit. Geschichte, Gegenwart und zukünftige Aufgaben, 3 Bände, Köln 2000.

Ders.: Der DAAD seit seiner Wiedergründung 1950, in: Der DAAD in der Zeit. Bd. 1: Der Deutsche Akademische Austauschdienst 1925–2000, hrsg. von Peter Alter, Köln 2000, S. 50–105.

Ammon, Ulrich: Die internationale Stellung der deutschen Sprache, Berlin u. a. 1991.

Ders.: (Hrsg.): Sprachförderung. Schlüssel auswärtiger Kulturpolitik, Frankfurt/M. 2000.

Apelt, Hans-Peter: Am Anfang stand der Sprachunterricht. Streifzüge durch die Geschichte des Goethe-Instituts, in: Revue d'Allemagne, 21 (1989), S. 473–485.

Apelt, Walter: Vom Lernen und Lehren fremder Sprachen. Grundorientierungen und Methoden in historischer Sicht, Berlin 1991.

Atherton, Louise: Lord Lloyd at the British Council and the Balkan Front 1937–1940, in: International History Review, 16 (1994), S. 25–48.

Der Auswärtige Ausschuß des Deutschen Bundestages. Sitzungsprotokolle 1949–1953, bearbeitet von Wolfgang Hölscher, Düsseldorf 1998.

Barbian, Jan-Pieter: „Kulturwerte im Zweikampf". Die Kulturabkommen des Dritten Reiches als Instrumente nationalsozialistischer Außenpolitik, in: Archiv für Kulturgeschichte, 74 (1992), S. 414–459.

Ders.: Literaturpolitik im Dritten Reich. Institutionen, Kompetenzen, Betätigungsfelder, überarbeitete und aktualisierte Ausgabe, München 1993.

Baudrillart, Alfred: La guerre allemande et le catholicisme, Paris 1915.

Becker, Carl Heinrich: Kulturpolitische Aufgaben des Reiches, Leipzig 1919.

Benz, Wolfgang: Bayerische Auslandsbeziehungen im 20. Jahrhundert. Das Ende der Gesandtschaften Bayerns nach dem Ersten Weltkrieg, in: Zeitschrift für Bayerische Landesgeschichte, 32 (1969), S. 962–994.

Ders.: (Hrsg.), Politik in Bayern 1919–1935. Berichte des württembergischen Gesandten Carl Moser von Filseck, Stuttgart 1971.

Bergsträsser, Arnold: Sinn und Grenzen der Verständigung zwischen Nationen, Berlin 1930.

Bieber, Horst: Paul Rohrbach, ein konservativer Publizist und Kritiker der Weimarer Republik, Berlin 1972.

Bloch, Michael: Ribbentrop, London u. a. 1992.

Bock, Hans Manfred: Tradition und Topik des populären Frankreichklischees in Deutschland von 1925–1955, in: Francia, 14 (1986), S. 475–508.

Boelcke, Willi A.: Die Finanzpolitik des Dritten Reiches. Eine Darstellung in Grundzügen, in: Deutschland 1933–1945. Neue Studien zum NS-Herrschaftssystem, hrsg. von Karl-Dietrich Bracher u. a., Düsseldorf 1992, S. 95–117.

Bollenbeck, Georg: Bildung und Kultur. Glanz und Elend eines deutschen Deutungsmusters, Frankfurt/M. 1996.

Bollmus, Reinhard: Das Amt Rosenberg und seine Gegner. Studien zum Machtkampf im nationalsozialistischen Herrschaftssystem, Stuttgart 1970.

Bott, Gerhard: Deutsche Frankreichkunde 1900–1933. 2 Bände, Rheinfelden 1982.

Bracher, Karl-Dietrich: Die deutsche Diktatur. Entstehung, Struktur, Folgen des Nationalsozialismus, Berlin 1997.

Braun, Dieter (Hrsg.): Deutsche Kulturpolitik im Ausland 1955 bis heute. Dokumente, Kommentare, Tendenzen, München 1966.

Breuer, Stefan: Anatomie der Konservativen Revolution, Darmstadt ²1995.

Broszat, Martin: Zur Sozialgeschichte des deutschen Widerstandes, in: Vierteljahrshefte für Zeitgeschichte, 34 (1986), S. 293–309.

Bruch, Rüdiger vom: Weltpolitik als Kulturmission. Auswärtige Kulturpolitik und Bildungsbürgertum in Deutschland am Vorabend des Ersten Weltkrieges, Paderborn 1982.

Burkert, Martin: Die Ostwissenschaften im Dritten Reich. Teil 1: 1933–1939, Wiesbaden 2000.

Chickering, Roger: Karl Lamprecht. A German Academic Life (1856–1915), Atlantic Highlands/N.J. 1993.

Corneliβen, Christoph: Politische Historiker und die deutsche Kultur. Die Schriften und Reden von Georg von Below, Hermann Oncken und Gerhard Ritter im Ersten Weltkrieg, in: Kultur und Krieg. Die Rolle der Intellektuellen, Künstler und Schriftsteller im Ersten Weltkrieg, hrsg. von Wolfgang J. Mommsen, München 1996, S. 120–142.

Dahm, Volker: Nationale Einheit und partikulare Vielfalt. Zur Frage der kulturpolitischen Gleichschaltung im Dritten Reich, in: Vierteljahrshefte für Zeitgeschichte, 43 (1995), S. 221–265.

Dallin, Alexander: Deutsche Herrschaft in Ruβland 1941–1945. Eine Studie über Besatzungspolitik, Düsseldorf 1958.

Dammang, Andreas: Die deutsche Landwirtschaft im Banat und in der Batschka, München 1931.

Dankelmann, Otfried: Aus der Praxis auswärtiger Kulturpolitik des deutschen Imperialismus, in: Zeitschrift für Geschichtswissenschaft, 20 (1972), S. 719–737.

Dann, Otto: Nation und Nationalismus in Deutschland 1770–1990, München ³1996.

Denninghaus, Friedhelm: Evolution, Epochenwandel und Kontinuitäten in der Geschichte des Fremdsprachenunterrichts, in: Probleme und Perspektiven der Sprachlehrforschung, hrsg. vom Seminar für Sprachlehrforschung der Ruhr-Universität Bochum, Frankfurt/M. 1986, S. 63–88.

Deutsch-fremdsprachiges Ortsnamensverzeichnis, hrsg. im Auftrage der praktischen Abteilung der Deutschen Akademie, Berlin 1931.

Deutschunterricht im Ausland. Bd. 1–10 (1935–1944).

Deutschunterricht für Ausländer. Bd. 1- 20 (1951–1970).

Diller, Ansgar: Rundfunkpolitik im Dritten Reich, München 1980.

Dipper, Christoph und Wolfgang Schieder: Propaganda, in: Geschichtliche Grundbegriffe. Historisches Lexikon zur politisch-sozialen Sprache in Deutschland. Bd. 5: Pro-Soz, hrsg. von Otto Brunner u. a., Stuttgart 1984, S. 69–112.

Documents on British Foreign Policy Overseas 1919–1939. First Series Bd. 21, London 1978.

Döscher, Hans-Jürgen: Das Auswärtige Amt im Dritten Reich. Diplomatie im Schatten der „Endlösung", Berlin 1987.

Ders.: Verschworene Gesellschaft. Das Auswärtige Amt unter Adenauer zwischen Neubeginn und Kontinuität, Berlin 1995.

Donaldson, Frances: The British Council. The First 50 Years, London 1984.

Doβ, Kurt: Das Auswärtige Amt im Übergang vom Kaiserreich zur Weimarer Republik. Die Schülersche Reform, Düsseldorf 1977.

Drach, Erich: Deutsche Sprecherziehung im Ausland, in: Mitteilungen der Deutschen Akademie, 6 (1931), S. 162–177.

Ders.: Deutsche Aussprachlehre für den Gebrauch im Ausland, Frankfurt/M. 1931.

Düwell, Kurt: Deutschlands auswärtige Kulturpolitik 1918–1932. Grundlinien und Dokumente, Köln u. a. 1976.

Ders. und Werner Link (Hrsg.): Deutsche auswärtige Kulturpolitik seit 1871. Geschichte und Struktur, Köln u. a. 1981.

Eggers, Dietrich: Zur Geschichte und zum Selbstverständnis des Faches Deutsch als Fremd-sprache aus Sicht der Hochschulen und Universitäten der Bundesrepublik, in: Das Fach Deutsch als Fremdsprache in den deutschsprachigen Ländern, hrsg. von Rolf Ehnert und Hartmut Schröder, Frankfurt/M. u. a. [2]1994, S. 83–102.

Elvert, Jürgen: Der Balkan und das Reich. Deutsche Südosteuropapläne zwischen den Welt-kriegen, in: Der Balkan. Eine europäische Krisenregion in Geschichte und Gegenwart, hrsg. von Jürgen Evert, Stuttgart 1997, S. 133–180.

Erbe, Walther: Zum Ausscheiden Franz Thierfelders als Generalsekretär, in: Mitteilungen. Institut für Auslandsbeziehungen, 10 (1960), S. 143 f.

Fensch, Dorothea: Zur Vorgeschichte, Organisation und Tätigkeit des Deutschen Schutz-bundes in der Weimarer Republik. Ein Beitrag zur Geschichte des deutschen Revanchis-mus, Diss. phil. Universität Rostock 1966.

Fenske, Hans: Konservativismus und Rechtsradikalismus in Bayern nach 1918, Bad Hom-burg 1969.

Fink, Caroline: Stresemann's Minority Policies 1924–1929, in: Journal of Contemporary History, 14 (1979), S. 403–422.

Fischer, Wolfram (Hrsg.): Die Preußische Akademie der Wissenschaften 1914–1945, Berlin 2000.

Flamm, Traugott: Eine deutsche Sprachakademie? Gründungsversuche und Ursachen des Scheiterns. Von den Sprachgesellschaften des 17. Jahrhunderts bis 1945, Frankfurt/M. u. a. 1994.

Fleischer, Hagen: Europas Rückkehr nach Griechenland. Kulturpolitik der Großmächte in einem Staat der Peripherie, in: Die Griechen und Europa. Außen- und Innenansichten im Wandel der Zeit, hrsg. von Harald Heppner und Olga Katsiardi-Hering, Köln u. a. 1998, S. 125–191.

Freytag, Hans, Über deutsche Kulturpolitik im Ausland, in: Deutsche Rundschau, 55 (1929), S. 97–100.

Gardt, Andreas: Geschichte der Sprachwissenschaft in Deutschland. Vom Mittelalter bis ins 20. Jahrhundert, Berlin u. a. 1999

Ders.: (Hrsg.): Sprachnationalismus in Deutschland zwischen 1850 und 1945, in: Sprache und Nation. Die Diskussion ihres Verhältnis in Geschichte und Gegenwart, hrsg. von An-dreas Gardt, Berlin u. a. 2000, S. 247–272.

Gerken, Magda: Aufgaben des neusprachlichen Unterrichts. Gedanken zu dem neuen deut-schen Lehrplan für höhere Schulen, in: Deutschunterricht im Ausland, Heft 1 (1941), S. 1–4.

Dies. und Wolfhart Klee: Gesprochenes Deutsch, Leipzig [13]1942.

Gerstenmaier, Eugen: Deutsche Kulturpolitik im Ausland, in: Mitteilungen. Institut für Aus-landsbeziehungen, 8 (1959), S. 273–278.

Geyer, Martin H.: Verkehrte Welt. Revolution, Inflation und Moderne. München 1914–1924, Göttingen 1998.

Glenny, Misha: The Balkans 1804–1999. Nationalism, War and the Great Powers, London 1999.

Giordano, Ralf: Wenn Hitler den Krieg gewonnen hätte. Die Pläne der Nazis nach dem End-sieg, Hamburg 1989.

Goethe-Institut (Hrsg.): 5 Jahre Goethe-Institut München 1952–1957, München 1957.

Goethe-Institut (Hrsg.): Jahrbuch 1999/2000, München 2000.

Goethe-Institut Inter Nationes (Hrsg.): Murnau – Manila – Minsk. 50 Jahre Goethe-Institut, München 2001.

Das Goethe-Institut. Ein Instrument der expansiven und aggressiven Außenpolitik des deut-schen Imperialismus in Vergangenheit und Gegenwart, Dresden o.J.

Grau, Conrad: Die Wissenschaftsakademien in der deutschen Gesellschaft. Das „Kartell" von 1893 bis 1940, in: Die Elite der Nation im Dritten Reich. Das Verhältnis von Akademien und ihrem wissenschaftlichen Umfeld zum Nationalsozialismus (Leopoldina-Symposion), hrsg. von Christoph J. Scriba, Halle 1995, S. 31–56.

Griesbach, Heinz: Am Anfang war fast nichts. Wie es vor 50 Jahren begann, in: Murnau – Manila – Minsk. 50 Jahre Goethe-Institut, hrsg. vom Goethe-Institut Inter Nationes, München 2001, S. 73–75.

Grüttner, Michael: Studenten im Dritten Reich, Paderborn 1995.

Grundmann, Karl-Heinz: Deutschtumspolitik zur Zeit der Weimarer Republik. Eine Studie am Beispiel der deutsch-baltischen Minderheit in Estland und Lettland, Hannover 1977.

Grupp, Peter: Voraussetzungen und Praxis amtlicher Kulturpropaganda in den neutralen Staaten während des Ersten Weltkrieges, in: Der Erste Weltkrieg. Wirkung – Wahrnehmung – Analyse, hrsg. von Wolfgang Michalka, München 1994, S. 799–825.

Günther, Roswitha: Das Deutsche Institut für Ausländer an der Universität Berlin in der Zeit von 1922 bis 1945. Ein Beitrag zur Erforschung des Lehrgebietes Deutsch als Fremdsprache, Berlin (Ost) 1988.

Hachtmeister, Lutz: Der Gegnerforscher. Die Karriere des SS-Führers Franz Alfred Six, München 1998.

Hammerstein, Notker: Die Deutsche Forschungsgemeinschaft in der Weimarer Republik und im Dritten Reich. Wissenschaftspolitik in Republik und Diktatur, München 1999.

Hardach, Gerd: Die Rückkehr zum Weltmarkt 1948–1958, in: Modernisierung im Wiederaufbau. Die westdeutsche Gesellschaft der 50er Jahre, hrsg. von Axel Schildt und Arnold Sywotteck, Bonn [2]1998, S. 80–104.

Harvolk, Edgar: Eichenlaub und Hakenkreuz. Die Deutsche Akademie und ihre volkskundliche Sektion 1923–1962, München 1990.

Ders.: Zentrale Wissenschaftsorganisationen in München im Umfeld von Staat und Partei, in: München – „Hauptstadt der Bewegung", hrsg. vom Münchener Stadtmuseum, München 1993, S. 374–377.

Hausmann, Frank-Rutger: „Deutsche Geisteswissenschaft" im Zweiten Weltkrieg. Die „Aktion Ritterbusch" (1940–1945), Dresden 1998.

Ders.: „Vom Strudel der Ereignisse verschlungen". Deutsche Romanistik im Dritten Reich, Frankfurt/M. 2000.

Ders.: „Auch im Krieg schweigen die Musen nicht". Die Deutschen Wissenschaftlichen Institute im Zweiten Weltkrieg (1940–1945), Göttingen 2001.

Hayakawa, Toyo: Die Fremdwortfrage und der Deutsche Sprachverein in der NS-Zeit, in: Deutsch als Fremdsprache. An den Quellen eines Faches. Festschrift für Gerhard Helbig zum 65. Geburtstag, hrsg. von Heidrun Popp, München 1995, S. 429–436.

Heiber, Helmut (Hrsg.): Goebbels-Reden. Bd. 1: 1932–1939, Düsseldorf 1971.

Helms Hardcastle, Irene: The Deutsche Akademie in Munich 1923–1945, Manuskript Dallas 1979.

Dies.: Franz Thierfelder 1896–1963. His Life and His Legacy, Manuskript Dallas 1980.

Herbert, Ulrich: „Die guten und die schlechten Zeiten". Überlegungen zur diachronischen Analyse lebensgeschichtlicher Interviews, in: „Die Jahre weiß man nicht, wo man die heute hinsetzen soll". Faschismuserfahrungen im Ruhrgebiet, hrsg. von Lutz Niethammer, Berlin u. a. 1983, S. 67–96.

Herbst, Ludolf: Option für den Westen. Vom Marschallplan zum deutsch- französischen Vertrag, München 1989.

Hessischer Rundfunk (Hrsg.): Kurt Magnus. 19 Beiträge zu seinem Lebenswerk, Frankfurt/M. 1957.

Hiden, John: The Weimar Republik and the Problem of Auslandsdeutsche, in: Journal of Contemporary History, 12 (1977), S. 273–289.

Hildebrand, Klaus: Vom Reich zum Weltreich. Hitler, NSDAP und koloniale Frage 1919–1945, München 1969.

Hitler, Adolf: Mein Kampf. Zwei Bände in einem Band, München [608–612]1941.

Ders.: Reden des Führers am Parteitag der Ehre 1936, München ⁶1936.

Ders.: Reden des Führers auf dem Parteitag der Arbeit 1937, München 1938.

Hoffend, Andrea: Zwischen Kulturachse und Kulturkampf. Die Beziehungen zwischen Drittem Reich und faschistischem Italien in den Bereichen Medien, Kunst, Wissenschaft und Rassenfragen, Frankfurt/M. 1998.

Hoffmann, Helmut: Die Politik der Bundesrepublik Deutschland zur Förderung der deutschen Sprache im Ausland, in: Sprachförderung. Schlüssel auswärtiger Kulturpolitik, hrsg. von Ulrich Ammon, Frankfurt/M. 2000, S. 61–71.

Hoffstaetter, Walther und Ulrich Peters (Hrsg.): Sachwörterbuch der Deutschkunde. 2 Bände, Leipzig 1930.

Holz, Ruth: Mißbrauch eines weltbekannten Namens. Eine Dokumentation über das westdeutsche Goethe-Institut, in: Neue Heimat, Heft 6 (1968), S. 24–27.

Höpfner, Hans-Paul: Deutsche Südosteuropapolitik in der Weimarer Republik, Frankfurt/ M. u. a. 1983.

Hürten, Heinz: Die katholische Kirche im Ersten Weltkrieg, in: Der Erste Weltkrieg. Wirkung, Wahrnehmung, Analyse, hrsg. von Wolfgang Michalka im Auftrag des Militärgeschichtlichen Forschungsamtes, München 1994, S. 725–735.

Hüter unserer Sprache. Zur Arbeit der Deutschen Akademie, in: Das Reich, 3. 12. 1944.

Hutton, Christopher M.: Linguistics in the Third Reich. Mother-tongue Fascism, Race and the Science of Language, London u. a. 1999.

Institut für Auslandsbeziehungen (Hrsg.): Interne Faktoren auswärtiger Kulturpolitik im 19. und 20. Jahrhundert, Stuttgart 1981.

Internationales Germanistenlexikon 1800–1950. 3 Bände, hrsg. von Christoph König, Berlin 2003.

Jacobsen, Hans-Adolf: Nationalsozialistische Außenpolitik 1933–1938, Frankfurt/M. 1968.

Ders.: (Hrsg.): Hans Steinacher. Bundesleiter des Vereins für das Deutschtum im Ausland 1933–1937. Erinnerungen und Dokumente, Boppard 1970.

Ders.: Karl Haushofer. Leben und Werk. 2 Bände, Boppard 1979.

Ders.: Auswärtige Kulturpolitik als geistige Waffe. Karl Haushofer und die Deutsche Akademie 1925–1937, in: Deutschlands auswärtige Kulturpolitik seit 1871, hrsg. von Kurt Düwell und Werner Link, Köln u. a. 1981, S. 218–256.

Jahrbuch der deutschen Sprache. Bd. 1–2 (1941–1944).

Jenschke, Bernhard: Zur Kritik der konservativ-revolutionären Ideologie in der Weimarer Republik. Weltanschauung und Politik bei Edgar Julius Jung, München 1971.

Jochmann, Werner (Hrsg.): Adolf Hitler. Monologe im Führerhauptquartier 1941–1944. Die Aufzeichnungen Heinrich Heims, Hamburg 1980.

Jones, Larry Eugene: Edgar Julius Jung. The Conservative Revolution in Theory and Practise, in: Central European History, 21 (1988), S. 143–174.

Jung, Edgar Julius: Die Herrschaft der Minderwertigen, Berlin ³1930.

Ders.: Neubelebung von Weimar?, in: Deutsche Rundschau, 58 (1932), S. 153–162.

Ders.: Deutschland und die konservative Revolution, in: Deutsche über Deutschland. Die Stimme des unbekannten Politikers, München 1932, S. 369–381.

Die Kabinettsprotokolle der Bundesregierung. Bd. 1: 1949, hrsg. vom Bundesarchiv, Boppard 1982.

Kahn-Ackermann, Georg: Die auswärtigen Kulturbeziehungen der Bundesrepublik Deutschland. Ein kritischer Rückblick über die ersten 25 Jahre, in: Europa-Archiv, 28 (1973), S. 854–862.

Kater, Michael H.: Das „Ahnenerbe" der SS 1935–1945. Ein Beitrag zur Kulturpolitik des Dritten Reiches, Stuttgart 1974.

Ders.: Studentenschaft und Rechtsradikalismus in Deutschland 1918–1933. Eine sozialgeschichtliche Studie zur Bildungskrise in der Weimarer Republik, Hamburg 1975.

Kathe, Steffen: „Schon der Name – ein Geburtsfehler". Das „Goethe-Institut e.V." in der bundesrepublikanischen Kulturpolitik zwischen Verwaltung und Diplomatie 1951–1990, Diss. phil. Trier 2002.

Kaufmann, Doris (Hrsg.): Die Kaiser-Wilhelm-Gesellschaft im Nationalsozialismus. Bestandsaufnahmen und Perspektiven der Forschung. 2 Bände, Göttingen 2000.

Kershaw, Ian: Hitler 1889–1936. Hubris, London 1998.

Ders.: Hitler 1936–1945. Nemesis, London 2000.

Ders.: Der Hitler-Mythos. Führerkult und Volksmeinung, Frankfurt/M. 2002.

Klee, Ernst: Deutsche Medizin im Dritten Reich. Karrieren vor und nach 1945, Frankfurt/M. 2001.

Klee, Wolfhart: Erinnerungen – Werke – Dokumente 1909–1985, München 1985.

Kloosterhuis, Jürgen: „Friedliche Imperialisten". Deutsche Auslandsvereine und auswärtige Kulturpolitik 1906–1918, Frankfurt/M. u. a. 1994.

Knigge-Tesche, Renate (Hrsg.): Berater der braunen Macht. Wissenschaft und Wissenschaftler im NS-Staat, Frankfurt/M. 1999.

Knobloch, Clemens: Sprachwissenschaft, in: Die Rolle der Geisteswissenschaften im Dritten Reich 1933–1945, hrsg. von Frank-Rutger Hausmann, München 2002, S. 305–329.

Kocka, Jürgen und Werner Conze (Hrsg.): Bildungsbürgertum im 19. Jahrhundert. Band 4: Politischer Einfluß und gesellschaftliche Formation, Stuttgart 1989.

Konen, Heinrich: Amtliche deutsche Politik und Kulturpolitik, in: Süddeutsche Monatshefte, 28 (1930/31), S. 229–234.

Korn, Karl: Kurswechsel in der deutschen Kulturpolitik zum Ausland, in: Frankfurter Allgemeine Zeitung, 25. 3. 1959.

Krekeler, Norbert: Revisionsanspruch und geheime Ostpolitik der Weimarer Republik. Die Subventionierung der deutschen Minderheit in Polen, Stuttgart 1973.

Krell, Matthias: Franz Thierfelder – „Deutsch als Weltsprache" oder ein Leben für die Völkerverständigung?, in: Semantischer Umbau der Geisteswissenschaften nach 1933 und 1945, hrsg. von Georg Bollenbeck und Clemens Knobloch, Heidelberg 2001, S. 198–221.

Kroener, Bernhard R.: Die personellen Ressourcen des Dritten Reiches im Spannungsfeld zwischen Wehrmacht, Bürokratie und Kriegswirtschaft 1939–1942, in: Das Deutsche Reich und der Zweite Weltkrieg. Bd. 5/1: Kriegsverwaltung, Wirtschaft und personelle Ressourcen 1939–1941, hrsg. vom Militärgeschichtlichen Forschungsamt, Stuttgart 1988, S. 693–1017.

Krüger, Peter: Die Außenpolitik der Republik von Weimar, Darmstadt 1985.

Kunze, Walter: Die Spracharbeit der Deutschen Akademie, in: Jahrbuch der deutschen Sprache, 2 (1944), S. 135–142.

Laitenberger, Volkhard: Akademischer Austausch und auswärtige Kulturpolitik. Der Deutsche Akademische Austauschdienst 1925–1945, Göttingen 1976.

Large, David Clay: The Politic of Law and Order. A History of the Bavarian Einwohnerwehr 1918–1921, Philadelphia 1980.

Ders.: Hitlers München. Aufstieg und Fall der Hauptstadt der Bewegung, München 2001.

Leyen, Friedrich von der: Leben und Freiheit der Hochschule. Erinnerungen, Köln 1960.

Longerich, Peter: Propagandisten im Krieg. Die Presseabteilung des Auswärtigen Amtes unter Ribbentrop, München 1987.

Maas, Utz: Die Entwicklung der deutschsprachigen Sprachwissenschaft von 1900 bis 1950. Zwischen Professionalisierung und Politisierung, in: Zeitschrift für germanistische Linguistik, 16 (1988), S. 253–290.

Mann, Thomas: Ansprache vor der Münchener Gesellschaft 1926, in: Der Zwiebelfisch, 20 (1927), S. 1–6.

Michalka, Wolfgang: Ribbentrop und die deutsche Weltpolitik 1933–1940. Außenpolitische Konzeptionen und Entscheidungsprozesse im Dritten Reich, München 1980.

Michels, Eckard: Das Deutsche Institut in Paris 1940–1944. Ein Beitrag zu den deutsch-französischen Kulturbeziehungen und zur auswärtigen Kulturpolitik des Dritten Reiches, Stuttgart 1993.

Ders.: Sprachvermittlung als kulturpolitisches Instrument der NS-Besatzungspolitik. Deutsche Lektoren im besetzten Frankreich 1940–1944, in: Lendemains, Heft 75/76 (1994), S. 125–134.

Ders.: Die deutschen Kulturinstitute im besetzten Europa, in: Kultur – Propaganda – Öffentlichkeit. Intentionen deutscher Besatzungspolitik und Reaktionen auf die Okkupation, hrsg. von Wolfgang Benz u. a., Berlin 1998, S. 11–33.

Ders.: Keine Stunde Null. Vorgeschichte und Anfänge des Goethe-Instituts, in: Murnau – Manila – Minsk. 50 Jahre Goethe-Institut, hrsg. vom Goethe-Institut Inter Nationes, München 2001, S. 13–23.

Ders.: Vom Glück der verspäteten Arbeitsaufnahme. Die Anfänge des Goethe-Instituts in Paris, in: Lendemains, Heft 103/4 (2001), S. 97–107.

Ders.: Deutsch als Weltsprache? Franz Thierfelder, the German Academy in Munich and the Promotion of German Language Abroad 1923–1945, in: German History, 22 (2004), S. 206–228.

Mitteilungen der Deutschen Akademie (MdDA). Bd. 1–19 (1925–1943).

Mogk, Walter: Paul Rohrbach und das „Größere Deutschland". Ethischer Imperialismus im Wilhelminischen Zeitalter. Ein Beitrag zur Geschichte des Kulturprotestantismus, München 1972.

Morsey, Rudolf: Georg Schreiber, in: Wissenschaftspolitik in Berlin. Minister, Beamte, Ratgeber, hrsg. von Wolfgang Treue und Karlfried Gründer, Berlin 1987, S. 269–284.

Mommsen, Hans: Der Widerstand gegen Hitler und die deutsche Gesellschaft, in: Der Widerstand gegen den Nationalsozialismus. Die deutsche Gesellschaft und der Widerstand gegen Hitler, hrsg. von Jürgen Schmädeke und Peter Steinbach, München [3]1994, S. 3–23.

Ders.: Der lange Schatten der untergehenden Republik. Zur Kontinuität politischer Denkhaltungen von der späten Weimarer Republik bis zur frühen Bundesrepublik, in: Die Weimarer Republik. Politik – Wirtschaft – Gesellschaft, hrsg. von Karl-Dietrich Bracher u. a., Bonn [3]1998, S. 552–586.

Ders.: Regierung ohne Parteien. Konservative Pläne zum Verfassungsumbau am Ende der Weimarer Republik, in: Die deutsche Staatskrise 1930–1933. Handlungsspielräume und Alternativen, hrsg. von Heinrich August Winkler, München 1992, S. 1–18.

Müller, Charles: Relaunching German Diplomacy in the 1950s, Münster 1996.

Müller, Friedrich von: Lebenserinnerungen, München 1951.

Müller, Karl Alexander von: Im Wandel einer Welt. Erinnerungen. Bd. 3: 1919 – 1932, München 1966.

Müller, Winfried: Die Gründung der Ständigen Konferenz der Kultusminister der Bundesrepublik Deutschland, in: Historisches Jahrbuch, 114 (1994), S. 76–106.

Nätzhold, Peter: Strategien der deutschen Wissenschaftsakademien gegen Bedeutungsverlust und Funktionsverarmung, in: Die Preußische Akademie der Wissenschaften 1914–1945, hrsg. von Wolfram Fischer, Berlin 2000, S. 237–277.

Nerdinger, Winfried: Die „Kunststadt" München, in: München in den zwanziger Jahren, hrsg. von Christoph Stölzl, München 1979, S. 93–120.

Neue Deutsche Biographie, hrsg. von der Historischen Kommission der Bayerischen Akademie der Wissenschaften, Berlin 1953 ff.

Neumann, Hendricus Johannes: Arthur Seyß-Inquart, Wien u. a. 1970.

Niethammer, Lutz: Entnazifizierung in Bayern. Säuberung und Rehabilitierung unter amerikanischer Besatzung, Frankfurt/M. 1972.

Nipperdey, Thomas: Deutsche Geschichte 1866–1918. Bd. 1: Arbeiterwelt und Bürgergeist, München 1990.

Norton, Donald H.: Karl Haushofer and the German Academy, in: Central European History, 1 (1968), S. 80–99.

Olshausen, Klaus: Deutsche Balkanpolitik 1940/41, in: Hitler, Deutschland und die Mächte, hrsg. von Manfred Funke, Düsseldorf 1976, S. 707–727.

Pakschies, Günter: Umerziehung in der britischen Zone 1945–1949, Weinheim 1979.

Panzer, Friedrich: Festvortrag auf der Hauptversammlung der Deutschen Akademie 1932, in: MdDA, 7 (1932), S. 401–411.

Pfeilschifter, Georg (Hrsg.): Deutsche Kultur, Katholizismus und Weltkrieg, Freiburg/Br. 1915.

Ders.: Sinn und Art der Arbeit unserer Akademie, in: MdDA, 1 (1925/26), S. 41–45.

Pfrimmer, A.: Ein halbes Jahrhundert direkter Methode, in: Deutschunterricht für Ausländer, 3 (1954/55), S. 60–69.

Pöppinghaus, Ernst-Wolfgang: Moralische Eroberungen? Kultur und Politik in den deutsch-spanischen Beziehungen der Jahre 1919 bis 1933, Frankfurt 1999.

Polenz, Peter von: Sprachpurismus und Nationalsozialismus. Die Fremdwortfrage gestern und heute, in: Germanistik – eine deutsche Wissenschaft. Beiträge von Eberhard Lämmert u. a., Frankfurt/M. 1967, S. 111–165.

Ders.: Deutsche Sprachgeschichte. Vom Spätmittelalter bis zur Gegenwart. Bd. 3: 19. und 20. Jahrhundert, Berlin u. a. 1999.

Prinz, Friedrich: Präludium oder erste Niederlage des Nationalsozialismus? Münchens kulturelles Milieu in den zwanziger Jahren, in: Irrlicht im leuchtenden München? Der Nationalsozialismus in der „Hauptstadt der Bewegung", hrsg. von Friedrich Prinz und Björn Mensing, Regensburg 1991, S. 27–48.

Pufansky-Kadar, Jolantha: Geschichte des Deutschen Theaters in Ungarn. Bd. 1: Von den Anfängen bis 1812, München 1930.

Rebentisch, Dieter: Führerstaat und Verwaltung im Zweiten Weltkrieg. Verfassungsentwicklung und Verwaltung 1939–1945, Göttingen 1989.

Regnery, Manfred: Die Diskussion über die deutsche auswärtige Kulturpolitik zwischen 1957 und 1963 unter besonderer Berücksichtigung der Deutschen UNESCO-Kommission, Diss. phil. Freiburg/Br. 1973.

Reich, Peter: Die Sprache der Schrift. Zur Geschichte des Frakturverbots von 1941, in: Homo scribens. Perspektiven der Schriftlichkeitsforschung, hrsg. von Jürgen Baurmann u. a., Tübingen 1993, S. 231–272.

Reichel, Peter: Der schöne Schein des Dritten Reiches. Faszination und Gewalt des Faschismus, Frankfurt/M. 1993.

Reinbothe, Roswitha: Verbreitung der deutschen Sprache in Kaiserreich und Weimarer Republik, in: Sprachförderung. Schlüssel auswärtiger Kulturpolitik, hrsg. von Ulrich Ammon, Frankfurt/M. u. a. 2000, S. 31–41.

Reiser, Konrad: Bayerische Gesandte bei deutschen und ausländischen Regierungen 1871–1918, München 1968.

Remme, Karl und Margarete Esch: Die französische Kulturpropaganda, Berlin 1927.

Ringer, Karl: Die Gelehrten. Der Niedergang der deutschen Mandarine 1890–1933, Stuttgart 1983.

Ritter, Ernst: Das Deutsche Auslandsinstitut in Stuttgart 1917–1945. Ein Beispiel deutscher Volkstumsarbeit zwischen den Weltkriegen, Wiesbaden 1976.

Rösler, Mechthild und Sabine Schleiermacher (Hrsg.): Der Generalplan Ost. Hauptlinien der nationalsozialistischen Planungs- und Vernichtungspolitik, Berlin 1993.

Rohrbach, Paul: Deutschtum in Not! Die Schicksale der Deutschen in Europa außerhalb des Reiches, Berlin u. a. 1926.

Ders.: Um des Teufels Handschrift. Zwei Menschenalter erlebter Weltgeschichte, Hamburg 1953.

Ross, Werner: Das Goethe-Institut gestern, heute, morgen, in: Jahrbuch 1965. Goethe-Institut München, München 1965, S. 7–15.

Ders.: Notizen aus der Geschichte des Goethe-Instituts, in: Jahrbuch 1974. Goethe-Institut München, München 1974, S. 11–17.

Ruoff, Wilhelm: Lehrgänge der deutschen Sprache im Ausland, in: MdDA, 9 (1934), S. 229–234.

Sattler, Dieter: Deutsche Kulturpolitik im Ausland, in: Mitteilungen. Institut für Auslandsbeziehungen, 10 (1960), S. 43–49.

Schäfer, Hans Dieter: Das gespaltene Bewußtsein. Über deutsche Kultur und Lebenswirklichkeit 1933–1945, München 1981.

Schildt, Axel: Moderne Zeiten. Freizeit, Massenmedien und „Zeitgeist" in der Bundesrepublik der 50er Jahre, Hamburg 1995.

Ders.: Ende der Ideologien? Politisch-ideologische Strömungen in den 50er Jahren, in: Modernisierung im Wiederaufbau. Die westdeutsche Gesellschaft der 50er Jahre, hrsg. von Axel Schildt und Arnold Sywottek, Bonn ²1998, S. 627–635.

Ders.: Zwischen Abendland und Amerika. Studien zur westdeutschen Ideenlandschaft der 50er Jahre, München 1999.

Schivelbusch, Wolfgang: Die Kultur der Niederlage. Der amerikanische Süden 1865, Frankreich 1871, Deutschland 1918, Frankfurt/M. 2003.

Schlicker, Wolfgang: Die Deutsche Akademie. Die „Akademie zur wissenschaftlichen Erforschung und Pflege des Deutschtums (Deutsche Akademie) als Institution imperialistischer Auslandskulturpolitik in der Zeit der Weimarer Republik und des Faschismus, in: Jahrbuch für Volkskunde und Kulturgeschichte, 20 (1977), S. 43–66.

Schmidt, Franz: Ein Schulmannsleben in der Zeitenwende. Lebenserinnerungen von Geheimrat Prof. Dr. Franz Schmidt, Marburg/Lahn 1961

Schmidt-Rohr, Georg: Die Sprache als Bildnerin der Völker. Eine Wesens- und Lebenskunde der Volkstümer, Jena 1932.

Ders.: Muttersprache. Vom Amt der Sprache bei der Volkswerdung, Jena ²1933.

Schneider, Hermann: Heldendichtung – Geistlichendichtung – Ritterdichtung, Heidelberg 1943.

Schneider, Tobias: Bestseller im Dritten Reich. Ermittlung und Analyse der meistverkauften Romane in Deutschland 1933–1944, in: Vierteljahrshefte für Zeitgeschichte, 52 (2004), S. 77–97.

Scholten, Dirk: Sprachverbreitungspolitik des nationalsozialistischen Deutschlands, Frankfurt/M. u. a. 2000

Schot, Bastiaan: Nation oder Staat? Deutschland und der Minderheitenschutz. Zur Völkerbundspolitik in der Ära Stresemann, Marburg/Lahn 1988.

Schroeder-Gudehaus, Beate: Internationale Wissenschaftsbeziehungen und auswärtige Kulturpolitik 1919–1933. Vom Boykott und Gegenboykott zu ihrer Wiederaufnahme, in: Forschung im Spannungsfeld von Politik und Gesellschaft. Geschichte und Struktur der Kaiser-Wilhelm- und Max- Planck-Gesellschaft, hrsg. von Rudolf Vierhaus und Rüdiger vom Bruch, Stuttgart 1990, S. 858–885.

Schröder, Hans-Jürgen: Deutsche Südosteuropapolitik 1929–1936. Zur Kontinuität deutscher Außenpolitik in der Weltwirtschaftskrise, in: Geschichte und Gesellschaft, 2 (1976), S. 5–32.

Schümer, Dieter: Franz Thierfelder und „Deutsch für Ausländer". Kontinuität und Neuorientierung seit 1932, in: Sprachwissenschaft als politisches Engagement. Zur Problem- und Sozialgeschichte einiger sprachtheoretischer, sprachdidaktischer und sprachpflegerischer Ansätze in der Germanistik des 19. und 20. Jahrhunderts, hrsg. von Gerd Simon, Weilheim u. a. 1979, S. 207–229.

Schulte, Karl-Sebastian: Auswärtige Kulturpolitik im politischen System der Bundesrepublik. Konzeptionsgehalt, Organisationsprinzipien und Strukturneuralgien eines atypischen Politikfeldes am Ende der 13. Legislaturperiode, Berlin 2000.

Schulze, Winfried und Otto Gerhard Oexle (Hrsg.): Deutsche Historiker im Nationalsozialismus, Frankfurt/M. ²2000.

Schwabe, Klaus: Hermann Oncken, in: Deutsche Historiker, hrsg. von Hans-Ulrich Wehler, Göttingen 1973, S. 189–205.

Scriba, Christoph J. (Hrsg.): Die Elite der Nation im Dritten Reich. Das Verhältnis von Akademien und ihrem wissenschaftlichen Umfeld zum Nationalsozialismus (Leopoldina-Symposion), Halle 1995.

Seidler, Eduard: Die akademische Elite und der neue Staat, in: Die Elite der Nation im Dritten Reich. Das Verhältnis von Akademien und ihrem wissenschaftlichen Umfeld zum Nationalsozialismus (Leopoldina-Symposion), hrsg. von Christoph J. Scriba, Halle 1995, S. 15–30.

Siebert, Erich: Die Rolle der Kultur- und Wissenschaftspolitik bei der Expansion des deutschen Imperialismus nach Bulgarien, Jugoslawien, Rumänien und Ungarn in den Jahren 1938–1944. Mit einem Blick auf die vom westdeutschen Imperialismus wieder aufgenommene Kulturpolitik, Diss. phil. Berlin (Ost) 1971.

Siebert, Ludwig: Die Deutsche Akademie, in: Das Reich, 14. 7. 1940, S. 17.

Ders.: Deutsch als Weltsprache. Auftrag an die Deutsche Akademie, in: Völkischer Beobachter, 19. 10. 1940, S. 1f.

Siebs, Theodor: Deutsche Bühnensprache. Hochsprache, Köln [15]1930.

Simon, Gerd: Materialien über den Widerstand in der deutschen Sprachwissenschaft des Dritten Reiches. Der Fall Georg Schmidt-Rohr, in: Sprachwissenschaft und politisches Engagement. Zur Problem- und Sozialgeschichte einiger sprachtheoretischer, sprachdidaktischer und sprachpflegerischer Ansätze in der Germanistik des 19. und 20. Jahrhunderts, hrsg. von Gerd Simon, Weilheim 1979, S. 153–206.

Ders.: Sprachwissenschaft im Dritten Reich. Ein erster Überblick, in: Politische Sprachwissenschaft. Zur Analyse von Sprache als kultureller Praxis, hrsg. von Franz Januschek, Opladen 1985, S. 97–142.

Ders.: Wissenschaft und Wende 1933. Zum Verhältnis von Wissenschaft und Politik am Beispiel des Sprachwissenschaftlers Georg Schmidt-Rohr, in: Das Argument, 28 (1986), S. 527–542.

Ders.: Sprachpflege im Dritten Reich, in: Sprache im Faschismus, hrsg. von Konrad Ehlich, Frankfurt/M. 1989, S. 58–86.

Sontheimer, Kurt: Antidemokratisches Denken in der Weimarer Republik. Die Ideen des deutschen Nationalismus, München [4]1992.

Spitzy, Reinhard: So haben wir das Reich verspielt. Bekenntnisse eines Illegalen, München 1986.

Stoll, Ulrike: Kulturpolitik als Beruf. Dieter Sattler in München, Rom und Bonn 1906–1968, Paderborn 2004.

Stoermer, Martina: Die Bayerische Akademie der Wissenschaften im Dritten Reich, in: Die Elite der Nation im Dritten Reich. Das Verhältnis von Akademien und ihrem wissenschaftlichen Umfeld zum Nationalsozialismus (Leopoldina-Symposion), hrsg. von Christoph J. Scriba, Halle 1995, S. 89–111.

Studnitz, Hans-Georg von: Deutsche Kulturpolitik im Ausland. Bemerkungen zu einer Streitfrage, in: Außenpolitik, 10 (1959), S. 85–92.

Studt, Christoph: Ein „geistiger Luftkurort" für deutsche Historiker. Hermann Onckens Austauschprofessur in Chicago 1905/6, in: Historische Zeitschrift, 264 (1997), S. 360–389.

Die Tagebücher von Joseph Goebbels. Teil I Aufzeichnungen 1923–1941 und Teil II Diktate 1941–1945, hrsg. im Auftrag des Instituts für Zeitgeschichte von Elke Fröhlich, München 1987ff.

Tent, James F.: Mission on the Rhine. Reeducation and Denazification in American-Occupied Germany, Chicago u. a. 1982.

Thierfelder, Franz: Deutsch im Unterricht fremder Völker, in: MdDA, 3 (1928), S. 1015–1056.

Ders.: Deutsch im Unterricht fremder Völker II, in: MdDA, 4 (1929), S. 4–48.

Ders.: Deutsche Spracharbeit in Südosteuropa, in: MdDA, 4 (1929), S. 262–272.

Ders.: Deutsch im Unterricht fremder Völker III, in: MdDA, 5 (1930), S. 215–255.

Ders.: Neue Wege zur Verbreitung der deutschen Sprache im Auslande, in: MdDA, 5 (1930), S. 14–40.

Ders.: Geistige Grundlagen kultureller Auslandsarbeit, in: Süddeutsche Monatshefte, 28 (1930/31), S. 225–229.

Ders.: Deutsch im Unterricht fremder Völker IV, in: MdDA, 6 (1931), S. 338–364.

Ders.: Societas Latina, Basic English und die unverbesserlichen Deutschen, in: Deutsche Allgemeine Zeitung, 18. 5. 1932.

Ders.: Die Sprache – Ausdruck oder Inbegriff des Volkstums, in: MdDA, 7 (1932), S. 255–258.

Ders.: Zwei Fronten – zwei Bücher, in: MdDA, 8 (1933), S. 14–20.

Ders.: Deutsch im Unterricht fremder Völker V, in: MdDA, 8 (1933), S. 298–342.

Ders.: Im Kampf um die Seele der Welt. Grundlinien der Kulturwerbung im Auslande, München 1934.

Ders.: Deutsche und Slawen, in: MdDA, 10 (1935), S. 25–39.

Ders.: Deutsche Kulturwerbung im Ausland, in: Münchener Neueste Nachrichten, 11. 10. 1936.

Ders.: Deutsch als Weltsprache. Die Entwicklung der deutschen Sprache im nichtdeutschen Auslande seit der nationalsozialistischen Revolution, in: MdDA, 11 (1936), S. 5–69.

Ders.: Zwischen Mundart und Hochsprache, in: MdDA, 11 (1936), S. 363–369.

Ders.: Deutsche Schriftfragen im Auslandsunterricht, in: Deutschunterricht im Ausland, Heft 4 (Dezember 1937), S. 5f.

Ders.: Deutsch als Weltsprache. Bd. 1: Die Grundlagen der deutschen Sprachgeltung in Europa, Hamburg 1938.

Ders.: Um die Seele des Balkans. Kulturpolitisches Reisetagebuch, Berlin 1940.

Ders.: Das Freiheitsringen der Inder, Berlin 1940.

Ders.: Englischer Kulturimperialismus. Der British Council als Werkzeug der geistigen Einkreisung Deutschlands, Berlin 1940.

Ders.: Schicksalsstunden des Balkans, Wien 1940.

Ders.: Sprachpolitik und Rundfunk, Berlin 1941.

Ders.: Der Balkan im europäischen Raum, Berlin 1941.

Ders.: Der Balkan als kulturpolitisches Kräftefeld. Zwischenstaatliche Propaganda und geistiger Austausch in Südosteuropa, Berlin ²1941.

Ders.: Gestalten und Gestalter des Balkans, Berlin 1943.

Ders.: Ursprung und Wirkung der französischen Kultureinflüsse in Südosteuropa, Berlin 1943.

Ders.: Umgang mit Völkern. Bd. 13: Balkanier, Hamburg 1943.

Ders.: Umgang mit Völkern. Bd. 15: Deutsche, Hamburg 1943.

Ders.: Volk – Nation – Staat, Aachen 1947.

Ders.: Die deutschen Universitäten heute und morgen. Ein kritischer Beitrag zur Frage der Trennung von Forschung und Lehre sowie anderen akademischen Gegenwarts- und Zukunftsaufgaben, Aachen 1947.

Ders.: Die Grenzen Europas. Begriff und Wesen Europas und der abendländischen Kultur, Köln 1948.

Ders.: Kulturpolitik im neuen Stil, in: Außenpolitik, 2 (1951), S. 217–222.

Ders.: Die deutsche Sprache im Ausland, in: Deutsche Philologie im Aufriß. Bd. 1, hrsg. von Wolfgang Stammler, Berlin u. a. 1952, S. 499–581.

Ders.: Die deutsche Sprache im Ausland. Bd. 1: Der Völkerverkehr als sprachliche Aufgabe, Hamburg 1956.

Ders.: 25 Jahre deutsche Sprachpolitik im Ausland, in: Mitteilungen. Institut für Auslandsbeziehungen, 7 (1957), S. 224–230.

Titze, Hartmut: Hochschulen, in: Handbuch der deutschen Bildungsgeschichte. Bd. 4: 1918–1945, hrsg. von Dieter Langewiesche und Heinz-Elmar Tenoth, München 1989, S. 209–240.

Twardowski, Fritz von: Anfänge deutscher Kulturpolitik zum Ausland, Bonn 1970.

Umbreit, Hans: Die deutschen Besatzungsverwaltungen. Konzept und Typisierung, in: Der Zweite Weltkrieg. Analysen, Grundzüge, Forschungsbilanz, hrsg. von Wolfgang Michalka, München 1989, S. 710–725.

Ders.: Die deutsche Herrschaft in den besetzten Gebieten 1942–1945, in: Das Deutsche Reich und der Zweite Weltkrieg, Bd. 5/2: Kriegsverwaltung, Wirtschaft und personelle Ressourcen 1942–1944/45, hrsg. vom Militärgeschichtlichen Forschungsamt, Stuttgart 1999, S. 3–274.

Ungern-Sternberg, Jürgen und Wolfgang von Ungern-Sternberg: Der Aufruf „An die Kulturwelt". Das Manifest der 93 und die Anfänge der Kriegspropaganda im Ersten Weltkrieg, Stuttgart 1996.

Verhey, Jeffrey: Some Lessons of War. The Discourse on Propaganda and Public Opinion in Germany in the 1920s, in: War, Violence and Modern Condition, hrsg. von Bernd Hüppauf, Berlin u. a. 1997, S. 99–118.

Vollnhals, Clemens (Hrsg.): Entnazifizierung. Politische Säuberung und Rehabilitierung in den vier Besatzungszonen 1945–1949, München 1991.

Von der Leyen, Friedrich: Leben und Freiheit der Hochschule. Erinnerungen, Köln 1960.

Weidenfeller, Gerhard: VDA – Verein für das Deutschtum im Ausland/Allgemeiner Deutscher Schulverein (1881–1918). Ein Beitrag zur Geschichte des deutschen Nationalismus und Imperialismus im Kaiserreich, Frankfurt/M. 1976.

Ders.: Der VDA zwischen „Volkstumskampf" und Kulturimperialismus, in: Interne Faktoren auswärtiger Kulturpolitik im 19. und 20. Jahrhundert, hrsg. vom Institut für Auslandsbeziehungen, Stuttgart 1981, S. 17–26.

Weisz, Christoph: Geschichtsauffassung und politisches Denken Münchener Historiker der Weimarer Zeit: Konrad Beyerle, Max Buchner, Michael Doeberl, Erich Marcks, Karl Alexander von Müller, Hermann Oncken, Berlin 1970.

Ders.: (Hrsg.): OMGUS-Handbuch. Die amerikanische Militärregierung in Deutschland 1945–1949, München 1994.

Welch, David: Germany, Propaganda and Total War 1914–1918. The Sins of Omission, London 2000.

Wilhelm, Franz und Joseph Kallbrunner: Quellen zur deutschen Siedlungsgeschichte in Südosteuropa, München 1932.

Winau, Rolf: Die Preußische Akademie der Wissenschaften, in: Die Elite der Nation im Dritten Reich. Das Verhältnis von Akademien und ihrem wissenschaftlichen Umfeld zum Nationalsozialismus (Leopoldina-Symposion), hrsg. von Christoph J. Scriba, Halle 1995, S. 75–85.

Winkler, Heinrich-August: Weimar 1918–1933. Die Geschichte der ersten deutschen Demokratie, München 1993.

Wüst, Walther: Gedenkrede für den verstorbenen Präsidenten der Deutschen Akademie, in: MdDA, 18 (1942), S. 355–366.

Zehn Jahre Deutsche Akademie 1925–1935, in: MdDA, 10 (1935), S. 173–196.

Znined-Brand, Victoria: Deutsche und französische auswärtige Kulturpolitik. Eine vergleichende Analyse. Das Beispiel der Goethe-Institute in Frankreich sowie der Instituts Français und Centres Culturels in Deutschland seit 1945, Frankfurt/M. u. a. 1999.

Personenregister